Kurt Schwitters

Anna Blume und andere

Literatur und Grafik

Herausgegeben von Joachim Schreck

DUMONT

Umschlagabbildung:
Kurt Schwitters beim Vortrag der Ursonate
(Fotografie © VG Bild-Kunst, Bonn)

Die Deutsche Bibliothek - CIP-Einheitsaufnahme

Schwitters, Kurt:
Anna Blume und andere: Literatur und Grafik/Kurt Schwitters.
Hrsg. von Joachim Schreck. - Neuaufl. 1997. - Köln: DuMont, 1997
(DuMont Dokumente)
ISBN 3-7701-4433-3

Textgrundlage: Kurt Schwitters, *Das literarische Werk*, Band 1-5,
herausgegeben von Friedhelm Lach; © DuMont Buchverlag, Köln 1973-1981
Die Auswahl der Grafiken erfolgte nach Erstveröffentlichungen,
© VG Bild-Kunst, Bonn (ehemals Cosmopress, Genf)
Umschlaggestaltung: Groothuis + Malsy, Bremen
Druck und buchbinderische Verarbeitung: B.o.s.s Druck und Medien, Kleve

Printed in Germany ISBN 3-7701-4433-3

Die Welt
Gedicht 2

Häuser fallen, Himmel stürzen ein.
Bäume ragen über Bäume.
Himmel grünt rot.
Silberne Fische schwimmen in der Luft.
Sie verbrennen sich nicht.
Sie sind ja so innig.
Im ewigen Silber glänzt ihre Frühe.
Und der Wahn schwillt heran und brüstet sich über die Himmel.
Millionen silberne Fische zittern über die Weite.
Doch sengen sie nicht ihre silbernen Flügel.
Sanft weht die Luft vom silbernen Flügelschlag.
Brüsten sich Menschen – –
Knien Seelen – – –
Riesengroß wächst der Wahn über die Weite.

Ich werde erbaut
Gedicht 18

Kurbel dämmert Kopf Gelächter
Tief zu Innen zages Land
Ferne Hütten welken Tau
Du
Wiesen bluten Weideschnee
Wiesen bluten Blut.

Welt voll Irrsinn

Ich
Du
Er sie es
Wir ihr sie,
Ein Friedhof,
Lebendige Forellensauce überlaut.
Ich über du
Überlaut
Forellenfriedhof über
Er du Forellenfisch
Lebendig still
Du!
Ein Friedhof überstill
Wir leben
Wir
Forelle lebt Friedhof
Lebendige Forelle spielt
Wir spielen Leben
Ich spiele du,
Still
Spielen wir?
Leben wir?
Wir
Ihr
Sie

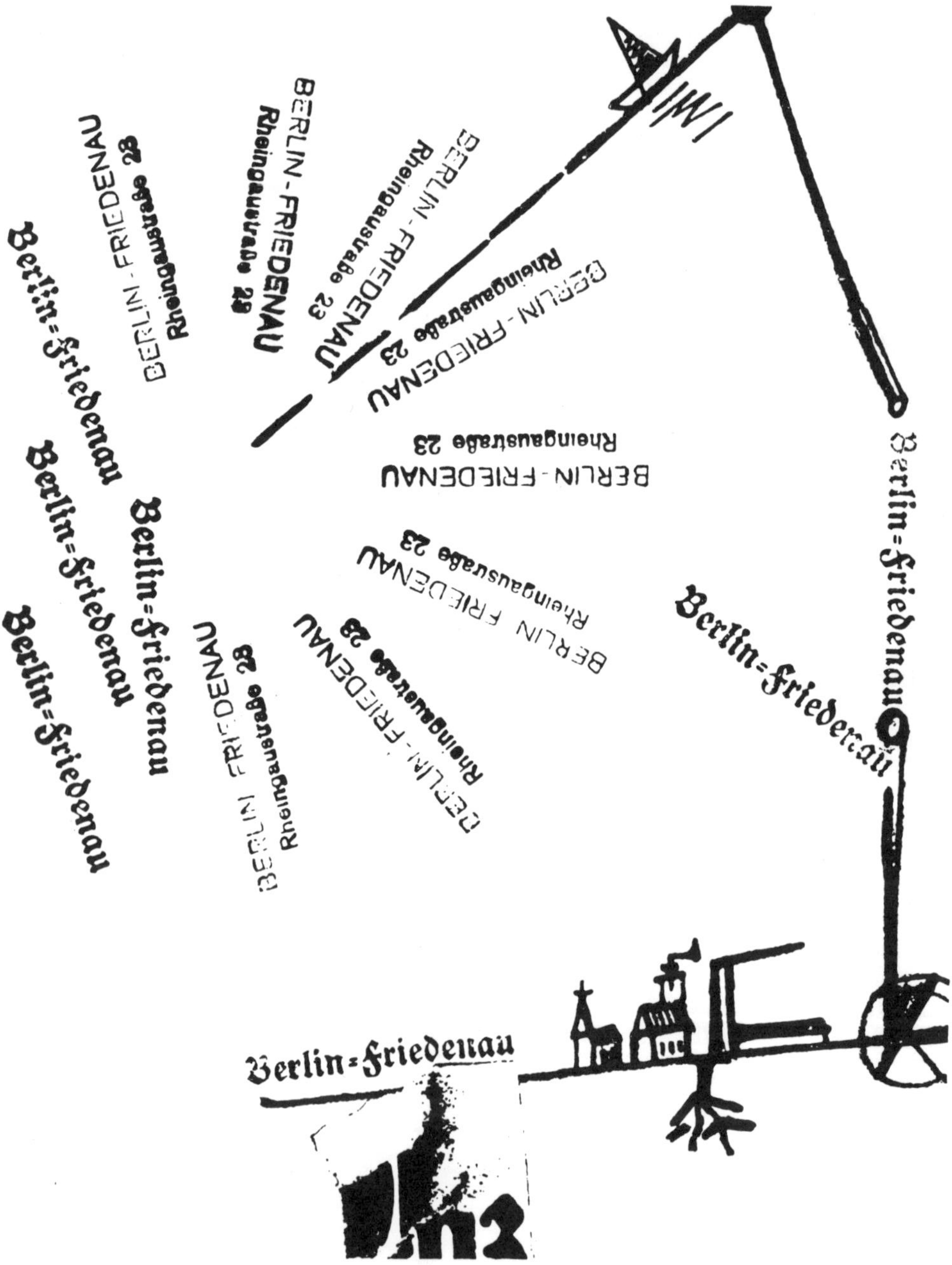
BERLIN - FRIEDENAU
Rheingaustraße 28
BERLIN - FRIEDENAU
Rheingaustraße 23
Berlin=Friedenau

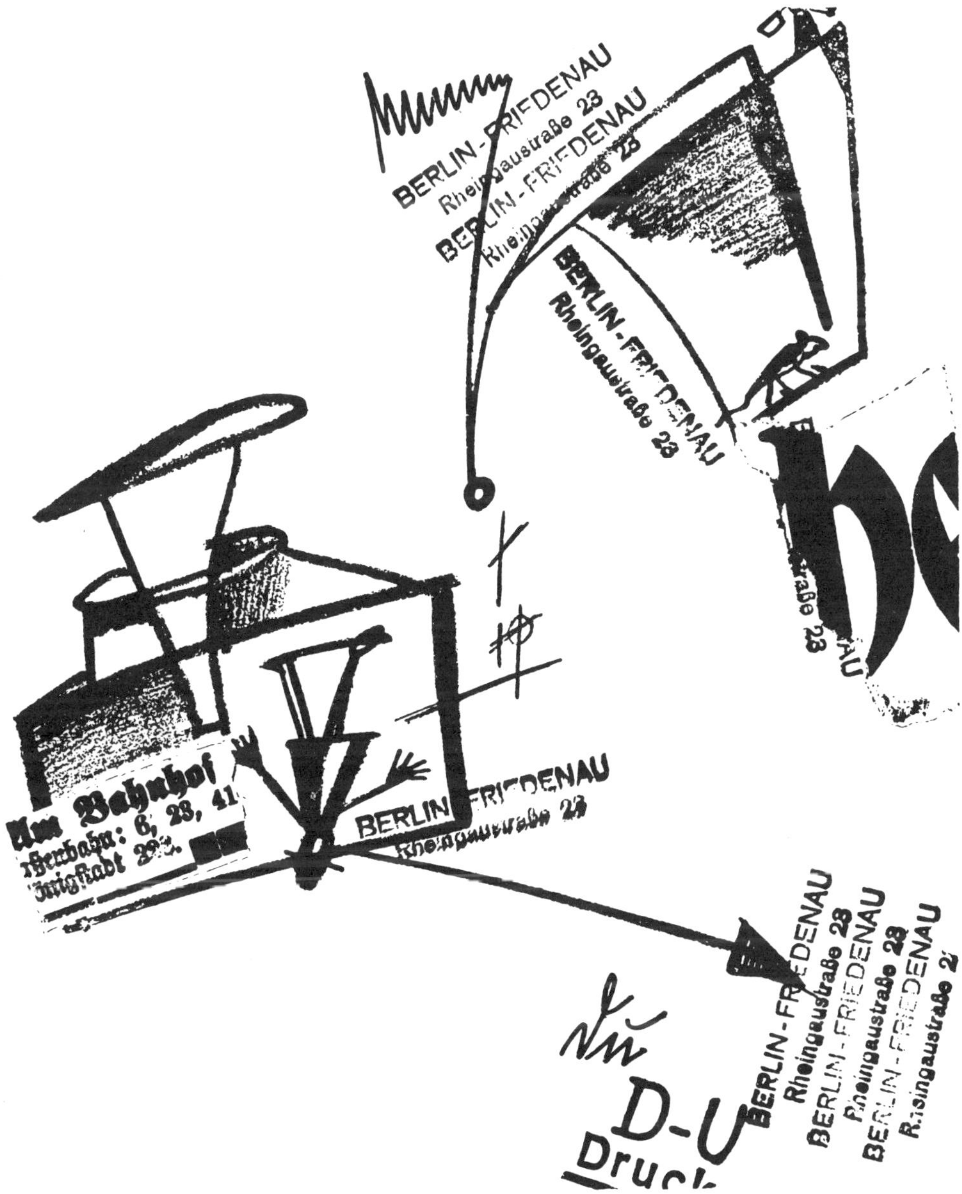
BERLIN-FRIEDENAU
Rheingaustraße 23
BERLIN-FRIEDENAU
Rheingaustraße 23
Am Bahnhof
D-U
Druck

BERLIN-FRIEDENAU
Rheingaustraße 23
Drucksache.
Drucksache.

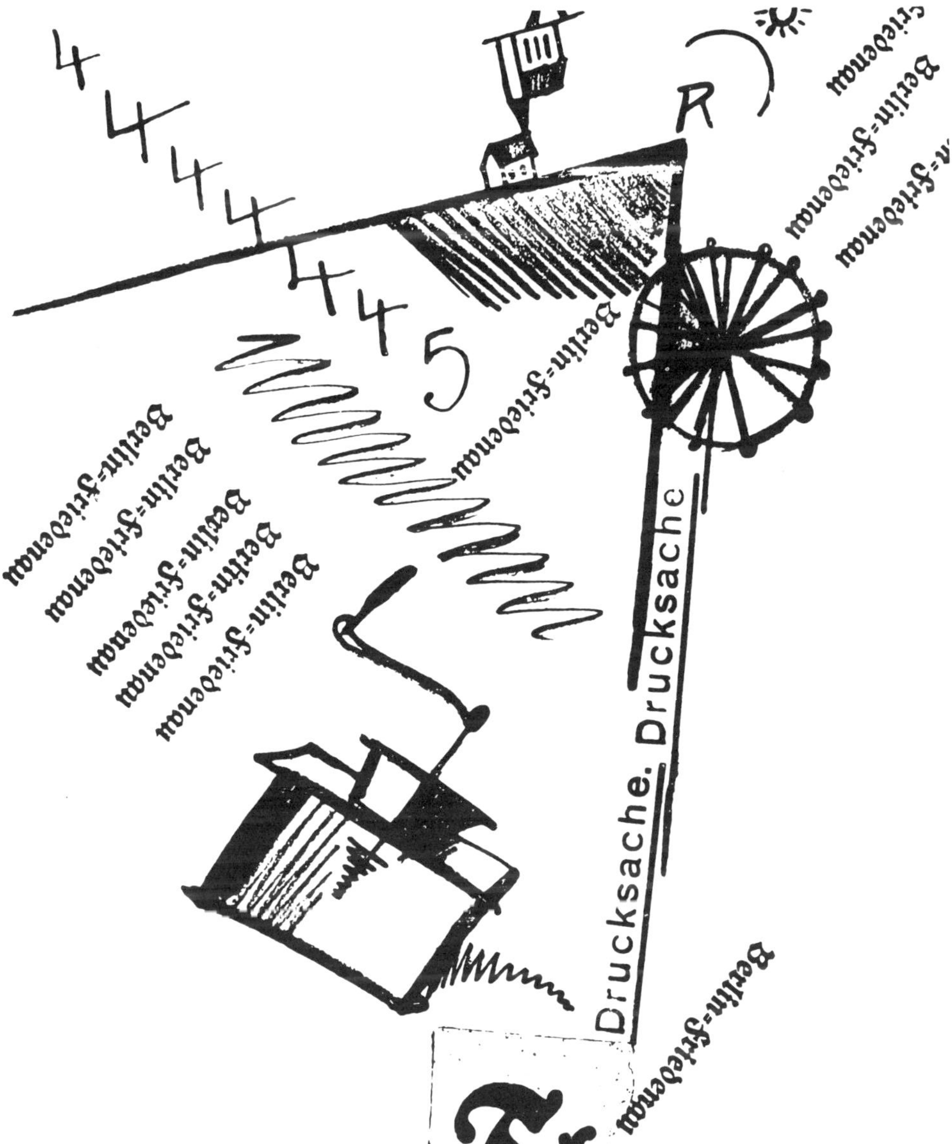
4 4 4 4 4 4 4 5
R
Berlin=Friedenau
Drucksache. Drucksache
Drucksache.

An Anna Blume
Merzgedicht 1

O du, Geliebte meiner siebenundzwanzig Sinne, ich
liebe dir! – Du deiner dich dir, ich dir, du mir.
– Wir?
Das gehört (beiläufig) nicht hierher.
Wer bist du, ungezähltes Frauenzimmer? Du bist
– bist du? – Die Leute sagen, du wärest – laß
sie sagen, sie wissen nicht, wie der Kirchturm steht.
Du trägst den Hut auf deinen Füßen und wanderst
auf die Hände, auf den Händen wanderst du.
Hallo, deine roten Kleider, in weiße Falten zersägt.
Rot liebe ich Anna Blume, rot liebe ich dir! – Du
deiner dich dir, ich dir, du mir. – Wir?
Das gehört (beiläufig) in die kalte Glut.
Rote Blume, rote Anna Blume, wie sagen die Leute?
Preisfrage: 1.) Anna Blume hat ein Vogel.
2.) Anna Blume ist rot.
3.) Welche Farbe hat der Vogel?
Blau ist die Farbe deines gelben Haares.
Rot ist das Girren deines grünen Vogels.
Du schlichtes Mädchen im Alltagskleid, du liebes
grünes Tier, ich liebe dir! – Du deiner dich dir, ich
dir, du mir, – Wir?
Das gehört (beiläufig) in die Glutenkiste.
Anna Blume! Anna, a-n-n-a, ich träufle deinen Namen.
Dein Name tropft wie weiches Rindertalg.
Weiß du es, Anna, weißt du es schon?
Man kann dich auch von hinten lesen, und du, du
Herrlichste von allen, du bist von hinten wie von
vorne: »a-n-n-a«.
Rindertalg träufelt streicheln über meinen Rücken.
Anna Blume, du tropfes Tier, ich liebe dir!

Nennen Sie es Ausschlachtung

Anna Blume ist die Stimmung, direkt vor und direkt nach
dem Zubettegehen.
Anna Blume ist die Dame neben Dir
Anna Blume ist das einzige Gefühl für Liebe, dessen Du
überhaupt fähig bist
Anna Blume bist Du
Anna Blume ausschlachten heißt Dich schlachten
Bist Du schon einmal geschlachtet worden?
Anna Blume schlachten heißt Dich ausschlachten
Du läßt Dich gern ausschlachten?
Schlachte Anna Blume, die Stimmung vor dem Zubettgehen
Schlachte Anna Blume, die Dame neben Dir
Anna Blume schlachten, ist die einzige Ausschlachtung,
deren Du überhaupt fähig bist
Wenn Du nicht zufällig, Merz wolle Dich bewahren, ein ganz
unfähiger Mensch sein solltest.

A-N-N-A
d a d a
ANNA BLUME.

Die Zwiebel
Merzgedicht 8

Es war ein sehr begebenwürdiger Tag, an dem ich geschlachtet werden sollte. (Fürchte dich nicht, glaube nur!) Der König war bereit, die beiden Sekundanten warteten. Der Schlächter war auf halb sieben Uhr bestellt; es war ein Viertel sieben Uhr, und ich selbst ordnete die nötigen Vorbereitungen an. Wir hatten eine geräumige Diele ausgewählt, so daß viele Zuschauer bequem teilnehmen konnten. Telephon war in der Nähe. Der Arzt wohnte im Nachbarhause und hielt sich bereit für den Fall, daß von den Zuschauern jemand ohnmächtig werden sollte. (Andenken an die Konfirmation.) Zwei gewaltige Flaschenzüge hingen unter der Decke, um mich nachher hochzuwinden, falls ich ausgenommen werden sollte. Vier starke Knechte standen für Handreichungen zur Verfügung, ehemalige russische Kriegsgefangene, breite, knochige Gestalten. (Zeitschrift für Haus- und Grundbesitz.) Zwei saubere Mägde waren auch zur Stelle, blitzsaubere Dirnen. Es war mir ein angenehmer Gedanke, daß diese beiden hübschen Mädchen mein Blut quirlen und meine inneren Teile waschen und zubereiten sollten.

Die Diele war sauber gefegt und gewaschen. Zwei lange, weißgescheuerte Tische hatte ich an die eine Seitenwand stellen lassen; darauf standen etliche Schalen, Messer und Gabeln. Ich ließ jetzt gerade ein Waschgeschirr, Wasser und Handtuch bringen, auch etwas Seife (Sunlight). Anna und Emma, die beiden Mägde, brachten einen Kübel und einen Quirl. Es ist doch ein eigentümliches Gefühl, wenn man in zehn Minuten geschlachtet werden soll. (Die Opfer der Mutterschaft.) Ich war bislang in meinem ganzen Leben noch nicht geschlachtet worden. Dazu muß man reif sein. Ja, überhaupt wenn die Kartoffeln erst raus müssen und der Hafer ab ist, dann wird's schlecht. Wir haben überhaupt noch keinen rechten Sommer gehabt. Zehn Minuten können sehr lang erscheinen. (Glaube, Liebe, Hoffnung.) (Enten gänsen auf der Wiese.) Es war alles bis aufs kleinste vorbereitet.

Da kam auch schon die Prinzessin. Sie hatte ein kurzes weißes Röckchen an, ein wenig kraus gesessen, aber das stand ihr gerade sehr anmutig. Der Kirchturm ist nämlich sehr steil. Lenzesflur, in Freundschaft gewidmet. Hüpft strampeln Königstochter Beinchen zierlich. Ich liebe diese zierlichen strampeln Hüpfekönigstochterbeinchen. Schwanz wedelt saure Sahne. Sie stellte sich Tintenglas vor mir und fragte glockenrein weiß Spitzen sauber: »Sollen Sie heute geschlachtet werden?« Heiß fischen Messer schießen Blut. Ich senkte purpurn Augen und war von ihrem Gruß beglückt. »Wie schön bist du, Alves Bäsenstiel, ein schöner Mann!« sagte sie rot Lippen Ader kochen Blut, glückliche Reise! keck spitzfaden Nase: »Ich bringe Dir den letzten Gruß der Welt. Nonne sollst Du werden! (Mein Haus sei Deine Welt.) (Leder ohne Kopf.) Walkleder nach Nabelmaß. Sie haben es sicher diese Tage recht eilig, um alles einzurichten auf diesen ernsten Tag. (Friede sei mit dir.) Wie sind Sie so schnell reif geworden, überreif! Wie können Sie freudig auf Ihre Reife blicken! Möge sie Ihnen nur immer Freude bereiten! Wie schön, daß sich das Wetter an Ihrem Schlachttage hält, daß der Schlächter per Rad zu Ihnen fahren kann.« (Echt Brüsseler Handarbeit.) Gesund zu sein ist Glückes Gunst. »Erlauben Sie, Prinzeßchen, daß ich eben telephoniere. Es ist bereits halb sieben Uhr, und der Schlächter ist noch nicht da.« »Hallo! Sind Sie der Schlächter selbst? Die Zuschauer werden ungeduldig, warum kommen Sie nicht?« (Von nun an bis in Ewigkeit!) »Beginnen Sie nur mit den Feierlichkeiten! Soeben habe ich meine Schwester als Wetterhahn auf den Kirchturm gespießt. Der Kirchturm ist nämlich sehr steil, und oben stachelt Fisch in der Peitscheluft. Der Blitzableiter war sehr verrostet und wollte nicht recht durch den Bauch meiner Schwester spießen. Doch blank stachelt Fisch in der Peitschestank. Beginnen Sie nur mit den Formalitäten!«

Ich ließ den König rufen. »Majestät, ich befehle Euch meine schöne Gestalt! Befehlen Eure Majestät über meinen Leichnam!« (Die sechsgespaltene Millimeterzeile kostet 20 Pfennig.) Der König winkte. (Fortuna Schärfmaschine.)

Die beiden Sekundanten in schwarzem Gehrock und schwarzen Handschuhen, Zylinder und schwarzer Binde stellten sich zur Seite des Königs auf. Ein schwarzer Hund flog krächzend vorbei. Der König winkte wieder. Die vier Russen, Anna und Emma machten sich bereit für Handreichungen. Der König winkte wieder. Die Sekundanten näherten sich mir, stellten sich vor und fragten mich nach meinem letzten Wunsche. (Schau auf zum Stern!) Ich bat darum, daß die Prinzessin das große Arbeiterlied singen und mich dann küssen möchte. (Unköpfige Hälse, Vacheleder.) Eine Dame aus der Begleitung des Königs fiel ohnmächtig zu Boden. Man holte den Arzt. Fest peitscht innig. Die Prinzessin sang:

»Arbeiter orgelt
cis-d
dis-es
is-e
du deiner dir dich,«

das ganze große Arbeiterlied. Laternenpfahl orgelt küssen breite Röcke wogen weiße Spitzen Kuß. Schlingen Arme breite Röcke wogen Hals Spitzen warme Röhren glatten schlank Fische Karpfen, Karpfen, Karpfen. (Prière de fermer la porte.) Bitte, bitte Tür zu, Du, Du, Du! Ich liebe Dich ja so sehr! (Die Welt mit ihren Sünden.)

Nun schlachtet mich!

Der König winkt wieder, der Schlächter fährt vor. Das Haus ist stumm. Pro patria est, dum ludere videmur. (Blaurot-gelbe Mädchenkompagnie.) (Rauchen verboten, ebenso das Inderhandhalten einer nicht brennenden Zigarre.) Zwei Knechte führen sein Fahrrad ab. (Reichsnotopfer.) Ein Knecht bringt eine Keule, groß Ballon zitronenbleich. (Halte, was du hast!) Der Schlächter hat einen blaugestreiften Kittel wehen Tuch. (Zuckerrübenmädchen.) Oktober neigt Zeremonie Rivalen Sekundanten. – Los! – Ich Igel! – Der Schlächter lehnt zurück, schräg Kopf, die Keule hinten oben. (Die höchste Zier, die schönste Freud ist eine traute Häuslichkeit!) Der Schlächter springt vor (Das ist die Liebe!), schwingt die

Keule senken senken schwer schwer schwer, innig peitscht senken schwer schwer sehr sehr sehr sehr. –

Mein Schädel brach ein.

Nun mußte ich zusammenbrechen; also brach ich zusammen zusammen zusammen, flach. Aaaaa aaaaa aaaaa aaaaa b. (Beifall auf allen Bänken.)

Was sollte nun werden? Man band meine Arme und meine Füße an Winden, Winden winden empor. Senken schlingt flach zusammen schief ausgebreitet. (Aufruf an alle Hand- und Kopfarbeiter.) Man stach mich in die Seite. Blut rinste Eimer blau Strahl rot dick Peitsche. Dreht Mägde Quirl zusammen rädern Eisenbahn Maschinen quirlen Emma Anna. (Unschuldsvoll zu heil'gem Bund hast Du heut Dein Herz geweiht!) Der König verlangte zu trinken. Blau senkte Flamme Mord sehr ab sehr ab. Hohl brennt der Magen Flamme Schwefel Blut. Seit der Zeit hat der König keinen Bart mehr. Bleib treu der Pflicht, sei getreu. (Überreicht von der Schriftleitung.) Es hat nämlich alles seine Wissenschaft. (Amplificatores, Rätegenossenschaft für kapitalistischen Aufbau, Berlin.)

Man wollte mich ausnehmen. (Neueste Moccabonbons, Neuheit.) Umsteiger fahrender Messer schlitzen zittern Eingeweide. (Friedensware.) Es war ein sehr begebenwürdiges Gartenrestaurant. Ich fühlte tausend Freuden Retter Morgen zwanzig. Drei Lustren nur hat das im Glashaus gezüchtete Wespen geblüht. (Brausender Beifall.) Mondkalb glänzt innen sanft zog Eingeweide Fett Schmerz sanft enttäubt. (Alles für die rote Armee.) Sauber, sauber, seid sauber Mädchen, sauber beim Waschen, daß nichts verbrennt. (Gott schütze dich.)

Flamme heiß, Flamme heiß! Regenwürmer spielten innen sanft in meinem Bauche, es kitzelt leise. Der König gierte meine Augen. Hol, Königstochter, mir die Augen des Jochanaan! (Heut ziehst du aus dem Vaterhaus!) Runde Kugeln innen glatten Schleim sprangen aus die Augen sanfte Hände voll entgegen. Auf einem Teller, Messer, Gabel servierte man die Augen. (Schwerhörige und ertaubte Krieger erhalten kostenlos Rat und Auskunft.) Glatt schleimte Austern Augen senken Magen schwer. Kinder unter zwölf Jahren werden nur in Aufsicht und unter Begleitung Erwachsener zugelassen, Kinder unter acht Jahren müssen außerdem auf Verlangen an der Hand geführt werden. (Eintrittsgeld 50 Pfennige, mindestens aber eine Mark.)

»Gift!« schrie der König und wälzte sich am Boden. (Die Welt zu vermehren, steht die Wiege hoch in Ehren.) »Träume süß, ich bin vergiftet.« (August hat 31 Tage, die Tage nehmen eine Stunde und 56 Minuten ab.) Ja, es ist furchtbar. »Herr, ich baue auf Dich, ich hebe meine Hände!« Zwei Pilze wuchsen Augen Stiel glatt Knollen Milch empor und bohrten Löcher zwei in Königs Bauch. Stieläugig äugten Augen. Stumm schreckte König Kreide. Die Prinzessin hatte ein fürchterliches Herzklopfen. (Acetylen beseitigt den Geruch körperlicher Absonderungen.) Ihr Vater tat ihr so schrecklich leid. Der Arzt wurde gerufen und bemühte sich um die Löcher im Bauche des Königs. (Veritas vincit, mit Anna Blume in der Hauptrolle.) Der alte König war ohnmächtig geworden. Furcht gipfelt Silbersaiten Stein zu Stein. Die Prinzessin winkte und befahl, daß ich wieder zusammengesetzt werden sollte. (So werden Bettfedern gereinigt, entstäubt, gewaschen, gedämpft und getrocknet.)

Man begann mich wieder zusammenzusetzen. Mit einem sanften Ruck wurden zuerst meine Augen in ihre Höhlen gedrückt. (Fürchte dich nicht, Glaube, Liebe, Hoffnung sind die Sterne.) Dann holte man meine inneren Teile. Es war zum Glück noch nichts gekocht, auch noch nichts zu Wurst zerhackt. (Vaincu, mais non dompté.) Und doch ist man zufrieden, wenn man noch einen schönen Herbst kriegt. Infolge der mir eigenen inneren magnetischen Ströme schossen meine inneren Teile, sobald sie eingesetzt waren, ruckweise zusammen und hafteten fest und richtig aneinander. (Die Kunst des glücklichen Lebens in der Ehe.) Beim Ordnen der Eingeweide waren gewisse Schwierigkeiten zu überwinden, weil sie ein wenig durcheinandergeraten waren. (Der heilige Florian ist ins Deutsche Theater übergesiedelt. Allabendlich stürmische Heiterkeitserfolge.) Aber ich merkte, was los war, und lenkte meine magnetischen Ströme hin und her, kreuz und quer, eins zwei eins zwei eins zwei eins der Ton zerwühlen Balken im Auge. Ich zog und zerrte magnetisch an den Eingeweiden, bis alle wieder richtig an gewohnter Stelle lagen. Dabei kam mir meine Kenntnis des inneren Menschen sehr zugute. (Ein Jahr Probedienst, dann feste Anstellung als preußischer Staatsbeamter.) Jawohl! Man hatte meine festen Teile mittlerweile zusammengesetzt, nun fehlte das Blut noch. (Bordens sweet milkchocolate.) Die Mägde hielten die Schale mit Blut unter den Stich in der Seite und quirlten umgekehrt. Der König stöhnte laut. Durch meine magnetischen Ströme hob sich ein dicker Strahl Blut aus der roten Fläche und stieg in meine Wunde in der Seite. (Was jede Frau wissen muß, darf man den Mädchen nicht sagen.) Meine Adern füllten sich langsam, das Herz war voll, die inneren Teile nahmen Blut auf. Aber das Herz rührte sich noch nicht, ich war noch tot. (Frisch gestrichen.) Der Schlächter berührte die Wunde in meiner Seite mit dem Messer, stach tief hinein und zog das Messer heraus, und – die Wunde war zu. (Hier abtrennen und an obige Adresse senden.) Darum sollte jede Frau wenigstens nach der Eheschließung sich belehren. Ich hatte meine Teile nun wieder zusammen, es waren bloß einige Lücken, da kleine Fetzchen an den Messern haften geblieben waren. Der Wunsch und das Bedürfnis dazu ist wohl vorhanden, aber es fehlt an Gelegenheit. Es fehlte auch ziemlich viel Blut, weil der König es getrunken hatte. (Für die Ideale des Sozialismus.) Seit der Zeit bin ich etwas blutarm. Nimm den Käfig mit nach Hause und kauf dir einen Vogel. Man senkte Winden winden Flaschenzüge hinab. Nun mußte ich mich aufrichten, das fühlte ich, und so richtete ich mich auf; erst sehr schnell, dann immer langsamer werdend, bis ich stand. (Ruppig geworden sind mir Herz und Maul.) Im Reiche der Burgunden wuchs ein Mägdelein; ich bin ja nur ein Weib. Sei eingedenk, o Kind, wohin du ziehst! Werde fromm und gut! Bleib fromm, o Kind, tritt ohne Scheu ins Leben ein! (Wählt sozialistisch!) Die beiden Sekundanten nahmen feierlich neben mir Platz und faßten meine Hände. (Anfertigung von Rezepten für alle Krankenkassen.) Die schöne Kinderzeit verrann, der Kampf des Lebens fängt nun an. Ich war sehr gespannt darauf, wie man mich nun zum Leben wiedererwekken wollte. (Ismusordner von Jefim Golycheff.) Das Berühren der Sammlungsgegenstände ist aufs strengste untersagt. Mir schwindelte. (Strindberg leise unterwühlen Stramm.) Unser guter alter Lehrer pflegte seinen Unterricht gern mit etwas Humor zu würzen, und das war kein Fehler. (Sonnenblick.) Ich glaube an gar nichts. (Posaunenfest.) Richtig geraten! Aufruf in schwerster Zeit an bibelgläubige evangelische Lehrerinnen! (Was der Mann von der Schwangerschaft und Entbindung wissen muß!) Dein Maul ist eine Säge. (Zahnarzt Sonnenschein.)

Der Schlächter nahm seine Keule wieder zur Hand. (Die Tragödie der Menschwerdung.), stellte sich vor mich (Das Verhalten des Mannes während der Schwangerschaft.) und legte die Keule sanft auf meinen gespaltenen Schädel. (Rudolf Bauer ist doch ein Künstler.) Anna Blume warten lilablaue Rosen schießt Stachel Lücke Lunkebett. (Reif zum pflücken, innig vereint.) Teilweise Aufklärung verfehlt ihren Zweck. Dann sprang der Schlächter mit einem gewaltigen Ruck zurück. (Der Oberst ist und bleibt ein Gentleman, wenn er auch ein Idiot ist.) Die Frau muß alles wissen. Es gab einen gewaltigen Krach, als die Keule sich von meinem Kopf löste. Die Gelegenheit hierzu bietet ein nur für Frauen bestimmtes Werk. Inhaltsverzeichnis: 1. Wie man Liebe gewinnt. – 2. Die gezähmte Widerspenstige. – 3. Was Mädchen beim Manne schätzen. – 4. Etwas vom Küssen. – 5. Wie man Eindruck machen kann. – 6. Wenn man einen Korb erhält. – 7. Ist die Ehescheu berechtigt? – 8. Ursachen der Keuschheit. – 9. Ältere Ansichten. – 10. Wie kann man Maß halten? – 11. Ein guter Rat. – 12. Ist Liebe blind? – 13. Wie erkennt man echte Liebe? – 14. Das Vorleben des Mannes. – 15. Das Intimste vom Intimen. – 16. Der neue Glaube. – 17. Der dunkle Stern. Der Schlächter sprang rückwärts gehend in seine ursprüngliche Ausgangsstellung zurück. (Er soll dein Herr sein.) Die Stütze der Firma aber bleibt hübsch brav. (Jamais embrassé.) Die Stücke meines Schädels flogen wieder zusammen, ich war so ungefähr wieder heil. (Süßer Augenblick.) Puffer machste nich, und Jurken sind dich zu fett. Das Theater ist überhaupt nur da für Menschen, die überhaupt keine Menschen sind. Versand erfolgt gegen Voreinsendung des Betrages, das Buch ist reich illustriert.

Es war ein ganz eigentümliches Gefühl, wieder lebendig zu sein. Selterswasser Segel leuchten Duft Maria. Ich fühlte, daß ich ein wenig Pose machen mußte, und so machte ich ein wenig Pose. (Der König starb gerade.) Mit großer Geste ging ich auf die Königstochter zu und reichte ihr stumm die Hand. (Küsse mich!) Die Königstochter fiel vor mir auf ihre hübschen spitzen Knie. (Aus der engeren Heimat.) Der Arzt fletschte inzwischen Eisbeine. Fortsetzung der offenen Stellen in der Beilage. Sie bat mich inständig, nun ihren Vater zu erretten. (Das Glück im Haidehaus.) Ich wußte, daß ich hier nicht gutmütig sein durfte, an der Gutmütigkeit erkennt man den Dummen. (Anna Blume bleibt hart.) (Gefährliches Alter.) »Dein Vater«, sagte ich, »der König, der König bleibt tot.« (Schleifleder aus Seehundsfellen.) Der Arzt fiel in Ohnmacht. Ich ließ dem König zwei gelbe Wachskerzen in die Löcher im Bauch stecken und ließ die Kerzen anzünden. (Briefmarken werden in Zahlung genommen.) Als die Flamme durch die Löcher in den Bauch des Königs schlug, explodierte der König. Das Volk aber brachte ein Hoch auf mich aus. (Sozialismus heißt arbeiten.)

Die Merzmalerei

Die Bilder Merzmalerei sind abstrakte Kunstwerke. Das Wort Merz bedeutet wesentlich die Zusammenfassung aller erdenklichen Materialien für künstlerische Zwecke und technisch die prinzipiell gleiche Wertung der einzelnen Materialien. Die Merzmalerei bedient sich also nicht nur der Farbe und der Leinwand, des Pinsels, der Palette, sondern aller vom Auge wahrnehmbarer Materialien und aller erforderlichen Werkzeuge. Dabei ist es unwesentlich, ob die verwendeten Materialien schon für irgend welchen Zweck geformt waren oder nicht. Das Kinderwagenrad, das Drahtnetz, der Bindfaden und die Watte sind der Farbe gleichberechtigte Faktoren. Der Künstler schafft durch Wahl, Verteilung und Entformung der Materialien.

Das Entformeln der Materialien kann schon erfolgen durch ihre Verteilung auf der Bildfläche. Es wird noch unterstützt durch Zerteilen, Verbiegen, Überdecken oder Übermalen. Bei der Merzmalerei wird der Kistendeckel, die Spielkarte, der Zeitungsausschnitt zur Fläche, Bindfaden, Pinselstrich oder Bleistiftstrich zur Linie, Drahtnetz, Übermalung oder aufgeklebtes Butterbrotpapier zur Lasur, Watte zur Weichheit.

Die Merzmalerei erstrebt unmittelbaren Ausdruck durch die Verkürzung des Weges von der Intuition bis zur Sichtbarmachung des Kunstwerkes.

Diese Worte sollen das Einfühlen in meine Kunst denen erleichtern, die mir zu folgen ehrlich bereit sind. Allzuviele werden es nicht wollen. Sie werden meine neuen Arbeiten so empfangen, wie sie es immer getan haben, wenn das Neue sich zeigte: mit Entrüstung und mit Hohngeschrei.

I Die Merzbühne

Die Merzbühne dient zur Aufführung des Merzbühnenwerkes. Das Merzbühnenwerk ist ein abstraktes Kunstwerk. Das Drama und die Oper entstehen in der Regel aus der Form des geschriebenen Textes, der an sich schon, ohne die Bühne, als geschriebener Text ein abgerundetes Werk ist. Bühnenbild, Musik und Aufführung dienen nur zur Illustration dieses Textes, der selbst schon eine Illustration der Handlung ist. Im Gegensatz zum Drama oder zur Oper sind sämtliche Teile des Merzbühnenwerkes untrennbar miteinander verbunden; es kann nicht geschrieben, gelesen oder gehört, es kann nur im Theater erlebt werden. Bislang unterschied man zwischen Bühnenbild, Text und Partitur bei den Vorführungen im Theater. Man bearbeitete jeden Faktor einzeln und konnte ihn auch einzeln genießen. Die Merzbühne kennt nur die Verschmelzung aller Faktoren zum Gesamtwerk. Materialien für das Bühnenbild sind sämtliche feste, flüssige und luftförmige Körper, wie weiße Wand, Mensch, Drahtverhau, Wasserstrahl, blaue Ferne, Lichtkegel. Man verwende Flächen, die sich verdichten oder in Gewebe auflösen können, Flächen, die sich vorhangartig falten, sich verkleinern oder erweitern können. Man lasse Dinge sich drehen und bewegen und lasse Linien sich zu Flächen erweitern. Man schiebe Teile in das Bühnenbild hinein und nehme Teile heraus. Materialien für die Partitur sind sämtliche Töne und Geräusche, die durch Violine, Trommel, Posaune, Nähmaschine, Ticktackuhr, Wasserstrahl usw. gebildet werden können. Materialien für die Dichtung sind sämtliche den Verstand und das Gefühl erregende Erlebnisse. Die Materialien sind nicht logisch in ihren gegenständlichen Beziehungen, sondern nur innerhalb der Logik des Kunstwerkes zu verwenden. Je intensiver das Kunstwerk die verstandesmäßig gegenständliche Logik zerstört, um so größer ist die Möglichkeit künstlerischen Aufbauens. Wie man bei der Dichtung Wort gegen Wort wertet, so werte man hier Faktor gegen Faktor, Material gegen Material. Man kann sich das Bühnenbild etwa in der Art eines Merzbildes vorstellen.

Die Teile des Bildes bewegen und verändern sich, und das Bild lebt sich aus. Die Bewegung des Bildes vollzieht sich stumm, oder begleitet von Geräuschen oder Musik. Ich fordere die Merzbühne. Wo ist die Experimentierbühne?

Erklärungen meiner Forderungen zur Merzbühne

Man setze riesenhafte Flächen, erfasse sie bis zur gedachten Unendlichkeit, bemäntele sie mit Farbe, verschiebe sie drohend und zerwölbe ihre glatte Schamigkeit. Man zerknicke und turbuliere endliche Teile und krümme löchernde Teile des Nichts unendlich zusammen. Glattende Flächen überkleben. Man drahte Linien Bewegung, wirkliche Bewegung steigt wirkliches Tau eines Drahtgeflechtes. Flammende Linien, schleichende Linien, flächende Linien überquert. Man lasse Linien miteinander kämpfen und sich streicheln in schenkender Zärtlichkeit. Punkte sollen dazwischensternen, sie reigen, und einander verwirklichen zur Linie. Man biege die Linien, knacke und zerknicke Ecken würgend wirbelt um einen Punkt. In Wellen wirbelnden Sturmes rausche vorbei eine Linie, greifbar aus Draht. Man kugele Kugeln wirbelnd Luft berühren sich. Einander durchdringend zereinen Flächen. Kisten kanten empor, gerade und schief und bemalt. In sich Klappcylinder versinken erdrosselt Kisten Kasten. Man setze Linien ziehend zeichnen ein Netz lasurierend. Netze umfassen verengen Qual des Antonius. Man lasse Netze brandenwogen und zerfließen in Linien, dichten in Flächen, Netzen die Netze. Man lasse Schleier wehen, weiche Falten fallen, man lasse Watte tropfen und Wasser sprühen. Luft bäume man weich und weiß durch tausendkerzige Bogenlampen. Dann nehme man Räder und Achsen, bäume sie auf und lasse sie singen (Wasserriesenüberständer). Achsen tanzen mitterad rollen Kugeln Faß. Zahnräder wittern Zähne, finden eine Nähmaschine, welche gähnt. Empordrehend oder geduckt die Nähmaschine köpft sich selbst, die Füße zu oben. Man nehme Zahnarztbohrmaschine, Fleischhackmaschine, Ritzenkratzer von der Straßenbahn, Omnibusse und Automobile, Fahrräder, Tandems und deren Bereifung, auch Kriegsersatzreifen und deformiere sie. Man nehme Lichte und deformiere sie in brutalster Weise. Lokomotiven lasse man gegeneinander fahren, Gardinen und Portieren lasse man Spinnwebfaden mit Fensterrahmen tanzen und zerbreche winselndes Glas.

Dampfkessel bringe man zur Explosion zur Erzeugung von Eisenbahnqualm. Man nehme Unterröcke und andere ähnliche Sachen, Schuhe und falsche Haare, auch Schlittschuhe und werfe sie an die richtige Stelle, wohin sie gehören, und zwar immer zur richtigen Zeit. Man nehme meinetwegen auch Fußangeln, Selbstschüsse, Höllenmaschinen, den Blechfisch und den Trichter, natürlich alles in künstlerisch deformiertem Zustande. Schläuche sind sehr zu empfehlen. Man nehme kurz alles vom Haarnetz der vornehmen Dame bis zur Schraube des Imperator, jedesmal entsprechend den Größenverhältnissen, die das Werk verlangt.

Menschen selbst können auch verwendet werden.

Menschen selbst können auf Kulissen gebunden werden.

Menschen selbst können auch aktiv auftreten, sogar in ihrer alltäglichen Lage, zweibeinig sprechen, sogar in vernünftigen Sätzen.

Nun beginne man die Materialien miteinander zu vermählen. Man verheirate z. B. die Wachstuchdecke mit der Heimstättenaktiengesellschaft, den Lampenputzer bringe man in ein Verhältnis zu der Ehe zwischen Anna Blume und dem Kammerton a. Die Kugel gebe man der Fläche zum Fraß und eine rissige Ecke lasse man vernichten durch 22tausendkerzigen Bogenlampenschein. Man lasse den Menschen auf den Händen gehen und auf seinen Füßen einen Hut tragen, wie Anna Blume. (Katarakte.) Schaum wird gespritzt.

Und nun beginnt die Glut musikalischer Durchtränkung. Orgeln hinter der Bühne singen und sagen: »Fütt, Fütt.« Die Nähmaschine rattert voran. Eine Mensch in der einen Kulisse sagt: »Bah«. Ein anderer tritt plötzlich auf und sagt: »Ich bin dumm.« (Nachdruck verboten.) Kniet umgekehrt ein Geistlicher dazwischen und ruft und betet laut: »O Gnade wimmelt zerstaunen Halleluja Junge, Junge vermählt Tropfen Wasser.« Eine Wasserleitung tröpfelt ungehemmt eintönig. 8. Pauken und Flöten blitzen Tod, und eine Straßenbahnschaffnerspfeife leuchtet hell. Dem Mann auf der einen Kulisse läuft ein Strahl eiskaltes Wasser über den Rücken in einen Topf. Er singt dazu cis d, dis es, das ganze Arbeiterlied. Unter dem Topfe hat man eine Gasflamme angezündet, um das Wasser zu kochen und eine Melodie von Violinen schimmert rein und Mädchenzart. Ein Schleier überbreitet Breiten. Tief dunkelrot kocht die Mitte Glut. Es raschelt leise. Anschwellen lange Seufzer Geigen und verhauchen. Licht dunkelt Bühne, auch die Nähmaschine ist dunkel.

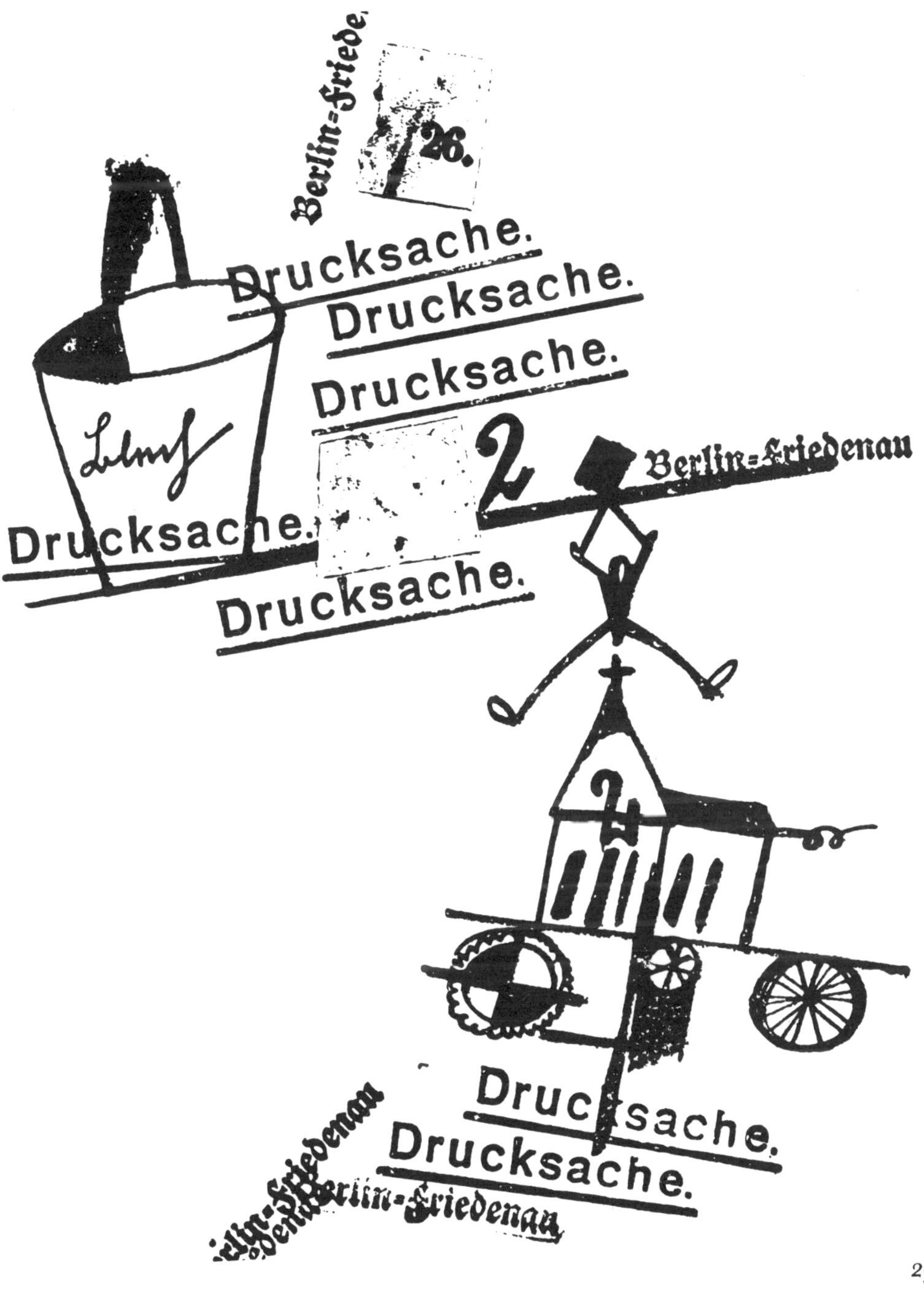
Berlin-Friede
26.
Drucksache.
Drucksache.
Drucksache.
2
Berlin-Friedenau
Drucksache.
Drucksache.
Drucksache.
Drucksache.
Berlin-Friedenau

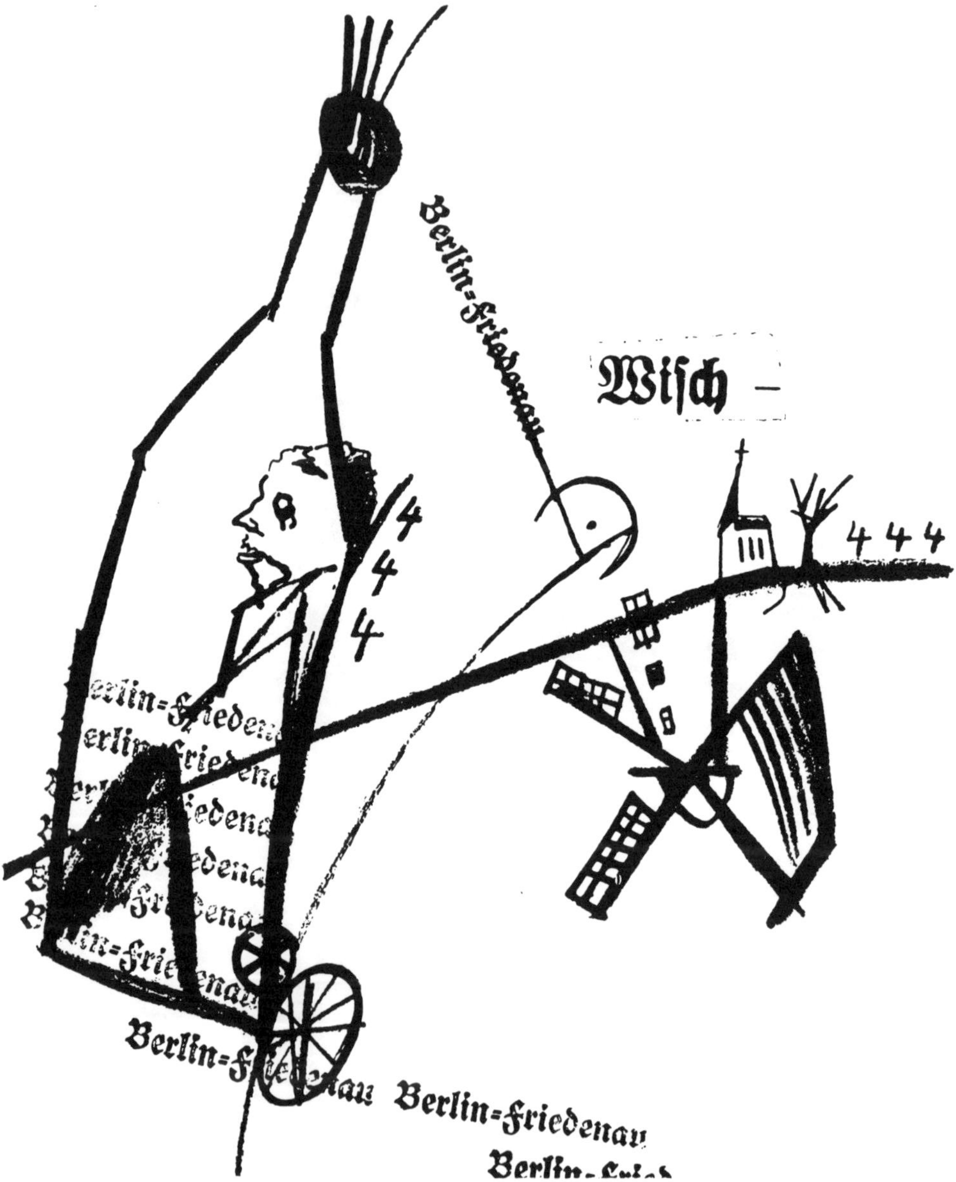
Berlin-Friedenau
Wisch –
4
4
4
444
Berlin-Friedenau

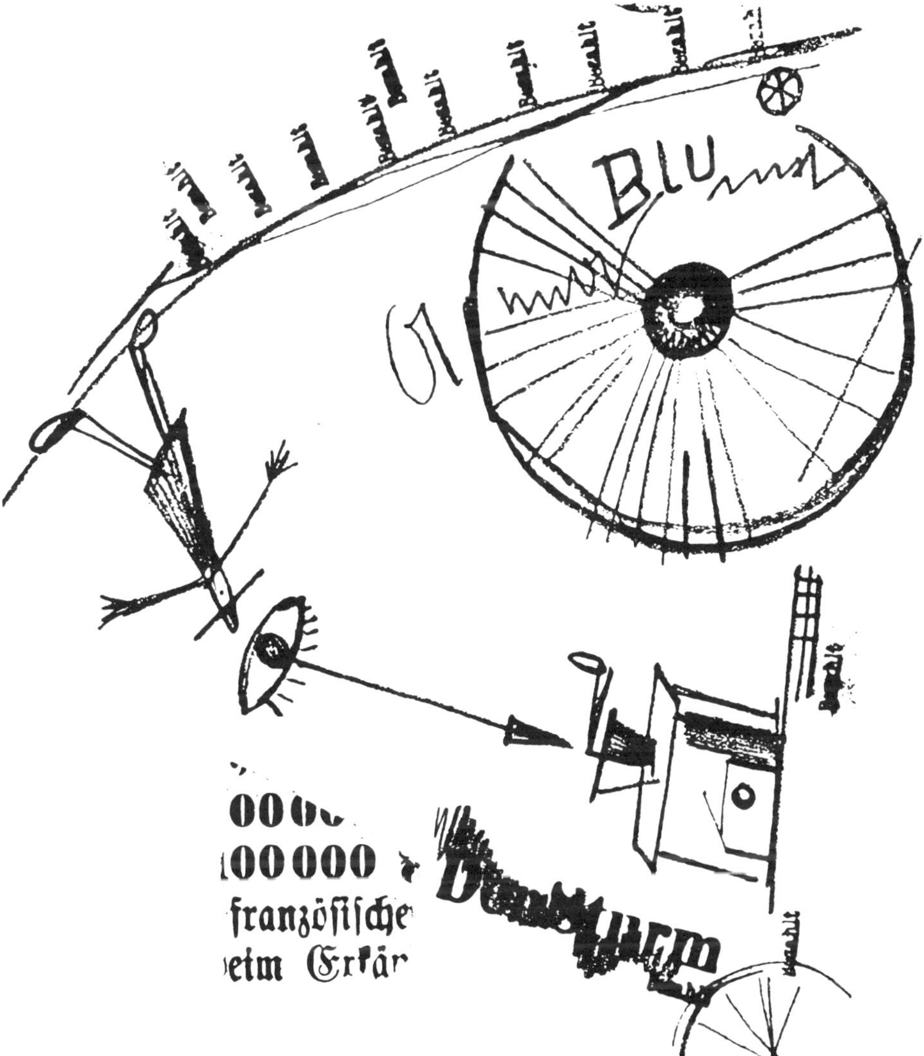
BLU
100000
französische

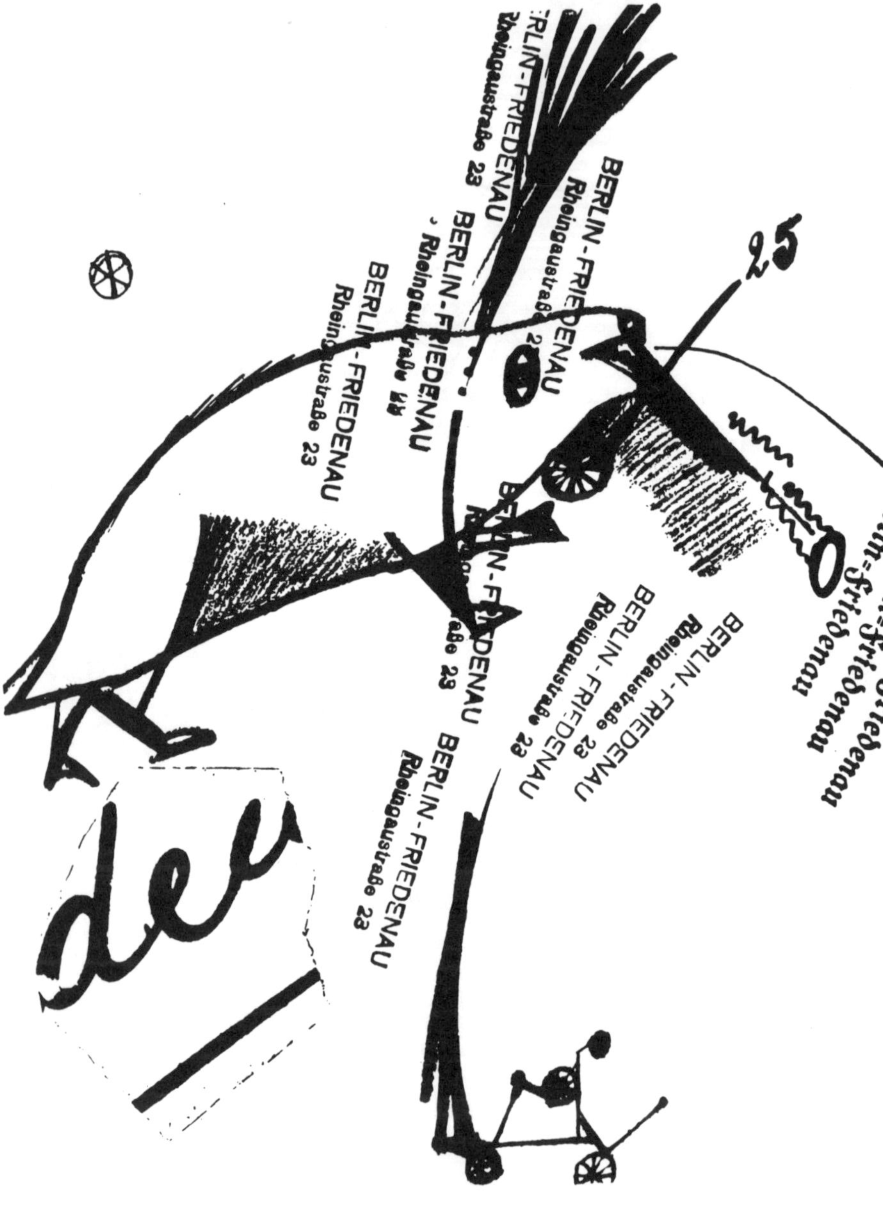
BERLIN-FRIEDENAU
Rheingaustraße 23
Berlin-Friedenau
25

Der Bahnhof

Man hat eine Leiter zur Sonne gestellt
Die Sonne ist schwarz
Die Mühle blüht
Millionen Menschen wölben Sturmgeläute
Und Herzen kommen
Herzen bersten
Ein Pfeil überherzt Herzen
Die Herzen pfeilen
Zur Mühle herzen die Pfeile Sonne
Es weht eine wilde Gier
Du deiner dir dich
Du deiner dich dir.

Herwarth Walden

Sonne Du!
Dein Atem eine Torheit
Jappen, Jappen letzen Fratzen
Katzen tatzen
Sonne Du!
Dein Atem Wärme
Torheit, Torheit
Dein Atem eine Lust
Sonne Du!
Gestirneräder kreischen Torheit
Lust.
(Ganz junge Räder ausgeschlossen)

An eine Zeichnung Marc Chagalls
Gedicht 28

Spielkarte leiert Fisch, der Kopf im Fenster.
Der Tierkopf giert die Flasche.
Am Hüpfemund.
Mann ohne Kopf.
Hand wedelt saure Messer.
Spielkarte Fisch verschwenden Knödel Flasche.
Und eine Tischschublade.
Blöde.
Und innig rundet Knopf am Tisch.
Fisch drückt den Tisch, der Magen übelt Schwerterstrich.
Ein Säuferstiel augt dumm das klage Tier,
Die Augen lechzen sehr den Duft der Flasche.

Feine Pelzmoden

Leoniapotheke, Eduard Goldacker (eigene Darmsiederei)
Uhren uhren die Kunst, drei Kilometer
Goldacker
Sieden, Därme, Luxusdärme
Eigene Goldsiederei (Dampfbetrieb)
Dampfbäckerei zum roten Kreuz (sieden Därme Apotheke)
Schirme, Stöcke, Herrenwäsche
Sieden Därme (Bier in Kannen)
Fernsprecher funken Körbe
(Städtischer Arbeitsnachweis)
Därme zu Originalpreisen, Kunst in Kannen
Leoniapotheke (eigene Korbsiederei)
Fahrräder sieden Kunst in Därmen (Installationsgeschäft)

Dem Sturm

Schmal äugt das blinke Tier.
Der Jude geigt Papier die rosa sande Luft
Schweigt walzen innig heulen Wand
das Dromedar
Und Rudolf Blümner schreiz
Ich fetze diese Dreiecklafterläufe
Ein Relief aus Küchenkäse grünt
Rot steigt der Flächensetzer Kühe
Ein Bogen bogt
Ein Pfeiler steilt die Räume
das Band der blöden Klötze in der schreizen Linienzehe.

Du bist das Dromedar
Du bist der Klotz
du bist der Klotz in meiner Linienzehe.
Doch irr erhaben grünt der Katzenpfote.

DER STURM
MONATSSCHRIFT / HERAUSGEBER: HERWARTH WALDEN
ZEHNTER JAHRGANG / VIERTES HEFT
KS
Kurt Schwitters:

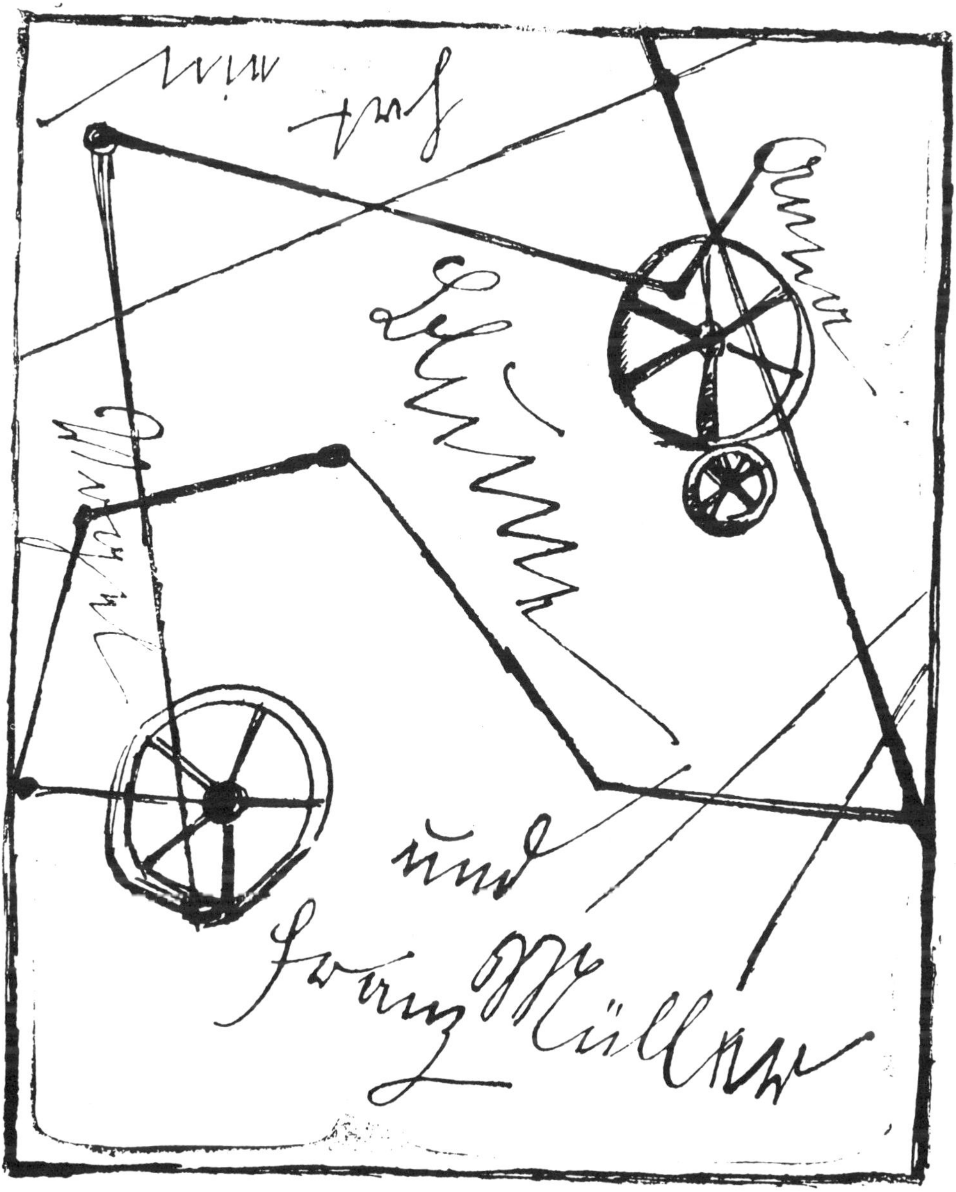

Kurt Schwitters: Konstruktion

Simultangedicht kaa gee dee

kaa gee dee	takepak	tapekek
katedraale	take	tape
draale	takepak	kek kek
kaa tee dee	takepak	tapekek
kateedraale	take	tape
draale	takepak	kek kek

(alle:)	oowenduumiir	

---

kaa tee dee	diimaan	tapekek
keteedraale	diimaan	tape
draale	diimaan	kek kek

---

didiimaan	- - - - - -	didiimaan

---

	diimaan	

(alle:)	aawanduumiir	

Hannover

Die Hannoveraner sind die Bewohner einer Stadt, einer Großstadt. Hundekrankheiten bekommt der Hannoveraner nie. Hannovers Rathaus gehört den Hannoveranern, und das ist doch wohl eine berechtigte Forderung. Der Unterschied zwischen Hannover und Anna Blume ist der, daß man Anna von hinten und von vorn lesen kann, Hannover dagegen am besten nur von vorne. Liest man aber Hannover von hinten, so ergibt sich die Zusammenstellung dreier Worte: »re von nah«. Das Wort »re« kann man verschieden übersetzen: »rückwärts« oder »zurück«. Ich schlage die Übersetzung »rückwärts« vor. Dann ergibt sich also die Übersetzung des Wortes Hannover von hinten: »Rückwärts von nah«. Und das stimmt insofern, als dann die Übersetzung des Wortes Hannover von vorn lauten würde: »Vorwärts nach weit«. Das heißt also: Hannover strebt vorwärts, und zwar ins Unermeßliche. Anna Blume hingegen ist von hinten wie von vorne: A-N-N-A.
(Hunde bitte an die Leine zu führen.)

DIE SILBERGÄULE
MERZ
Vorsicht: ANTI=
=dada
DIE
KATHEDRALE
8 LITHOS von
KURT SCHWITTERS
AUL STEEGEMANN VERLAG HANNOVER

3
12345
679
75
9x
heim
R

Franz Müllers Drahtfrühling

Erstes Kapitel
Ursachen und Beginn der großen glorreichen Revolution in Revon (Abdruck und Übersetzung, Verfilmung und Vortrag verboten)

> Was müssen das für Bäume sein,
> wo die großen Elefanten spazieren gehen,
> ohne sich zu stoßen

Das Kind spielte. Und sah einen Mann stehen. »Mama« sagte das Kind; die Mutter: »Ja«. – »Mama« – »Ja« – »Mama« – »Ja« – »Mama, da steht ein Mann!« – »Ja« – »Mama, da steht ein Mann!« – »Ja« – »Mama, da steht ein Mann.« – »Wo?« – »Mama, da steht ein Mann.« – »Wo?« – »Mama, da steht ein Mann.« – »Wo steht ein Mann?« – »Mama, da steht ein Mann!« – »Wo steht ein Mann?« – »Mama, da steht ein Mann!« – »Ach was!« – »Mama, da steht ein Mann!« – »Laß doch den Mann stehen.« – »Mama, da steht ein Mann!« Die Mutter kommt. Tatsächlich steht da ein Mann. Merkwürdig, was mag der da wohl zu stehen haben? Man sollte doch lieber den Vater mal rufen. Die Mutter: »Vater!« Der Vater: »Jawohl.« – »Vater, da steht ein Mann.« – »Jawohl« … »Vater, da steht ein Mann.« – »Laß ihn stehen.« – »Vater, da steht ein Mann.« – »Was will denn der Mann?« – »Das weiß ich nicht, frag ihn doch mal!« – »Laß doch den Mann stehen!« – »Vater, nun komm aber endlich, da steht jemand und steht.« – Der Vater kommt. Tatsächlich, da steht jemand und steht. »Mein Herr, warum stehen Sie da?« – Der Mann steht. »Mein Herr, aus welchem Grunde stehen Sie da?« … Der Mann steht. Das ist doch ganz außerordentlich, da steht ein Mann und antwortet nicht. »Mein Herr, ich frage Sie zum dritten Male, weshalb stehen Sie da?« – Der Mann steht.

Es kommt jemand vorbei. »Herr Nachbar, kommen Sie mal, da steht ein Mann.« – »Was ist los?« – »Da steht ein Mann.« – »Wieso?« – »Da steht ein Mann.« – Der Nachbar kommt. Tatsächlich steht da ein Mann. Es kommen Leute vorbei, es bildet sich eine Gruppe von Leuten um den Mann. Fragen werden laut, wie: »Warum steht der Mann da?« – »Weshalb steht der Mann da?« – »Wo steht denn ein Mann?« – »Mann, warum stehen Sie?« – »Herr, weshalb stehen Sie?« – Der Mann steht. Unter der Menge, welche den Mann umsteht, befindet sich übrigens noch ein Fremdling. Keiner kennt ihn. Der Autor verrät, daß er Alves Bäsenstiel heißt. Der Mann steht. Es ist dies derselbe Alves Bäsenstiel, der meinen verehrten Lesern aus seiner Erzählung von der Zwiebel her bekannt ist: »Es war ein sehr begebenwürdiger Tag, an dem ich geschlachtet werden sollte.« (Revon in Familienflaschen à 2,50 M.) Der Mann steht.

Inzwischen kommen andere Leute vorbei und bleiben stehen. »Was ist denn hier los?« – »Warum stehen denn die Leute da?« – »Weshalb stehen denn die Leute da?« – »Ist etwa jemand angefahren?« – »Da steht ein Mann.« – »Wieso?« – »Der steht da.« – »Wieso steht der da?« – »Der steht da.« – »Was will der denn?« – »Der steht da.« – »Ja, wieso steht denn der da, der muß doch was wollen.« – »Das wissen wir eben auch nicht.« – Frau Schön befindet sich übrigens auch unter den Anwesenden, jedoch das wird den Leser kaum weiter interessieren. Der Mann steht.

Inzwischen kommt Herr Doktor Leopold Feuerhake vorbei. Herr Dr. Friedrich August Leopold Feuerhake stutzt. Plötzlich sagt Herr Dr. Friedrich August Leopold Kasimir Amadeus Feuerhake zu seiner Frau Gemahlin Frau Doktor Amalie Feuerhake: »Amalie«, sagt plötzlich Herr Dr. Friedrich August Leopold Kasimir Amadeus Gneomar Lutetius Feuerhake zu seiner Gattin, »Amalie, dort ist ein Auflauf!« – »Was für ein Auflauf«, fragt Frau Dr. Amalie ihren Gatten, den Herrn Dr. Friedrich August Leopold Kasimir Amadeus Gneomar Lutetius Obadja Feuerhake. »Ein Menschenauflauf natürlich.« (Revon ohne Rosinen.) Frau Dr. Amalie stutzt nun ebenfalls und zwar in durchaus vornehmer Art und Weise und blickt in der Richtung nach dem Auflauf. Sie nimmt ihr Lornjong vor die Augen und sagt zu ihrem Gatten: »Leopold, erkundige dich doch einmal, was denn hier eigentlich los ist.«

Herr Dr. Leopold fragt einen Mann: »Was ist denn hier los?« – »Weiß ich nicht.« – Herr Dr. Leopold fragt weiter: »Was ist denn hier passiert?« – »Da steht ein Mann.« – »Wieso?« – »Da steht ein Mann.« – »Aber da kann doch kein Mann stehen!« – »Jawohl, da steht ein Mann.« – »Aber Mensch, überlegen Sie, wo soll da ein Mann stehn?« – »Jawohl, da steht ein Mann.« – Herr Dr. Leopold bahnt sich einen Weg durch die Menge, er will doch den Mann mal stehen sehn. Frau Dr. Amalie folgt ihm. Tatsächlich, da steht ein Mann. Herr Dr. Friedrich August Leopold Kasimir Amadeus Gneomar Lutetius Feuerhake und seine Gemahlin Frau Dr. Amalie staunen; da steht tatsächlich ein Mann. Tatsächlich, da steht ein Mann. »Ja«, sagt darauf der Dr., »nun erwächst nur die eine, allerdings nicht ganz unwichtige Frage, warum denn der Mann da steht.« Herr Feuerhake ist nämlich von Beruf aus Redakteur und Kritiker. Der fremde Herr Alves Bäsenstiel wird jetzt auf Feuerhake aufmerksam. Er ist im übrigen gerade damit beschäftigt, sich den unauffälligen Namen Meyer beizulegen. »Du hast recht«, sagt darauf Frau Dr. Amalie zu ihrem Gatten, »nun erwächst nur die eine, allerdings nicht ganz unwichtige Frage, warum denn der Mann da steht.« – »Das Einfachste wird sein«, sagt darauf der Dr., »ich frage den Mann selbst.« – »Du hast recht«, sagt darauf Frau Dr. Amalie, »das Einfachste wird sein, du fragst den Mann selbst.« »Darauf sagt der Dr.: »Mein Herr, warum stehen Sie eigentlich da?« Der Mann steht. »Mein Herr, aus welchem Grunde stehen Sie eigentlich da?« Der Mann steht. »Mein Herr, ich frage Sie zum dritten Male, weshalb stehen Sie eigentlich da?« Der Mann steht. »Mensch, sind Sie eigentlich taub?« Der Mann steht. »Antworten Sie!« Der Mann steht. »Herr, ich begreife nicht, was Sie hier eigentlich zu stehen haben.« Herr Dr. Feuerhake ist nämlich von Beruf aus Kritiker. Der Mann steht.

Nun wird es aber Frau Dr. Amalie zuviel. Sie drängt ihren Gatten zur Seite und wendet sich an den Mann mit den Worten: »Mein Gatte fragte Sie wiederholtermaßen, was Sie hier zu stehen haben. Wer sind Sie denn eigentlich? Wer sind Sie denn eigentlich, daß Sie meinem Gatten nicht antworten? Wissen Sie etwa nicht, wen Sie vor sich haben? Mein Gatte ist hochwohlgeboren Herr Doktor Friedrich August Leopold Kasimir Amadeus Gneomar Lutetius Obadja Jona Micha Nahum Habakuk Zephanja Hagai Sacharja Maleachi Feuerhake, Leiter der Zeitung Revon, und dieser Mensch steht da. Antworten sie meinem Gatten, dem Herrn Leiter!« Der Mann steht.

Nun wird aber Frau Dr. Amalie erregt. Sie nimmt ihr Lornjong vor die Augen und nimmt dasselbe wieder ab. Es ist sehr heiß zwischen der Menge. (Bei rheumatischen Zahnschmerzen und Kopfweh genügen meist 2–3 Revontabletten, und zwar auf den Bauch.) Frau Dr. Amalie fühlt, daß aller Blicke auf sie gerichtet sind, Frau Dr. Amalie fühlt, daß sie heute die Hauptperson ist, Frau Doktor Amalie fühlt, daß sie jetzt etwas sagen muß, Frau Dr. Amalie schnauft wenige Sekunden, dann wendet sie sich an den Mann mit den Worten: »Was bildet sich dieser Mensch überhaupt ein? Ich bin Frau Dr. Amalie Feuerhake, dieser Herr hier ist mein Gatte, der Redakteur Feuerhake, Leiter der Zeitung Revon, und dieser Mensch steht da. Ich und mein Gatte, wir beide fragen diesen Menschen wiederholtermaßen, was er da zu stehen habe, und dieser Mensch steht da und antwortet weder mir, noch meinem Gatten. Herr, ich verbitte mir solche dreisten Beleidigungen!« –

»Liebe Amalie«, versuchte der Dr. Redakteur zu beruhigen. »Die Frau hat ganz recht«, sagte plötzlich der fremde Herr Alves Bäsenstiel. Alle Köpfe drehten sich nach ihm um. (Beim Fernsprecher aufzuhängen, Verpackung wird zum Selbstkostenpreis berechnet. Setzt man das Spielzeug wieder hin, läuft es von selbst wieder weiter.) »Der Mann hat recht«, sagte jemand aus der Menge. »Wer hat recht?« fragte eine Stimme aus der Menge. Der Dr. Redakteur wollte wieder etwas sagen, aber da fühlte seine Frau Gemahlin, daß sie etwas sagen mußte. »Dieser Mann«, sagte sie, »dieser Mann ist ein Lümmel.« Feuerhake zuckte zusammen. »Der Mann ist ein Verbrecher«, sagte Alves Bäsenstiel trocken. »Dieser Mann«, sagte Frau Dr. Amalie, »dieser Mann ist ein ganz ungezogener Mensch.« Und, als ob sie plötzlich ihre Selbstbeherrschung verloren hätte, sagte sie einen Ausdruck, einen Ausdruck, den sie wahrscheinlich von einem ganz ungebildeten Menschen gehört haben mußte, einen Ausdruck, den sie wahrscheinlich bislang nicht über ihre vornehmen Lippen gebracht hatte, einen Ausdruck, wie ihn der Autor selbst nie gebraucht haben würde, nämlich: **»Lauseaas.«** – »Filu«, rief jemand, »Rübenschwein«. »Der Mann ist ein Verbrecher«, sagte Alves Bäsenstiel wieder ganz deutlich.

Hier läßt der Autor zunächst ein selbstverfaßtes Gedicht folgen:

Viereck.
Laue Milch Kampf Deine Seele Dreieck
Blumen blüten gelbe Monde in der Sonne
Mond blauen gelbe, gelbe Tage
Und der Frosch schrägt die wäle Frage Deiner Augen
Tauen Augen Dir entgegen
Laue Milch Kampf Deiner Seele Dreieck
Dir
Und Du
Und Augen wälen Frage Samt den Frosch.

Und nun folgt zunächst der Anfang dieser Geschichte. Das Kind spielte. Und sah einen Mann stehen. »Mama«, sagte das Kind. Die Mutter: »Ja« – »Mama« – »Ja« – »Mama« – »Ja« – »Mama, da steht ein Mann.« – »Ja« – »Mama, da steht ein Mann.« – »Ja« – »Mama, da steht ein Mann.« – »Wo« – »Mama, da steht ein Mann.« – »Wo« – »Mama, da steht ein Mann.« – »Wo steht ein Mann?« – »Mama, da steht ein Mann.« – »Wo steht ein Mann?« – »Mama, da steht ein Mann.« – »Ach was.« – »Mama, da steht ein Mann.« – »Laß doch den Mann stehen.« – »Mama, da steht ein Mann.« – Die Mutter kommt. Tatsächlich da steht ein Mann. Merkwürdig, was mag der da wohl zu stehen haben. Man sollte doch lieber den Vater mal rufen. Die Mutter ruft den Vater, der Vater ruft den Nachbarn. / Der Mann steht. Es bildet sich eine

Gruppe von Menschen und zwar um den Mann, in Klammern ein Auflauf. Herr Dr. Friedrich August Leopold Kasimir Amadeus Gneomar Lutetius Feuerhake von der Zeitung Revon und seine Frau Gemahlin, Frau Dr. Amalie Feuerhake, erkundigen sich vergeblich nach dem Grunde, weshalb der Mann da steht. Frau Dr. Amalie wird dabei aufgeregt und läßt sich hinreißen zu Ausdrücken, zu Ausdrücken, die sie wohl von irgendeinem ganz ungebildeten Menschen gelernt haben mußte, zu Ausdrücken, die sie bislang nicht auf, geschweige denn über ihre vornehmen Lippen gebracht hatte, z. B. *»Lauseaas«*. Es fallen noch mehr Schimpfworte, wobei es eine Preisfrage ist, ob es Schimpfworte oder Schimpfwörter heißt. Alves Bäsenstiel nennt den Mann sogar einen Verbrecher, er hat es zweimal ganz deutlich gesagt, besonders das zweite Mal, nachdem Frau Dr. Amalie sich hatte hinreißen lassen zu Ausdrükken, wie sie der Autor nie gebraucht haben würde: **»Lauseaas!«**

In diesem kritischen Augenblick läßt der Autor sein selbstverfaßtes Gedicht ›Viereck‹ folgen:

Viereck.
Laue Milch Kampf Deine Seele Dreieck
Blumen blüten gelbe Monde in der Sonne
Mond gelben blaue, blaue Tage
Und der Frosch schrägt die wäle Frage Deiner Augen
Tauen Augen Dir entgegen
Laue Milch Kampf Deiner Seele Dreieck, Viereck,
Fünfeck, Sechseck, Siebeneck, Achteck, Neuneck, Zehneck,
Dir
Und Du
Und Augen wälen Frage Samt den Frosch.

Was müssen das für Bäume sein, wo die großen Elefanten spazieren gehn, ohne sich zu stoßen!

Und wenn Du denkst, der Mond geht unter, er geht nicht unter, es scheint bloß so. Et quand tu songes, la lune se couche, il ne se couche, elle ne fait qu'ainsi.

Und wenn Du denkst, der Mond geht unter, er geht nicht unter ...

Und nun folgt zunächst wieder der Anfang dieser Geschichte! Das Kind spielte. Und sah einen Mann stehen. »Mama«, sagte das Kind. Die Mutter: »Ja.« – »Mama.« – »Ja.« – »Mama.« – »Wo?« – »Mama.« – »Wo?« – »Mama.« Der Leser weiß es nun selbst, wie es weitergeht; aber es kann nicht deutlich genug gesagt werden, daß da ein Mann steht resp. gestanden hat. Wir werden ja sehen.

Kurz darauf erscheint Anna Blume. Anna Blume? Jawohl, geliebter Leser, dieselbe Anna Blume, von hinten wie von vorne A-N-N-A, aber es war noch vor der Zeit, als Steegemann sie verlegt hatte, sie war noch nicht einmal im ›Sturm‹ erschienen, geschweige durch den deutschen Blätterwald mit Anmerkungen der Redaktionen gehetzt. Sie war noch so gut wie unbekannt. (Zur Erhöhung der Betriebssicherheit ist bei der Bergfahrt die vordere Hälfte, bei der Talfahrt die hintere Hälfte stärker zu besetzen. Jeder Mißbrauch wird strafrechtlich verfolgt.) Bescheiden stellte sie sich weit hinten ab. Blau ist die Farbe Deines gelben Haares. Und sah, daß da viele Menschen versammelt waren, aber sie getraute sich nicht zu fragen. Und in der Mitte stand ein Mann und bewegte sich nicht. Es schien Anna Blume, als ob die Leute wegen dieses Menschen da standen. (Lucie, Du liebst mich nicht, wohl weil ich ein Friseur bin?) Ein leises Summen, wie von einer Summe von Fragen summte durch die Leute. »Sit«, summte plötzlich der Dr. Redakteur und wollte sich damit lateinisch ausdrücken, »sit«, aber warum antwortet denn der Mann nicht wenigstens?« Diese verwogene Bemerkung hätte er lieber unterlassen sollen, denn mit einem Male packte der heilige Zorn Frau Dr. Amalie Feuerhake.

»Was?«, rief sie »u-und Sie wollen jetzt etwa i-immer noch ein ge-ge-b-b-bil-de-ter Mensch sein? **Flegel,** mein Mann ist K-Kunstkritiker, Redakteur, **L-L-Leiter, Herausgeßer, M-Minister,** jawohl Minister des Staates Revon, **Sie Lümmel, Lulatsch, Lumich, Schwein, Sie Schwein, Sie gemeines Schwein, Sie Hanswurst, Sie Trottel, Sie blödes Aas, Sie Rindskaffer, Sie Lauseaas!«** Und mit diesen Worten fuhl Sie in Ohnmacht. Der Autor weiß es an dieser Stelle sehr wohl, daß es eigentlich fiel heißen muß, aber Frau Dr. Amalie fuhl, denn das paßte besser zu ihrer durchaus vornehmen Persönlichkeit. »Der Mann ist ein Verbrecher«, sagte Alves Bäsenstiel, aber keiner achtete auf ihn. Man sah Frau Dr. Amalie sinken, sinken in die Arme ihres Gatten, des Dr. Redakteurs Herrn Friedrich August Leopold Kasimir Amadeus Gneomar Lutetius Feuerhake. (Revon vor blutigen Ereignissen.)

Ich stelle hier ausdrücklich fest, daß es die Frau jenes angesehenen Redakteurs und Kritikers Feuerhake, einer der angesehensten Zeitungen der Stadt Revon war, welche jetzt ohnmächtig in den Armen ihres Gatten lag. Blut rinste Eimer dick fest Peitsche Quirl Zitrone. Die Leute standen Spalier, während Frau Amalie von ihrem Gatten und einem herbeigeeilten Arzte zur Seite auf eine Rasenbank geschleift wurde. Das Lornjong fuhl dabei unter die Menge, worüber sie fast wieder zum Bewußtsein erwacht worden wäre. Und der Mann stand immer noch.

Während ein Teil der Menge sich mit Interesse um Frau Dr. Amalie gruppierte, war es Anna Blume möglich, ein wenig näher vorzukommen. Sie sah jetzt den Mann ganz deutlich, ein schöner Mann, ein wenig zerlumpt angezogen, so etwa wie der Volksmund sich Franz Müller vorstellt. Der Anzug war auch etwas eigenartig. Anna Blume dachte dabei etwa an die Merzplastiken des Autors. Er war nicht etwa gestopft oder geflickt, sondern mit Brettern vernagelt und mit Draht umspannt. Anna Blume dachte dabei etwa an die Merzplastiken des Autors; ekelhaft, so etwas in die Tat umzusetzen; eine wandelnde Merzplastik, d. h. der Mann wandelte ja gar nicht, der Mann stand. Er tat ihr so leid, sie wußte nicht weshalb. Es ist dieses übrigens die Stelle, wo der Autor den Anfängern einer Liebe zwischen Anna Blume und Franz Müller nachspüren könnte. Jedoch tut er dieses nicht, sondern wendet seine Aufmerksamkeit Alves Bäsenstiel zu. Alves Bäsenstiel benutzte die ganze Aufregung um die Ohnmacht der Frau Dr. Amalie, um näher an den stehenden Mann heranzukommen. Gerade als Frau Schön »Pfuideubel« sagte, mitten auf das Parkett spuckte und sich dadurch zum Mittelpunkt des lebhaftesten Interesses machte, marschierte Alves Bäsenstiel vor, unmittelbar vor das Gesicht des Mannes. Der Mann stand immer noch, er hatte, wie der Chronist Hans Arp sagt, ohne Frage einen sehr schweren Stand.

Plötzlich sagte Alves Bäsenstiel: **»Ihr Leute hört auf mich, seht diesen Mann an, dieser Mann fordert Euch heraus.** Dieser Mann, der hier steht, steht hier, dieser Mann fordert Euch heraus, dieser Mann, der hier steht, dieser Mann fordert Euch heraus, dieser Mann steht hier. Der Mann, der Euch herausfordert, steht hier, der Mann, der hier steht, fordert Euch heraus, der Mann, der hier steht, steht hier, der Mann, der Euch herausfordert, fordert Euch heraus; das kommt aber einer Herausforderung gleich, oder denkt Ihr etwa, der Mann stände hier bloß zum Spaß; o nein, zum Spaß steht niemand nirgends. Dieser Mann hat eine Absicht, wenn er hier steht, seht ihn an, wie er hier steht, so steht keiner ohne Absicht. Aber was wird seine Absicht sein? O Ihr einfältigen Toren, Ihr könnt natürlich den Schwindel nicht durchschauen; aber ich weiß, welche Absicht er hat, ich kenne diese Art Menschen. Der Mann ist ein Verführer, ein Verführer des Volkes.« **»Bravo«**, jubelte die Menge. »Du bist belogen, Volk, Du wirst belogen, Volk, Dein Los ist Lüge.« **»Bravo«**, jubelte die Menge. »Ich aber sage Euch die Wahrheit, der Mann ist ein Verführer, wer aber Euch verführt, beleidigt Euch. Ein Volk darf sich aber nicht beleidigen lassen. Ein Volk, das Ehre hat, zu beleidigen, kommt aber einer Majestätsbeleidigung gleich. Ein beleidigtes Volk, das Ehre hat, muß handeln. Männer von Revon, habt Ihr Ehre? Dann handelt, handelt, handelt! Wenn Ihr nicht handelt, beschämt Euch dieser Mann.« **»Bravo«**, jubelte die Menge. – »Der Mann **hat** Euch schon beschämt, der Mann ist ein Beschämer. Ein Beschämer ist ein Dorn im Auge des Volkes. Wollt Ihr einen Dorn in Euerm Auge dulden? Männer von Revon, Balken kann man im Auge haben, Balken darf man im Auge haben, denn Balken sind gesetzlich erlaubt, Dornen aber nicht. Balken machen den Menschen sehend, daß er die Splitter im Auge des Nächsten erkennt, Dornen aber schmerzen und machen den Menschen blind. Dieser

Mann ist kein Balken, dieser Mann ist ein Dorn!« – »**Bravo**«, jubelte die Menge. »Wißt Ihr, was man mit einem Dorn im Auge tut?« – »**Bravo**«, übereiferte sich die Menge.

In diesem Augenblick wurde der Redner unterbrochen. In der Luft fuhr ein mit 4 Ponnies bespannter Leiterwagen, in Form eines Regenschirms, vorbei, auf dem in feuriger Schrift mit nur großen Buchstaben der Name *P-R-A* zu lesen war. Der Name hatte überhaupt nur Anfangsbuchstaben. Der Autor verrät, daß es eine Vorahnung war, welche auf 4 Ponnies bestückt mit einem Leiterwagen gleich einem Kanonenrohr durch die Luft sauste. Einer sagte: »Das hat der Autor gemacht, denn das paßt nicht hierher.« Und damit war die ganze Stimmung für die große Rede Alves Bäsenstiels aus. Da nun inzwischen auch Frau Dr. Amalie soweit wiederhergestellt worden war, daß wir sie hier wieder einmal erwähnen müssen, glaube ich, daß es nun endlich an der Zeit ist, die Polizei zu holen. Denn wozu haben wir überhaupt eine Polizei! Herr Dr. Friedrich August ging deshalb persönlich in einige Nebenstraßen und suchte, bis er einen verkrochenen Schutzmann fand. Es war nämlich in jener so überaus sensiblen Stadt von jeher so Sitte, daß die Polizei nur in den dringendsten Fällen eingriff, d. h. wenn die Fälle gänzlich gleichgültig waren, und wenn der Beamte gefahrlos und mit großer Geste, besonders aber ohne die Menge aufzuregen, irgendeinen gänzlich harmlosen Menschen festnehmen konnte. Ich erwähne hier ausdrücklich, daß dieses eine Sitte der Polizei nur des Freistaates Revon war. Sah der Beamte aber Menschenansammlungen, so entfernte er sich unauffällig, taktvoll und in weiser Vorsicht. Herr Dr. Friedrich August hatte es infolgedessen auch nicht leicht, einen Schutzmann zu finden, und als er einen gefunden hatte, denselben zu überzeugen, daß hier seine Mitwirkung erforderlich wäre. (Sois donc gentile.) Der Beamte hatte nämlich die falsche Meinung gehabt, daß er etwa den Volksredner Alves Bäsenstiel festnehmen sollte; als er jedoch erfuhr, daß es sich nur um einen Mann handele, der bloß dumm dastände, kam er sofort mit.

»Mein Herr«, sagte er zu dem Manne. Der Mann steht.

»Ich muß, so leid es mir tut, Ihre Personalien feststellen.« – Der Mann steht. »Wie heißen Sie?« – Der Mann steht. Anna Blume lebte Welten in einer Minute. Der Mann steht. »Im Namen des Gesetzes sind Sie verhaftet.« Der Mann steht. »Der Mann hat das Volk beleidigt«, sagte Alves Bäsenstiel. »Der Mann hat nichts getan, er hat bloß dagestanden«, sagte Frau Schön. »Kommen Sie«, sagte der Beamte und hob seinen rechten Arm. Der Mann steht. »Eine Weigerung würde einer Beamtenbeleidigung gleichkommen.«

Da geschah das Unerhörte. Der Mann wandte den Kopf zur Seite. Schreck wühlte Augenlichter zwischen Eingeweide. Der Polizist lächelte einen lackierten Apfel. Das Publikum war auf das äußerste gespannt, man wartete irrsinnig, was sich ereignen würde. Einige sahen schon wieder den Namen *P-R-A* mit nur großen Anfangsbuchstaben, nach Muster gefärbt. Ein junger Künstler rief dazwischen: »An sich ist ein Künstler doch etwas Lächerliches, haben Sie nicht auch das Empfinden.« (Spart Licht und Heizung!) Die Letzten von den Zuschauern stellten sich auf die Zehenspitzen. (Die Männer schwindeln ja alle.) Ein Kind wurde zwischen zwei dicken Frauen zerquetscht. (Bin ich nicht ein süßer Fratz?) Man warf die schlappen Überreste des Kindes achtlos unter die Füße. (Das Auge sieht den Himmel offen.) Einige kleinere Leute bemächtigten sich des Leichnams und stellten sich darauf, **weil sie doch auch etwas sehen wollten.** Frau Dr. Amalie auf der Rasenbank fühlte schmerzhaft, daß sie nicht mehr im Mittelpunkte des lebhaftesten Interesses stünde. (Weißt Du es, Anna, weißt Du es schon, man kann dich auch von hinten lesen, und Du, Du Herrlichste von allen, Du bist von hinten wie von vorne **Q-R-S-T-U-V-W-Z.**) Warte nur, balde, ruhest Du auch. Dieses Wort **»balde«** gehört zweifelsohne zu den schönsten Erfindungen der Neuzeit. »Kommen Sie«, sagte der Beamte und hob das linke Bein. Der Mann steht. »Kommen Sie«, sagte der Beamte und hob den rechten Arm. Der Mann steht. »Mein Herr, wenn Sie nicht sofort mitkommen«, der Mann steht, »hole ich Verstärkung.«

Da geschah das Unerhörteste. Langsam und mit der Ruhe

einer vollkommenen Maschine ging der Mann, freundlich nach allen Seiten grüßend, aber nicht mit dem Beamten, sondern in entgegengesetzter Richtung. Die Weiber kreischen, die Männer staunen Bäume, die Kinder liefen Schrei. Frau Dr. Amalie fuhl in ihre zweite Ohnmacht, wobei es ihr sehr zustatten kam, daß sie noch auf der Rasenbank ruhte. Der Beamte aber stand, wie der Mann vorher gestanden hatte; **und der Mann ging.**

In kurzer Zeit bot der Schauplatz der Handlung ganz deutlich das Bild einer gewaltigen Explosion. Wie der Pulverturm platzt durch den zündenden Funken, so liefen die Leute wie von einer plötzlichen Panik ergriffen nach allen Seiten auseinander. Tumult jagte Entsetzen wilde Flucht. Einige stolperten über den Leichnam des zerquetschten Kindes und fielen. **Diese Unglücklichen wurden von der rasenden Menge totgetreten.** Frau Dr. Amalie bekam bei dieser Gelegenheit einen Fußtritt **in die Gegend des Bauches** und erwachte infolgedessen relativ schnell aus ihrer zweiten Ohnmacht, um in die dritte zu fallen. Genau wie bei der Explosion einige Grundmauern unverletzt stehenbleiben, so waren hier fünf Menschen stehen geblieben, die Leichen nicht mitgerechnet; auch der Beamte stand und nahm das Protokoll auf.

Er notierte, daß ein Unbekannter, dessen Personalien infolge von Schwerhörigkeit oder Widersetzlichkeit oder aus einem dritten Grunde oder aus einem vierten Grunde leider nachträglich nicht mehr festgestellt werden konnten, welcher auch den umstehenden Anwesenden leider nicht bekannt gewesen wäre, durch ungesetzliches Betragen den Tod von eins, zwei, drei, vier, fünf, sechs Bürgern und einem Kinde des Freistaates Revon verschuldet habe. Infolgedessen habe sich der unterzeichnete Beamte veranlaßt gesehen, den Mann rechtzeitig festzunehmen. Der Festnahme aber habe dieser sich leider plötzlich und unerwartet durch derartig übereilte Flucht entzogen, daß diese auch behördlicherseits leider nicht mehr verhindert werden konnte, zumal da die Polizei zu jener Zeit und an jenem Orte leider nicht über ausreichende Kräfte verfügt hätte. Leider ereigneten sich dabei oder vielmehr infolgedessen einige höchst bedauerliche Unglücksfälle, und nun folgt die Aufzählung derselben. Die anwesenden Zurückgebliebenen wurden als Zeugen notiert. Alves Bäsenstiel nannte sich bei dieser Gelegenheit Lutetius Hagedorn. Darauf folgt die behördliche Beschlagnahmung der Leichen. Die Leute wurden gestempelt, gewogen, auf Trichinen untersucht und in die Leichenschauhalle gebracht zwecks Feststellung ihrer Personalien, eine der Hauptaufgaben der hiesigen Polizei.

Ein mit Ziegenböckchen bespannter buckliger Jüngling aber lief mit einer elektrischen Schelle durch die Straßen von Revon und rief: »Außerordentliche Sitzung des Parlaments, außerordentliche Sitzung des Parlaments, es handelt sich um nichts Geringeres, **als um den Ausbruch der großen, glorreichen Revolution.«**

An das Proletariat Berlins!
Durchgangsverkehr

Die Kohlennot ist groß
Spart Gas und Fahrkartenpreise! (Übergangsverkehr.)
Fundsachen werden ersucht, die Bekanntmachung an der
Leine zu führen
Hunde sind an den Bahnhofsbeamten zu versteuern
Schalterverwaltung im Krankenhaus (Nichtraucher
unverwüstlich.)
Dieser Platz ist für die ungehinderten Hunde abzugeben
Jeder Handel ist Unbefugten Zahnpasta (auch der
Schleichhandel.)
Juwelen sind untersagt und an der Weiterfahrt ausgeschlossen
Ungeschützte Hutnadeln müssen in den Mittelgang treten
Nicht in den fahrenden Genossen springen (wenn der Zug
hält.)
Nicht öffnen, bevor der Zug fährt (zur Pflege der Zähne.)
Das ist der Kardinalfehler unserer Politik.

Tran Nummer 7
Generalpardon an meine hannoverschen Kritiker in Merzstil

Alle Herren konnten nicht berücksichtigt werden, die Zahl ist zu groß. (Das gehört beiläufig nicht hierher.) Ich behalte mir vor, die anderen Herren später zu kritisieren. (Merzstil heißt arbeiten.) Damit sich niemand zurückgesetzt fühlt, nehme ich die Reihenfolge alphabetisch. (Die Klammern gehören selbstverständlich auch nicht hierher.)
1.) Herr Fg. (Frerking.) (Hann. Tageblatt) ist ein wenig zu alt, um mit uns jungen Künstlern fühlen zu können. (Meiers Imprägnierungsmasse macht alte Segeltuchdecken wie neu und garantiert wasserdicht.) Das entschuldigt aber leider nicht, daß Herr Frerking Kritiken schreibt: (Wie lerne ich dichten?) Auch ein Kunstkritiker muß über ein gewisses Etwas verfügen, sagen wir mal: Urteilsfähigkeit. Ich zitiere Ihr eigenes Wort: »Der Wein im Fasse muß erst gären, bevor er reif und wohlschmeckend wird.« (Oh Ihr ungegorenen Kritiker!) Mit Aufzählen des Materials, aus dem ein Kunstwerk geformt ist, verrät man nur seine Unfähigkeit zu kritisieren. (Die Gemeindesteuerschraube mit Benzinmotor.) Faule Witze sind bei einer ernsthaften Kritik nicht von Vorteil (Augen auf!): »trotzdem nicht ganz wertlos, denn den Ingredienzien aus dem Mülleimer fügte er ein wirkliches kupfernes Zweipfennigstück hinzu«. (Ich nämlich.) (Nie wiederkehrende günstige Gelegenheit!) Was wollten Sie wohl sagen, Herr Fg., wenn ich von Ihren biederen Besprechungen etwa schriebe, sie wären konfus (praktische, leicht faßliche Unterweisung in Lehre und Beispielen nebst Übungsaufgaben), und glichen einem unordentlichen Häufchen Gerümpel (kaufe alte Zahngebisse, Bruchstücke und einzelne Zähne.), aber sie wären trotzdem nicht ganz wertlos (pro Zahn 15 M. u. mehr.), weil sie dem zwanglosen Gemengsel in einem Mülleimer verblüffend ähnlich sähen. (Bettfedern, Betten ein sehr lohnendes Geschäft für Möbel- und Polsterwarenhandlungen.) Was würden Sie wohl sagen? (Verfasser und Verleger überreichen hiermit dem Dichter ein Büchlein, das bestimmt ist, die erste Anleitung

zur Ausübung der Dichtkunst zu geben.) Aber ich bitte Sie, sich daraufhin einmal Ihre Besprechung durchzulesen. (Sicher ist, daß das Talent zum Dichten angeboren werden muß.) (Zu jeder Bettstelle und Matratze gehört ein Bett.)
2.) Und Sie, Herr Dr. Erich Madsack! (Hann. Anz.) Sie wissen doch: »Der seelische und geistige Gehalt eines Bildes liegt bekanntlich in der Ölfarbe.« (Sturm X, 9: Nachsicht Zeugen von Herwarth Walden.) (und ca. 30–40 M. können Sie an jeder Bettstelle verdienen,) da halte ich es doch für überflüssig, daß (extra verdienen, wenn) Sie meinen (Sie auch die Betten dazu liefern.) »Pappdeckelnageleien« (Alleiniger Fabrikant des weltberühmten Merzstils) mit Ihrem »Schneiderwerkstättenkehricht« hübsch verzieren (Gekochte Krankheit ist Gesundheit, gekochte Gesundheit ist ewiges Leben.) und diese internationalen Emballageschneiderwerkstättenpappdeckelkehrichtverzierungen unter Außerachtlassung Ihrer mit Selbstbewußtsein zur Schau getragenen Hilflosigkeit (Mann mit Zaunpfahl.) mit Hilfe meiner Spielwarenindustrie für große Kinder. (Wen meinen Sie mit der Bezeichnung »großes Kind?« Bislang ist jedenfalls außer Ihnen noch niemand auf den Gedanken gekommen.) Komm, spiel mit mir! (Ferner empfehle ich Lederglanz, Lederappretur, Momentlederschwärze, fertig gezogenen Pech usw.) aus der hannoverschen Kunstpflege (etwa Anzeigerbesprechung?) Wenn Sie das Präparat aber noch nicht kennen, dann lassen Sie sich sofort eine Probesendung kommen. (unter Hinterachtlassung) beinahe hätte ich es vergessen. (hinter über Gegenachtsetzung) von wegen! (oder gegen vorherige Einsendung von 8,00 M.) weshalb nämlich immerdar (Lebens, Volks, Unfall, Haftpflicht, Feuer, Einbruchsversicherung mit beschränkter Hirntätigkeit.) ebenfalls gegen von wegen hinter (Zeitungsstil überragt) zu loser Art in Anbetracht veristischer Mittelmäßigkeit wesentlich entlastet haben sollte. (nicht für Kinderwärterinnen!) Ich kann mich doch »auch ganz gelehrt« ausdrücken. Jawohl! (Preis 37 Pfennige.) noch dazu mit Dampfbetrieb. Nun weiß doch jeder, was Kunst ist. (Wenn ohne Erfolg, Geld zurück.) Ihre Kritik, Herr Doktor, dagegen beweist, ich bedaure es er-

wähnen zu müssen, indem ich Ihre eigenen Worte verwende, zu welch bedauerlichen Mißverständnissen die jüngste Kunstrichtung Kritiker zu verführen vermag, die nicht hinter die Oberfläche künstlerischen Schaffens zu schauen vermögen. Bilden Sie sich etwa ein, Sie vermöchten das?
3.) Und Sie, Herr, Dr. ASch. (Adolf Schaer.) (Hann. Kurier.) Sie schreiben: »Was soll man sagen zu den wunderlichen Schöpfungen von Kurt Schwitters, der die Welt aufs neue mit seinen Merzzeichnungen usw. zum Besten hat? Soll man wirklich aufgeklebte Papierfetzen und Hosenflicken für ›Kunst‹ hinnehmen? Soll man solche Verirrungen ernst nehmen? Soll man sie der Ehre zornigen Widerspruches würdigen? Am besten ists, man hält sich an den Satz: ›Der Rest ist Schweigen‹, hoffend, daß Schweigen am ehesten dem ganzen Unfug ›den Rest gibt‹.« Ich stelle die Gegenfrage: »Soll man wirklich solche Quasselei ernst nehmen?« Was sie »schweigen« nennen, das nenne ich nämlich quasseln. (Leistungsfähige Bezugsquelle für Tran, weil direkt aus der Transiederei bezogen.) Kritik ist ja bekanntlich die Feststellung, mit welcher Sorte von Pinseln ein Maler gearbeitet hat. (Achtung! Achtung, Scheuklappen! Achtung! Patent-Scheuklappen! Patentscheuklappen sind die leichtesten der Welt, die den richtigen Winkel, in dem sie stehen, nie verändern können. Jede Form ist aus einem Stück gearbeitet und wiegt nur ca. 100 Gramm das Paar. Bequemer Sitz. Zu haben bei den meisten Grossisten und Sattlern.) Übrigens erlaube ich mir, darauf aufmerksam zu machen, daß mein Kollege, Herr Marc Chagall, Sie wissen doch, der Mann mit dem seelenvollen Bildnis, (edel sei der Mensch, hilfreich und gut.), den Sie bereits dreimal Chagall genannt haben, nicht Max Chagall heißt, sondern Marc Chagall. (Pferde- und Hunde-Kämme aus Aluminium sind unerreicht.) Allerdings ist die Verwechslung des Namens Chagall begreiflich, denn er stellt zum ersten Male aus. (Leichenpferdedecken, hervorragende Neuheit. Verlangen Sie bitte Ansichtssendungen.) Ich erwähne dieses besonders, damit nicht etwa jemand auf den falschen Verdacht käme, Sie hätten sich bislang erst wenig mit der Kunst beschäftigt. (Heiterkeit im

Zuschauerraum.) Trotzdem warne ich Sie, meinen Kollegen immer wieder Max Chagall zu nennen. Wenn Sie mir nicht glauben, so fragen Sie die Besitzerin dieses Chagall, Frau Amalie von Garten (Eugenie von Garvens), sonst behaupte ich nächstens, Sie hießen August Adalbert von Scheere. (Hochwertige Qualität.) Dann könnte aber ein böser Mensch behaupten, August von Scheere schnitte mit einer adeligen Scherre aus, was einem August edel erschiene, statt Kunst zu kritisieren. Und es täte mir wirklich leid, wenn man »Ihr Treiben der Lächerlichkeit preisgäbe«. (Rheinisch-Westfälische Zeitung 25. 2. 20.) Ich würde Ihnen übrigens in Freundschaft raten, in Zukunft wirklich zu schweigen, und zwar überhaupt. Zwar haben Ihre Kritiken »wenigstens noch den Vorzug erheiternd zu wirken«, aber man möchte doch nicht gern Anlaß zum Gelächter geben, ohne es zu wollen. (Kutschermäntel, Wagendekorationen, sowie sämtliche Sachen zum Trauerfuhrwesen liefere [ich] in bekannten guten Qualitäten.)

4.) Und Sie, Herr Hein Wiesenwald, mehrheitssozialistischer Schriftsteller, sagen wir mal Kunstschriftsteller für den Hannoverschen Volkswillen! (das Lieblingsblatt der Mädchenwelt.) Ihre Besprechungen sind fast zu kindisch, als daß es sich lohnte, darauf einzugehen. (Die Kuh hat hinten einen Schwanz, vorn einen Kopf und in der Mitte einen Pompadour.) Bitte stellen Sie sich einmal vor, Sie würden als unparteiischer dritter sich selbst beobachten, wie Sie, als erwachsener Mensch, in den städtischen Anlagen sich laut mit den Vögeln unterhalten. (Konzentriertes Restitutions-Fluid extra stark, f. Pferde u. sonstige Haustiere nach d. Rezept des Hofroßarzt Fabricius, seit üb. 30 Jahr. bewährt, wirkt hervorragend gegen Steifwerd., Schulter-, Kreuzlähme, Verrenkung, Verzerrung, Verstauchung, sowie Schwächen all. Art.) Ich glaube, Sie würden laut loslachen. (Wer fabriziert gut gegerbte Roßleder, zu Kummeten geeignet?) Und Sie haben es in Ihren Kritiken so oft erzählt, daß Sie sich Ihre Anregung zu Besprechungen der Kunst in der Unterhaltung mit den Vögeln holen, daß man es Ihnen, so komisch es an sich klingt, ohne weiteres glauben muß. (Laß dein Pferd nur ruhig weiterarbeiten, jede Büchse trägt diese Fabrikmarke.) So etwas nennen Sie also Kunstkritiken? (Man nimmt einen weichen Lappen über den Finger, fährt damit sanft über der Oberfläche der Creme herum. Hat sich etwas angehängt, so trage man dieses Wenige in dünnster Schichte auf.) Das ist also Kritik für das Volk? Mein Herr, ich hoffe, das Volk wird gegenüber dieser Art von Kritik kritisch sein, selbst ohne meine Kritik an Ihrer Kritik. (Meierin ist ein großer Fortschritt für Ihr Geschäft. Sie kennen sicher schon diese Schmiere, die ein unentbehrliches Mittel für jeden Pferde- und Viehbesitzer ist, da sie alle Schäden schnell und sicher beseitigt.) Wenn es übrigens noch nicht genügt, wenn Sie mit Frau und Kind und zwei Wandervögeln in die Kunstausstellung gehen, wenn das noch nicht genügt, damit Sie sich konzentrieren können, dann rate ich Ihnen: Nehmen Sie doch das nächste Mal ein Paar richtige Vögel, Wiesenwaldvögel und einige Jagdhunde mit oder auch einen Rucksack mit Feldflasche und belegten Butterbroten. (Ein fast unglaublicher Kritiker.) Abkochen wird für die Herren Vogelkundigen in Kunstausstellungen stets gern gestattet. Jedenfalls aber erkenne ich den Wagemut der Herren Kritiker meiner Vaterstadt stets gern an.

Mit vorzüglicher Hochachtung

Kurt Schwitters

(Hauptmann von Köpenick in der Malerei)

Erweiterung

Herr Franz Servaes widmete meiner Ausstellung von Merz-Bildern im Sturm April 1920 folgende Besprechung:
»Will man sehen, was in Wahrheit expressionistische Massenerzeugung zu Wege bringt, so fasse man Mut und besuche jenen Salon in der Potsdamer Straße, in dem sich wie in einem Konzentrationslager die Schar der Gläubigen zusammendrängt. Hier wird nicht mehr nach Persönlichkeit und Begabung, sondern nur nach der Religion gefragt. Wer den expressionistisch-futuristischen Katechismus brav auswendig gelernt hat und gläubig nachplappert, wird willkommen geheißen, gleichviel ob er Genie oder Schuster ist. Zur Zeit reißt einer der ärgsten Schuster dort sein Maul auf (den Namen erfrage man an Ort und Stelle.) Aus irgend einem Grunde bezeichnet er seine Exkremente als Merzbilder. Er scheint Lumpensammler zu sein und hat, was er auf der Straße aufgelesen hat, wie alte Drahtstücke, Kleiderfetzen, Watte oder Wergreste, weggeworfene Knöpfe oder Eisenteller, ja selbst Straßenbahnfahrscheine und Postvermerke sinnig zusammengetragen und auf Bretter oder Pappe geklebt, die er dann irgendwie mit Farbe angestrichen hat. ›Franz Müllers Drahtfrühling‹, ›Porträt einer alten Dame‹, ›Tastende Dreiecke‹, ›Rot-Herz-Kirche‹, und ähnlich werden dann diese Stumpfsimpeleien etikettiert und als allerneuste Kunst zu Markte gebracht. ›Verrücktheiten‹? O nein. Klarbewußter Unfug, der leider sowohl ›Liebeserklärungen‹ wie -Käufer findet!«
Ich lernte Herrn Servaes zufällig kennen und habe ihm jetzt folgende Antwort geschrieben:
Ein Interwju (sprich Ausfragung.) mit Professor Franz Servaes
In einer Ausstelllung von Kunstwerken zeigte mir jemand Herrn Servaes (Zelluloidkapsel mit Messer entfernen!) »Das ist also der Herr«, fragte ich, »der mich einen der ärgsten Schuster und meine Merzbilder Exkremente nennt?« (Die geniale Erfindung, langersehnter Wunsch der Damen. Franz Müllers Korsetterweiterer ›Einfalt‹. Weltneuheit!) »Jawohl,

der Lokalschuster, der im Berliner Lokalanzeiger vom 27. 4. sein Lokalmaul aufreißt (die falschen Zähne erfrage man an Ort und Stelle. Sperrsitz.) und seine Stumpfsimpeleien mit der Bezeichnung Expressionistenparade etikettiert.« »Hier wird nicht mehr nach Persönlichkeit und Begabung, sondern nur nach Religion gefragt.« (Im lokalen Maul nämlich.) Die lokalen Zähne (Lokalzähne, Sperrsitz) bilden einen gewissen Lokalsperrsitz, nämlich, und zwar falsche Zähne, Sperrzähne natürlich, (Damen- und Herrenfriseur.) Hier werden Künstler frisiert, hier werden Künstler mit Lokalzahnersatz durchgekaut. (Franz Müllers Erweiterer ›Einfalt‹ wiegt nicht mehr als die durch sein Anbringen entbehrlich gewordenen Fischbeinstangen und ist genau so biegsam und schmiegsam.) Ich bitte Sie, Herr Servaes, kauen Sie meinen Müll (Mülle) recht gründlich durch, und ich wünsche Ihnen guten Appetit dabei. (Vorwärts den Blick, aufwärts durch Arbeit, einig, was deutsch fühlt.) Ich faßte Mut, zeigte Herrn Servaes meine Schuhsohlen und stellte mich vor mit den Worten: »Ich bin der ärgste Schuster, dem Sie jetzt das Maul aufreißen.« Der Herr Professor war gefaßt, faßte meine Schuhsohlen ins Auge und faßte seine Gefühle zusammen in den Satz: »Mein Herr, Sie machen übrigens einen viel sympathischeren Eindruck als Ihre Bilder.« (Hautana Lendenschutz, direkt unter der Haut zu tragen.) »Herr Servaes«, sagte ich höflich, »auch Sie machen einen viel sympathischeren Eindruck als Ihre Kritiken.« (Zelluloidkapseln mit Messer entfernen!) »Mich interessiert aber im Augenblick mehr: wie kommen Sie zu der hellseherischen Fähigkeit, meinen Bildern anzusehen, daß ich schustern kann? Sie sehen nämlich gar nicht so aus.« Tatsächlich hätte ich nicht gewußt, daß dieser Herr Professor Franz Servaes ist. Ich hätte diesem Manne nicht zugetraut, daß er hinter die Oberfläche der Dinge zu schauen vermöchte. (Jetzt weiß ich, welches Buch ich meiner heranwachsenden Tochter schenken soll.) (Holz bleibt Holz, und nichts ist gemütlicher als das deutsche Gemüt.) Ich bin nämlich tatsächlich Schuster im eigenen Betriebe. An dieser Stelle wurde Herr Servaes weich und sagte, er wollte gern lernen und er benutzte die Gelegenheit, mich um einige Aufklärung zu bitten. (Holz bleibt Holz und nichts ist gemütlicher, als das deutsche Gemüt.) Ich bin ein Freund der beweglichen Front, (endlich ist es gelungen, den Wunsch der Damen zu erfüllen und dieselben von den bisher durch das eingeschnürte Korsett entstandenen Beschwerden und Qualen zu erlösen), aber ich bin mir dessen wohl bewußt, wie komisch die Figur eines Kritikers ist, der seinen Schuster um Auskunft fragt, weil er gern lernen möchte. (Zelluloidkapseln mit Messer entfernen!) Ich führte dann mit einigen treffenden Worten Herrn Servaes in die Kunst ein und empfahl ihm zum Schustern Franz Müllers echten Guanokleister, (»Bitte belehren Sie mich, wieviel mm Materialauftrag das preußische Gesetzbuch erlaubt?«) empfahl ihm Hosenstoff (auf Veranlassung von Otto Nebel) zum Kleben, damit die Löcher nach innen kommen, und endete meinen Vortrag mit dem herrlichen Dichterwort: »Der Gott, der schiefe Schafe schuf, der kannte keine Künste.« An dieser Stelle bäumte sich der Gaul, die Gaul, das Gaul. Da liegt nun der Baum, die Baum, das Baum. Der Baum ist wurzelkrank, ästekrank, blätterkrank. Der Sturm hat ihn angeweht, schiefgeweht, umgeweht. (Es ist bekannt, daß Damen, um die Figur zu verschönen, ein Korsett tragen.) Wie trostlos ist der Anblick eines umgeworfenen Baumes, dem der Schlachter die Zweige abgebissen hat. (Heut noch trag ich Mädchenschuhe, morgen ruhn sie in der Truhe.) Herr Professor Servaes, ich wollte, Sie hießen Bogumil, dann würde ich Mülle weinen. (Bei Mahlzeiten, Spaziergängen, Tanzen, sowie durch Wärme wird das Korsett lästig und verursacht den Damen unerträgliche Beschwerden.) Jedoch gestatten Sie mir, dafür zu sorgen, daß die Früchte meiner Anregungen niemals auf Ihren guten Boden fallen. (Confer Nebel, damit die Löcher nach innen kommen.) Holz bleibt Holz, und die Zelluloidkapsel ist vor dem Gebrauch zu entfernen. (Die Trägerin des Korsetts würde sich in diesem Falle glücklich schätzen, wenn sie unauffällig das Korsett 3–4 cm im Umfange, auch mehr, erweitern könnte.) Verzeihen Sie mir, daß ich ein wenig einfallend geworden bin. Ich habe nämlich die Augeneinfältigkeit, die

Splitter im Auge des anderen aus Prinzip stets gern zu sehen, meine eigenen Balken aber sehe ich niemals. Dadurch unterscheide ich mir von Sie und mich von Ihnen. Außerdem wünsche ich Ihnen weiter angenehme Bettruhe. (Diesem Übelstande ist mit einem Schlage durch Franz Müller Korsetterweiterer ›Einfalt‹ abgeholfen. D. R. G. Müller.)

Die Raddadistenmaschine

Die Raddadistenmaschine ist für dich bestimmt. Sie ist durch eigenartige Zusammenstellung von Rädern, Achsen und Walzen mit Kadavern, Salpetersäure und Merz so konstruiert, daß du mit vollem Verstand hineingehst und vollständig ohne Verstand herauskommst. Das hat große Vorteile für dich. Lege dein Bargeld in einer Raddadistenkur an, du wirst es nie bereuen, du kannst überhaupt nicht mehr bereuen nach der Kur. Ob du reich oder arm bist, ist gleichgültig, die Raddadistenmaschine befreit dich sogar von dem Geld an sich. Als Kapitalist gehst du in den Trichter, passierst mehrere Walzen und tauchst in Säure. Dann kommst du mit einigen Leichen in nähere Berührung. Essig tröpfelt Kubismus dada. Dann bekommst du den großen Raddada zu sehen. (Nicht den Präsidenten des Erdballs, wie viele annehmen.) Raddada strahlt von Witz und ist bespießt mit einigen 100 000 Nadelspitzen. Nachdem du dann hin- und hergeschleudert bist, liest man dir meine neuesten Gedichte vor, bis du ohnmächtig zusammenbrichst. Dann wirst du gewalkt und raddadiert, und plötzlich stehst du als neu frisierter Antispießer wieder draußen. Vor der Kur graut dir vor dem Nadelör, nach der Kur kann dir nicht mehr grauen. Du bist Raddadist und betest zu der Maschine voll Begeisterung. – Amen.

Einleitung. Was ist Bleie?

Zunächst ist das e lang zu sprechen. Ich erinnere an das Wort Esel. Was aber Bleie ist, kann der Autor zunächst nicht verraten. Vielleicht weiß mir der Leser selbst Anregungen zur Erklärung des Wortes Bleie zu geben. Wichtig für mich ist die Feststellung, daß das e lang ist. Jeder Oberlehrer kann jetzt das Wort richtig betonen:

Bleie
Bleie
Bleie

Man sage es dreihundert mal dreimal.

Aber diese Feststellung ist unwichtig. Wichtig ist nur die prinzipielle Frage: »Kann überhaupt ein mit normalem menschlichem, logischem Verstande begabter Mensch Kunst genießen, ohne den logischen Verstand auszuschalten, wie man einen Stiefel auszieht.« Er kann es nicht. Sagt der Dichter: »2 × 2 = 5«, dann sagt besagter Verstand: »Das ist doch Unsinn!« Sagt der Dichter: »2 × 2 = 4«, dann sagt besagter Verstand: »Das ist weniger als Unsinn, das ist akademisch.« Zieht besagter Verstand nun seinen Stiefel aus, wie man den Verstand ausschaltet, so fühlt besagter Stiefelknecht im ersten Falle 5 als Mißklang, im zweiten 4 als Wohlklang. Und dann merkt der Leser, der in diesem Falle Stiefelknecht ist, den Rhythmus, der durch Abwechslung von Klang und Zwieklang entsteht. Er steht visavis der Kunst, und der Stiefel neben ihm.

Nun möchten gleich alle Stiefelknechte ihre Stiefel ausziehen, selbst auf die Gefahr hin, daß man die Löcher in ihren Strümpfen sieht. Aber das geht nicht so einfach. Ich sage nun: »Bleie! Kommet her zu mir alle, die Ihr mit Stiefeln beladen seid, ich werde Euch entstiefeln.« Ich bin der gestiefelte Kater und will alle Müllersöhne zu Schwiegersöhnen der Kunst machen. Stiefel aus, meine Herren! Stiefel aus, meine Damen! Im Paradiese der Kunst geht man barfuß. Damit mich nun auch die Oberlehrer verstehen, werde ich mich korrekt ausdrücken. Ich will eine für Jedermann verständliche, leicht verdauliche praktische Anleitung geben, eine Etude, in der der normale Verstand ganz langsam umgebogen wird. Ich beginne mit dem, was jeder Oberlehrer versteht, der Grammatik. Dann folgt zunächst die Poesie, als die jedem verständlichste Leibesübung, dann folgt die Prosa, wie das so im Leben kommt, dann der Humor, der das Leben so angenehm verkürzt, dann folgt die Erdbeere, die vom Leben hinüberblüht in den Wahnsinn, und zum Schluß der reine Geist in Form einer Analyse. Ich nenne so was Blei-Analyse. Hier erlebt der Leser ein erschütterndes Grubenunglück. Das Klosett stürzt ein, und der Leser stürzt in die Grube. So ist aber das Leben. Man meint auf einer blumigen Wiese zu sein und sitzt auf dem Klosett.

Die Betonung von Bleie ist jetzt Allgemeingut aller Gebildeten. Das Klosett ist Allgemeingut aller Kulturvölker. Jetzt wäre nur noch der Ursprung des Wortes Memoiren bekanntzumachen. Ich habe es von Christof Spengemann geerbt, der bekanntlich »die Wahrheit über Anna Blume« geschrieben hat. Woher der aber das Wort genommen hat, weiß ich leider nicht.

Oegenbostel, Ostern 1922.
(Korrektur z. Zt. der Schlacht bei Jena und Weimar im Hause Dexel. 25. 9. 22.)

MERZ
a r p

Cigarren [elementar]

Cigarren
Ci
garr
ren
Ce
i
ge
a
err
err
e
en
Ce
CeI
CeIGe
CeIGeA
CeIGeAErr
CeIGeAErrEr
CeIGeAErrErr
CeIGeAErrErr
ErrEEn
EEn
En
Ce
i
ge
a
err
err
e
en
Ci
garr
ren
Cigarren (Der letzte Vers wird gesungen).

Talglicht

Die Heizbarkeit der Soldaten ist williges Pergament.
Klebholzklatterig.
Sine ove um est.
Da hastewas unterm Hintern sitzen.
Klagen die Ziegen,
Ragen die Fliegen,
Magen in Kalk,
Verpackt in Pergamentpapier.
Das ist die Lust der Soldaten.
Das ist der Wucher nach Petroleum.
Blinkes.
Blinkes Petroleum.
Das ist der Sieg.
Durch Moos und Sack.
Durch Mist und Asche.
Hühneraugen unterm Popo
Sind kalte Füße.
Unsere Feinde frieren auch.
Eine Kerze zieht die Elektrische.
Wie ein Gaul.
Seit der Geburt des Dalimynthos.
Oben zwei,
Unten zwei,
Und in der Mitte sogar drei.

Dorf

Im Chausseegraben reift mir eine süße Brombeere entgegen.
Milch ist das Lächeln des Schafes, fromm und gut.
Mitten im Dorfe steht eine bunte Kuh.
Mitten in der Mitte steht ein Mann.
Der Briefkasten hängt am Hause.
Draht ist die Seele der Elektrizität.
Das Weib kreischt: »ua i au.«
»Bä« sagt das Schaf.
Das Mädchen hat eine Schürze vor.
Auch der blanke Fuß gehört dem Mädchen.
Am Bienenzaum steht *Blume Anna.*

Die Hand

Ich bin die Hand
Die Hand ist der Mensch
Der Mensch ist die Hand
Die Erde ist die Welt
Wir Menschen sind groß
Nie überheben sich Menschen über
Ich bin die Hand
Nie überheben sich Hände über

2 Herren

Auf der Straße begegneten einander zwei Herren, die sich nicht kannten. Zufällig streifte der eine den anderen mit dem Ärmel. Da sagte der andere leise, aber vernehmlich: »Esel.« – »Idiot«, antwortete der eine. Da sagte der andere wieder: »Sie Lümmel, Lulatsch, Lumich, Schwein, Sie Schwein, Sie gemeines Schwein, Sie Hanswurst, Sie Trottel, Sie blödes Aas, Sie Rindskaffer, Sie Lause-Aas!« – »Was«, antwortete der eine, »und Sie wollen jetzt etwa immer noch ein gegebebebildeter Mensch sein? In meinen Augen sind Sie ein Idiot, Sie Idiot, ein Luffen, Sie Luffen, ein Schwein, Sie Schwein, ein Hund, Sie Hund, ein Affe, Sie Affe.« – Plötzlich sagte der andere: »Sie Riesenidiot, Ziffi, Ludewig, Klamottenede, Kastanienfritze, Armloch, Sie Armloch!« – »Was«, antwortete der eine, »Sie sind ein Flohjäger, Sie Flohjäger, Hundeknochen, Hundeblut, saudummes Luder, blöder Hengst, Schnapsnase, Sie Schnapsnase, Buttjer, Sie gemeine Schnapsnase!« Plötzlich sagte der andere wieder: »Dämliches Rindsvieh!« – Darauf antwortete der eine: »Kröppel, Insurgent, Sie Insurgent, Sie, Sie!« Plötzlich sagte der andere wieder: »Knirps, Insekt, Schurke, wie sich dieser Laubfrosch bläht!« – Darauf antwortete der eine: »Armselige Wanze, Beutelschneider, Du!« – »Was?« sagte der andere plötzlich, »Du, Du, Du? bin ich Dein Hausknecht? Hört ihn doch, den Kalbskopf, ich platze vor Lachen!« – Darauf antwortete der eine: »Elender Prahlhans!« – Plötzlich sagte der andere: »Feiger Schurke!« Da sagte der eine: »Pardon, ich habe ganz vergessen, Sie meiner Braut vorzustellen.« – Plötzlich sagte der andere: »Dabei fällt mir ein, ich habe meinen Namen noch gar nicht genannt. Ich heiße Meier.« – Darauf sagte der eine: »Ebenfalls Meier, Vorsitzender des Vereins zur Veredlung der Hunderassen.« Plötzlich sagte der andere Meier: »Wollen Sie nicht in unseren Klub zur Verbesserung der Kultur eintreten? Sie sind unser Mann, Sie sind ein edler Mensch.« – Darauf der eine Meier: »Ich schätze mich außerordentlich glücklich, einen Menschen wie Sie kennengelernt zu haben. Ich und mein

Hund treten gern Ihrem Klub bei.« Darauf begaben sich beide Herren mit Hund und Braut ins Klublokal zur Verbesserung der Kultur.

(Walter gewidmet)

Banalitäten aus dem Chinesischen

Fliegen haben kurze Beine.

—

Eile ist des Witzes Weile.

—

Rote Himbeeren sind rot.

—

Das Ende ist der Anfang jeden Endes.

—

Der Anfang ist das Ende jeden Anfangs.

—

Banalität ist jeden Bürgers Zier.

—

Das Bürgertum ist aller Bürger Anfang.

—

Bürger haben kurze Fliegen.

—

Würze ist des Witzes Kürze.

—

Jede Frau hat eine Schürze.

—

Jeder Anfang hat sein Ende.

—

Die Welt ist voll von klugen Leuten.

—

Kluge ist dumm.

—

Nicht alles, was man Expressionismus nennt, ist

—

Ausdruckskunst.

—

Kluge ist immer noch dumm.

—

Dumme ist klug.

—

Kluge bleibt dumm.

D O F

D O F

D O F

DOF

O

Was heißt DOF? Antwort: „Wie verbessere ich meine Lage?“

THEMA:

„Sum fei esse, kriegst einen in die Fresse.“

duo	dua	duo
duarum	duorum	duarum
duobus	duabus	duobus
duas	duos	du As.

Das ist die Quintessenz aller Grammatik: „du Aas.“ Aas, Lauseaas, für feinere Herrschaften aber: Lauseengel.

„Lauseengel“ ist das Parfüm des Kavaliers. Also:

FRESSE
+ LAGE
= AAS

So geht die Grammatik in die Arithmetik über.

Meck fröcht Keiner.

PROSA:

Wir wollen müssen.

schicke deshalb mal gleich die Mk. 1.20 und Mk. 7.75, zusammen also Mk. 8.95 an die Zentralstelle für deutsche Kunst im Auslande.

Wie verbessere ich meine Lage?
Wie verschaffe ich mir eine gutbezahlte Stellung?
Wie gründe ich mir eine gute Existenz?
Wie verschaffe ich mir ein Leben?
Wie komme ich ohne Geld zu einem Geschäft?
Wie erwerbe ich geschäftliche Sicherheit und Routine?
Wie werde ich energisch, zielbewußt und erfahren?

! Kundmachung !

Meine Frau

ist gestern von einem frechen Lümmel.

Konkurrenzl. in der Verbreitung über die ganze.

Verlangen Sie, wenn Ihnen Ihrer Familie am Herzen, ausführlichen Prospekt und ärztliche Gutachten über MERZ:

Hannoverscher Courier: (Prospekt.)

„. . . . wirken die Leistungen Schwitters mit einem Ernst und einer Reife, die höchst angenehm absticht. Dieser Künstler, ohne oberflächliche Gefälligkeit, steht ganz auf dem sicheren Boden eines ehrlichen und hingebenden Naturstudiums, dem einzig richtigen Ausgangspunkte jedes künstlerischen Schaffens. Und so wirkt er hier als Charakter, die alte Wahrheit unterstreichend, daß Talent ohne Charakter noch nichts bedeutet."

Prof. Dr. Biermann im Cicerone: (Gutachten.)

„Nur soviel sei allen gesagt, die mit einem billigen Witz diese Dinge in Bausch und Bogen abtun wollen und Anna Blume, das ungezählte Frauenzimmer, zum fröhlichen Unterhaltungsstoff dieser ach so dunklen Tage erkürten, daß es auch in der Kunst immer wieder Dinge gibt, die jenseits jener Alltagsmoral stehen, auf der ein braves Kunstphilisterium seine überlegene Weisheit gründet."

TheodorDäublerimBerlinerBörsen-Courier: (Respekt)

„Kurt Schwitters ist einer der stärksten Künstler, denen lebensfähige Abstraktionen gelingen."

WÄHLT ANNA BLUME

**Peit-
schen**

**Rund um die
Halb-Welt**

6

**Erschießungen
Erbschaften :: Scheidungen
Grenzübertretungen
Steuerhinterziehungen
Wohnungseinzug usw.**

Wilson ist für Einschränkung.
Wilson stellt eine Armee auf.
Wilson wird bei den Friedensverhandlungen beantragen, daß jedes Volk sein Heer.
Wilson wird dann eine Armee von zwei haben.
Wilson hat dann zehnmal früher.

HUMOR.

Kuhwarme Ziegen hier zu haben.

„Sieh nur, wie schön die Löwin mit ihrem Männchen!“ – „Ja, der bleibt aber auch immer.“

Da kehrt einer der Boten auf schäumendem Pferde. „Warum greifen die Hunde nicht?“ tobt der General und wendet sich nun gemeinsam mit dem Adjutanten. „Sie konnten nicht, Exzellenz!“ schreit der Offizier. „Warum konnten die Schufte?“ – „Schnupfen hin, Schnupfen – aber das Niesen! Es sind ihm doch schon zusammengebrochen!“

„Ach – Pardon, Gnädigste; dann habe ich Ihnen unrecht getan!“

Sauberkeit
(Für Leute, die es noch nicht wissen)

Ich liebe die hygienische Sauberkeit. Ölfarben riechen wie ranziges Fett. Temperafarben stinken wie faule Eier. Kohle und Graphit sind der schmierigste Dreck, was man schon an der schwarzen Farbe erkennen kann. Ich liebe die hygienische Sauberkeit und die hygienische Malerei. Das nenne ich ›MERZ‹. Merzmalerei verwendet die delikatesten Materialien, wie sauberen Roggenmehlkleister, desinfizierte Zeug- und Papierfetzchen, gut gewaschenes Holz, alkoholfreie Eisenbeschläge und dergleichen, die Merzmalerei ist absolut bazillenfrei. Der einzige Bazillus, der tatsächlich durch Merz übertragbar ist, ist der Tollwutbazillus. Er ist seinerzeit, ohne meine Schuld, auf Merz übertragen durch den Biß tollwütiger Kritiker und überträgt sich weiter auf jeden Herrn Kritiker, der sich neuerdings in Merz festbeißt. Merz beißt nicht, aber die Herren Kritiker. Kritiker beißen nämlich über, wie Bulldoggen. Ich bedaure es sehr, daß mittlerweile fast die gesamte deutsche Kritik, mit Ausnahme einiger starker Persönlichkeiten, infolge Merzbiß tollwütig geworden ist.

Kritiker
Tran 27

Kritiker sind eine besondere Art Menschen. Zum Kritiker muß man geboren sein. Mit ganz außergewöhnlichem Schaafsinn findet der geborene Kritiker das heraus, worauf es nicht ankommt. Er sieht nie den Fehler des zu kritisierenden Kunstwerks oder des Künstlers, sondern sein eigenes Fehlen, sichtbar gemacht durch das Kunstwerk. Der Kritiker erkennt durch angeborenen Schaaafsinn gewissermaßen seinen eigenen Fehler durch das Kunstwerk. Das ist die Tragik aller Kritiker, sie sehen Fehler, statt Kunst. Kunst sehen heißt für den Kritiker die Fehler am Kunstwerk rot anstreichen und eine Zensur darunter schreiben. Kritiker sind den mit Recht so beliebten Oberlehrern ähnlich. Allerdings braucht der Kritiker kein Examen zu machen, zum Kritiker ist man eben geboren. Der Kritiker ist ein Geschenk des Himmels an die Menschheit. Mit Oberlehrerin gesäugt nährt er sich von Kunstfehlern zum Segen der Schaaaafzucht. Sich sägen bringt Regen. Zwischendurch trinkt der Kritiker dann noch ein Gläschen rote Tinte. Jeder Kritiker hat einen Regenschirm, in den er wieder gewissermaßen hineingeheiratet hat. Denn sich sägen bringt Regen zum Segen der Schaaaaafzucht. Das besagte Oberlehrerin aber ist ein dicker, siruparliger Saft, hergestellt aus Absonderungen der Galle von wirklichen geheimen Oberlehrern und dem Magensaft verblödeter Schaaaaaafe. Besagte Schaaaaaaafe brauchen kein Examen gemacht zu haben, wie der Kritiker. Den Regenschirm benutzt der Kritiker, um ihn verkehrt aufzudrehen. Kritiker brauchen ihre Regenschirme in der Kunstausstellung nicht abzugeben. Der Regenschirm aber muß ein Examen machen. Nur löcherige Regenschirme werden zur Kunstkritik zugelassen. Je mehr Löcher, desto mehr Regen, je mehr Regen, desto mehr Sägen, je mehr Sägen, desto mehr Kritik. Um auf das Schaf zurückzukommen: Kritiker sind eine besondere Art Menschen. Zum Kritiker muß man geboren sein. Kritiker sind schafgeboren, schafgesäugt mit Oberlehrerin und schaftrunken von dem Kunstwerk. Der Unterschied zwischen Künstler und Kritiker ist der: »Der Künstler schafft, während der Kritiker schaaft.«

Denaturierte Poesie

Was kräuselst Du Dein Hä-ärchen,
Eins zwei drei, ja Hä-ärchen,
Wenn Du einen andern liebst?
Ich weiß von keiner Liebe nich,
Eins zwei drei, ja Liebe nich,
Ich weiß von keinen Zwein,
Eins zwei drei, ja Zwein.
Der Teufel soll mir ho-olen,
Eins zwei drei, ja ho-olen,
Wenn ich einen andern lieb.
Und wenn in Herz und Hirne
Der Sorgen Glut,
Da legt sichs auf die Stirne,
Wie ein Hut.
Von tränenfeuchten Wangen
Ein Strahl des Trostes lacht,
Als hätten sie empfangen.
Hat bald sich heimgemacht.
Er schafft sich wirkend seine,
Ein zwei drei, ja seine;
Der Spötter Witz kann nichts,
Fließen auf Erden auch keine,
Aber ein Kleines hat alles.
Und häuft sich noch so trübe
Ums Herz gebrannt,
Ich weiß von keiner Lübe,
Eins zwei drei, ja Lühübee
Wie Zuckerkand.
Eins zwei drei, ja Kand.
Was kräuselst Du Dein Hä-ärchen,
Ein zwei drei, ja Hä-ärchen,
Wie ein Hut.

Kümmernisspiele
Ein dramatischer Entwurf

a. Mein Herr:
b. Bitte?
a. Sie sind verhaftet.
b. Nein.
a. Mein Herr, Sie sind verhaftet.
b. Nein.
a. Mein Herr, Sie sind verhaftet.
b. Nein.
a. Mein Herr, ich werde schießen.
b. Nein.
a. Ich hasse Sie.
b. Nein.
a. Ich werde Sie kreuzigen.
b. Nicht.
a. Ich werde Sie vergiften.
b. Nicht.
a. Ich werde Sie lustmorden.
b. Nicht.
a. Denken Sie an den Winter.
b. Niemals.
a. Ich hasse Sie.
b. Niemals.
a. Ich töte Sie.
b. Wie gesagt, niemals.
a. Ich werde schießen.
b. Das haben Sie schon einmal gesagt.
a. Also bitte kommen Sie.
b. Sie können mich nicht verhaften.
a. Warum nicht?
b. Sie können mich höchstenfalls festnehmen.
a. Dann werde ich Sie also festnehmen.
b. Dann bitte.
b. *läßt sich von a. festnehmen und abführen. Die Bühne verdunkelt sich. Das Publikum fühlt sich fälschlich veräppelt und johlt und pfeift.*
Der Chor schreit: Dof. Dichter rrraus! Son Blödsinn!

Z A
(elementar)

Z Y X
W V U
T S R Q
P O N M
L K I H
G F E
D C B A

Das i-Gedicht

(lies: „rauf, runter, rauf, Pünktchen drauf.“)

i
(Ein Manifest)

Was Merz ist, weiß heute jedes Kind. Was aber ist i? i ist der mittlere Vokal des Alphabets und die Bezeichnung für die Konsequenz von Merz in bezug auf intensives Erfassen der Kunstform. Merz bedient sich zum Formen des Kunstwerks großer fertiger Komplexe, die als Material gelten, um den Weg von der Intuition bis zur Sichtbarmachung der künstlerischen Idee möglichst abzukürzen, damit nicht viele Wärmeverluste durch Reibung entstehen. i setzt diesen Weg = null. Idee, Material und Kunstwerk sind dasselbe. i erfaßt das Kunstwerk in der Natur. Die künstlerische Gestaltung ist hier das Erkennen von Rhythmus und Ausdruck im Teil der Natur. Daher ist hier kein Reibungsverlust, d. h. keine störende Ablenkung während des Schaffens möglich.

Ich fordere i, aber nicht als einzige Kunstform, sondern als Spezialform.

In meiner Ausstellung im Mai 22 im Sturm sind die ersten i-Zeichnungen öffentlich ausgestellt. Für die Herren Kunstkritiker füge ich hinzu, daß es selbstverständlich ein weit größeres Können erfordert, aus der künstlerisch nicht geformten Natur ein Kunstwerk auszuschneiden, als aus seinem eigenen künstlerischen Gesetz ein Kunstwerk mit beliebigem Material zusammenzubauen. Das Material für die Kunst ist beliebig, es muß nur geformt werden, damit ein Kunstwerk daraus entsteht. Das Material für i ist aber sehr wenig beliebig, da sich nicht jede Natur im Ausschnitt zum Kunstwerk gestaltet. Daher ist i Spezialform. Aber es ist einmal notwendig, konsequent zu sein. Ob das ein Kunstkritiker begreifen kann?

Gesetztes Bildgedicht

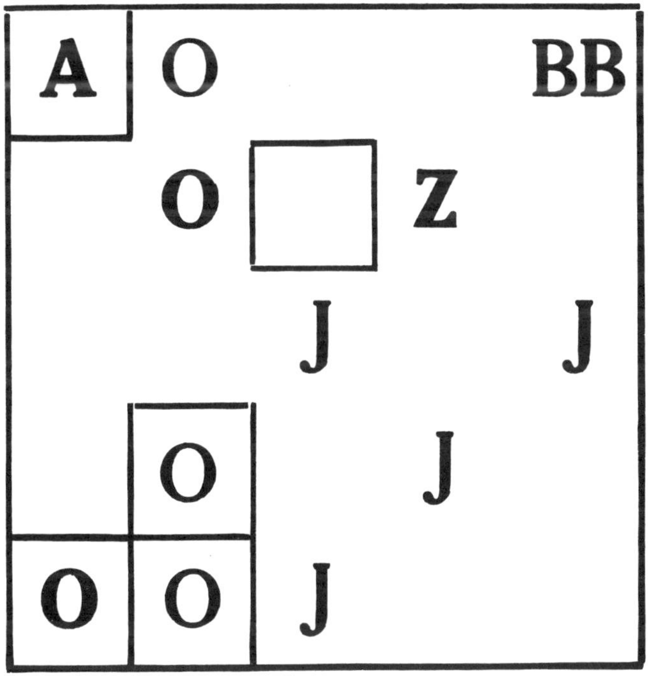

Aus der Welt: »MERZ«
Kurt Schwitters und Franz Rolan

!Aus Damenhüte werden die
modernsten Herrenhüte gepresst!

Ein Dialog mit Einwürfen aus dem Publikum

DAS PUBLIKUM (buntes Stimmengewirr) Haben Sie gehört: Er fordert die Merzbühne! – Wer? – Kurt Schwitters! – (allseitiges Gelächter) – Haha! – Anna Blume – Quatsch! – (eine Damenstimme:) Wer ist Kurt Schwitters? – (viele Stimmen:) Ein verrückter Maler! – Ein Idiot! – (eine Fistelstimme:) Anna Blume!! – Ein verdrehter Dichter! – Dada! – Idiot!! – (alle:) Idiot!! –

SCHWITTERS Ich bin Kurt Schwitters. Ich fordere die Merzbühne! –

DAS PUBLIKUM Haha! – Idiot! – Psst! – Ruhe! – Ach was: Raus! – Ruhe! – Quatschkopf von vorne und von hinten! – (die Fistelstimme:) A-n-n-a von vorne und von hinten! – (eine behäbige Stimme:) Ruhe! Lassen Sie ihn doch zu Wort kommen! – (die Fistelstimme:) Famos! – Er soll ne Rede reden! – Psst! – (ein anderer:) Mensch ist das ein Ulk! – Psssst! Ruhe! – Dada – Pst! – Pst! – Pst! – (ein Brillenglas blitzt inquisitorisch auf. Ein lauerndes Auge dahinter kneift sich halb zu und eine akademisch gebildete Stimme – ob juristisch oder medizinisch ist nicht zu erkennen – fragt:) Sie fordern die Merzbühne? – Was soll auf ihr gespielt werden? –

SCHWITTERS Merzbühnenwerke.

DAS PUBLIKUM Hahaha – Hehehe – Hihihi – (die Fistelstimme:) Anna Blume – (die bebrillte Stimme:) Schön! Aber was sind Merzbühnenwerke und wer schafft sie? –

DAS PUBLIKUM (die Fistelstimme, der nichts neues einfällt, kräht wieder in den höchsten Falsettönen:) Anna Blume! – (aber sie wird zur Ruhe verwiesen:) Psst! –

SCHWITTERS Merzbühnenwerke schafft der Merzer aus gleichberechtigten Künstlern und gleichberechtigten Materialien. –

DAS PUBLIKUM (heulend:) Son Quatsch! – Blödsinn! – Ein Arzt her! – Ein Irrenarzt!! – Merzer? – Wort ohne Sinn, was soll das? – (Die bebrillte Stimme mit höflich beschwichtigender Geste gegen das Publikum, gleichzeitig ein Auge zum Zeichen geheimen Einverständnisses mit dem Publikum zukneifend:) Sehr richtig: Was soll das?! – Aber bitte Ruhe meine Herrschaften, sonst kommen wir ja nicht weiter! – Wir wollen der Sache doch einmal auf den Grund gehen! – (ein Aufgeregter:) Wir lassen uns nicht zu Narren machen! – (die bebrillte Stimme mit einer Verbeugung:) Sehr richtig! – (sich an Schwitters wendend; ironisch:) Also wollen Sie uns gütigst erklären! –

SCHWITTERS Kunst läßt sich nicht erklären! –

DAS PUBLIKUM (die bebrillte Stimme, einigermaßen aus dem Konzept gebracht:) Sehr richtig – äh – äh – nein, ich wollte sagen – (in momentaner Verlegenheit an den Nägeln kauend) – allerdings – aber sagen Sie uns doch wenigstens, was das Ganze soll! –

SCHWITTERS (in trocken dozierendem Ton:) Der Ausdruck der einzelnen Teile des Merzbühnenwerkes soll in seiner Gesamtheit eine vorher bestimmte Wirkung, entweder positiv oder negativ, hervorrufen, und aus dem verwendeten Material wie Künstler – denn die mitwirkenden Künstler: Dichter, Maler, Bildhauer, Musiker und Schauspieler sind auch als Material anzusehen –, Kulissen, Raum, handelnde Personen – –

DAS PUBLIKUM (die bebrillte Stimme:) Das Publikum nicht zu vergessen – (die behäbige Stimme:) Sehr richtig, wir sind auch noch da! –

SCHWITTERS (den Faden ruhig wieder aufnehmend:) aus dem verwendeten Material wie Künstler, Kulissen, Raum, Licht, Schallwirkung und Publikum soll das Gesamtkunstwerk zwingend hervorgehen.

DAS PUBLIKUM (die bebrillte Stimme:) So! Schön, aber nun erlauben Sie mal: Wo bleibt denn da der Dichter, der das Ganze vorher, ohne die später hinzutretenden Materialien – wenn Sie schon die übrigen Künstler mit zu den Materialien rechnen wollen – schaffen muß? –

SCHWITTERS Der wesentlichste Punkt, der die Merzbühne von allen früheren Bühnendarstellungen unterscheidet, ist: Los vom Dichterwort! Wenn aus der Gesamtheit der schöpferisch tätigen Materialien ein neues Kunstwerk entstehen soll, so ist die Bindung an ein vorhergeschriebenes Dichterwort unmöglich – an die Stelle des Dichters tritt der Merzer, der Schöpfer des Merzbühnenwerkes.

DAS PUBLIKUM ??? – (der Aufgeregte:) Er will die Dichter abschaffen –

SCHWITTERS Dem Dichter stand bisher als einziges Ausdrucksmittel das Wort zur Verfügung. Mit dem Wort bannte er seine Gedanken auf Papier. Seine Gefühle, seine Taten waren Worte. Seine Kunst war, aus beschriebenem Papier eine Welt als ein in sich abgeschlossenes Ganze[s] erstehen zu lassen, und sein Kunstwerk war fertig, sobald er den letzten Federstrich daran getan. Die Form, die der Dichter seinem Kunstwerk gibt, ob es Gedicht, Roman, Epos oder Drama ist, ändert hieran nichts: sein Drama ist ohne Aufführung ein ebenso fertiges Ganzes wie jede andere seiner Kunstschöpfungen. Die Aufführung ist nicht imstande, weder etwas hinzuzufügen oder hinwegzunehmen, sie ist gerade herausgesagt – – überflüssig! In der Kunst aber ist alles Überflüssige vom Übel. Zwischen Albert Bassermanns Hamlet und der Deklamation eines Schulmädchens besteht kein prinzipieller Unterschied, denn der Hamlet ist ebensowenig auf Bassermann angewiesen wie das Lied von der Glocke auf den vortragenden Sekundaner. In der Bühne aber liegen Kräfte, die selbstschöpferisch tätig sein können, sobald man ihnen die Freiheit gibt. Warum soll Bassermann den Hamlet aufsagen, der es nicht nötig hat? Daß ein Schauspieler mehr leisten kann, beweist jeder Zirkusclown mit einer einzigen zwingenden Geste. Welch tiefe psychische Wirkung löst das Heulen einer Schiffssirene aus! Man stelle die Gleichberechtigung der zur Verwendung kommenden Materialien wieder her, werte Faktor gegen Faktor und verschmelze sie zu einem untrennbaren neuen Kunstwerk.

DAS PUBLIKUM (die bebrillte Stimme:) Aber wie wollen Sie denn praktisch aus dem Material heraus arbeiten, Publikum eingeschlossen, ohne den künstlerischen Gesamteindruck und die einheitliche Formung zu verlieren? – (im übrigen Publikum entsteht Unruhe, darum ruft ihm die bebrillte Stimme beschwichtigend zu:) Wir treten in die Beweisaufnahme ein! –

SCHWITTERS Kunst läßt sich nicht beweisen. –

DAS PUBLIKUM (die bebrillte Stimme:) Aber lieber Herr, irgendwie müssen Sie doch den Beweis liefern, daß auf Ihrem neuen Wege sich überhaupt ein Kunstwerk schaffen läßt!! – (der Aufgeregte:) Mit Redensarten kommen wir nicht weiter! – (der Bebrillte:) Was wollen Sie also? – ? –

SCHWITTERS Schaffen! – Den Beweis eines geschlossenen Kunstwerkes kann nur der Merzer liefern, der sich der Aufgabe bewußt ist, gleichzeitig Leiter, also Schöpfer des Gesamtkunstwerkes, und Geleiteter, also Teil des Publikums zu sein. Leiten muß er die Kräfte, die aus dem Material – die mitwirkenden Künstler immer auch als Material betrachtet – selbständig hervorkommen. Sie tragen ihn, und er gibt ihnen die Richtung. Überläßt er die Kräfte sich selbst, so zerschellt das Kunstwerk, weil jede Kraft ihre eigene Richtung nehmen wird, da sie die Wirkung der anderen Kräfte nicht zu übersehen vermag. Unterbindet er aber von vornherein die Möglichkeit selbständigen Schaffens für die Kräfte, mit denen er wirken will, so wird er Autokrat und Dramatiker im bisherigen Sinne, und die Aufführung ist nicht Merzbühne sondern Illustration eines gedichteten Dramas.

DAS PUBLIKUM ? – ? – ? – ? – – –

SCHWITTERS (erläuternd) Das Wesentliche des künstlerischen Schaffens ist die Schöpferkraft. Das Merzgesamtkunstwerk gibt der Schöpferkraft die denkbar größten Entfaltungsmöglichkeiten. Jede Komponente der Merzbühne wird als Kraft verwendet, und das Ganze wird durch Abwerten der einzelnen Teile gegeneinander schöpferisch gestaltet.

DAS PUBLIKUM Hoho! – Vormachen!! – Bilde Künstler, rede nicht! – (die bebrillte Stimme:) Sehr richtig! Geben Sie uns ein Beispiel! –

SCHWITTERS Schön! (ruft:) Licht aus! (Bühne und Saal werden dunkel)

DAS PUBLIKUM (die Fistelstimme:) Licht aus! Messer raus! Haut ihn! (Gelächter:) Haha! (die bebrillte Stimme:) Ruhe! –

(Auf der Bühne erscheint eine transparente, riesengroße Reklame:)

!Aus Damenhüte werden die
modernsten Herrenhüte gepresst!

DAS PUBLIKUM (in instinktmäßig naivem Entzücken über die schreiend bunten Farben des Transparents:) Ah! – Ah! – (Gelächter, Kichern der Damen) – Äh! – äh – äh – Wie? Was soll das? – (die behäbige Stimme:) »Aus« regiert übrigens den Dativ! – (der Aufgeregte:) Nicht einmal die Orthographie ist richtig! – (eine Damenstimme:) Kann man wirklich aus Damenhüten moderne Herrenhüte pressen? – (eine andere Damenstimme:) Wo ist denn das Geschäft? – (der Aufgeregte:) Blödsinn ists! Vollkommener Blödsinn!! – (die Fistelstimme:) Anna Blume! – (die bebrillte Stimme:) Ruhe, meine Herrschaften! Merken Sie nicht, es ist eine Metapher: Aus alten Formen erstehen neue – äh – äh – oder wie? – Herr Schwitters! – Herr Schwitters!! – Donnerwetter, machen Sie doch mal Licht! – Man sieht ja nichts! Wo sind Sie denn eigentlich? – (das transparente Plakat verschwindet) – Licht! – (allgemeiner Ruf:) Licht!! – (Bühne und Zuschauerraum werden hell) (die bebrillte Stimme:) Endlich! – – Also nun, Herr Schwitters erklären Sie uns – (sehr eilig:) ach nein, sagen Sie nicht wieder, Kunst läßt sich nicht erklären – also sagen Sie einfach: Was war das? –

SCHWITTERS Das gewünschte Beispiel einer Merzbühnenaufführung. – Ich verwendete der Deutlichkeit halber so wenig Material als möglich, denn wie für die Merzbühne jedes Material verwendbar ist, so kann man auch auf jedes Material verzichten, zum Beispiel auch auf die Logik der Handlung. In diesem Falle ist der Charakter der Merzbühnenhandlung abstrakt. Das Auslöschen des Lichtes war an sich schon eine schöpferische Handlung, die, (lächelnd) wie Sie wohl bemerkten, auf das Publikum selbsttätig schöpferisch einwirkte und die verschiedensten Stimmungen auslöste. Diese Einwirkung hätte sich bei längerer Dauer dramatisch steigern lassen über Unruhe und Gelächter bis zum Unbehagen und Zorn, und, wenn etwa das Moment geschlossener Türen hinzugekommen wäre, bis zu Schrecken und Panik. Wenn Sie entgegnen wollen, daß das Auslöschen des Lichtes eine einmalige Handlung sei, der die Dunkelheit als Zustand folge, der nicht mehr als Handlung bezeichnet werden könne, so ist zu erwidern, daß jeder Zustand als latente Handlung anzusehen ist, solange er den Wunsch nach Änderung des Zustandes anregt. Es liegt nun in der Hand des Merzers, das durch das Verdunkeln des Lichtes selbsttätig entstandene dramatische Moment bis zu demjenigen Wirkungsgrade auszunutzen, den er künstlerisch für geboten hält. Ich hätte also unter Ausnutzung nur dieses Lichtmaterials mein Beispiel einer Merzbühnenaufführung zu Ende führen können. Nur die Überzeugung, in diesem Falle völlig mißverstanden zu werden – was an sich bei einem Kunstwerk zwar völlig gleichgültig ist, hier aber der Absicht nicht entsprach – veranlaßte mich, weiteres Material dramatisch zu verwenden. Da ich den Wunsch nach einem Beispiel vorausgesehen hatte, war ich vorbereitet. Ich nahm ein beliebiges Plakat – für die Dame, die sich nach dem Geschäft erkundigte, sei bemerkt, daß dieses Plakat wirklich in einem Geschäft in der Osterstraße zu Hannover existiert – und verwandte es. Die Wirkungen, die das hinzutretende zweite Material ausübte, haben Sie beobachten können. Es übte sie in absoluter Selbständigkeit aus unter Mitbenutzung der früher vorhandenen Faktoren: Raum, Licht und Publikum. Sobald seine Wirkung erschöpft war, das heißt dem Publikum keine weitere Deutungsmöglichkeit mehr einfiel, riefen Sie selbst nach Beendigung des Beispiels, der ich als Merzer stattgab, da sie meinen Wünschen entsprach. Im anderen Falle konnte ich so lange neue Materialien einführen – Künstler, Darsteller oder sogenannte tote Materialien – als ich mich im Einklang mit dem Kunstwerk (das Publikum ebenfalls als Teil des Kunstwerkes gerechnet) und meinen Absichten befand.

DAS PUBLIKUM (die bebrillte Stimme:) So hatte das Plakat als solches nicht eine metaphorische Bedeutung und Beziehung auf Ihre neuen Merzbühnenideen?

SCHWITTERS Doch! Von dem Augenblick an, wo Sie sie hineinlegten, wenigstens bestimmt.

DAS PUBLIKUM (die bebrillte Stimme:) Zugegeben, da schließlich jeder ein Kunstwerk unter seinem eigenen Gesichtswinkel betrachtet. – Aber Sie sagten vorhin, das Merzbühnenwerk könne auf die Logik der Handlung verzichten. Wie ist das möglich, daß dann noch ein Kunstwerk entsteht? –

SCHWITTERS Die Logik der Handlung ist für die psychische Wirkung nicht von entscheidender Bedeutung. Sie ist nur eines von tausend Kunstmitteln, noch dazu eines, das derart abgegriffen ist, daß Unlogik weit stärkere Wirkungen auszulösen imstande ist. Bei einem Kunstwerk aber kommt es nur auf die Logik des Kunstwerkes selber an, für die der Merzer verantwortlich ist. Diese wird lediglich durch die psychischen Wirkungen erreicht, die das Kunstwerk auszulösen vermag.

DAS PUBLIKUM (die bebrillte Stimme:) Sie denken dabei an psychische Wirkungen im Sinne des Goethewortes: »Denn ein vollkommener Widerspruch bleibt gleich geheimnisvoll für Kluge wie für Toren.«?

SCHWITTERS Nicht auf das Geheimnisvolle, sondern nur auf die schöpferische Kraft kommt es beim Kunstwerk an.

DAS PUBLIKUM (der Aufgeregte:) Das wird ja eine Privatunterhaltung! Schluß! – (die Fistelstimme:) Da sprach der alte Auerhahn: Nun Kinder laßt mich auch mal ran! – (Gelächter) – (die behäbige Stimme:) Laßt sie nur reden. Wir hören zu. – (die Fistelstimme:) Das kost kein Geld und Spaß machts doch. – (eine Damenstimme:) Ich dachte, wir bekämen etwas zu sehen! – (eine andere:) Ach ja! Wo ist denn der Damenhut? – (Gelächter. Beifall:) Damenhut!! –

SCHWITTERS (zu der bebrillten Stimme sich wendend:) Sie sehen: (ruft:) Aus Herrenhüte werden die modernsten Damenhüte gepreßt!

DAS PUBLIKUM (die bebrillte Stimme, schreiend und lebhaft gegen das übrige Publikum gestikulierend:) Aber nein doch! Lassen Sie mich doch zu Worte kommen! – (allgemeiner Zuruf:) Damenhut!! – (die bebrillte Stimme:) Das ist doch Unsinn! – (die behäbige Stimme:) Ich denke, Unsinn wirkt kunstfördernd! – (Gelächter. Die Fistelstimme in höchstem Entzücken quietschend:) Hähähä – ä – hä! – (der Aufgeregte, mit Stentorstimme:) Jetzt komme ich ran! – (er arbeitet sich nach vorn, sich an Schwitters wendend:) Gestatten Sie: mein Name ist Meyer ... –

SCHWITTERS (höflich:) Ich gestatte es. –

DAS PUBLIKUM (Gelächter.) – (der Aufgeregte:) Ich verbitte mir Witze! – Was Sie von der dramatischen Verwendung von allem möglichen Material wie Raum, Licht, beliebigen Gegenständen usw. gesagt haben, mag seine Richtigkeit haben. Ob ein Kunstwerk dabei herauskommt, hängt vom Können des Leiters – also meinetwegen sagen wir schon Merzers – ab. Aber wie (mit erhobener Stimme:) denken Sie sich dann die Tätigkeit der Schauspieler dabei, wenn ihn kein vorgeschriebener Text bindet, und jeder, wie Sie sagen, schöpferisch tun kann, was er will. (erregt:) Das wird ja die reinste Judenschule, ein tolles Durcheinander von Improvisationen, aus dem nie und nimmer ein Kunstwerk entstehen kann! –

SCHWITTERS Sie vergessen den Merzer, der für das Kunstwerk verantwortlich ist. Es ist möglich, fast wahrscheinlich, daß im Zusammenwirken an sich frei schaffender Künstler und Materialien Tatsachen geschaffen werden, die die Logik des Kunstwerkes stören. In diesem Falle muß der Merzer durch schöpferisches Eingreifen die Logik des Kunstwerkes wiederherstellen, genau in demselben Sinne, wie ein Maler eine an sich die Harmonie seines Bildes störende Farbe verwenden kann zur Erreichung eines bestimmten Zweckes, indem er das Bild danach stimmt.

DAS PUBLIKUM (der Aufgeregte:) Da haben wirs ja! Es entsteht also ein dauerndes Improvisieren! Erst schaffen einige Materialien, vom Dichter, Maler oder Bildhauer geliefert, eine Situation. Dann wird ein Schauspieler oder mehrere zugleich hineingesetzt, und jeder improvisiert lustig darauf los, frei nach seinem pp. Schöpferwillen. Neue Materialien treten dazu je nach Laune der übrigen Künstler. Endlich, wenn das Tohuwabohu nicht mehr zum Aushalten ist, kommt der Merzer und versucht durch neue Improvisationen der verfahrenen Karre aus dem Dreck zu helfen. Und so soll ein Kunstwerk entstehen? – Niemals!! – (triumphierend zum Publikum:) Niemals! –

SCHWITTERS Sie haben recht! –

DAS PUBLIKUM (der Aufgeregte, verblüfft:) Wieso? –

SCHWITTERS Weil Sie recht behalten wollen. Sie kommen mit einer vorgefaßten Meinung und wollen keine andere gelten lassen. Auf den Willen aber kommt es an. Zum Erfassen einer neuen Idee gehört liebevolles Eingehen, um auf den Kern zu kommen. Sie beweisen, daß die Haselnuß unverdaulich ist, indem Sie sie vor den Augen des Publikums mit der Schale verschlingen. Aber Ihr Beweis gilt nur für Sie, nicht für die Haselnuß, die nicht an sich, sondern für Sie unverdaulich ist.

DAS PUBLIKUM (vereinzelte Zustimmung. Die behäbige Stimme:) Sehr gut. – Keine Überstürzung. – (die bebrillte Stimme:) Ich dächte – – (die Fistelstimme:) Damenhut! – (Gelächter.) (der Aufgeregte zwingt sich zur Ruhe, um seinen Platz nicht zu verlieren:) Ich lasse mich gern belehren, aber Sie haben mir ja selbst recht gegeben! –

SCHWITTERS Weil jedes Kunstwerk letzten Endes seinen Wert glücklicher Improvisation verdankt. Es läßt sich eben nicht rein rechnerisch vorher erklügeln, selbst wenn ein noch so genauer Plan vorliegt, und die Überwindung ständig neuer, unvorhergesehener Schwierigkeiten erfolgt tatsächlich durch immer neue Improvisationen, die dem Kunstwerk die Frische und Ursprünglichkeit erhalten. Jede künstlerische Intuition oder Inspiration gelangt über Improvisationen zur Darstellung in einem Kunstwerk. Allerdings sind die Improvisationen eines Künstlers anderer Art als die eines Varietéhumoristen, denn sie dienen nicht Augenblickseffekten, sondern dem künstlerischen Schöpferwillen.

DAS PUBLIKUM (der Aufgeregte:) Dann komme ich zu meiner ersten Frage zurück: Wie denken Sie sich die Tätigkeit des Schauspielers auf Ihrer Merzbühne? –

SCHWITTERS Die Tätigkeit des Schauspielers auf der Merzbühne ist eine durchaus andere als auf der bisherigen Bühne. Bisher war seine Hauptaufgabe das Hersagen des Dichtertextes, ohne den die Handlung einfach nicht weiterschreiten konnte. Das eigentlichste Gebiet des Schauspielers, die Kunst der Darstellung selber, war nebensächliche Begleiterscheinung geworden, die, wenn der Schauspieler sie in den Vordergrund zu drängen suchte, ihm den Vorwurf der Mätzchenmacherei eintrug. Bei der Merzbühne liegt der Fall umgekehrt: Die Darstellung ist die alleinige Hauptsache und der Darsteller bedient sich des Wortes nur, wenn es sich ihm aus eigenem künstlerischen Impulse auf die Lippen drängt. Seine Darstellung bedeutet also wirklich »Handlung«, nicht Geschwätz. Jeder Darsteller findet auf der Merzbühne eine aus bestimmten Faktoren zusammengesetzte Situation vor und muß so sensibel sein, daß er durch das Zwingende der Situation aus sich selbst heraus die nötigen Beziehungen schafft. Die Entscheidung des Schauspielers auf der Merzbühne ist eine aktive Tätigkeit, nicht Illustration eines Dichterwortes. Eine liebende Mutter der früheren Bühne sprach ergreifende Dichterworte, um ihre

Liebe zu zeigen, während das Kind, dem sie galten, entweder nicht erscheinen durfte oder als nebensächliche Illustration herumstand, meist gräßlich störend, weil es die Aufmerksamkeit ablenkte vom Dichterwort. Der liebenden Mutter des Merzbühnenwerkes stehen keine Dichterworte zur Verfügung, sie muß in ganz anderem Sinne »Darstellerin« sein, indem sie diese Liebe aktiv und schöpferisch beweist mit jedem Herzschlag und mit jeder Gebärde. Das früher nebensächliche oder störende Kind wird ihr zur Hauptsache. Das herzliche, fröhliche und unbefangene Einvernehmen, wie es zwischen Mutter und Kind herrschen muß, auf der Bühne zur Darstellung bringen zu können, ist die Vorbedingung ihrer Kunst, und jedes ihrer Worte hat dieser künstlerischen Absicht zu entsprechen. Mit solchen Mitteln arbeiten und zugleich die Handlung künstlerisch vorwärts treiben, bedeutet allerdings ein ganz anderes Künstlertum, als die Starmatzengelehrigkeit der meisten unserer heutigen Theaterschülerinnen sich träumen läßt. Die Rhetorik, bisher das wichtigste Fach des Schauspielers, wird zu einem nebensächlichen Mittel der Darstellungskunst, die nunmehr unmittelbar *auf die Psyche gestellt wird*. Es ist ganz klar, daß eine Menge von Schauspielern, die nur auf Rhetorik eingestellt sind, für die Merzbühne völlig ungeeignet sein werden, während andere durch die Befreiung vom Dichterwort neue schöpferische Kräfte entfalten können. Der Dichter aber hat seinerseits völlig neue Möglichkeiten im Zusammenarbeiten mit diesen Schauspielkräften. Das Wesentliche des Merzbühnengedankens ist eben, daß jeder einzelne Faktor innerhalb seines Gebietes schöpferisch selbständig bleibt und in absoluter Gleichberechtigung jeden anderen Faktor zu seinen Zwecken mitverwerten kann. Das Kunstwerk entsteht durch Abwerten der einzelnen Faktoren gegeneinander. Dazu ist ein sorgfältiges Studium der einzelnen Faktoren untereinander erforderlich, denn keiner darf die ihm künstlerisch gezogenen Grenzen überschreiten: der Maler bleibt selbstschöpferisch in seinem Fach und hat nicht mehr als besserer Dekorateur nur die Regiebemerkungen des Dichters auszuführen, sondern hat das

Bühnenbild frei aus seinem Empfinden heraus zu gestalten, dafür aber hat er auch die Freiheit der übrigen Faktoren zu respektieren, die er als vorhandenes Material für seine Bildwirkung zu verwenden hat. In unablässigem gegenseitigem Studium erstarken die schöpferischen Kräfte und im wechselseitigen Ausprobieren entstehen neue Möglichkeiten, deren sich der Einzelne vorher nicht bewußt werden konnte, weil er die Fähigkeiten der Schwesterkunst nicht übersehen konnte.

DAS PUBLIKUM (der Aufgeregte:) Sie brauchen also Proben? – Das ändert allerdings die Sache! –

SCHWITTERS Das Merzbühnenwerk braucht mehr Proben als jedes andere Bühnenwerk, weil es nicht am Schreibtisch, sondern auf der Bühne selbst entsteht. In jedem Moment kann die künstlerisch stärkere Kraft irgendeines Faktors den Grundplan des Ganzen beeinflussen und verändern nach seinem Willen und Können. Ein Schauspieler kann über den Dichter hinauswachsen und aus einer von diesem vielleicht beabsichtigten Burleske eine Tragödie machen, aber nur durch die Kraft seiner Darstellungskunst, und der Dichter muß dieses Können, das sich ihm ungeahnt bietet, als Faktor weiter in Rechnung setzen. Der Dichter arbeitet nicht mehr auf Papier mit toten Figuren, denen nur seine eigene Einbildungskraft Leben gibt, sondern er schafft aus dem wirklichen Leben selber, und seine Vorstellungen bekommen alsbald ihr eigenes Leben und schaffen mit an seinem Werke. Darum ist auch für ihn die gewissenhafte Auswahl geeigneter Kräfte die unerläßliche Vorbedingung. Er kann nicht mehr bloß sagen: »Jago«, sondern er braucht den Darsteller, der Jago zu sein versteht, nicht mit des Dichters Worten, sondern aus sich selbst heraus. Findet er keinen passenden Darsteller, so kann er keinen Othello auf der Merzbühne spielen, wohl aber etwas anderes, das aus dem vorhandenen Material künstlerisch hervorwachsen kann.

DAS PUBLIKUM (der Aufgeregte, nachdenklich geworden:) Mit gutem Willen könnte man ahnen, was Sie möchten, aber (kopfschüttelnd) ein einigermaßen klares Bild gibt es noch lange nicht.

SCHWITTERS Das Merzbühnenwerk kann nur erlebt werden, es läßt sich weder schreiben noch beschreiben, so wenig als man einem Wesen, das nie ein Bild gesehen hat, klarmachen kann, was ein Bild ist. Was ich hier gebe, ist lediglich eine Anregung. Die Möglichkciten des Merzbühnenwerkes sind unbegrenzt. Die Möglichkeiten des alten Dichterwerkes sind unendlich, die des Merzgesamtkunstwerkes unendlich hoch unendlich. Wenn Neues wachsen soll, so ist nur nötig, daß der Keim entwicklungsfähig ist. Es ist Unsinn, die Eiche aus der Eichel schildern zu wollen. Man lasse sie wachsen. Wo ist die Experimentierbühne?

DAS PUBLIKUM (die behäbige Stimme:) Ach bitte! – Ich sehe ein anderes Bedenken! – Nehmen wir ruhig einmal an, Sie hätten ein durch sorgfältige Proben gereiftes, in sich geschlossenes Merzbühnenwerk. Dann wird ihm als neuer Faktor bei der Aufführung das Publikum angeschlossen.

SCHWITTERS Richtig. –

DAS PUBLIKUM (die behäbige Stimme:) Da liegt aber die Schwierigkeit! – Sie haben selbst das Publikum als Faktor des Merzbühnenwerkes anerkannt. Also wird es sich auch an der Handlung aktiv oder passiv beteiligen – –

SCHWITTERS Zwischen aktiv und passiv ist kein Unterschied, da auch eine passive Haltung als aktiver Faktor zu berücksichtigen ist.

DAS PUBLIKUM (die behäbige Stimme:) Meinetwegen. Aber diese Mitwirkung des Publikums wirft ja Ihr ganzes Kunstwerk über den Haufen und es entsteht im besten Falle doch nur eine Improvisation im Sinne eines Varietéhumoristen, die Sie vorhin verwarfen! –

SCHWITTERS Die aktive wie die passive Mitwirkung des Publikums muß, damit sie als Kunstfaktor beim Ganzen mitarbeiten kann, bei den Proben bereits mit in Rechnung gesetzt werden.

DAS PUBLIKUM (die behäbige Stimme:) Wie soll das möglich sein? – Oder soll das Publikum etwa auch die Proben mitmachen? – (großes Gelächter.)

SCHWITTERS Sie sehen, Ihre letzte Frage beantwortet das Publikum selber. Tatsächlich liegt der Wert des Publikums als

Kunstfaktor darin, daß es unbefangen und ohne Kenntnis der Vorarbeiten an das Kunstwerk herantritt und es auf sich einwirken läßt. Je unbefangener und voraussetzungsloser ein Publikum ist, um so besser kann es sich dem Eindruck hingeben. Das Unglück jedes Stiles in der Kunst ist, daß das Publikum sich allmählich in ihn hineinsieht und dann wie ein Gaul mit Scheuklappen herumläuft und vor allem, was außerhalb dieses Stiles liegt, zurückschreckt. Dieses Unglück läßt sich bei bleibenden Kunstwerken tragen, da die Möglichkeit einer Änderung des Urteils vorhanden ist, nicht aber beim Merzbühnenwerk, das erlebt werden muß. Auf den Beifall des Publikums kommt es aber letzten Endes bei jedem Kunstwerk an. Also muß der Merzer die Möglichkeit haben, eine ablehnende Haltung des Publikums in Rechnung zu setzen und umzuwerten in einen aktiven Faktor seines Kunstwerkes, wie der Maler Schatten braucht zur Hebung seiner Lichtwirkung.

DAS PUBLIKUM (die behäbige Stimme:) Aber wie? –

SCHWITTERS Das Problem ist nicht so schwierig, als es scheinen könnte. Jeder Faktor des Merzbühnenwerkes ist schöpferisch tätig innerhalb seiner Grenzen, muß sich aber außerhalb derselben gefallen lassen, von den anderen Faktoren als einfaches Material verwandt zu werden. Der Maler ist als Maler selbständig, aber er darf nicht vom Darsteller eine ihm genehme Pose verlangen, sondern muß ihn verwenden, wie er sich gibt und aus dem vorhandenen Material sein Bild bauen. Der Schauspieler darf dem Dichter so wenig ins Handwerk pfuschen wie der Dichter ihm. Jeder Faktor ist an seine Mittel gebunden. So auch das Publikum. Ihm stehen drei Mittel zu Gebote, sich schöpferisch zu betätigen: Der Beifall, die Entscheidung *für* das Kunstwerk, das »Pro«, das alle Kräfte belebt und anfeuert, das Schweigen, das aller Auslegung fähig ist und zur Vorsicht rät, auf alle Fälle eine gewisse Spannung erzeugt, und endlich das Mißfallen, die Entscheidung *gegen* das Dargebotene, das »Contra«, das ebenfalls als schöpferische Kraft ausgenutzt werden muß, weil es durch Heranführen neuer Mittel umgestimmt und gewertet werden kann und umgestimmt werden muß. Beim alten Bühnenwerk wurde das Publikum genauso wie alle anderen Faktoren durch das Dichterwort lahmgelegt. Beifall oder Mißfallen des Publikums konnten nichts an ihm ändern. Nicht so beim Merzbühnenwerk. Beifall und Mißfallen werden in der Hand des Merzers zu künstlerischen Gestaltungsmitteln. Vor allem das Mißfallen. Denn wenn auch ein Kunstwerk letzten Endes den Beifall des Publikums erstrebt, so soll es doch nicht Sklave seiner Launen sein. Jeder neue Gedanke aber löst zunächst Widerspruch aus, und zwar um so heftiger, je neuer er ist. Mit dieser Tatsache muß der Merzer von vorne herein rechnen und nach Mitteln suchen, ihm zu begegnen, soweit dies für das Gesamtkunstwerk nötig ist. Das ist nicht schwerer als für den Berufskomiker, Pausen für die Lachsalven des Publikums zu machen. Dieses fortwährende Inbereitschaftsein und Zusammenarbeiten mit dem Publikum aber gibt dem Werk eine besondere Frische und Lebendigkeit, die auf das Publikum zurückstrahlt und es aus seiner Rolle des bloßen Zuschauens befreit. So werden Beifall und Mißfallen zu wichtigen Kunstmitteln, und selbst unberücksichtigte Mißfallensäußerungen können künstlerisch bedeutsame Faktoren werden, die für das Gesamtkunstwerk von höchstem Wert sind. Nicht nur der Merzer als Schöpfer des Gesamtkunstwerkes, sondern auch die übrigen Künstler, der Dichter, der Maler, der Musiker und der Schauspieler können in ihrer Tätigkeit Widerspruch des Publikums als Kunstfaktor nach ihrem Belieben in Rechnung setzen oder absichtlich unbeachtet lassen. Die letzte Entscheidung über den Wert des Gesamtkunstwerkes liegt trotzdem wiederum (mit einer leichten Verbeugung:) *beim Publikum.*

DAS PUBLIKUM Bravo! – Bravo! – Bravo! – (eine Damenstimme, schwärmerisch:) Er ist genial!! – (die Fistelstimme:) Hoch ANNA BLUME! (alle empört gegen die Fistelstimme gewendet:) *Idiot!!* – (alle ab.)

Hannovers erste Merz-Matinee

ging am 29. Dezember 1923 vor sich, in den Räumen des Etablissements Tivoli. Die Veranstalter, Herr Kurt Schwitters, Hannover-Waldhausen, und Herr Raoul Hausmann, Berlin, abhold jeder lauten Reklame, hatten an ihre Freunde und positiven Bewunderer Einladungen verschickt, denen aber nur wenige gefolgt waren. So sah man nur den aus früheren DADA-Abenden bekannten Kreis, in dem man u. a. bemerkte: den Gottsucher Herrn Prof. V. C. Habicht, die Galerie Garvens (auf räumlich sehr weit getrennten Plätzen), die Bankiers Basse und Stein, den Maler Gleichmann nebst Gemahlin, den Jazz-band-captain Hans Dancker und als bedeutendste Person den Bürgervorsteher und Landtagsabgeordneten Iwan Katz, der symbolisch eine rote Weste trägt und alles ›in englischen Pfunden, in Gold‹ bezahlt. Der philosophisch durchtränkte Poete und Oberlehrer Hans Havemann fehlte in der illüstren Gemeinde. Er liebt nicht die Weisen, die ihn an sein bestes Werk erinnern.

Nachdem man seiner Aufforderung, doch näher an die Bühne zu rücken, es sei dann gemütlicher, gefolgt war (und siehe, die Anwesenden füllten gerade die vier Reihen der Orchesterfauteuils), nahm Kurt Schwitters das Wort zu einer Begrüßung und Einleitung. Er stellte den Unterschied klar zwischen DADA und Merz – welche Kluft trennt beide Begriffe! –, sprach die schmählich betrogene Hoffnung aus, in seinen Hörern DADA zu wecken, und gab sich selbst das Versprechen, auf alle Fälle sich zu freuen, komme oder komme nicht, was da wolle. Seine Ansprache gipfelte in dem Hymnus ›Freude, schöner Götterfunken‹ – und auch hier verfehlten die zündenden Worte unseres Schiller nicht ihre begeisternde Wirkung. Kaum war der Beifall verrauscht, erschien Herr Raoul Hausmann, stellte sich artig vor »mein Name ist Raoul Hausmann« und legte Mantel ab und Hut und Stock und tätigte das Manifest der Urlaute, in dem unanständig viel die Rede war von Margarine und Seele. Dann zog er auch noch den Rock aus und tanzte zu den Klängen eines

Rag-time seinen Wang-wang, Rainbow oder irgend etwas anderes.

Und nun ging es Schlag auf Schlag: Bald war Kuwitter auf der Bühne, bald im Rang oder Parkett. Man hörte Lautgedichte ohne Sinn, dramatische Szenen in der Art des jungen Holländers Jan van Mehan (Hans Havemann). ›Es fiel ein Reif in der Frühlingsnacht‹ melodramatisch zu der Melodie ›Guter Mond, du gehst‹ usw. usw. Raoul Hausmann brüllte zwischendurch seine Gedichte und tanzte wild mit einer Grazie, zu der seine fast polizeiwidrige Visage zwar in keinem Gegensatz stand, doch sehr gut paßte. Er tanzt so, wie Ringelnatz dichtet.

Dank der quasi wissenschaftlichen Anteilnahme des Publikums (und Merz gehört noch nicht in die Kulturgeschichte) kam das Ende überraschend schnell. War in der Pause es den vereinten Bemühungen vieler schöner Frauen gelungen, aus Schwitters' treu blauen Augen sanft quellende Tränen im Keime zu ersticken, war alle Anstrengung jetzt umsonst. »Es ist zu kalt«, meinte der Erfinder des Merz. Und dann gingen wir Schlittschuhlaufen.

TRAN Nr. 30

AUGUSTE BOLTE

(ein Lebertran)

gewidmet

1. AUGUSTE
2. Der Kunstkritik
3. Der Fakultät Leb,
4. Allen meinen lieben Freunden.

(eine Doktorarbeit)*

Motto: Man wünscht ja allen Menschen was Gutes, aber das Schlechte kommt von selbst.

(Doris Thatje.)

Gedicht: O Mensch, tu dieser nichts zu leide,
Dies ist kein Bleistift, sondern Kreide.
Sie hat Berechtigung zu denken.
Drum wolln wir ihr nich weiter kränken.

* mit Fußnoten

EINLEITUNG

Was man kaut wird Brei.

(Ernst Lehmann)

Tran 24

leer

Die Schwanenjungfrau

S i n n b i l d
der Kunst-
Kritik

Der Autor hat ein merkwürdiges Sinnbild für die brave Kkunstkkritik geschaffen. Es ist eine naturgetreue Nachbildung aus den Kritiken in Tageszeitungen. Die Tagespresse über Kunst, sogenannte Tageskunstpresse, hat ein Kinderkleidchen an. Keusch und züchtig hat sie ein Schürzchen vorgebunden, mit Stickereibesatz, nicht zu verwechseln mit Stänkereibeschmutz. Beine hat sie keine, sozusagen ausverkauft. Womit soll sie also gehen? Auf die Hände. Aber die sind sozusagen inklusive Arme auch ausverkauft. Womit soll sie also zupacken? Mit dem Kopfe. Aber der Kopf ist weiter nichts als ein Kleiderhaken. Daran hängt nun die Tageskunstpresse mit Stickereibesatz. Womit soll sie aber denken? Zu diesem Zweck hat ihr der Autor einen Ersatzreservekopf beigegeben, wie man solche bei den Büsten altägyptischer Könige in deren

Grabkammern in den Pyramiden schon findet.[1] Der Kopf hat den charakteristischen, eigentümlich bellenden Ausdruck der Kunstkritiker, Brille auf der Nase und ein Kopftuch an Stelle des fehlenden Verstandes. Die Nase ist rot. Wer Sorgen hat, braucht auch Likör.

Wieso dieses aber eine Einleitung wäre? Mein Herr, zunächst gilt es die Kritik zu bestechen, damit sie meinem Buche recht gute Zensuren schreibt. Wer gut schmiert, der gut fährt.

Kurt Schwitters

Auguste Bolte[2] sah etwa 10 Menschen auf der Straße, die in einer und derselben Richtung geradeaus vorwärts gingen. Das kam Auguste Bolte verdächtig, ja sogar sehr verdächtig vor. 10 Menschen gingen in einer und derselben Richtung. 1, 2, 3, 4, 5, 6, 7, 8, 9, 10. Da mußte etwas los sein. Denn sonst würden nicht ausgerechnet 1, 2, 3, 4, 5, 6, 7, 8, 9, 10 Menschen in genau einer und derselben Richtung gehen. Wenn nämlich nichts los ist, so gehen 1, 2, 3, 4, 5, 6, 7, 8, 9, 10 Menschen nicht in der ausgerechnet selben Richtung, sondern dann gehen 1, 2, 3, 4, 5, 6, 7, 8, 9, 10 Menschen in 1, 2, 3, 4, 5, 6, 7, 8, 9, 10 verschiedenen Richtungen. Das ist einmal sicher, und Fräulein Auguste Bolte war immer ein gescheites Mädchen gewesen, schon in der Schule. Wenn aber was los ist, so gehen 1, 2, 3, 4, 5, 6, 7, 8, 9, 10 Menschen in der Regel in einer und derselben Richtung, und nicht in 1, 2, 3, 4, 5, 6, 7, 8, 9, 10 verschiedenen Richtungen. Wenn etwas los ist, können auch 10, 20, 30, 40, 50, 60, 70, 80, 90, 100 Menschen in einer und derselben Richtung gehen. Wenn etwas los ist, können sogar 100, 200, 300, 400, 500, 600, 700, 800, 900, 1 000 Menschen in einer und derselben Richtung gehen. Das, und vieles andere, wußte Auguste. Z. B. wußte Auguste, daß sie sich auf wußte reimen mußte. Auguste

[1] siehe Peliareusmuseum, Hildesheim.

[2] Auguste Bolte, Anna Blume und Arnold Böcklin haben die gleichen Anfangsbuchstaben: A. B.

zählte. Es waren tatsächlich 1, 2, 3, 4, 5, 6, 7, 8, 9, 10 Menschen, die ausgerechnet in einer und derselben Richtung gingen. Warum ausgerechnet? Wer sollte sich erdreistet haben, diese 1, 2, 3, 4, 5, 6, 7, 8, 9, 10 Menschen auszurechnen? Aber jemand mußte es getan haben, die Grenze ist nämlich 9. Denn bei 9 Menschen, d. h. wenn ausgerechnet 1, 2, 3, 4, 5, 6, 7, 8, 9 Menschen in einer und derselben Richtung gehen, kann zwar etwas los sein, braucht aber nicht unbedingt etwas los zu sein. Die Zahl 10 aber überzeugt gewissermaßen restlos, d. h. wenn ausgerechnet 1, 2, 3, 4, 5, 6, 7, 8, 9, 10 Menschen in ausgerechnet einer und derselben Richtung gehen, so muß gewissermaßen ausgerechnet etwas los sein. Aber was? Es war Auguste klar, wobei sich war auf klar reimt, daß etwas los sein mußte, wobei mußte sich wieder auf Auguste reimte. Aber wie gesagt, was? Es war ihr klar, sie würde es nie erfahren, wenn sie einen von den 1, 2, 3, 4, 5, 6, 7, 8, 9, 10 Menschen fragte, denn jeder einzelne, also 1, 2, 3, 4, 5, 6, 7, 8, 9, 10, jeder einzelne ist so gemein, indem gemein der einzig passende Ausdruck für so eine Gemeinheit ist, daß er seine, gewissermaßen je seine Neuigkeit exklusive für sich behält. Auguste wußte das, sie war schon in der Schule gewissermaßen eine begabte Schülerin gewesen. Und nun? Was war nun zu tun? Ein unerhörter Reim! Nun reimte sich auf zu tun. Es war Fräulein Auguste darüber hinaus noch insbesondere auffällig, daß sowohl nun sich auf zu tun, als auch zu tun sich anderseits auf nun reimte. Und inzwischen gingen die 1, 2, 3, 4, 5, 6, 7, 8, 9, 10 Menschen gewissermaßen stetig weiter. Auguste aber blieb in Gedanken gewissermaßen wie versunken eine kurze Spanne Zeit wie angewurzelt, gewissermaßen wie ein Baum, stehen, als sie den unerhörten Reim einerseits und andrerseits zwischen nun und zu tun entdeckte. Der Reim stieß ihr auf. Wie Lebertran. Auguste schluckte. Wenn nämlich etwas los ist, dann passieren die ungereimtesten Dinge. Dann reimt sich plötzlich, was sich sonst nicht reimt. Resümieren wir! 1, 2, 3, 4, 5, 6, 7, 8, 9, 10 Menschen gingen in einer und derselben Richtung, nun reimte sich auf zu tun. Also mußte was los sein. Wie sollte es nun Auguste erfahren? Nie, wenn sie jemand von den 1, 2, 3, 4, 5, 6, 7, 8, 9, 10 fragte, denn jeder einzelne behielt seine Weisheit für sich. Bloß um Auguste zu ärgern. Es war eine unerhörte Frechheit, daß nicht ein anständiger Mensch von Seelenadel dabei war und kam, um Auguste alles zu verraten. Man nahm eben Auguste einfach nicht für voll. So etwas darf sich aber kein zivilisierter Mensch gefallen lassen. Was nun zu tun? Ein ganz unheimlicher Reim. Es mußte etwas getan werden, sonst konnten Auguste die unerhörtesten Dinge passieren. Sie würde wohlmöglich in Reimen ersticken. Alliteration würde hinzukommen, und wenn sie gar in eine Metrik eingeleimt würde, wäre es aus. Dann würde man sie wohlmöglich wie eine alte Jungfer behandeln, und sie war doch so ein gescheites Mädel gewesen, schon in der Schule begabt, und man würde ihr aber auch nichts mehr sagen, was gerade so interessant war, respektive wäre. Das durfte einer Frau wie Auguste nicht passieren. Hier mußte also etwas geschehen. 1, 2, 3, 4, 5, 6, 7, 8, 9, 10 Menschen gingen in akkurat einer und derselben Richtung, nun reimte sich auffällig auf zu tun, niemand verriet Auguste, was los war. Das ging Auguste wider den Strich. Einen Augenblick überlegte sie, was denn der Strich bei ihr wäre, wider den es ihr gewissermaßen ging. Dann raffte sie ihr Kleid und ihre ganze Männlichkeit zusammen und lief hinter den 10, 9, 8, 7, 6, 5, 4, 3, 2, 1 Menschen her.

Aber was war das? An der nächsten Straßenecke trennten sich 5 von den übrigen 5 und gingen in eine Straße, während die restlichen 5 in die andere Straße gingen. Auguste hielt das selbstverständlich für eine infame List, für eine unverschämte Täuschung. Die 10 Leute hatten sich gewissermaßen stillschweigend gesagt, daß es Auguste auffallen mußte, daß sie in einer und derselben Richtung gingen. Daraus würde Auguste dann ihre Schlüsse ziehen, z. B. daß etwas los sein müßte. Diese 10 Menschen rechneten also gewissermaßen bei Auguste mit dem normalen Verstande des durchschnittlichen Menschen. Sie hatten sich auch stillschweigend gesagt, daß Frl. Auguste Bolte zu erfahren suchen würde, was denn nun los wäre. Auguste würde ihnen folgen und folgen und auf diese einfache Weise schließlich sehen, was sie hören wollte, mit andern Worten, was los war, gewissermaßen um worum es sich eigentlich handelte. O, Auguste kannte die Massenpsychose ganz genau, schon in der Schule war sie ein begabtes Mädchen gewesen. Aber eine alte Jungfer durfte nicht alles wissen. Und um Fräulein Auguste zu täuschen, hatte man sich stillschweigend getrennt. Auguste konnte doch nur je 5 Personen nachlaufen, man wußte, daß Auguste sich nicht teilen konnte. Aus verschiedenen Gründen. D.h. die Gründe waren hier gleichgültig, aber es war eine unverschämte Dreistigkeit von der Masse gewesen, sich zu trennen oder, besser gesagt, sich zu teilen.

Auguste aber war kurz von Entschluß und ging schnell entschlossen den einen 5 nach. Auguste war aber auch gewissenhaft, gewissermaßen Charakter. Ja, sollten es auch wohl die andern 5 gewesen sein? Salzige Zweifel kochten in ihrem armen, gemarterten Schädel, etwa wie Sauerkohl. Es kam ihr so verdächtig vor, gerade 5[3]. Sie ging noch ein paar Schritt, da kam ihr die Eingebung, es müssen die andern 5 gewesen sein. Aber was denn gewesen sein? Jedenfalls besann sie sich und kehrte, kurz von Entschluß wie sie war, kurzentschlossen um und ging den andern 5 nach. Fräulein Auguste sah es nämlich nicht ein, weshalb sie nicht ebensogut diesen 5 nachgehen sollte wie den einen 5. 5 ist 5, und 5 Menschen sind 5 Menschen, von individuellen Eigentümlichkeiten abgesehen, die aber in diesem Spezialfalle gewissermaßen gleichgültig waren. Also ging sie den andern 5 nach. Aber immerhin, und das gerade war dabei das Raffinierte, aus demselben Grunde, wie sie den andern 5 nachging, hätte sie auch den einen 5 nachgehen können, den ersten 5. Warum aber auch sich 10 Menschen in Gruppen von je 5 teilen mußten. So etwas war eine raffinierte Taktik des gewissermaßen feindlichen Haufens. Denn es war doch in diesem Falle in der Tat an sich gänzlich gleichgültig, welchen von den je 5 Menschen Auguste nachgehen sollte. Die salzigen Zweifel begannen überzukochen. Aber Auguste war stets ein gescheites Mädchen gewesen, schon in der

[3] und dabei ist 5 ungerade.

Schule. Ohne dabei Streber zu sein. Und so kam sie auf die einzige richtige Lösung. Da sie nämlich die Wahl zwischen 2 je gleichen 5 der Quantität nach hatte, so mußte sie genau genommen jeden 5 ganz gleichmäßig nachgehen, besonders in bezug auf die Gehungsdauer. Also vulgär ausgedrückt mußte sie zunächst eine Zeiteinheit den einen 5 nachgehen, darauf dieselbe Zeiteinheit den andern 5, dann wieder den einen 5, andern 5, einen 5 usw. Also: Auguste überlegte nicht lange, sondern kehrte schnell entschlossen um und lief um die Straßenecke zurück, mal sehen, was wohl die einen 5 machten. Da nun alle beide 5 stetig weitergingen, so wurde ihre Entfernung von der Ecke und voneinander immer größer und größer, so daß Auguste laufen mußte, schon wieder dieser unheimliche Reim, weil eben der Weg ständig länger wurde. Je nun, Auguste war jung, und sie tat es immerhin gewissermaßen aus Gesundheitsgründen. Nun war Auguste wie gesagt ein gescheites Frauenzimmer. Immer schonst gewesen. Und sie wußte sich zu helfen, als sie immer schneller und schneller laufen mußte. Zunächst legte sie erstlich einmal allen überflüssigen Ballast ab. Wie ein Schiff alles Entbehrliche ins Meer wirft, wenn es sinken will, damit wenigstens nicht alles auf einmal sinkt, so legte sie, da nun doch einmal gewissermaßen das Leben auf dem Spiele stand, ihren Hut mit Nadel, ihre Handschuhe, ihre Handtasche mit Taschentuch und Portemonnaie, ihren Kneifer, Ringe und Armbänder als in diesem Falle vollständig entbehrlichen Ballast ab und lief bald den einen 5, bald den andern 5 nach, indem sie um die Ecke pendelte. Dabei bewunderte Auguste ihre Geistesgegenwart, daß sie bei aller Eile immer noch wußte, daß sie Ballast abwerfen mußte. Wieder so ein Fall von Reim, und zwar reimten sich wußte auf mußte, mußte auf wußte und mußte und wußte auf Auguste. Wieder reimte es sich in unerhört lächerlich selbstverständlicher Art und Weise. Alles deutete auf etwas Außerordentliches hin. Und Auguste pendelte wie gesagt inzwischen und währenddessen hin und her um die Ecke und fühlte dabei die innere Genugtuung, daß sie ihre Pflicht, so schwer es ihr auch wurde, voll und ganz erfüllte, und zwar fühlte sie es um so stärker, je schneller sie laufen mußte. Nur wurde sie heiß dabei, und die Kleider schlenkerten ihr um die Knie. Aber Auguste war stets ein scharf denkendes Mädchen von schnellem Entschlusse gewesen. Indem sie beim Laufen nun überlegte, daß sie ihre Geschwindigkeit steigern müßte, um noch inskünftig den Anschluß von den einen 5 bis zu den andern 5, die sich stetig voneinander sowie von der Ecke entfernten, zu behalten, kam ihr der selbstverständliche, gewissermaßen auf der Hand liegende Gedanke, daß sie auch Kleid und Bluse als überflüssigen Ballast zu betrachten habe. Dabei freute sie sich, daß ihr immer noch bei aller Geschwindigkeit so schöne Wortspiele gelangen, und griff den gewissermaßen auf der Hand liegenden Gedanken fest ins Auge und entledigte sich weiteren Ballastes. Auguste lief jetzt zunächst Richtung ab die einen 5 nach den andern 5. Aber kein Mensch kann seinem Schicksal entgehen. Die Entfernung der beiden je 5 war allmählich so groß geworden, daß Auguste mit Aufbietung aller Schnelligkeit nur noch ein letztes Mal mit Aussicht auf Erfolg, die andern 5 zu treffen, den Weg um die Ecke wagen durfte. Einmal muß der Mensch sich endgültig entscheiden. Das ist Menschenlos. So traurig es an und für sich auch ist. Und so überwand Auguste ihre salzigen Bedenken, ob sie recht täte, den einen oder den andern 5 zu folgen, und entschloß sich, noch ein letztes Mal den Weg um die Ecke zu laufen, um die einen 5 zu erreichen.

Kaum hatte Auguste Bolte ein wenig echauffiert die einen 5 erreicht, als sich plötzlich ein junges Mädchen abtrennte und ohne Wort und ohne Gruß, gewissermaßen wie selbstverständlich, in ein Haus ging. Was nun? Der Reim heißt zu tun. Der nutzte Auguste so viel wie nichts. Zurück zu den andern 5 wäre jetzt das einzig Richtige gewesen. Aber das Schicksal hatte gewissermaßen gegen Auguste gezeugt.[4] Denn erreichen konnte sie die andern 5 nun nicht mehr, die Entfernung war zu groß geworden. Andrerseits war die Wahl jetzt allerdings leicht. Zwischen 1, 4 und 5 Personen waren selbstverständlich die 5 zu wählen. Das war Auguste, der Reim heißt klar. Aber

[4] von Zeuge, siehe unter ›Gericht‹.

Auguste war ein gescheiteltes Mädchen, schonst in der Schule gewesen, und von Entschluß. Die 5 konnte sie nun nicht mehr erreichen, also blieb ihr nur die Wahl zwischen den 4 und der einen. Schnell entschlossen, wie Auguste Bolte nun einmal war, sie war schonst in der Schule ein gescheiteltes Mädchen gewesen, ging sie den 4 nach, merkte sich aber aus Gewissenhaftigkeit zum Überfluß die Hausnummer, hinter der die eine verschwunden war. Das war Nummer 5 gewesen. Ausgerechnet Nr. 5. Was hatte das nun zum Beispiel wieder zu bedeuten? Eine trennt sich von 5 und ging in 5. Das war ungewöhnlich. Das mußte was bedeuten. Alles dieses, unter anderm auch die vielen Reime, bestärkte Auguste in dem richtigen Bewußtsein, daß hier was los sein mußte, welches sie bestimmt erfahren wollte. Denn warum hieß sie sonst Bolte? Ohne Grund reimt man sich nicht ein ganzes Leben lang auf wollte. Nachdem Auguste so gedacht hatte, ging sie, wie gesagt, kurz entschlossen den vieren nach. Junger Mensch muß Glück haben. Auguste wischte sich nun zunächst die Schweißperlen von der Stirn, kühlte sich ein wenig ab und freute sich im Herzen, daß sie sich ein wenig verschnaufen konnte, weil die 4 ganz gemütlich gingen, gewissermaßen als ob nichts passiert wäre. Und dabei wußte es Auguste, schon wieder dieser unheimliche Reim, daß doch und doch etwas los war. Weshalb würden sonst die 4 noch in einer und derselben Richtung zusammen gehen.

Plötzlich kam eine Straßenkreuzung. Und als ob der Teufel im Spiele wäre, gingen 2 rechts weiter und 2 links. Was nun tun?

Schon wieder dieser unheimliche, dieser bohrende Reim. Auguste wußte, was sich schon wieder bohrend reimte, nicht, was sie tun sollte. Das war mehr, als ein Mensch ertragen konnte, dreifacher Reim in weniger als 30 Sekunden. Auguste wußte, der vierte Reim, daß die ganze Angelegenheit gewissermaßen in ein kritisches Stadium getreten war. Auguste war fest entschlossen, gewissermaßen nachzutreten. Das System kannte ja Auguste schon von ihren Erfahrungen im Verfolgen der je 5 Personen. Auguste war gewissermaßen imstande, eine Taktik im Verfolgen von 2 gleichen Volkshaufen zu schreiben, so gut war sie orientiert. Und sie war willens, diese Taktik, ihre Taktik bei der Verfolgung von zwei Volkshaufen von je 2 Personen wieder anzuwenden. Die Geschichte würde dieses einmal die Fräulein-Augusta-Taktik nennen, dann wäre sie mit einem Male geschichtsreif. Also Fräulein Auguste ging zunächst hinter den einen zweien eine Zeiteinheit her. Darauf kehrte sie um und ging dieselbe Zeiteinheit hinter den anderen 2 her. Denn wie konnte sie es wissen, welche 2 es waren. Wer konnte es überhaupt wissen, welche 2 die Richtigen wären. Oder vielmehr waren. Ja, waren ist hier der richtige Konjunktiv. Waren war hier der richtige Infinitiv. Dabei war es Auguste immerhin etwas unheimlich, daß bei solchen immerhin schwierigen Situationen immer noch gewisse Fremdwörter dabei waren. Wer z. B. wollte jetzt noch etwas von Fremdwörtern wissen, die sonst das Leben so angenehm möblieren? Und Auguste kehrte wieder um, Richtung ab die einen zwei nach den andern zweien. Wie angenehm, daß sie dieses Mal nicht wieder um die Ecke zu pendeln brauchte, denn die je 2 gingen in genau einander entgegengesetzten Richtungen. Wie angenehm, daß bei jedem Übel noch ein Glück dabei ist. Kaum stirbt der Mensch, so kann er sich auch schon einen Sarg leisten, und wenn er im Leben auch noch nicht einmal einen Nagel dazu gehabt hat. So etwas nannte Auguste Glück. Und inzwischen wurde die Entfernung der je 2 und 2 größer und größer. Auguste lief hin und zurück, hin und zurück, bis sie endlich wieder vor die Entscheidung gestellt wurde, sich zu entscheiden, welchen 2 sie endgültig nachlaufen wollte. Aber immerhin kannte sie ja gewissermaßen schonst das System. Das System lag ja der Fräulein-Augusta-Taktik zu Grunde. Was war da im Spezialfall groß zu entscheiden? Auf das System kommt es immer an. Und im Menschenleben kommt des öftern der Punkt, wo das entweder-oder aufhört, gewissermaßen ein Wendepunkt, etwa wie eine Wand, auf die geschrieben ist: »Bis hierher und nicht weiter!« Auguste kannte diesen Gedankengang von ihrer Taktik her. Auguste war ein gescheites Mädchen, immer schon gewesen, schonst in der Schule. Ohne dabei Streber zu sein. Besonders aber in der Schule des Lebens war Auguste Bolte gescheitelt. Das Leben war eine strenge Schule. Nur gescheitelte Leute können das Leben leben. Das Leben ist eine hohe Schule. Gewissermaßen Hochschule. Und auf dieser Hochschule wollte Frl. Auguste Bolte ihren Doktor machen, Doktor des Lebens, gewissermaßen, Dr. Leb. Und dieses sollte ihre Doktorarbeit werden. Das Thema schrie nach Bearbeitung, denn es war bislang noch sehr wenig bearbeitet, ein dankbares Thema. Wie würde Auguste nachher dastehen, wenn sie Dr. des Lebens wäre, Fräulein Dr. Auguste, Fräulein Dr. Leb. Eine neue Fakultät. Dieses und manches andere, z. B. das Wort Infinitiv dachte Auguste, auf deutsch »Die Erhabene«, während sie von den andern 2 sich endgültig abtrennte, um ab nun den andern einen 2 nachzulaufen. Auguste schätzte jetzt ihre Geschwindigkeit auf die des Schalles, $333\frac{1}{3}$ m die Sekunde. Eine weitere Steigerung schien ihr unmöglich zu sein, sie würde sonst ankommen, bevor man ihre Fußtritte hören konnte, und der Donner ihrer Schritte würde ihr auf dem Fuße folgen. Nun war Auguste so bescheiden wie klug, und so beschied sie sich, die einen 2 nun nicht mehr zu verlassen, sondern ihnen zu folgen, bis sie erfahren haben würde, was los wäre.

Plötzlich trennten sich auch diese letzten zwei, einer ging in ein Haus rechts, der andere in ein Haus links. Frl. Dr. Auguste, ich will sie hier honoris causa[5] schon so nennen, stand auf der Straße wie ein Mann. Links ging eine Hoffnung ins Haus, rechts ging eine Hoffnung ins Haus. Rechts ging eine Hoffnung ins Haus, links ging eine Hoffnung ins Haus. Frl. Dr. Auguste war ein gescheiteltes Mädchen. Sie dachte an das Wort »Infinitiv«. Plötzlich schoß ihr gewissermaßen das Wort »Baum« durch den Kopf. Das heißt, eigentlich schoß es gar nicht. Denn wie Frl. Dr. Auguste auch ihren Kopf befühlte, er war ringsum heile geblieben. Hätte oder wäre nämlich das Wort geschossen, so hätte sie ein Loch im Kopf haben müssen. Das heißt, genau genommen 2 Löcher, denn ein Wort konnte ihr doch nicht in den Kopf schießen, sondern es konnte bei der großen Geschwindigkeit nur durch den Kopf

[5] ehrenhalber.

schießen. Wie eine Flintenkugel. Plötzlich erschrak Frl. Auguste, denn sie fand ihre beiden Ohrlöcher. 2 Löcher, eines links, das andere rechts. Das mußte ihr auffallen. Sollte das Wort ihr wohl durch beide Ohrlöcher geschossen sein und diese zwei Öffnungen gerissen haben? Aber dann hätte es bluten gemußt. Aber bluten tat es nicht. Und dabei hatte Frl. Dr. Auguste auch inzwischen vergessen, welches Wort eigentlich geschossen hatte. Sie konnte sich nicht darauf besinnen. Außerdem schien aber auch wie gesagt nichts geschossen, weder zu haben, noch zu sein. So leicht schießen die Worte nicht. Immerhin jedoch beunruhigte es sie, daß doch vielleicht eventuell ein Wort geschossen haben könnte, wenn es auch ein kalter Schuß gewesen wäre. Dieses ebenso wie die außergewöhnlich häufigen Reime in der Umgangssprache Frl. Dr. Augustes mit sich selbst bestätigten sie in dem ganz richtigen Gefühl, daß etwas los sein mußte. Und dabei war einer rechts und einer links ins Haus gegangen. Frl. Dr. Auguste bewunderte ihre diesbezüglich eigene Ruhe. Es war etwas los, und sie wußte es nicht, immer noch nicht. Und nun begann sie zu überlegen, was hier nun zu tun wäre. Der alte Reim von nun und zu tun hatte sie ja bislang so gut geleitet. Er leitete Auguste, bis sie wußte. Wie alte Poesie umgab sie der Reim. Wem von den beiden sie nun folgen sollte, war schwer zu entscheiden. Einer ist einer, jedenfalls der Quantität nach. An sich war es in der Tat ziemlich gleichgültig, welchen von den beiden Frl. Dr. Auguste nun folgen sollte. Sie sah sich in ihrem Geiste, Frl. Dr. Auguste hatte nämlich Geist, schon wieder stundenlang hin- und herpendeln zwischen den beiden einander gegenüberstehenden Häusern. Denn sie kannte die Taktik, denn das System hatte sich nicht geändert. Auguste wußte, daß die Entfernung der beiden einander gegenüberstehenden Häuser stetig größer und größer werden würde, bis sie endlich so groß war, daß Auguste sich wieder entscheiden mußte, wem von den beiden sie endgültig folgen wollte, weil sie bei Aufbietung aller Anstrengung bei der großen Entfernung nicht mehr den Pendelverkehr zwischen den beiden Häusern aufrechterhalten könnte. Wenn sie nun aber zum Schluß sich entschieden haben würde, dann würde dieser eine sich plötzlich in zwei Hälften teilen. Und die eine Hälfte würde in ein Zimmer gehen, die andere in das andere. Welcher Hälfte sollte Auguste dann folgen? An sich war es wieder gleichgültig. Frl. Dr. Leb würde also wieder pendeln zwischen zwei aneinander gegenüberliegenden Zimmern, die sich stetig voneinander entfernten. Schließlich würde die Entfernung der Zimmer so groß werden, daß Frl. Dr. sich wieder würde entscheiden müssen. Die Hälfte würde sich dann in zwei Viertel teilen, das eine Viertel sich auf den Stuhl setzen, das andere auf einen andern. Die Entfernung der Stühle würde stetig größer werden, Frl. Dr. pendeln, schließlich sich für ein Viertel entscheiden, das sich dann in 2 Achtel teilte, das eine Achtel würde sich auf eine Stuhlhälfte setzen, das andere auf die andere. Das System kannte Frl. Dr. A. Bolte, und mit ihr und durch sie die Wissenschaft. Aber sie hatte auch durch die Präzedenzfälle[6] gelernt. Ihre Taktik war eben falsch gegenüber dem System. Andrerseits wußte sie nicht gleich eine neue Taktik. Sie würde schließlich erleben, daß die Teilung vom Achtel fortschritte zum Sechzehntel, Zweiunddreißigstel, Vierundsechzigstel, Einhundertachtundzwanzigstel, bis zum Atom, und sie fürchtete, es würde nichts mehr übrigbleiben, an das sie sich wenden könnte, zwecks ihrer Doktorarbeit, um zu erfahren, was los wäre. Es schossen jetzt so viel Gedanken durch Fräulein Dr. Augustes Kopf, daß derselbe wie ein Sieb geworden war und mehrere tausend Ohren zu haben schien. Wenigstens kam es Frl. Dr. so vor. Erfahrung ist die größte Wissenschaft. Die Taktik war falsch. Frl. Dr. Auguste würde ihre Kraft schließlich vergeudet haben, und die 10 Menschen würden sich in ca. eine Milliarde von Teilen aufgelöst haben. Ja, Auguste war schon in der Schule ein gescheites Mädel gewesen. Immerhin braucht unsere degenerierte Kultur konsequente Menschen. Frl. Dr. Auguste Bolte war konsequent, sie hatte ohne Frage Charakter.

Kurz entschlossen, wie Frl. Dr. Auguste war, entschloß sie sich, nunmehr die eine junge Dame aufzusuchen, die seiner-

[6] seltenes Tier, lebt in Sibirien, Fell sehr wertvoll.

zeit in das eine Haus gegangen war, indem sie sich von den restlichen vieren abtrennte. Auguste fand auch die Straße wieder und ging in ein Haus. Parterre stand an der Tür: »Frau getrocknete Pflaumenerzeugerswitwe Alma Schulz.« Der Titel kam Auguste sehr verdächtig vor. Sie klingelte, und als eine Frau ihr öffnete, sagte sie: »Ist hier wohl vor etwa einer Stunde ein junges Mädchen hereingekommen, welches sich von 4 Genossen zuvor auf der Straße abgetrennt hatte?« Frau getrocknete Pflaumenerzeugerswitwe sagte, es wäre vielleicht gegenüber gewesen. Frl. Dr. Auguste klingelte nun gegenüber und fragte: »Ist hier wohl vor etwa einer Stunde ein junges Mädchen hereingekommen, welche sich kurz zuvor von 4 Genossen abgetrennt hatte?« Die betreffende Dame sagte: »Vielleicht gegenüber?« Frl. Dr. Auguste klingelte also wieder gegenüber bei der wirklichen geheimen Pflaumenerzeugerswitwe Alma Schulz und sagte zu der Dame, als diese ihr öffnete, die Dame von vis-à-vis[7] hätte sie hierher gewiesen, und so nähme sie noch einmal Gelegenheit, zu fragen, ob hier vielleicht ein junges Mädchen vor einer Stunde hereingekommen wäre, indem dieses sich von vier Genossen zuvor abgetrennt gehabt hätte. Frau getrocknete Pflaumenerzeugerswitwe Alma Schulz sagte, es wäre vielleicht erste Etage gewesen. Nun klingelte Frl. Dr. Bolte erste Etage und fragte, ob dort vielleicht ein junges Mädchen vor circa einer Stunde hereingekommen wäre, indem es sich zuvor von 4 Genossen abgetrennt gehabt haben würde. Die betreffende Dame sagte: »Vielleicht Parterre.« Also klingelte Frl. Dr. Auguste wieder Parterre und fragte die Frau wirkliche getrocknete Pflaumenerzeugerswitwe, ob dort wohl vor circa einer Stunde ein junges Mädchen hereingekommen wäre, indem es sich zuvor von 4 Genossen abgetrennt gehabt hätte. Frau wirkliche getrocknete Pflaumenerzeugersrätin verneinte höflich, aber durchaus bestimmt und sagte: »Vielleicht fragen Sie einmal in der zweiten Etage nach, hier isse[8] nich.« Frl. Dr. A. Bolte fragte nun auch in der zweiten, dritten, vierten, fünften Etage in beiden

[7] französisch.
[8] provinzieller Ausdruck.

Wohnungen, je rechts und links. Zwischendurch wurde sie wiederholt zu der Frau wirklichen getrockneten Pflaumenerzeugersrätin geschickt, die nach wiederholten so bestimmten als höflichen Abweisungen zuletzt begann, sich zu räuspern und heiser zu hüsteln. Es half ihrer hochgetrockneten Rätin nichts. Frl. Dr. Auguste kam nämlich noch einmal, klingelte und fragte, ob hier vielleicht ein junges Mädchen vor ca. ungefähr einer knappen Stunde – »2½ Stunden«, verbesserte Frau Rätin – , also vor ca. ungefähr 2½ Stunden ein junges Mädchen gewissermaßen hereingekommen wäre – »Indem sie sich zuvor auf der Straße von 4 Genossen vorher getrennt gehabt worden wäre«, ergänzte Frau wirkliche getrocknete Rat. Und mit einem Male wurde Frau Pflaumenrat, indem es die ganze Angelegenheit für eine Pflaume hielt, so unangenehm, wie es Frl. Dr. doch nicht weder erwartet noch verdient hatte. Nachdem sie[9] sich wiederholtermaßen geräuspert hatte, grinste sie, wedelte mit beiden Händen[10], als ob sie die Luft wiegen wollte, schlug mit flacher Hand des öfteren gegen die Tür und zerschlug aus Versehen dabei die Glasscheibe. Dann schrie sie: »Bi, bi, bi, bi, bi, bi«, bekam einen Schreikrampf, rannte aus dem Hause und alarmierte die Feuerwehr. Scheibe einschlagen, drücken, warten, bis jemand kommt. Sie wartete aber nicht, sondern kehrte um, nahm ihren aus Draht geflochtenen Abtreter und haute damit senkrecht von oben mit einer Kraft von etwa 2 Pferdestärken auf Frl. Dr. Augustes vielgeprüften Kopf. Frl. Dr. Auguste bemerkte dieses sogleich, und zwar in nicht angenehmer Weise, und da es ihr ungemütlich wurde, ging sie mit Würde ins Hinterhaus, um dort in gleicher Weise nach dem Verbleib des jungen Mädchens zu fragen, das sich vor ca. 3 Stunden von 4 Genossen getrennt hätte, um in 5 zu gehen. Zunächst fiel ihr 3, 4, 5 sehr auf. Das war Rhythmus. Aber lange konnte sie nicht hierüber hin- und herdenken, wieso das wohl von Wichtigkeit wäre, denn sie bekam beim eiligen Auf- und Absteigen einen Wadenkrampf. Es war ihr sehr unangenehm. Sie hatte es etwas eilig. In allen

[9] Frau Rat.
[10] wie ein Hund.

Türen standen neugierige Mäuler. Und Frl. Dr. Auguste mußte der Ruhe pflegen, wobei die Wade lebhaft schmerzte. Sie dachte zunächst über die Begriffe Ramm und Wadenkrampf nach. Ramm ist gewissermaßen ein Wadenkrampf im Fuße, und Wadenkrampf ist ein Ramm im Unterschenkel. Maulsperre ist auch so ähnlich. Und es war immerhin noch ein Glück, daß Frl. Auguste nicht Maulsperre statt Wadenkrampf bekommen hatte. Sie hätte ja auch plötzlich etwa Gehirnerweichung bekommen können, und dann hätte sie die grandiose Verfolgung ihrer Idee vorzeitig aufgeben müssen. Auguste war ein dankbares Wesen, und sie erzählte es allen Leuten, die in den Türen standen, wie gut es wäre, daß sie bloß Wadenkrampf hätte. »Da müssen Se mitten Filzschuh draufhaun«, sagte eine Dame. Frl. Dr. bat um einen Filzschuh und konnte nun die Verfolgung ihrer Idee wieder aufnehmen. In der fünften Etage zweite Tür sagte man ihr, die Dame wäre vielleicht in Nr. 5 gegangen, dieses wäre Nr. 6. Frl. Dr. Auguste sagte »Dankeschön« und ging ein Haus weiter, Vorderhaus und Hinterhaus, je 12 Wohnungen. Zwischendurch kam der Wadenkrampf wieder, dann lieh sie sich wieder einen Filzschuh. Plötzlich verlor sie einen Absatz. Aber was bedeutet das gegenüber der Ewigkeit? Und in der fünften Etage Hinterhaus zweite Tür sagte man ihr, sie sollte es doch in Nr. 5 versuchen, dieses wäre 5a. Frl. Dr. Auguste war ein gescheites Mädchen, schon in der Schule gewesen. Sie wußte, daß der Mensch durch Übung geschickt wird und daß sie die junge Dame um so schneller finden würde, je länger sie suchen müßte. Das macht eben die Übung. Plötzlich findet man, wenn man noch zu suchen glaubt. Das macht eben die Übung. Aber Auguste wollte dieses Mal sichergehen, daß sie nicht wieder die Hausnummer verwechselte. Daher redete sie einen Herrn auf der Straße an und bat ihn, ihr die Nr. 5 zu zeigen. Frl. Dr. Auguste wußte, schon wieder dieser unheimliche Reim, daß sie, indem sie Frl. Dr. war, eine Persönlichkeit darstellte und daß ihrer Autorität jeder willig sich beugte. Jeder mußte es ihr sagen, wo und wann Nr. 5 wäre. Sie war eine Persönlichkeit, genau wie die ganz großen Persönlichkeiten großer Zeiten. Dabei war es gänzlich gleichgültig, daß sie nur im Unterrock dastand[11], denn die Kleidung macht die Persönlichkeit nicht, so was hat man in sich. Schade, daß sie ihren Hacken verloren hatte. Der Herr aber hieß Mayer. Mayer war Weltmann. Mayer machte eine elegante Verbeugung und nannte Frl. Dr. Auguste »Gnädige Frau«. Dann erkundigte er sich teilnehmend, ob sie ihren Klemmer verloren hätte, indem er es taktvoll vermied, den niedrigen Absatz zu bemerken. Mayer zeigte ihr dann Nr. 5. Fräulein Dr. Auguste fragte noch einmal nach, ob es auch ganz bestimmt Nr. 5 wäre. Jawohl, es wäre ganz gewiß Nr. 5. Und mit einer förmlichen Verbeugung ging Mayer weiter. Aber Frl. Dr. Auguste war infolge ihrer Erfahrungen mißtrauisch geworden und fragte deshalb einen zweiten Mann nach Nr. 5. Der hieß Müller. Frl. Dr. Auguste wußte, daß ihr als Persönlichkeit jeder antworten mußte. Sie bat also Müller, ihr zu sagen, wo Nr. 5 wäre. Müller war von Beruf Klosettreiniger. Müller brummte nur zwischen den Zahnlücken: »Kann det Biest nich sehn?« Auguste bat noch einmal: »Ach bitte haben Sie die große Güte, mir die Hausnummer 5 zu zeigen, ich leide nämlich an Wadenkrampf.« – »Die werk Dich zeijen«, fletschte Müller und zeigte ihr Nr. 4. Also fragte Auguste in 4 in 24 Wohnungen nach dem Fräulein. Zuletzt schickte man sie nach Nr. 3. Aber welch glücklicher Zufall, welche Wendung des Himmels! Auguste war schon als Kind ein gescheiteltes Mädchen gewesen[12], und sie hatte schon immer so gewisse Ahnungen gehabt. Und so traf es sich per Zufall, daß Frl. Dr. Auguste, indem sie in Nr. 3 gehen wollte, zufällig in Nr. 5 hineinging. Bewegung macht Hunger, und Hunger macht satt. Bewegung ist der beste Koch. Das heißt, an Essen war gar nicht zu denken. Jedenfalls war Auguste jetzt in Nr. 5, der Instinkt war mit ihr durchgegangen. Und tatsächlich, nachdem sie in allen 10 Wohnungen des Vorderhauses und allen 10 Wohnungen des Hinterhauses nach dem jungen Mädchen gefragt hatte, erkannte sie die betreffende junge Dame, die vor ca. 6 Stunden sich von 5 ge-

[11] etwa wie die Kunstkritik.
[12] s. Kritiker.

trennt hatte, um in 5 zu gehen. Die betreffende Betroffene öffnete ihr nämlich selbst die Tür in der fünften Etage, Hinterhaus.[13] Der Instinkt war eben mit Frl. Dr. Leb durchgegangen, wie hätte sie sonst so schnell das junge Mädchen gefunden haben können. Wie freute sich Auguste, daß das Mädchen nicht inzwischen verzogen oder gestorben war. Aber was sollte Auguste nun sagen? Jedenfalls wollte sie es dieses Mal geschickt anfangen. Auguste wußte, daß sie jetzt diplomatisch vorgehen mußte. Sonst würde sie nichts erfahren. Auguste wußte, daß sie ihre persönliche Autorität wahren mußte. Es kam ihr ein genialer Gedanke, wie ein Freier, und schoß durch ihren durchlöcherten Kopf. Und wie ein Querschläger blieb der Gedanke sitzen. Auguste fühlte, daß sie jetzt quasi vis-à-vis der Ewigkeit stünde und schwieg deshalb. Auguste schwieg. »Was wünschen Sie?« fragte das junge Mädchen. Frl. Dr. Auguste wahrte ihre persönliche Autorität und schwieg. »Womit kann ich Ihnen dienen?« fragte das Mädchen weiter. Frl. Dr. Auguste schwieg. »Was wollen Sie denn hier?« – Auguste wußte ihre persönliche Autorität zu wahren. Jetzt begann das junge Mädchen ihr ins Ohr zu brüllen, was sie eigentlich wollte. Frl. Dr. Leb war ja gar nicht taub, nur zuweilen Persönlichkeit, nichts weiter. Aber Frl. Dr. Auguste erregte sich über diese Behandlung einer Persönlichkeit, wenn sie auch einige Genugtuung darüber empfand, daß sie so großen Eindruck machte. Gegen Persönlichkeiten pflegt nämlich ein sittsamer Mensch ruhig, freundlich und leise zu sein. Ertauben Persönlichkeiten aber, so können sie sowieso nichts hören. Man legt den Finger auf den Mund und sagt ehrfürchtig: »Da steht sie, die Persönlichkeit. Sie sagt keinen Ton. Hört ihr, wie sie schweigt?«

Und mit einem Male schlug das Mädchen die Türe zu.

Frl. Dr. Auguste begann abermals zu klingeln. Das junge Mädchen kam nicht. Frl. Dr. klingelte wieder. Das junge Mädchen öffnete. Frl. Dr. Auguste schwieg, sie wahrte ihre Persönlichkeit. Da schlug das junge Mädchen wieder die Tür zu.

Frl. Dr. Auguste begann zum dritten Male zu klingeln. Das

[13] ausgerechnet ›fünfte‹ Etage.

junge Mädchen kam nicht. Frl. Dr. Auguste klingelte stärker. Ein Hund begann zu bellen. Es kamen viele Hunde und bellten. Das junge Mädchen kam nicht. Frl. Dr. Auguste klingelte sehr laut und klopfte mit der Hand an die Scheiben. Die Hunde bellten jetzt sehr laut. Aus allen Türen kamen Leute. Da kam das junge Mädchen wieder. Frl. Dr. schwieg. Das Mädchen war aufgeregt, zitterte und sagte: »Wollen Sie mir nun endlich sagen, was Sie hier eigentlich wollen« – Frl. Dr. Auguste warf ihr einen verächtlichen Blick zu. Man muß die Bestien zähmen. »Ich fordere Sie jetzt auf«, schrie nun das junge Mädchen, »mir zu sagen, was Sie eigentlich wollen, oder das Haus zu verlassen.« – »Das ist unerhört«, rief eine Stimme von unten. Frl. Dr. Auguste schwieg. Aber die Hunde bellten lauter. Das junge Mädchen mußte nun weinen.

Jetzt empfand Frl. Dr. Auguste mit Genugtuung den Erfolg, daß ihre Schweigetaktik doch die richtige gewesen war. Sie war im übrigen damit beschäftigt, einen neuen Wadenkrampf zu bekämpfen. Jetzt gab sie ihre Taktik auf, ging auf das junge Mädchen zu und nahm deren Kopf zwischen ihre beiden Hände, indem sie ihn sanft an ihre Brust drückte. Das junge Mädchen schluchzte tief auf und ab. Gerade als der Wadenkrampf erneut ausbrach, überschluchzte sich das jugendliche Mädchen. Die Hunde waren heiser geworden. Einer wollte in Frl. Dr. Augustes kranke Wade beißen. Das war ein großes Glück, denn sonst ständen die zwei Frauen immer noch im Treppenhause.

Plötzlich ging Frl. Dr. Auguste in die Wohnung, als ob sie hineingehörte, und forderte das junge Mädchen freundlich auf, ihr zu folgen und bitte Platz zu nehmen. Frl. Dr. Auguste war eine Autorität. Deshalb folgte ihr das junge Mädchen. »Setzen Sie sich«, sagte darauf die Autoritätsperson zu dem jugendlichen Mädchen. »Wie heißen Sie?« – »Anna.« – »Und der Nachname?« – »Sündig.« – »Und welche Vornamen haben Ihnen Ihre lieben Eltern noch gegeben?« – »Louise, Eilerdine.« – »Ist Anna der Rufname?« – »Ja.« – »Wie alt sind Sie, Anna Sündig?« – »Siebenunddreißig Jahre.« – »Noch so jung!« – »Jawohl.« – »Militärische Verwendbarkeit?« – »G. v. Heimat.[14]« – »Militärmaß?« – »194 cm hoch.« – »Gewicht?« – »Schlank.« – »Woran leiden Sie?« – »Ich leide am Herzen.« – »Militärischer Grad?« – »Schief, nicht gerade.« – »Zivilstellung?« – »Hühneraugenmasseuse.« – »Ledig?« – »Gewissermaßen.« – »Können Sie kochen?« – Für den Hausgebrauch.« – »Dann kochen Sie uns eine starke Tasse Tee.« – Das junge Mädchen setzte Wasser auf Gas. Inzwischen, als das junge Mädchen draußen war, dachte Frl. Dr. Auguste.

»Dachte[15] sind keine Lichte«, sagte schon meine Großmutter. Frl. Dr. Auguste dachte aber bei sich, daß sie auf diese Weise nichts erfahren würde. D. h. sie erfuhr allerhand, aber nicht, was sie wissen wollte. Ungewöhnliche Begebenheiten hatten sich ereignet, und Frl. Dr. Auguste wußte zwar daß, aber nicht, was. Ein neuer unerhörter Reim. ß reimt sich auf s. Auguste fragte jetzt auf andere Weise, um aus dem jungen Mädchen alles zu erfahren. Zunächst fragte Frl. Dr. Bolte, ob das junge Mädchen die Dame gewesen wäre, die, indem sie sich von 5 getrennt hätte, in 5 gegangen wäre. Das junge Mädchen leugnete es. Und dabei war sie es bestimmt gewesen. Auguste wußte es genau. Sonst hätte Auguste doch nicht gefragt. Man fragt doch nicht, wenn man nicht die Antwort weiß. Sie war es bestimmt gewesen, bestimmt. Bolte sagte ihr jetzt auf den Kopf zu, daß sie es gewesen wäre, bestimmt. Wie ein aus Draht geflochtener Abtreter sagt es ihr Frl. Dr. Bolte auf den Kopf, daß sie zunächst in einer Gruppe von 10 Personen in einer und derselben Richtung gegangen wäre, dann hätte sie sich mit 4 andern abgetrennt und hätte schließlich auch diese 4 verlassen, um in 5 zu gehen. Annalouise Sündig bestritt diese Tatsache. Und dafür hatte Auguste keine Mühe gescheut, um dieses undankbare Wesen zu finden. Auguste hatte jede Geschwindigkeit gelitten, allen überflüssigen Ballast abgeworfen, Abtreter auf dem Kopf gefühlt und Wadenkrämpfe bekommen, und dieses Wesen, das alles wußte, sagte nicht einmal, was Auguste selbst schon wußte. Sie log. Das

[14] ältere Lesart: Heirat.
[15] provinzieller Ausdruck für: Dochte.

Wesen log. Nun fragte Auguste: »Habe ich Ihnen vielleicht noch nicht genug Ballast abgeworfen? Soll ich Ihnen vielleicht noch meine Watte aus den Ohren auf den Tisch legen?« Und sie legte 2 Wattebäuschchen auf den Tisch.

»Sie können doch unmöglich verlangen, daß ich Ihretwegen auch noch meinen Unterrock ausziehe. Sie verwogenes Wesen, Sie Kaffer! Und wegen Ihnen habe ich mir von Ihrer Exzellenz Frau wirkliche geheimgetrocknete Pflaumenerzeugungsrätin, Frau Alma Schulz, deren hochgeborenen drahtgeflochtenen Abtreter mit 2 Pferdestärken senkrecht auf den Kopf hauen lassen. Und dieser Idiot lügt! Habe ich meine 2 Wadenkrämpfe denn umsonst gehabt?« Und mit diesen Worten wurde Auguste sehr zornig. Und indem sie mit dem Finger auf den Tisch wies und dazu sagte: »Da, da ist die Watte«, riß sie dem Schreibtisch ein Bein aus. Annalouise Sündig ergriff ihre beiden Beine und hielt sie fest. Mit diesem Beine des Schreibtisches zertrümmerte Auguste Bolte die Fenster, daß die Scheiben zur Straße klirrten, dann den Tisch, die Stühle, ein Kommödchen, Bilder, Spiegel, Nippsachen usw. Die Bilder an der Wand traten aus ihren Rahmen, und Frl. Annalouise flüchtete. Inzwischen war der Tee angebrannt. Vielleicht ist dieses der einzige Fall in der Weltgeschichte, daß Tee angebrannt war. Eine dicke Luft durchwehte die kleine Wohnung, etwa wie Würmer. Auguste Bolte dachte, wie leicht sie, wenn sie statt der Wadenkrämpfe eine Ramm gehabt hätte, hätte rammdösig geworden sein können. Die Hausbewohner, erschreckt durch die klirrenden Scheiben, liefen zusammen. Hier war für Auguste nichts mehr zu erfahren, so viel wußte sie. Und mit Würde wie eine Autorität verließ sie das Lokal[16], indem sie den ihr begegnenden Hausbewohnern sagte, sie sollten nach oben laufen, der Tee wäre angebrannt, und es bestände die Gefahr, daß er explodierte.

Als nun alle nach oben liefen, begab sich Frl. Dr. Auguste Bolte auf die Straße und schickte alle Leute, die ihr begegneten, in Nr. 5, weil dort etwas passiert wäre. Ein Mann nannte Auguste eine harmlose Irre, durch welche Bemerkung ihr Ei-

[16] vergleiche Kunstkritik.

fer bedeutend angefacht wurde. Aber dann riß sie sich los vom angebrannten Tee und stand nun wieder mit beiden Beinen in der Wirklichkeit. Denn die Lage erforderte Auguste ganz. Auguste wußte, daß etwas Unerhörtes passiert sein mußte, welches Auguste Bolte erfahren wollte. 1, 2, 3, 4, 5, 6, 7, 8, 9, 10 Menschen waren in ein und derselben Richtung gegangen. Grunds genug, daß was los war. Aber hier war nichts mehr zu erfahren. Also wußte Auguste, Auguste mußte es anders zu erfahren suchen. Es lag immer noch etwas gewissermaßen in der Luft. Warum nur alle Leute sie, Auguste Bolte, so ansahen? So was tut keiner ohne Grund. Deshalb mußte was los sein. Denn sie hatte doch nichts Besonderes an sich. Einen Unterrock sowie Hemd hatte doch wohl jede Frau an, also das war nichts Besonderes. Auguste war ein gescheites Mädchen, stets gewesen, schon in der Schule. Aber dieses war eine sehr schwierige Doktorarbeit. Der Dr. Leb gehört zu den schwierigsten Fakultäten.

Anfangs beschloß Frl. Dr. Auguste, zu warten, bis wieder einmal 1, 2, 3, 4, 5, 6, 7, 8, 9, 10 Personen in einer und derselben Richtung gingen. Aber aus Analogieschlüssen mit andern großen Ereignissen, wieder solch unheimlicher Reim, schlüssen und nissen, wußte Auguste, es reimt sich wußte und guste, daß ganz große Ereignisse sich stets verschieden ankündigen. Sie war doch gescheitelt. Also Auguste wußte, daß, wenn jetzt 1, 2, 3, 4, 5, 6, 7, 8, 9, 10 Personen ausgerechnet in einer und derselben Himmelsrichtung gehen würden, so würde das dieses Mal nichts zu sagen haben, nicht einmal, daß etwas los wäre. Auguste wollte sich nicht täuschen lassen.[17]

Und als sie noch so dachte, gingen 1, 2, 3, 4, 5, 6, 7, 8, 9, 10 kleine Mädchen in einer und derselben Richtung, und das Pensionat begegnete Frl. Dr. Auguste. Auguste zählte: »1, 2, 3, 4, 5, 6, 7, 8, 9, 10.« Ja, aber warum sollten sich große Ereignisse stets anders ankündigen? Aus welchem Grunde? Auguste fand keinen Grund. An sich konnten sie sich nämlich anders und ebensogut auch in gleicher Weise ankündigen. Also mußte Auguste als gewissenhafter Mensch die 10 Mädchen

[17] vergleiche Nachläufertum (Epigone).

ebensogut verfolgen wie im Anfang jene 10 Personen. Und Auguste tat es. Aber indem sie dem Pensionat folgte, kam ihr der Gedanke, daß sie die ganze Wahrheit, aus dem Grunde, daß große Ereignisse sich auch verschieden ankündigen können, auch anders erfahren könnte, d. h. wenn sie, statt den 10 Mädchen zu folgen, in entgegengesetzter Richtung ginge. Also ging Auguste zunächst in entgegengesetzter Richtung. Aber da Auguste nun einmal nicht wußte, ob es richtiger wäre, wenn sie mit den 10 Mädchen ginge oder entgegengesetzt, und da es gewissermaßen vor der Ewigkeit gleichgültig war, so begann sie wieder ihren Pendelverkehr. Auguste war eben ein logischer Mensch, wenn es auch oft schwer fiel. Hier dachte Frl. Auguste an die großen Erfinder aller Zeiten. War nicht eine Ähnlichkeit in der ganzen Situation? Gewissermaßen wenigstens. Denn was ist eigentlich gewiß auf der Erde? Wenn so einer z. B. das Pulver erfinden wollte, wie sollte er es dann wohl machen? Wenn er z. B. alles zu Pulver zermahlen würde, so gebe das noch nicht ausgerechnet Pulver.[18] Vielleicht müßte er sogar manches heile lassen, denn nichts ist anders zu erkennen als durch sein Gegenteil. Also wer Pulver erfinden wollte, mußte Klötze bauen. Und dann überhaupt was für ein Pulver? Es gab z. B. Schießpulver, Backpulver, Brustpulver, Scheuerpulver, Putzpulver, je nachdem, was der betreffende Erfinder zermahlen hatte. Und die Sache war sogar noch komplizierter. Zum Beispiel brauchte Brustpulver nicht ausgerechnet zermahlene Brust zu sein. Andrerseits konnte es aber trotzdem zermahlene Brust sein. Denn wer wollte einen daran hindern, zermahlene Brust anders als Brustpulver zu nennen. Und wie sollte man Brust überhaupt zermahlen? Man müßte sie doch jedenfalls erst gut trocknen. Und dann welche Brust? Es gab Gänsebrust, Armbrust, Gänseleber, Gänseleberpastete, Beutelwurst, Schlackwurst, Puppenküchen usw. So dachte Frl. Dr. Auguste, als sie wiederholt umkehrte und bald hinter dem Pensionat herlief, bald in entgegengesetzter Richtung. Dabei wurde die Entfernung von Pensionat und der Stelle, an der Auguste dasselbe bemerkt hatte, stetig

[18] vergleiche noch einmal die Kunstkritik.

größer, und die Geschwindigkeit Augustes hatte mittlerweile bald die Zahl 333⅓ erreicht. Sie dachte wieder an neue unerhörte Dinge, die sich ereignen würden, als Vorboten großer Ereignisse. Da sah sie in der Ferne einen Mann, der, indem er sie erblickte, sich entsetzt umkehrte und davonlief. Nun setzte sich Frl. Dr. Leb in bedeutend gesteigerter Geschwindigkeit in Bewegung, Richtung fliehender Mann. Dieser floh, wie von Furien gepeitscht. Auguste entledigte sich nun auch des Unterrockes als Ballast, um den Flüchtling zu erreichen. Sie hatte immer noch einen kleinen Unterrock an. Man schätzt die von ihr erreichte Geschwindigkeit auf 5–6 hundert m in der S. Plötzlich sprang der Mann in eine Droschke und entfuhr.

Frl. Dr. Auguste stand nun wie eine Schmuckfigur in den Anlagen.[19] Das Pensionat zu erreichen war bei der jetzigen Entfernung unmöglich geworden. Der Mann fuhr per Droschke davon. Aber lange stand sie nicht. Plötzlich sprang sie in ein Auto, und das Auto verfolgte die Droschke wie im Kino.

Nun aber, als das Auto in rasender Fahrt die Droschke erreicht hatte, begann Frl. Dr. Leb Auguste Bolte zu reflektieren. Denn wenn gute Worte sie begleiten, dann fließt die Arbeit munter fort. Sie überlegte nämlich, daß es vielleicht einseitig wäre, wenn sie jetzt nur den Mann in der Droschke verfolgte; wer konnte es wissen, ob gerade dieser Mann der Vorbote großer Ereignisse wäre. Sollte nicht vielleicht gerade das Pensionat auf außergewöhnliche Begebenheiten hindeuten? Per Auto aber wäre es noch zu erreichen, das Pensionat nämlich. Also gab sie dem Chauffeur die nötigen Anweisungen und richtete nun nach bekanntem System einen Automobilpendelverkehr zwischen Manndroschke und Zehnmädelpensionat ein, bis ihr ein neuer Gedanke kam.

Zunächst wäre nun etwas über Richard Eckemecker zu schreiben. Seine Geschichte ist kurz. Wer er war, ist gleichgültig. Denn er war eben weiter nichts als Richard Eckemekker, stammte vom alten Eckemecker ab, sah seinem Vater und

[19] wie der Kritiker in der Kunstausstellung.

seiner lieben Mutter nicht unähnlich und hatte schon von seinem Vater eine gewisse Scheu, speziell vor Menschen, geerbt. (Unsinn Aujuste, heiraten mußte.) Von dem alten Eckemekker stammte das berühmte Wort: »Der Mensch ist ein Vieh, ja ein Viehlu sogar.« (Unsinn Aujuste, heiraten mußte.) Der kleine Richard war schon als kleines Kind scheu gewesen. Vieh war ihm greulich. Die Mücken stachen, die Bienen stachen, die Ameisen pieten, die Schlangen bissen, die Pferde und Esel schlugen, die Löwen bissen, die Katzen kratzten usw. (Unsinn Aujuste, heiraten mußte.) Ein Viehlu aber, so schien es ihm, das stach, piete, biß, schlug, boxte, kratzte und schoß sogar, je nach Bedarf. Kein Wunder, daß der kleine Richard scheu wurde. (Unsinn Aujuste, heiraten mußte). Er scheute vor Menschen. Wie ein Pferd. Ein einzelner Mensch war ihm nicht unangenehm, denn kein Viehlu hat je Mut gehabt. (Nach Eckemecker natürlich.) Ein Viehlu allein würde nie angreifen. Aber in der Mehrzahl wurde das Viehlu kühn. (Unsinn Aujuste, heiraten mußte.) Und sowie nun der kleine Richard 2 und mehr Menschen sah, so scheute er. Seine liebe Mutter hatte ihm deshalb 2 niedliche Scheuklappen gearbeitet, damit er nicht gleich so viele Menschen auf einmal sähe. Richards Leiden hatte sich auch schon etwas gebessert, denn er scheute nicht mehr bei 2 Menschen, sondern erst bei 3, falls ihn nicht andere Gründe zu der Annahme zwangen, daß er einem wildgewordenen Viehlu auf Gnade ausgeliefert wäre.

An Schule war nicht zu denken gewesen. Richard war nicht vor dem Lehrer, aber vor den Mitschülern scheu geworden und war jedesmal durchgegangen, wie ein Pferd. Weder Strenge noch Milde hatten etwas vermocht. Und so war er auch nicht konfirmiert. Als man ihn seinerzeit zum Soldaten machen hatte wollen, hatte Richard die Kaserne demoliert, war dann festgenommen worden und vor seinen Feldwebel gestellt, wobei ihn der Unteroffizier einen Filou genannt hatte. Richard hatte Viehlu verstanden und war abermals durchgebrannt. Wie ein Topf. Und man hatte ihn laufenlassen. Ebenfalls wie einen Topf.

An jenem Tage nun, als Auguste Bolte ihren Dr. Leb

machte, war Richard Eckemecker auf der Straße spazieren gegangen, mit Scheuklappen wie gewöhnlich, seitlich der Augen, ohne sich viel zu denken. Da waren ihm plötzlich 1, 2, 3, 4, 5, 6, 7, 8, 9, 10 Menschen begegnet, die ihm in einer und derselben Richtung entgegenkamen. Kaum hatte sie der scheue Richard gesehen, so war er scheu geworden und mit Geschrei durchgegangen, durch die Mitte der 1–10 Menschen hindurch, die nach allen Seiten auseinanderplatzten. Ein junges Mädchen hatte sich nicht mehr rechtzeitig retten können. Eckemecker hatte es niedergestreckt. (Unsinn Aujuste, heiraten mußte.) Nun waren die restlichen 9 stehengeblieben, und als sie ihn hatten davonlaufen sehen, war in ihnen das Viehlu erwacht. Die 9 Menschen waren ihm nachgelaufen, um ihm etwas zu tun. Nun kamen andere Menschen hinzu, Passanten und ein Polizist. Es begann eine wilde Jagd Richtung Eckemecker. Wie im Kino. Richard wußte sich nicht zu helfen. Da lief er durch eine Spiegelscheibe in ein Delikatessengeschäft. Dort warf er zunächst den Inhaber um, dann alles andere. Er warf den Fischkasten und den Marmeladenschrank um, er warf den Käsequark und die Kasse um, er warf den Wurstschrank und den Senftopf um, er warf den Zuckersack und die Schmierseife um. Der Inhaber, Herr Mayer, lag unten. Nun kam die Meute der Viehlus ihm nach. Während einige zu plündern begannen und die Fische sprangen, während andere weiter demolierten, während andere den Inhaber, einen gewissen Herrn Mayer, verprügelten, während der Polizist vor Schreck Schreckschüsse abgab, entkam Richard Eckemecker unerkannt durch das Privatbüro und einen Gang auf eine andere Straße.

Da stand nun Richard Eckemecker schwitzend, schäumend und zitternd wie ein Pferd. Wie wenn ein edles Pferd durchgegangen war. Er nahm jetzt seine Scheuklappen ab, um sich die Stirn abzutrocknen. Plötzlich gewahrte[20] er eine fürchterliche Erscheinung. Eine Frau in Hemdsärmeln, ohne Korsett, dagegen im Unterrock ohne Kleid, dagegen mit total verrutschten Strümpfen, mit einem hohen und einem niedrigen

[20] Kritikerdeutsch.

Absatz, die Haare aufgelöst im Winde flatternd, die Hände schüttelnd, wie zur Tat bereit, eine solche Frau kam mit Würde auf ihn zu, wie eine Autoritätsperson, laufend geraden Wegs. Der scheue Richard begann zu schluchzen. Dann rannte er plötzlich davon, wie von den bekannten Furien gepeitscht, fort, aber diesesmal nicht in Richtung nach der Frau, sondern entgegengesetzt. Schreck wühlte Augenlichter zwischen Eingeweide. Richard Eckemecker fühlte ein unsagbares Grauen. Er schwang sich in eine Droschke und entfuhr. Und als er sich scheu über die Schulter umblickte, sah er die Frau in ein Auto springen. (Unsinn Aujuste, heiraten mußte.) Wieso, was heißt hier heiraten?

Es gab eine angstverzerrte Jagd, wie im Kino. Zwischendurch raste das Auto davon, um das Pensionat zu erreichen. Dann kam es zurück mit neuer Wut, wie ein Dorfhund.[21] Plötzlich enteilte es wieder zum Zehnmädchenpensionat. Die Jagd war angstverzerrt, wie im Kino.

Plötzlich schoß wieder etwas durch Frl. Dr. Augustes Kopf. Ein Gedanke schoß. Auguste erinnerte sich, daß es gewissermaßen vor der Ewigkeit gleichgültig wäre, ob sie dem Mann folgte oder nicht, wie es seinerzeit gleichgültig gewesen war, ob sie dem Zehnmädchenpensionat folgte oder in entgegengesetzter Richtung ginge. Frl. Dr. Leb war schon in der Schule ein gescheites Mädchen gewesen.[22] Denn wer konnte es wissen, ob der fliehende Mann von großen Ereignissen käme oder zu großen Ereignissen zu laufen im Begriffe wäre. Wer wollte es wagen, zu entscheiden, ob Frl. Dr. Auguste dem Manne folgen sollte oder in entgegengesetzter Richtung fahren mußte? Und welches war überhaupt die entgegengesetzte Richtung? Und genau genommen hätte sie in jener entgegengesetzten Richtung gehen müssen, nicht fahren, da ja seinerzeit der Mann aus jener Richtung zu Fuß gekommen war. Salzige Zweifel überschlugen sich. Denn wer konnte es wissen, ob sie nicht gerade wegen der Gegensätzlichkeit in entgegengesetzter Richtung hätte fahren müssen und in gleicher Rich-

[21] lies Kunstkritiken.
[22] siehe oben.

tung laufen? Wer konnte überhaupt etwas wissen? Und es wurde ihr klar, daß der Dr. Leb nichts wissen konnte.[23] Und sie empfand in aller Eile die Genugtuung, nun gewissermaßen sogar Frl. Dr. Professor zu sein, wenigstens außerordentlicher Professor, und zwar weil sie nichts wissen konnte.

Plötzlich hielt die Droschke.

Der Mann entsprang in ein Haus.

Die Würfel waren gefallen, und der Mann in ein Haus entsprungen. Frl. Professor Auguste ließ ihr Auto halten. Es war klar, daß hier etwas los war. Warum sonst entspringt ein Mann in ein Haus? So was geht nicht in einen hohlen Zahn! Warum sonst springt ein Mann in eine Droschke, um in ein Haus zu entspringen? Warum? So viel war sicher, wenn hier nichts los war, war nirgends was los. Obzwar es auch umgekehrt sein konnte. Aber indem Auguste die Gleichgültigkeit aller Werte erkannte, indem sie nun wußte, daß alles je nach Geschmack alles oder auch nichts beweisen konnte, kam ihr eine neue unerhörte Erkenntnis, daß es nämlich gleichgültig ist, ob sich ein Mensch darum kümmert oder nicht.

Um alles konnte sich niemand kümmern. Der Mensch mußte sich entscheiden. Und er mußte sich entscheiden. Und er mußte sich entscheiden, nicht weil er sich entscheiden mußte, sondern gerade weil es an sich gleichgültig war, ob er sich entschied und wie er sich entschied.

Frl. Dr. Professor Auguste machte nun angesichts der neuen Erkenntnis einen Strich durch ihr früheres Leben und wollte nun nur noch ausschließlich ihre ganze Forscherkraft dem ins Haus entsprungenen Manne widmen. Hier sollte sich alles entscheiden. Nur schade, daß sie nicht mit dem Auto ins Haus fahren konnte. Vielleicht würde dieser Mann sie sogar heiraten, wenn er erfuhr, daß sie Dr. Prof. Leb wäre. Überhaupt, wenn sie einmal heiraten sollte, so wäre das gerade ein Mann für sie gewesen. Denn dieser Mann hatte Respekt vor ihr. Dieser Mann betrachtete sie, wie sie bei ihrer geistigen Bedeutung betrachtet werden mußte, als Respektsperson. Deshalb entsprang er in jenes Haus. Auguste Bolte wußte

[23] der Autor ernennt den Kritiker zum Dr. Leb.

jetzt, was sie wollte. Sie sprang aus dem Auto, warf den Schlag zu und lief in – – d. h. sie wollte laufen.

»Halt!« schrie der Chauffeur[24], »erst bezahlen!« – Auguste suchte ihre Handtasche und fand sie nicht. Plötzlich kam ihr ein rettender Gedanke, war sie doch schon immer ein gescheiteltes Mädchen gewesen, schon in der Schule. Sie bezeichnete dem Chauffeur genau die Ecke, an der sie seinerzeit die Handtasche niedergelegt hatte, als sie die je 5 Personen zu Fuß verfolgte und Ballast abwerfen mußte, und sagte, in der Tasche wäre mehr Geld, als er verlangte; den Rest sollte er als gutes Trinkgeld behalten. Da wurde der Mann wütend und bezeichnete sie mit dem Ausdruck: »Betrügerin«. Demgegenüber betonte Frl. Dr. Auguste, daß sie wahr und echt sei und für den Idealismus kämpfe; sie wolle als erste den Dr. Leb machen. – »Wie«, sagte der Chauffeur, »Lebkuchen? Unsinn Aujuste, heiraten mußte!« und erinnerte noch einmal an Barzahlung. Frl. Dr. Prof. Leb stellte dem Automann eindringlichst vor, daß sie aussteigen müßte. Hier würde es sich entscheiden, hier würde sie die Früchte ihres Studiums ernten, sie müßte den Mann erreichen, der in jenes Haus entsprungen wäre, um ihn zu fragen, was er eigentlich wollte. Der Chauffeur verlangte wiederholt und sehr eindringlich sein Geld, indem er seine Hand bewegte wie ein Eichbaum im Sturme. Sie sprach nur von Idealismus. Da hielt der Chauffeur sie für verrückt und hatte Angst vor ihr.

Plötzlich packte der Chauffeur Frl. Dr. Leberwurst[25] mit beiden Händen, setzte sie ins Auto, ohne sich um ihr Geschrei zu kümmern, und fuhr davon. Er fuhr und fuhr, bis das Auto eine große Sandfläche in der Heide erreichte. Mitten auf einem riesigen Truppenübungsplatz hielt er an, setzte Frl. Dr. Auguste nieder und fuhr weiter.

Der Leser denkt nun, hier würde sich etwas ereignen; vielleicht daß die Truppen kämen. Aber die Truppen kamen nicht, fanden Frl. Dr. Leb nicht und hatten nicht ihr Freude an dieser Blume. Vielleicht denkt der Leser, hier würde

[24] als wie der Autor selbst.
[25] resp. Lebertran.

Frl. Dr. Leb verhungern, aber sie verhungert hier nicht. Vielleicht denkt der Leser, Frl. Dr. Leb würde nach Hause finden wie eine Kake; aber sie findet nicht. Jedenfalls glaubt der Leser, hier würde es Frl. Dr. Leb erfahren, wer oder was los wäre, aber sie erfährt es nicht. Der Leser glaubt ein Recht darauf zu haben, es zu erfahren, aber der Leser hat kein Recht, jedenfalls nicht das Recht, im Kunstwerk irgend etwas zu erfahren. Jedenfalls vermutet der Leser, hier würde Frl. Dr. Auguste für ihre Mühe belohnt werden, etwa indem der Rektor der Universität käme und sie zum ordentlichen Professor Leb machte. Is nich.

Sondern die Geschichte ist aus, einfach aus, so leid es mir auch tut, so brutal es auch klingen mag, ich kann nicht anders. Ich als Autor erkläre hier, daß dieses der Schluß meines Versuches ist, dem Volke eine Auguste Bolte zu schenken. Danke sehr!

Einbeck, 1.7.1922 Merz

NACHWORT

Der Hammer schwebt schon, die Katastrophe kommt.

(Rektor Lauenstein.)

Inhalt: DADA IN HOLLAND. KOK: GEDICHT. BONSET: GEDICHT; AAN ANNA BLOEME.
PICABIA: ZEICHNUNG. HANNAH HÖCH: ZEICHNUNG; WEISSLACKIERTE TÜTE
MERZ
1
DA
DA
DA
DA
HOLLAND
DADA
JANUAR 1923
HERAUSGEBER: KURT SCHWITTERS
HANNOVER · WALDHAUSENSTRASSE 5"

»Que fait DADA? 50 francs de récompense à celui qui trouve le moyen de nous expliquer DADA.« »Es bildet ein Talent sich in der Stille, sich ein Charakter in dem Strom der Welt.« »De Professor Janßen had de gewoonte, om altijd in zijn linnen jas te loopen, niet alleen in de college tijden, maar ook buiten. Op die manier gekleed liep hij eens voor zijn woning, op iemand te wachten. Daar trad een vreemde op hem toe en vroeg hem: »Wat is dada?« »DADA est un puits sur l'amour.«

GROOTE BALANS OPRUIMING
KOPF KÜHL, FÜSSE WARM

PYJAMA

Was ist DADA in der LUFT?

2

3

GROOTE KOE

DADA ISMUS IN HOLLAND

DADA

in Holland ist ein Novum. Nur **ein** Holländer, I. K. BONSET, ist Dadaist. (Er wohnt in Wien.) Und **eine** Holländerin, PETRO VAN DOESBURG, ist Dadaistin. (Sie wohnt in Weimar.) Ich kenne dann noch einen holländischen Pseudodadaisten, er ist aber kein Dadaist. Holland aber,

HOLLAND IST DADA

Unser Erscheinen in Holland glich einem gewaltigen Siegeszug. Ganz Holland ist jetzt dada, weil es immer schon dada war.

Unser Publikum fühlt, daß es DADA ist und glaubt, dada kreischen, dada schreien, dada lispeln, dada singen, dada heulen, dada schelten zu müssen. Kaum hat jemand von uns, die wir in Holland Träger der dadaistischen Bewegung sind, das Podium betreten, so erwachen im Publikum die verschlafenen dadaistischen Instinkte, und es empfängt uns ein dadaistisches Heulen und Zähneklappen. Aber wir sind die dadaistische Hauskapelle, wir werden Ihnen eins blasen.

D DADA COMPLET

Ein fürchterliches Menetekel wird ihnen be-reitet werden, wir gießen aus den spiegel-gassendadaistischen Geist der großen UR-DADAS: hans arp und TRISTAN TZARA, und auf allen Köpfen flammt eine bläuliche Flamme, in deren Spiegel man deutlich den Namen PRA lesen kann. Wir blasen eins, wir tragen DADA vor, het publiek fait DADA. Wir wecken, wecken, wecken. DADA erwacht.

A D A

STILTE + STEM (VERS IN W.)
ANTONY KOK

WACHT
WACHT
WACHT
WACHT
WACHTEN
WACHTEN
WEK
WAK
WEK
WAK
WACHTEN
WACHTEN
WEKKEN
WEKKEN
WEK
WAAK

Wir wecken den schlafenden Dadaismus der Masse. Wir sind Propheten. Wir entlocken wie einer Flöte der Menge unserer Zuhörer Töne von dadaistischer Schöne. Wie ein Meer. Wie eine Ziege ohne Hörner. Selbst der Herr Polizeikommissar, der heute nicht Publikum, sondern Vertreter der staatlichen Ordnung gegenüber der dadaistischen Ordnung ist, wird von der Kraft dadas erschüttert. Ein Lächeln zittert über seine beamteten Gesichter, als ich sage: »DADA ist der sittliche Ernst unserer Zeit!« Wie Hörner ohne Propheten. Nur einen Augenblick lächelt er, aber wir haben es bemerkt, wir, die Träger der dadaistischen Bewegung in den Niederlanden.

Die Zeitschrift des geistigen Arbeiters ist MERZ
Aus dem Inhalt: i. Manifest Proletkunst. das schiffchen
MERZ
2
NUMMER i
APRIL 1923
REDAKTEUR: KURT SCHWITTERS
MERZVERLAG HANNOVER · WALDHAUSENSTR. 5II

17

(„assis sur l'horizon, les autres vont chanter." PIERRE REVERDY.)

ich zweifle zwar daran, daß der Dichter dabei an i gedacht hat; aber doch hat er in 2 Versen viel von dem Wesen von i charakterisiert. Aber ganz i wird die ganze Angelegenheit erst dadurch, daß ich, der ich nicht Pierre Reverdy, sondern Kurt Schwitters bin, daß ich, obgleich ich zweifle, daß Pierre Reverdy an i gedacht hatte, überhaupt i ahnte, als er die berühmten zwei Verse schrieb, die viel, aber noch nicht alles ausdrücken, was i in der Welt bedeutet, daß ich diese zwei Verse, die, soviel ich weiß, nicht i charakterisieren, für eine gewisse Charakteristik von i ausgebe, assis sur l'horizon les autres vont chanter.

Es ist für mich i, zu erkennen, daß die anderen autres, indem sie assis sur l'horizon, also in einer Entfernung, in der ich sie und sie mich nicht mehr sehen können, ein Werk schaffen, das ich als Kunstwerk, als chanter, empfinde. Das chanson des autres ist mir i. Nur bezeichnen Reverdys Verse eine Specialform von i. Denn für i ist es gleichgültig, ob die autres ihr Werk auch als Kunstwerk empfinden oder nicht. In dem Begriff »chanter« liegt aber, daß diese Anderen ihr Werk als Kunstwerk empfunden haben. Wichtig für i ist aber nur, daß **ich** dieses Werk der autres als Kunstwerk erkenne, daß ich in dem Werke des autres die Kunst erkenne. Wichtig für i ist, daß es nicht auch für mich etwas ist, sondern, daß es **durch** mich etwas ist, obgleich es die Anderen gemacht haben, durch mein Erkennen, dadurch, daß **ich** es zum Kunstwerk gestempelt habe, durch **mein** Erkennen.

**ch bin der Künstler von** 

kurt Schwitters ist der künstler des Werks des autres. ich bin der Künstler, der den Gesang der Anderen, der viel-

20 p

pppppppp

pornographisches **i**–Gedicht

Die Zie
Diese Meck ist
Lieb und friedlich
Und sie wird sich
Mit den Hörnern

Der Strich zeigt, wo ich das harmlose Gedichtchen aus einem Kinderbilderbuch durchgeschnitten habe, der Länge nach. Aus der Ziege ist so die Zie geworden.

Und sie wird sich | nicht erboßen,
Mit den Hörnern | Euch zu stoßen.

Die einzige Tat des Künstlers bei **i** ist Entformelung durch Begrenzung eines Rhythmus.

Ein mir befreundeter Arzt hat zu wissenschaftlichem Zwecke, den ich nicht kenne, Fotos von sich drehenden Körpern und Röntgenaufnahmen gemacht. 2 davon veröffentliche ich hier als **i** Bilder, siehe oben. Nun ist nicht mehr der Arzt, der diese Aufnahmen gemacht hat, Urheber des Kunstwerks, sondern ich, de**r** ihren künstlerischen Gehalt erkannt hat. Ich bin auch der kün**s**tlerische Schöpfer des Haagschen S**t**raßenbahnfahrscheins, wenigstens der rechten Ecke. Schneidet man nämlich von der rechten Ecke ein Quadrat ab, so hat man eine **i**–Zeichnung.

Wer n**u**n denkt, daß es leicht wäre, ein **i** zu schaffen, der **i**rrt sich. Es ist **v**iel schwerer, als ein **w**erk durch **w**ertung

DE STIJL

MECANO

M → E
↓
Z ← R

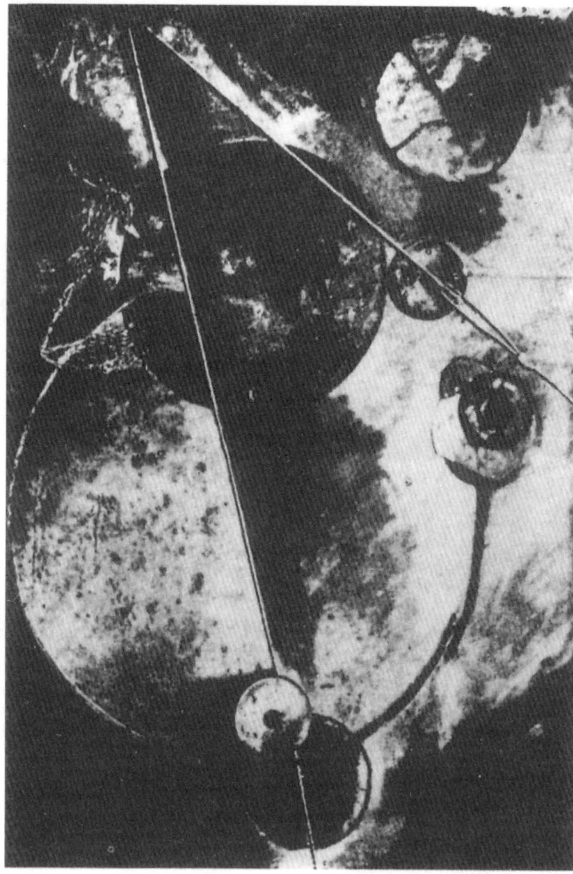

KURT SCHWITTERS. DAS KREISEN. (MERZBILD)

23

Das **WEIB** entzückt durch seine Beine,
Ich bin ein **MANN**, ich habe keine!

MERZ

das schiffchen:

DADA NACHRICHTEN

In Rotterdam annonciert ein Geschäft: »Uitverkoop tot **dada**prijzen.« Man sieht, wie populär dada in Holland geworden ist. – Herr Bremmer soll 50 Fl. Honorar nehmen, wenn man ihm Kunst zeigt. Was mag er nehmen, wenn man ihm **i** zeigt? – Im Sturmverlag ist Auguste Bolte kürzlich erschienen. Auguste Bolte w u ß t e, was sie wollte, g e n a u wie Herr Heyting.

K. S.

DERNIER DADA à PARIS

Paris (von unserem Pariser Mitarbeiter): »Le mouvement Dada reprend son activité à Paris avec t o u s ses anciens membres.« »Notre mouvement ici sera plein de vigueur.« – Die Anarchistische Jeugdorganisatie Haag hält dada für ein anarchistisches watercloset. Dada dagegen ist eine aristokratische duinwaterleiding. Dadaprogramm ist nicht parteiprogramm.

HAAGSCHE HOP-HOP-HOPJES

Het Binnenhof is het Herz van den Haag. (MERZ reimt sich auf Herz.) De Haagsche Kunstkring, in vereenvoudigde spelling H. K. K. is het hart van het Binnenhof. D a d a i s h e t h a r t v a n d e n H. K. K. BILLARD en BUFFET vormen de ingewanden van deze neuzeitliche vereeniging, die door hare gastvrije en gulle introductie der Dadaisten in den Niederlanden, het HART van alle rechtzinnige dadaisten veroverd heeft. De dadaisten verklaren zich dan ook ingenomen met het voorstel om in Binnenhof onder auspicium van den H. K. K. het centraal-bureau te vestigen voor

DADAISTISCHE-VREEMDELINGEN-VERKEER IN HOLLANd

De Heer A u g u s t Heyting (niet de verwarren met A u g u s t e Bolte) verklaarde zich bereid een hollandsche dadaistisch Volks-

Zeitschriften
gibt es genug, aber bislang hat sich keine ausschließlich für die

MERZIDEE

eingesetzt. Um einem dringenden Bedürfnis abzuhelfen, habe ich mich deshalb entschlossen, die Zeitschrift

MERZ

herauszugeben, die dem Merzgedanken in der Welt dient und zunächst jährlich 4 mal erscheint.

Ziele: DADA, MERZ, STIL.
Literatur: ANNA BLUME, BLUME ANNA, BLEI-E, AUGUSTE BOLTE, KATHEDRALE.

10 9 8 7 6 5 4 3 2 1
7 7 7 7 8 1 9 1 10 1 11 1
1 2 3 4 5 5 4 3 2 1 2 3 4 5 6 6 5 4 3 2

MERZ 1: **HOLLAND — DADA**
2: i
2: **PROLETKUNST**
3: **BANALITÄTEN**
4: **ZAHLENDICHTUNGEN**
4: **ÜBERNATIONALITÄT**

KASSAK
GEDICHTE

Lesen Sie die Wahrheit über Anna Blume von Christof Spengemann, Verlag DER ZWEEMANN

VERLAG DER STURM:
MA BUCH

Monatsschrift
Der Sturm

Im Sturmverlag erschienen:
Kurt Schwitters:
Die Blume Anna
Kurt Schwitters:
Auguste Bolte / Roman
Grundpreise: 2 Mark

DE STIJL

Andere Merzliteratur:
ANNA BLUME
Verlag Paul Steegemann
BLEI-E
Verlag Heinrich in Freiburg

MECANO: **REDAKTEUR I K BONSET**

Ziele: DADA — MERZ — STIL
Motiv: WELTNATIONALGEFÜHL

90

DIE GUTE REKLAME IST BILLIG.

Ein geringes Maß hochwertiger Reklame, die in jeder Weise Qualität verrät, übersteigt an Wirkung eine vielfache Menge ungeeigneter, ungeschickt organisierter Reklame.

Max Burchartz.

MERZ

11

RED. MERZ, HANNOVER, WALDHAUSENSTR. 5^I.

TY PO

RE KLA ME

EINIGE THESEN ZUR GESTALTUNG DER REKLAME VON MAX BURCHARTZ:

Die Reklame ist die Handschrift des Unternehmers. Wie die Handschrift ihren Urhe[illegible]o verrät die Reklame Art, Kraft und Fähigkeit einer Unternehmung. Das Maß der Leistungsfähigkeit, Qualitätspflege, Solidit[illegible]ergie und Großzügigkeit eines Unternehmens spiegelt sich in Sachlichkeit, Klarheit, Form und Umfang seiner Reklame. Hoch[illegible] Qualität der Ware ist erste Bedingung des Erfolges. Die zweite: Geeignete Absatzorganisation; deren unentbehrlicher Faktor ist [illegible] Reklame. Die gute Reklame verwendet moderne Mittel. Wer reist heute in einer Kutsche? Gute Reklame bedient sich neueste[illegible]gemäßer Erfindungen als neuer Werkzeuge der Mitteilung. Wesentlich ist die Neuartigkeit der Formengebung. Abgeleierte ba[illegible]ormen der Sprache und künstlerischen Gestaltung müssen vermieden werden.

Zitiert aus Gestaltun[illegible] Reklame, Bochum, Bongardstrasse 15.

K. SCHWITTERS. Signalentwurf für Adolf Rothenberg

DIE GUTE REKLAME

ist sachlich, ist klar und knapp, verwendet moderne Mittel, hat Schlagkraft der Form, ist billig.

MAX BURCHARTZ.

WERBEN SIE BITTE FÜR MERZ.

Pelikan-Nummer.

Merzrelief von Kurt Schwitters siehe Seite 91

ES IST BEI JEDER PROPAGANDA WICHTIG, DASS SIE DEN EINDRUCK ERWECKT, DASS ES SICH HIER UM EINE FIRMA HANDELT, DIE WEITERARBEITET AN WARE, AUFMACHUNG UND ANGEBOTSFORM.

DIE NORMALE BÜHNE MERZ IST EINE NORMALE MONTIERBÜHNE. SIE VERWENDET NUR NORMALE FORMEN UND FARBEN ALS BEGLEITUNG UND HINTERGRUND FÜR TYPISCHE UND INDIVIDUELLE FORMEN UND FARBEN. DIE NORMALE BÜHNE MERZ IST EINFACH UND ZEITGEMÄSS, BILLIG, STÖRT NICHT DIE HANDLUNG, IST LEICHT ZU VERÄNDERN, UNTERSTÜTZT DIE HANDLUNG DURCH UNTERSTREICHEN DER BEABSICHTIGTEN WIRKUNG, KANN MITSPIELEN, SICH BEWEGEN, PASST FÜR JEDES STÜCK

NORMALBÜHNE MERZ. K. SCHWITTERS. SIEHE THEATERAUSSTELLUNG WIEN, SEPTEMBER-OKTOBER 1924.

91

Thesen über Typographie

Über Typographie lassen sich unzählige Gesetze schreiben. Das Wichtigste ist: Mach es niemals so, wie es jemand vor Dir gemacht hat. Oder man kann auch sagen: mach es stets anders, als es die anderen machen. Zunächst einige allgemeine Thesen über Typographie: I. Typographie kann unter Umständen Kunst sein. II. Ursprünglich besteht keine Parallelität zwischen dem Inhalt des Textes und seiner typographischen Form. III. Gestaltung ist Wesen aller Kunst, die typographische Gestaltung ist nicht Abmalen des textlichen Inhalts. IV. Die typographische Gestaltung ist Ausdruck von Druck- und Zugspannungen des textlichen Inhaltes (Lissitzky). V. Auch die textlich negativen Teile, die nichtbedruckten Stellen des bedruckten Papiers, sind typographisch positive Werte. Typographischer Wert ist jedes Teilchen des Materials, also: Buchstabe, Wort, Textteil, Zahl, Satzzeichen, Linie, Signet, Abbildung, Zwischenraum, Gesamtraum. VI. Vom Standpunkt der künstlerischen Typographie ist das Verhältnis der typographischen Werte wichtig, hingegen die Qualität der Type selbst, des typographischen Wertes gleichgültig. VII. Vom Standpunkt der Type selbst ist die Qualität der Type Hauptforderung. VIII. Qualität der Type bedeutet Einfachheit und Schönheit. Die Einfachheit schließt in sich Klarheit, eindeutige, zweckentsprechende Form, Verzicht auf allen entbehrlichen Ballast, wie Schnörkel und alle für den notwendigen Kern der Type entbehrlichen Formen. Schönheit bedeutet gutes Ausbalancieren der Verhältnisse. Die photographische Abbildung ist klarer und deshalb besser als die gezeichnete. IX. Anzeige oder Plakat aus vorhandenen Buchstaben konstruiert ist prinzipiell einfacher und deshalb besser als ein gezeichnetes Schriftplakat. Auch die unpersönliche Drucktype ist besser als die individuelle Schrift eines Künstlers. X. Die Forderung des Inhaltes an die Typographie ist, daß der Zweck betont wird, zu dem der Inhalt gedruckt werden soll. — Das typographische Plakat ist also das Resultat aus den Forderungen der Typographie und den Forderungen des textlichen Inhaltes. Es ist unbegreiflich, daß man bislang die Forderungen der Typographie so vernachlässigt hat, indem man allein die Forderungen des textlichen Inhalts berücksichtigte. So wird heute noch die qualitätsvolle Ware durch barbarische Anzeigen angekündigt. Und noch unglaublicher ist es, daß fast alle älteren Kunstzeitschriften von Typographie ebenso wenig verstehen wie von Kunst. Umgekehrt bedienen sich die führenden neuzeitlichen Kunstzeitschriften der Typographie als eines ihrer Hauptwerbemittel. Ich erwähne hier besonders die Zeitschrift „G“, Redakteur Hans Richter, Berlin-Friedenau, Eschenstraße 7, „Gestaltung der Reklame“, Herausgeber Max Burchartz, Bochum, die Zeitschrift „A B C“, Zürich, und ich könnte noch einige wenige andere nennen. Die Reklame hat schon längst die Wichtigkeit der Gestaltung von Anzeige und Plakat für den Eindruck der angepriesenen Ware erkannt und hat schon längst Reklamekünstler beschäftigt. Aber leider waren diese Reklamekünstler der kurz vergangenen Zeit Individualisten und hatten keine Ahnung von konsequenter Gestaltung der Gesamtanzeige und von Typographie. Sie gestalteten mit mehr oder weniger Geschick Einzelheiten, strebten nach extravagantem Aufbau, zeichneten verschnörkelte oder sonst unlesbare Buchstaben, malten auffällige und verbogene Abbildungen, indem sie dadurch die angepriesene Ware vor sachlich denkenden Menschen kompromittierten. Es ist hier gleichgültig, daß von ihrem Standpunkt aus betrachtet gute Leistungen entstanden, wenn der Standpunkt falsch war. Heute beginnt die Reklame ihren Irrtum der Wahl von Individualisten einzusehen und bedient sich statt der Künstler für ihre Reklamezwecke der Kunst, oder deutlicher gesagt: DER TYPOGRAPHIE. Besser keine Reklame, als minderwertige; denn der Leser schließt aus dem Eindruck der Reklame und nicht aus dem textlichen Inhalt auf die Ware.

SCHNURRUHR VON HANS ARP AUS DER ARPMAPPE, MERZ 5, VERKLEINERT. DIE MAPPE ENTHÄLT 7 SOLCHE ARPADEN UND KOSTET 50 MARK.

Unter dem Namen **APOSS**-Verlag wurde in Hannover, Waldhausenstr. 5[II], ein neuer Verlag gegründet, der das gute wohlfeile Buch herausgibt. Als Aposs 2 erscheint demnächst eine wohlfeile Ausgabe der ersten 3 Hahnepetermärchen. Als Aposs 3 erscheint die Apossteigeschichte, ein Märchen.

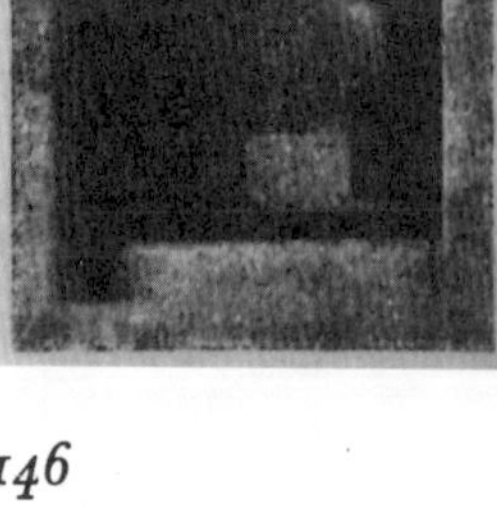

Das **MERZRELIEF** VON SEITE 93 IST MIT ZAHLREICHEN MERZBILDERN, MERZZEICHNUNGEN, ENTWÜRFEN, TYPOGRAPHISCHEN ARBEITEN, KÄSTEN, PACKUNGEN AUSGESTELLT AUF DEN BEIDEN GROSSEN MERZAUSSTELLUNGEN NOVEMBER 1924, HANNOVER, KESTNERGESELLSCHAFT, FEBRUAR 1925 BERLIN, STURM, POTSDAMERSTRASSE 134a, UND ANDEREN.

Besuchen Sie die großen Merzausstellungen

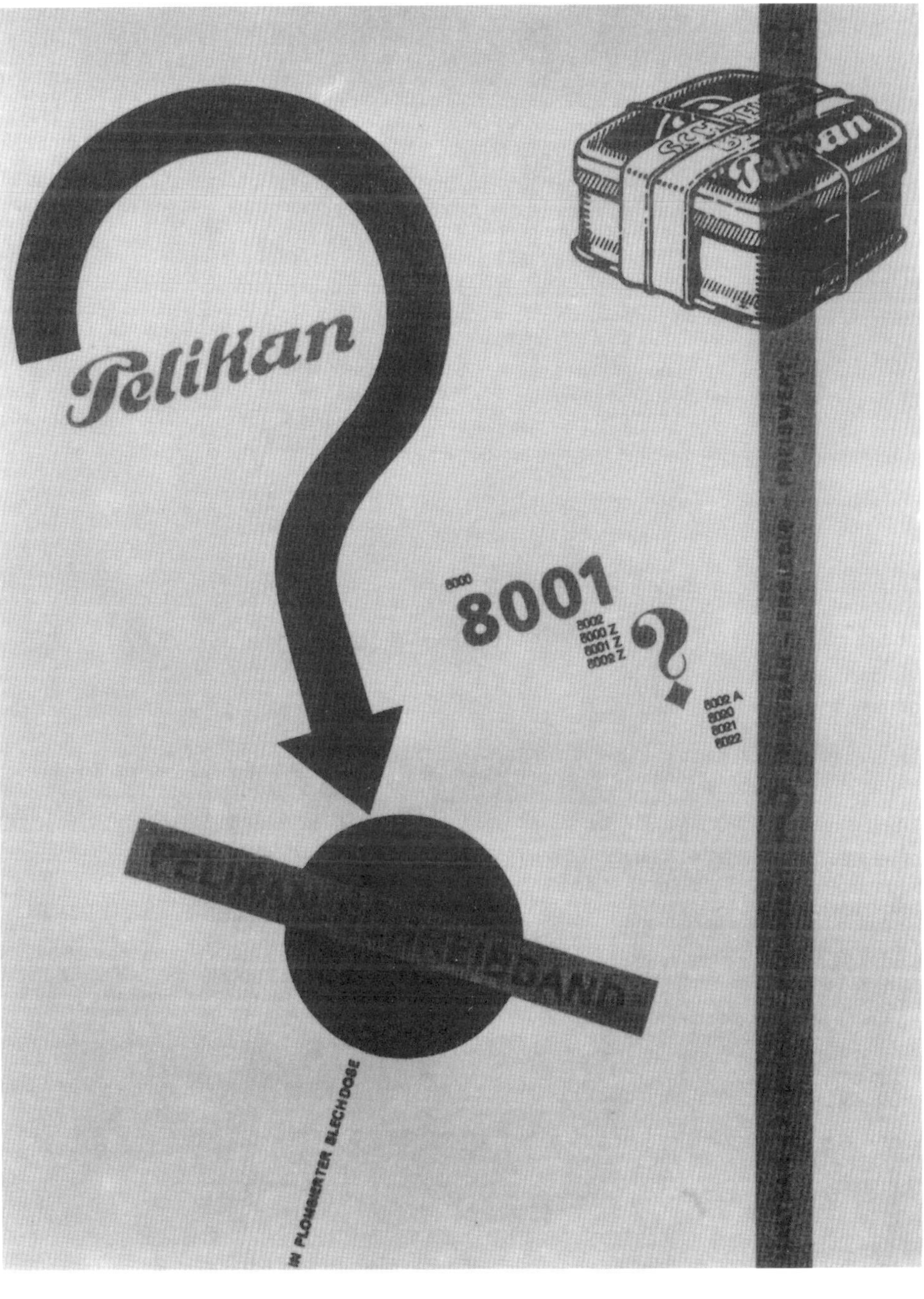
Pelikan
8000
8001
8002
8000 Z
8001 Z
8002 Z
8002 A
8020
8021
8022
IN PLOMBIERTER BLECHDOSE

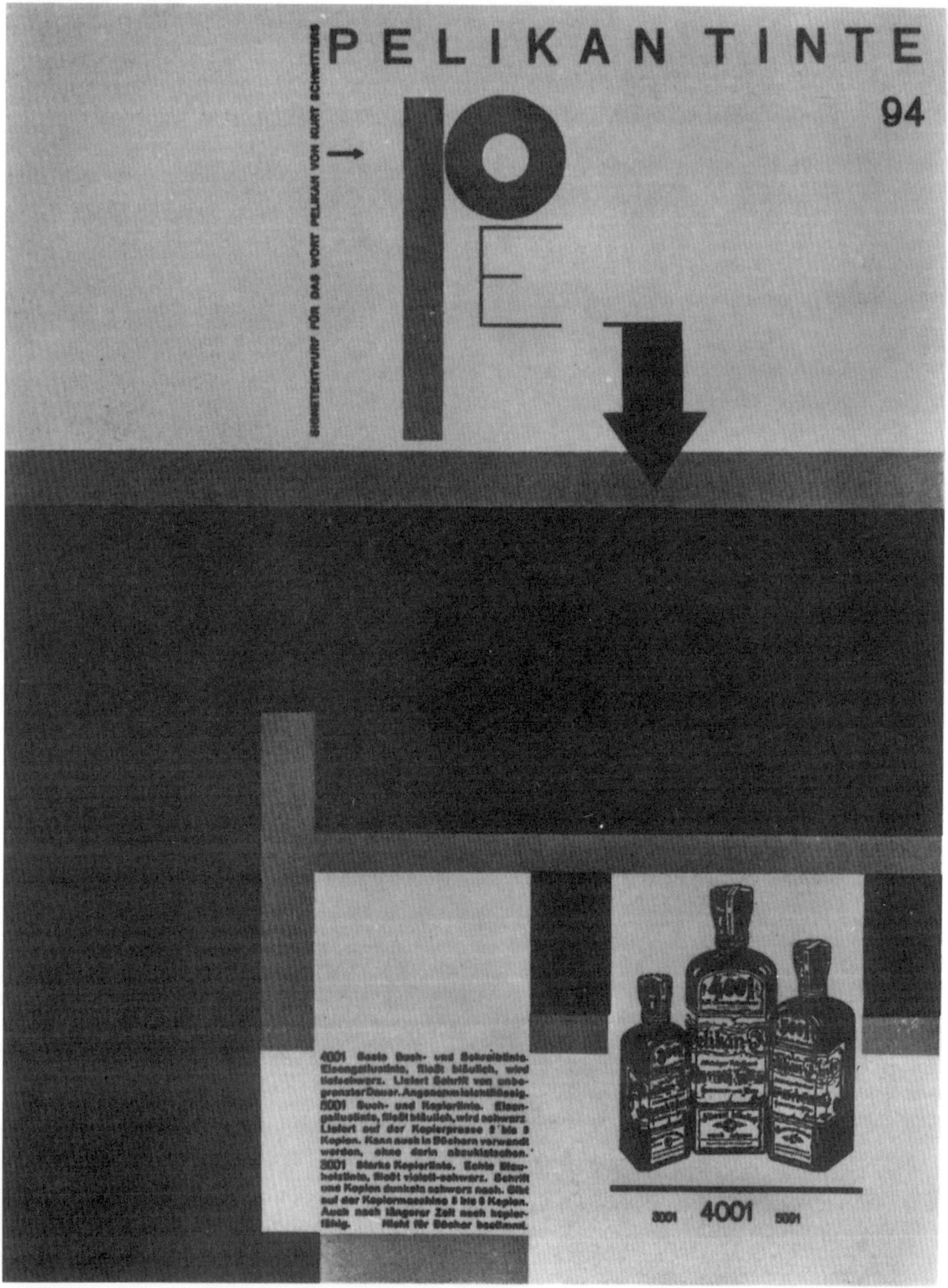
SIGNETENTWURF FÜR DAS WORT PELIKAN VON KURT SCHWITTERS
PELIKAN TINTE
94
4001

Pelikan
F
ÖL-
TEMPERA-
AQUARELL-
ERFAHRUNG IN DER FARBENCHEMIE UND HERSTELLUNG.
F
FARBEN
GÜNTHER WAGNER
Z ET FARBE
Ist die Farbe des ernst schaffenden Künstlers. Sie bewahrt das Handschriftliche des künstlerischen Vortrages, gibt dem Bilde leuchtende Frische und Dauerhaftigkeit und läßt sparen durch ihre Körperhaftigkeit und Ausgiebigkeit.
F
F
HANNOVER UND WIEN
95

97
WERBEN SIE FÜR MERZ
MERZ
OBISI
bremecamOL
gargarionOL
buccocystOL
polygonOL
bituminOL
hydravasOL
chinoterpOL
uvacystOL
sonalOL
hermidOL
legumOL
hydosOL
glitzonOL
Scribtol
narsolOL
vendOL
Pelikanol
tikOL
hertOL
brikOL
pOL
H. BEHRENS-HANGELER (vermerzt)
WENN
SIE
IHRE REKLAME
gestalten wollen, so wenden Sie sich bitte vertrauensvoll an die Werbezentrale
MERZ
HANNOVER
WALDHAUSENSTRASSE 5 II.
ERSTE KÜNSTLER. LEITUNG KURT SCHWITTERS.
MERZ WERBEZENTRALE
HANNOVER
WALDHAUSENSTRASSE 5 II.
LIEFERT NEUZEITLICHE PLAKATE, BILDREKLAME, TYPOSIGNETE, SIGNETE, TYPOGRAPHISCHE ANORDNUNG, PACKUNGEN, KATALOGE, PREISLISTEN, ANZEIGEN, TEXTE, LICHTREKLAME U. S. W.
DER STURM
LEITUNG HERWARTH WALDEN
BERLIN
POTSDAMERSTRASSE 134a
1. KUNSTAUSSTELLUNG. WERKE FÜHRENDER KÜNSTLER. 2. VERLAG. DICHTUNGEN UND SCHRIFTEN VON AUGUST STRAMM, H. WALDEN, RUD. BLUEMNER, KURT SCHWITTERS, L. KASSAK, OTTO NEBEL U. A. 3. ZEITSCHRIFT DER STURM. 15. JAHRGANG. MIT ZAHLREICHEN ABBILDUNGEN. HALBJÄHRLICH 9 MARK. 4. STURMABENDE. JEDEN MITTWOCH, 7½ UHR, IN DER KUNSTAUSSTELLUNG DER STURM. REZITATION: RUDOLF BLUEMNER. 5. 13. 24. Märchenabend von K. Schwitters im Sturm, Berlin W, Potsdamerstr. 134a.
DE STIJL
BEI KURT SCHWITTERS IN HANNOVER, WALDHAUSENSTRASSE 5 II., BESTELLT MAN EIN ABONNEMENT AUF DIE ZEITSCHRIFT
MERZ
4 NUMMERN 4 MARK oder 1 DOLLAR oder 2½ GULDEN oder 5 SCHWEIZER FRANK.
PROBENUMMER 1,00 M.
BESTELLEN SIE EINE
MERZ
-GRAMMOPHON-PLATTE: LAUTGEDICHT VON KURT SCHWITTERS, VOM AUTOR SELBST GESPROCHEN.
MERZ 13. 20 M.
ALS NR. 12 MERZ
ERSCHIEN DER HAHNEPETER, EIN MÄRCHEN VON K. SCHWITTERS, REICH ILLUSTRIERT DURCH KÄTE STEINITZ IN 50 SIGNIERTEN EXEMPLAREN, HANDKOLORIERT. PREIS 30 MARK.
NIRGENDS RÄCHEN SICH IMITATION, REAKTION, ÜBERHAUPT JEDE RÜCKSTÄNDIGKEIT SO SEHR WIE BEI DER REKLAME
MERZ
8/9, GENANNT „nasci."
EINIGE URTEILE ÜBER NASCI: PROFESSOR HÜTTIG, CHEMIKER, JENA: „Die neueste Entwicklung von Merz gefällt mir sehr gut." H. ARP: „NASCI ist wunderbar." FRAU DR. STEGMANN, M. S. P. D., Reichstag: „NASCI ist wirklich ein sehr schönes Heft. Ich stelle fest, daß Merz systematisch zur Erziehung übergeht." GROPIUS: „Ihr Heft NASCI habe ich mit Freude erhalten." DEXEL: „NASCI ist ein Meisterwerk, ich gratuliere." MARIANNE MEYER, LEHRERIN, DRESDEN: „Hier konnte ich folgen . . . . mich als neuen Abonnenten zu betrachten." MOHOLY: „Gratuliere, NASCI ist wirklich sehr schön geworden." DOESBURG: „Gestern bekam ich mit großer Freude NASCI."
G
ZEITSCHRIFTEN: L'AURORA, BLOK, CONTIMPORANUL, DISK, FRÜHLICHT, LE FUTURISME, THE LITTLE REVIEW, MA, MAVO, MANOMÈTRE, MECANO, NOI, HET OVERZICHT, SEPT ARTS, STAVBA, ZENIT, ZONE, ZWROTNIKA
WERBEN SIE FÜR MERZ NEUE ABONNENTEN
DIE ZEITSCHRIFT
MERZ BEREITET SONDERNUMMERN ÜBER WERBEWESEN VOR, SOWIE ÜBER PACKUNGEN, KAUFLÄDEN, INNENARCHITEKTUR, BÜHNE. KÜNSTLER UND INTERESSENTEN BITTE AN REDAKTION MERZ WENDEN.
RAUM FÜR REKLAME ZU VERMIETEN.
DIESE MERZNUMMER WURDE IN 5000 EXEMPLAREN GEDRUCKT. BEI A. MOLLING & COMP., HANNOVER.
L'ESPRIT NOUVEAU PARIS. REVUE INTERNATIONALE ILLUSTRÉE DE L'ACTIVITÉ CONTEMPORAINE.
DRUCKSACHEN ÜBER PELIKAN-ERZEUGNISSE FORDERE MAN VON GÜNTHER WAGNER, HANNOVER.

ER

Er war mittlerweile ein ausgewachsener Mensch geworden. Da kamen sie zusammen und berieten, Ihn in die menschliche Gesellschaft aufzunehmen. Er sollte mithelfen, unsere degenerierte Kultur zu regenerieren. Aber es kam anders. Man ließ Ihn zunächst konfirmieren, und als Er vor den Altar trat, siehe, da sahen alle, daß seine neuen Hosen viel zu kurz waren. Er mußte wohl inzwischen schon wieder gewachsen sein, denn seine neuen Ärmel waren auch wie eingeschrumpft. »Junge, wohin soll das noch gehen«, sagte die Mutter, »Du wächst uns schließlich noch allen über den Kopf.« Tatsächlich war Er schon größer als alle anderen, und jetzt merkte Er es selbst. Im allgemeinen redete Er nicht viel, Er pflegte nur zu sagen: »Guten Morgen, guten Abend, gute Nacht«, je nach der Tageszeit, oder: »Ich habe Hunger, gebt mir zu essen, legt mich zu Bett«, je nach seinen Bedürfnissen. Er fragte auch nicht viel, und so vergaß Er auch zu fragen, ob Er jetzt zu wachsen aufhören sollte, und wuchs deshalb weiter. Er war schon größer als alle Soldaten, da kam man wieder zusammen, beriet und schickte ihm eine Aufforderung, daß Er Soldat werden müsse. Das hätte fast zum Verhängnis für die gesamte Menschheit werden können. Er aber ging hin, tat, wie ihm befohlen, ließ sich in die Kompanie einreihen, und war der größte Soldat.

Eines Tages fiel es dem Leutnant auf, daß der Flügelmann mindestens 1½ mal so groß war wie sein Nachbar. Nun berieten die Offiziere, was hier zu tun wäre, denn wenn das der General bemerken würde, dann würde sich der Major unmöglich machen. Deshalb müßte hier ein Mittel erdacht werden, den Flügelmann wieder zu verkürzen. Und man ließ Ihm einen Helm machen, der 5 Zentner wog, und den mußte Er aufsetzen. Morgens und abends wurde Er gemessen; aber wenn Er tagsüber etwas einschrumpfte, wuchs Er des Nachts um so mehr. Und bald war Er doppelt so groß wie sein Nachbar. Und das sah entsetzlich aus. Der Leutnant hatte eine Lauseangst, denn wenn es dem General auffallen würde und wenn der Major sich dadurch unmöglich gemacht haben würde, dann würde er fliegen... Den Mann schien das nicht weiter zu beunruhigen. Da tauchte das Gerücht auf, in 10 Minuten würde Seine Exzellenz, der General, besichtigen. Der Leutnant wurde krank vor Angst, denn der Flügelmann stand baumlang da. Da kam schon Seine Exzellenz, und der lange Mann stand, weil man ihn nicht hatte so schnell entfernen können, da. Seine Exzellenz überzeugte sich von dem ausgezeichneten Geist bei der Truppe und bemerkte den baumlangen Menschen gar nicht einmal. Ob Seine Exzellenz ihn wirklich nicht bemerkt hatte oder ob Seine Exzellenz ihn nicht hatte bemerken wollen, das ließ sich nicht mehr entscheiden. Dem Major hat es nicht den Hals gebrochen, nur der Leutnant bekam hinterher Diarrhoe. Der Geist in der Truppe aber war vorzüglich. Wenn nun aber der General wiederkommen und den langen Mann bemerken sollte, dann würde es wahrscheinlich aus sein. Daher befahl der Major kurzerhand, den Mann in Arrest zu stecken. Man konnte Ihn stets wieder von neuem in Arrest bringen, falls Er sich weigern sollte, sich zu verkürzen. Und inzwischen war der Mann schon wieder ein Stück gewachsen; Er wurde vor den Unteroffizier gerufen, der Ihm kurzerhand den Befehl des Leutnants übermittelte, Er habe sich binnen 5 Minuten auf das normale Maß des normalen Soldaten zu verkürzen. Der Herr Unteroffizier wartete. Der lange Mann hatte sich aber nicht verkürzt, sondern war im Gegenteil noch gewachsen. Der Herr Unteroffizier sprach von Dienstverweigerung und schickte Ihn sofort in Arrest. Nach abermals 5 Minuten meldete der wachhabende Unteroffizier des Arresthauses, das Arresthaus sei für den langen Mann nicht mehr groß genug. Die Sache kam vor den Leutnant, der heftig erschrak. Er meldete es dem Major, und dieser befahl, sofort ein neues Arresthaus nach den Maßen des langen Mannes bauen zu lassen. Der lange Mann selbst habe bis zu seiner Vollendung draußen zu warten. Man nahm Maß wie befohlen, und es wurde sofort gebaut. Die ganze Kompanie baute, und der lange Mann stand vor dem Neubau. Nach kaum einem Vierteljahr war das neue Arresthaus fertig. Der

Major und die ganze Kompanie waren anwesend, als der Arrestant einziehen sollte. Und siehe da, inzwischen war Er so viel gewachsen, daß Er in das prächtig geräumige neue Arresthaus nicht mehr hineinpaßte. Der Major war verzweifelt und bemerkte gegen den Herrn Leutnant, daß dieser, wenn er nicht ein so leutseliger Major wäre, in diesem Falle fliegen würde, denn ein Leutnant habe kein Rindsvieh zu sein. Ein einfacher Mann würde so viel Nachgedanken vorhergehabt haben, um bei dem chronischen Wachstum des langen Mannes zu wissen, daß man die Inflation mit in Rechnung zu setzen habe. Mit Inflation bezeichnete der Major hier das Wachstum des Mannes. Der Leutnant war verzweifelt, zeigte aber in Haltung und Miene nichts als schneidige Unterwürfigkeit. Er empfing den Befehl, ein neues Arresthaus unter Berücksichtigung der Inflation bauen zu lassen, in welches der Mann in abermals einem Vierteljahr würde eingesperrt werden können. Der lange Mann stand vor dem neuen Neubau und rührte sich nicht. Inzwischen war Er so lang geworden, daß man ihn von einigen höher gelegenen Straßen der Stadt bequem sehen konnte. Wie der aufgehende Mond an dunstigen Sommerabenden, so stand Er bedrohlich da, größer als das größte Haus. Es gab Menschenaufläufe und Unruhe. Darum mußten einige Straßenzüge vorübergehend für 3 Monate behördlicherseits gesperrt werden, um die Bewohner nicht unnötig aufzuregen. Der Leutnant ließ nun die Einjährigen der Kompanie auf die Stube kommen und fragte, wer die Inflation ausrechnen könne, darauf rechneten 3 Einjährige mittels Logarithmentafel, Rechenschieber und Kubikwurzel die Inflation des Mannes aus. Der Mann wurde jetzt wieder gemessen, sein Maß als Grundzahl mit seiner Inflationsziffer multipliziert und nach diesem Schema ein Inflationsmaß für den Neubau des großen Arresthauses gefunden. Nun hatte man aber nicht bedacht, daß der Inflationsbau infolge seiner größeren Ausmaße längere Zeit zum Bauen erfordern würde als der vorige Bau. Und obgleich jetzt 4 Kompanien arbeiteten, konnte das Inflationshaus nicht vor 6 Monaten fertiggestellt werden. Der baumlange Mann stand bedrohlich vor dem Neubau. Die Sorge der Offiziere, die das Pech hatten, seine Vorgesetzten zu sein, wich allmählich in dem Maße, wie das Inflationshaus allmählich fertig wurde. Zur Einweihung wurde eine kleine interne Feier veranstaltet. Der Major selbst war anwesend, als der Arrestant das Haus beziehen sollte. Auf den Befehl: »An die Kaserne Marsch, marsch! hinlegen Marsch, marsch, aufstehen Marsch, marsch, hinlegen Marsch, marsch, über und unter Wasser Marsch, marsch, ins Inflationshaus Marsch, marsch!« betrat Er wie befohlen die Schwelle, konnte aber die Tür nicht passieren, weil Er inzwischen größer geworden war als das Inflationshaus. »Himmel Donnerwetter«, schrie der Major den Leutnant an, »welches Kamel hat denn diesmal den Fehler gemacht?« Der Leutnant detaillierte die ganze Vorarbeit und bewies, daß die Inflationsziffer richtig berechnet und alles befehlsmäßig ausgeführt wäre: »Ich frage ja gar nicht, was richtig gemacht worden ist«, sagte der Major, »ich frage ja, welches Kamel den Fehler begangen hat.« Darauf erdreistete sich der Leutnant zu sagen: »Der Herr Major haben befohlen, das Inflationsmaß für 3 Monate auszurechnen. Da das Haus aber in 3 Monaten infolge seiner riesenhaften Ausmaße nicht hat fertiggestellt werden können, ist der Mann inzwischen weiter gewachsen.« Der Major wurde blutrot vor Wut, sollte er etwa selbst das Kamel gewesen sein, welches den Bock geschossen hatte, oder konnte ein Kamel überhaupt keinen Bock schießen? Er glaubte doch wohl, daß das möglich wäre, aber nur rein sachlich genommen an sich möglich, womit nicht unbedingt gesagt wäre, daß er dieses Kamel zu sein habe. Und dann überhaupt welchen Bock? Er überlegte schnell, daß er nicht Auguste Bolte wäre, drehte seinen Schnurrbart wie eine Spindel und befahl abermals, ein neues Arresthaus zu bauen unter Berücksichtigung des Mannes nebst Berücksichtigung der Inflation der Zeit. Und überhaupt unter Berücksichtigung der Inflation der Inflation zu bauen, wobei ihm dieser letztere Begriff nicht ganz klar war. Die 3 Einjährigen errechneten nun mittels Inflationstabelle die Wertbeständigkeit des Mannes. Der lange Mann wurde abermals gemessen, und man mußte zu diesem Zweck ein Gerüst bauen. Die Rechnung allein dauerte 14 Tage, das Gerüst war in 3 Monaten fertiggestellt. Man hatte ausgerechnet, daß das neue Inflationshaus für den Mann mit der ganzen Armee in dreieinhalb Jahren so gebaut werden könnte, daß es dann groß genug wäre, ihn zu beherbergen. Sollte aber inzwischen eine Seuche, eine Geldentwertung oder gar ein Krieg ausbrechen, so würde das Haus nie fertig werden können. Da brach unter dem Rindvieh auf dem Gute des Herrn Majors die Maul- und Klauenseuche aus. Angesichts dieser neuen Schwierigkeit wurde auf Befehl des Majors die Maul- und Klauenseucheninflationsziffer mit in Rechnung gesetzt. Ein Jahr war inzwischen gebaut worden, und es waren Mauern von 10 m Stärke entstanden. Zwar war inzwischen die Dienstzeit des langen Mannes abgelaufen, aber Er konnte nicht aus dem Dienst entlassen werden, weil Er seine Strafe inzwischen noch nicht verbüßt hatte. Der Grundriß des neuen Hauses war so groß, daß das königliche Schloß mit allen Parkanlagen, Springbrunnen, nackten Marmorfiguren, Goldfischteichen, Schwänen, Rudeln, Rehen, Orangerien und Gewächshäusern bequem darin hätte stehen können, und war dabei nur ein einziger Raum. Die Höhe des Hauses war auf die 10fache Höhe des Marktkirchenturmes errechnet worden. Innerhalb dieses einen Jahres hatte man schon bis zur 5fachen Höhe des Turmes emporgebaut. Der lange Mann selbst war weit hinter der augenblicklichen Höhe zurückgeblieben, leider versäumte man diesen außergewöhnlich günstigen Moment zur Einquartierung des Mannes, weil man das Haus erst fertiggestellt haben wollte.

Nach abermals einem Jahr war der Bau erst dreiviertel fertig geworden, und das kam, wie die Herren Einjährigfreiwilligen berechneten, davon, daß das Bauen in der Luft schließlich schwieriger wurde, je höher, desto schwieriger. Daher auch war das Haus nach dreieinhalb Jahren nicht fertig, und als es nach 5 Jahren endlich fertig war, war es selbstverständlich wieder zu klein. Der Major war verzweifelt. Das neue Aresthaus genügte, um gegebenenfalls nicht nur die ganze Armee, sondern das ganze Volk in Arrest zu befehlen; aber für den langen Mann war es wieder zu klein. Was half es da, daß der Major den Leutnant ein enormes Rindsvieh nannte, davon wurde das Arresthaus nicht größer. Was half es, daß er zu dem Leutnant sagte: »Wenn das neue Arresthaus nur halb so groß geworden wäre, wie Sie ein enormes Rindsvieh sind, Sie Schafskopf, so würde es für den Mann gepaßt haben.« Plötzlich überlegte der Major, daß man in der Architektur manchmal auch sachlich sein müßte. Und da ein passendes Haus unbedingt gebaut werden müßte, weil der Major sonst nicht befördert werden konnte, wenn der einmal gegebene Befehl, den Mann in Arrest zu bringen, etwa nicht ausgeführt werden könnte, befahl der Major, noch ein neues Arresthaus nach seinen Plänen zu bauen. Als Grundriß befahl er den größten Truppenübungsplatz des Landes, eine enorme Sandwüste, auf der weittragende Geschütze eingeschossen werden konnten. Der lange Mann habe sich in die Mitte zu stellen, die gesamte Armee habe auf diesen Grundriß das Haus so hoch zu bauen, bis es den Mann umfassen könnte. Zufällig war inzwischen kein Krieg, und deshalb hielt es auch der General für gut, die Armee durch Bau von Arresthäusern zu beschäftigen. Seine Exzellenz wußten nicht, daß nur ein einziges großes Arresthaus gebaut wurde. Seine Exzellenz kümmerten sich wenig um die Sache. Und Seine Exzellenz wußten begreiflicherweise immer noch nichts von der Existenz des großen Flügelmannes, der ihr aus gewissen Gründen vorenthalten wurde. 10 Jahre baute die gesamte Armee Tag und Nacht an dem Arresthaus. Inzwischen bekam der lange Mann das Anrecht auf den Zivilversorgungsschein, zu benutzen gleich nach Abbüßung der Strafe. Die Mauern des kraterartigen Gebäudes reichten jetzt dem langen Mann bis an die Knie. Noch nie hatte die Welt einen annähernd so großen Bau gesehen wie das angefangene Arresthaus. Da aber der Herr Major selbst nur nach Gutdünken gebaut und die Inflation bei seinem Plane unberücksichtigt gelassen hatte, so war das Haus jetzt schon, obgleich es noch nicht einmal annähernd fertiggestellt war, wieder zu klein für den Mann. Der Mann war nämlich inzwischen wieder so viel gewachsen, daß er mit seinen Unterschenkeln, Füßen, Fußlappen und Stiefeln jetzt den gesamten Innenraum einnahm und einen gewaltigen Druck auf die Mauern ausübte. Der Leutnant ritt dauernd um den Kolossalbau herum und prüfte die Widerstandsfähigkeit der Mauern. Es wurden enorme seitliche Stützen gebaut. Immerhin war der Major unendlich stolz auf seine Idee, das Haus um den Mann herum zu bauen, weil es doch auf alle Fälle das Wachstum zurückhalten mußte. Tatsächlich ging es eine Zeitlang gut, da wuchs der Mann nur oberhalb der Mauern, während Er unten wie eingeschnürt in Seinem Wachstum gehemmt blieb. Er sah aus wie ein gepfropfter Kastanienbaum, aber nun kam die Schwierigkeit. Man konnte nicht senkrecht auf den alten Mauern weiterbauen und versuchte es daher mit vorgekragter Holzarchitektur nach Hildesheimer Muster, weil das die einzige Möglichkeit war, das Haus fertig bauen zu können. Übrigens eine wunderbare alte Stadt, dieses Hildesheim. Neben Lüneburg eine der schönsten alten Städte Norddeutschlands, gut erhalten, von Hannover bequem mit elektrischer Straßenbahn zu erreichen, billiger Sonntagsausflug. Die Hauptsehenswürdigkeit ist ein tausendjähriger Rosenstock. Sie glauben's ja einfach gar nicht. Bedenken Sie, vor 1000 Jahren wuchs das Pflänzchen schon und blüht noch. Werden Sie erst mal 1000 Jahre alt und dann jedes Jahr noch lieben und Junge werfen, das soll mir mal einer nachmachen, und das alles per Elektrische sonntags morgens. Aber abgesehen davon war das Hildesheimer Bauwerk, sozusagen das Knochenhauer Arresthaus, soeben bis $\frac{5}{8}$ von $\frac{2}{3}$ der Hälfte des Mannes emporgebaut worden, da konnte man infolge des Seitenwachstums nicht weiter bauen, weil man hätte waagerecht bauen müssen. Der Major zwar befahl, waagerecht weiter zu bauen, aber die 3 Einjährigen, die damals die moderne Betonarchitektur noch nicht kannten, erklärten das für unmöglich! Es hätte auch wohl schlecht ausgesehen, ein stilgemäßes Knochenhauer Arresthaus mit Wrightschen Balkonen, das Ganze überragt durch den gewaltigen Oberkörper des langen Mannes. Plötzlich befahl der Major, den Bau zu unterbrechen, es war keine Frage, der Mann würde weiter wachsen und eines

Tages das Knochenhauer Arresthaus sprengen, und man konnte ihn noch nicht einmal dafür verantwortlich machen, denn Er tat, wie ihm befohlen, Er stand und stand, ohne sich zu rühren, 10 Jahre, 20 Jahre, 30 Jahre und wartete neue Befehle ab wie ein guter Soldat. Das Wachsen war für ihn Naturgesetz, gleichgültig, ob er viel zu essen bekam oder wenig. Und der Major war stets sehr beliebt und leutselig gewesen; er war der Ansicht, daß man die Fehler der Leute aus ihren Eigentümlichkeiten erklären müsse und nie bestrafen dürfe. Inzwischen fand wieder eine Parade statt. Der Geist bei der Truppe war ausgezeichnet, aber der General bemerkte, daß überhaupt kein Flügelmann da war. Und der Flügelmann war nicht da, weil doch der lange Mann draußen im Knochenhauer Arresthaus stand. »Warum«, fragten Seine Exzellenz. »Weil Er zu Befehl ein wenig lang ist«, antwortete der Major. »Aber das ist doch kein Grund«, meinte der General. »Wenn Er sich aber weigert, sich auf das normale Maß des normalen Soldaten zu verkürzen«, antwortete der Major, »so erachte ich es meines Erachtens ...« – »Seit wann ist es denn Mode, daß ein Major ein eigenes Erachten hat«, unterbrach der General, »ich befehle den Flügelmann zur Truppe zu entlassen.« Ein Laufbote brachte den Befehl, den der lange Mann mit Ruhe empfing. Vorsichtig versuchte Er aus dem Arresthaus herauszutreten, aber es ging nicht, weil Er eingeklemmt war. Als der Laufbote dem General davon Meldung machte, wollte es Seine Exzellenz nicht glauben, weil es Seine Exzellenz sich einfach nicht vorstellen konnte, sondern steckte den Laufboten in Arrest und machte sich selbst auf den Weg zum neuen Arresthaus. Das war ein prächtiger Anblick. Voran ritt der General, in 1000 Meter Abstand der Major, in wiederum 100 Meter Abstand der Leutnant. Nun folgten zu Fuß in 10 Meter Abstand das gesamte Offiziercorps, die Herren Unteroffiziere, und schließlich ganz dicht zusammengedrängt die gesamte Armee. Vor dem Knochenhauer Arresthaus hielt der General und staunte über die Maßen über den imposanten Bau, in dem er den Mann selbst für eine überlebensgroße naturgetreue und höchst geniale Kuppelanlage hielt. Das gesamte Heer umstellte den Bau. Seine Exzellenz suchten die Eingangstür, fand sie aber nicht, obgleich sie 3 mal um das Bauwerk rechts herum und 3 mal links herum ritt. Darauf redete Seine Exzellenz den Major an: »Ja, aber potztausend, welcher Idiot hat denn dies Bauwerk entworfen, da fehlt ja die Eingangstür.« Darauf erklärte der Major, daß der Grundriß die Eingangstüre wäre, und machte Seine Exzellenz darauf aufmerksam, daß doch der Arrestant den gesamten Innenraum mit seinen Unterschenkeln einnähme, während Er ab 33⅓ % oberhalb der Knie das Mauerwerk überrage. Jetzt erst begriff Seine Exzellenz, daß der Arrestant die Kuppel war. Da nun Seine Exzellenz ohnehin an Krampfadern litt, bekam er vor Schreck den Schlag und fiel tot um. Ratlos standen Major und Heer um das Knochenhauer Arresthaus, plötzlich sprach der Herr Major: »Seine Exzellenz, der General, ist gefallen, umgefallen, die Armee hört auf meinen Befehl, zunächst promovieren alle Grade. Ich werde General, der Leutnant Major, die Unteroffiziere Leutnants, und alle Gemeinen werden Unteroffiziere, und zwar sofort mit rückwirkender Kraft.« Aber das heißt nicht viel bei der allgemeinen Ratlosigkeit. Der neue General beriet jetzt mit dem neuen Major. Das Heer umstand den Arrestanten, der Arrestant wuchs, und zwar immer unter Berücksichtigung der Inflation. Plötzlich barsten die Mauern explosionsartig, und die Knochenhauer Arresthausschale fiel um, bevor sich die Armee retten konnte. Die gesamte Armee lag erschlagen unter den Trümmern. Der neue General und der neue Major, die einzigen Überlebenden, sahen einander dumm und etwas verstört an. Der neue General erklärte jetzt dem Arrestanten ausdrücklich, daß auch er durch den Tod des Generals, seines seligen Vorgängers, zum Unteroffizier befördert wäre, seine Strafe gelte aber nicht als verbüßt, und er befahl Ihm zu warten, bis sich Gelegenheit zum Abbüßen der Strafe finden würde.

Darauf meldete der neue General Seiner Majestät dem Könige sämtliche Vorfälle. Seine Majestät der König wollte es erst nicht glauben, weil Seine Majestät der König sich das einfach nicht vorstellen konnten. Weil aber Seine Majestät der König noch nie falsche Berichte erhalten hatten, so mußten Seine Majestät der König es glauben, ob Seine Majestät es wollten oder nicht. »Und wo ist denn mein lieber, guter Freund und Berater, Seine Exzellenz, der General?« fragten Seine Majestät teilnehmend, »auch beim Unglück umgekommen?« – »Nein«, sagte der neue General, »Seine Exzellenz, mein seliger Herr Vorgänger, litten sowieso an Krampfadern und haben den Schlag gekriegt, als Seine Exzellenz den langen Mann gesehen haben.« – »Haben«, wiederholte Seine Majestät der König, bleich vor Schreck, Seine Majestät der König dachten an bolschewistische Umstürzler. Sofort befahlen Seine Majestät Ihren Sohn vor sich und dankten zu dessen Gunsten ab. Neue Besen kehren gut. Der neue König war ein schneidiger Offizier. Er befahl, sofort eine neue Armee aus dem Boden zu stampfen, der neue General stampfte sofort mit beiden Füßen eine neue Armee aus dem Boden. Darauf befahl der neue König, sofort ein Kriegsgericht zu bilden und den Mann abzuurteilen. »Wozu?« fragte der neue General. »Zum Tode«, sprach der König. Die Kriegsrichter erklärten den Mann für schuldig, weil Er sich weigerte, sich zu verkürzen. Das wäre ein Fall von Insubordination, die in Ausnahmefällen, d.h. in Fällen von Ausnahmezuständen, und dieses wäre solch ein Fall von Ausnahmezustand, mit dem Tode bestraft würden. Der lange Mann nahm das Urteil ruhig an. »Zum Tode geht's, ich hab's gewußt, lebt wohl Ihr Brüder, hier die Brust.« Der neue General war genügend mit der Materie vertraut, um instinktmäßig zu wissen, daß der lange Mann mit Flintenkugeln nicht zu töten wäre, daher rüstete er jeden Soldaten mit einer Maschinenkanone aus. Auf Befehl »1 2 3 los« schoß die gesamte neue Armee mit Maschinenkanonen auf den neuen Flügelmann, aber keine Kugel ging durch die Haut, weil diese viel zu dick war; nach 10 Minuten aber war die gesamte Armee stark dezimiert, weil einige Kugeln von den blanken Messingknöpfen zurückgeprallt waren. Wieder wurden wie in schweren Zeiten alle Einjährigen zusammenberufen, um zu beraten, wie der Flügelmann getötet werden könnte. Sie schlugen Starkstrom vor. Der neue General, der stets für Anwendung von großen Portionen war, ließ alle Elektrizität des gesamten Reiches in 2 gewaltige Pole vereinigen, auf Befehl berührte der Mann gleichzeitig die beiden Pole. Wie ein breiter Strom durchfloß ihn die gesamte Elektrizität und glich sich aus, ohne IHM das Geringste zu schaden. Es schien dem General bloß, als ob er inzwischen gewachsen wäre. Jetzt kam der junge König, der sich sehr vor Ihm fürchtete, auf die Idee, dem Manne Selbstmord zu befehlen. Aber wie? Aufhängen war unmöglich, weil es keine Bäume gab, die groß genug gewesen wären, Scheiterhaufen war zwecklos, weil alles Brennmaterial des Landes nur eben ausgereicht hätte, dem Manne die Füße zu wärmen. Es gab nur eine Möglichkeit, der lange Mann müßte sich ins Meer stürzen und ertrinken. Auf Befehl stürzte sich der lange Mann ins Meer, jedoch da Er eine große Fettschicht um sich hatte, ertrank Er nicht, sondern schwamm oben. Von dem Anprall und der Wasserverdrängung aber trat das Meer über seine Ufer und zerstörte die Küsten aller Länder.

Jetzt sah der junge König ein, daß nicht der lange Mann, sondern seine Fettschicht eine stete Gefahr für das Reich bedeutete, daher befahl er dem Mann, Tag und Nacht zu marschieren, bis die Fettschicht aufgezehrt wäre. Der Mann begann jetzt zu wandern, mit einem Schritt marschierte Er etwa einen Breitengrad, da Er unaufhörlich wanderte, wurden große Landstrecken mit blühenden Städten unter seinen Füßen vernichtet. Aber das kümmerte den jungen König nicht, weil ja sowieso von Zeit zu Zeit größere Landstrecken und blühende Städte zerstört werden müssen. Darum führt ja eine Kulturnation Kriege. Der Dauermarsch des langen Mannes konnte vielleicht mehrere Kriege ersparen. Nach 14 Tagen war die Fettschicht verschwunden. Der junge König befahl jetzt dem langen Manne, ins Meer zu springen, der lange Mann sprang ins Meer, und da Er nicht schwimmen konnte und da ihn keine Fettschicht mehr trug, sank Er unter und ertrank. Der junge König aber nahm eine Braut und heiratete.

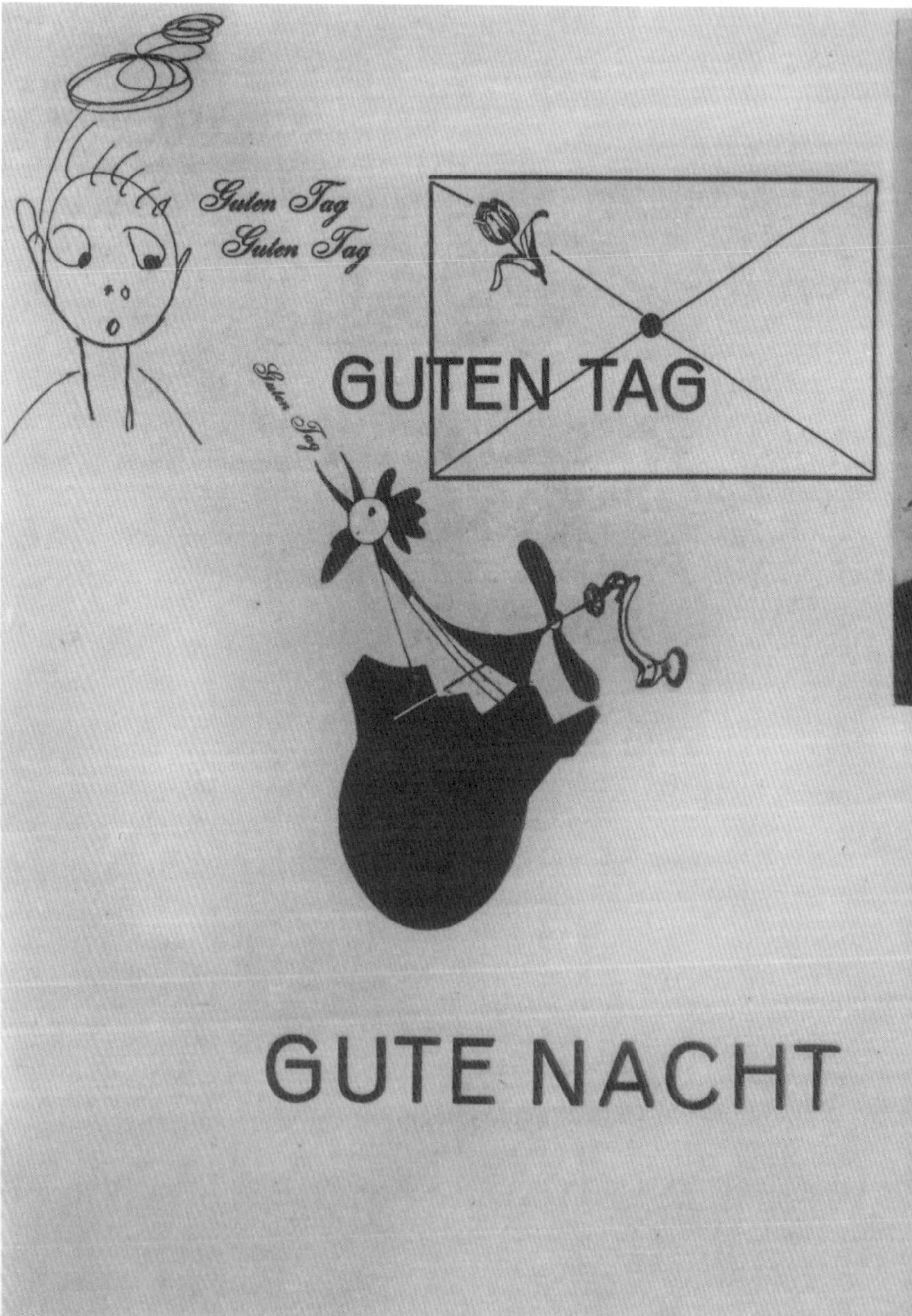
Guten Tag
Guten Tag
GUTEN TAG
Guten Tag
GUTE NACHT

DIE MÄRCHEN VOM PARADIES

VON KURT SCHWITTERS
UND KÄTE STEINITZ

MERZ

16/17

1925 / II

HANNOVER

1. Der Hahnepeter
2. Der Paradiesvogel
3. Das Paradies auf der Wiese

Druck A. MOLLING & COMP., HANNOVER

1

Der Hahnepeter.

Der Junge hieß Hahnemann. Eigentlich hieß er Hans. Eines Tages fand Hahnemann ein Ei, aber es war kein richtiges Ei, sondern es war an einer Ecke nicht rund, sondern platt. Ganzplatt. GANZ PLATT. Und zwar hatte es auf der platten Ecke gestanden. Das mußte Hahnemann auffallen. Darum nahm er das Ei mit und ging damit zum Onkel Doktor. DER aber sagte ihm, daß das kein Hühnerei wäre, auch kein Gänseei, sondern es wäre ein Hahnenei, und zwar das Ei von einem RICHTIGEN HAHNEPETER. Ja, sagte Hans, wie muß man das denn machen? Da setzte der Onkel Doktor seine Hornbrille auf und sagte, solch ein Ei brauchte genau 13 Tage hinter dem warmen Ofen zu liegen zum Ausbrüten. Die Mutter wollte das zuerst nicht glauben. Als aber Hahnemann eine lange Konservendose hinter den Ofen stellte, und das Ei darauf, noch etwas grünes Gras dabei, wie auf einer richtigen Wiese, da glaubte sie es doch. Nur fürchtete sie sich etwas, wenn der Hahnepeter schließlich auskommen würde, was dann ?

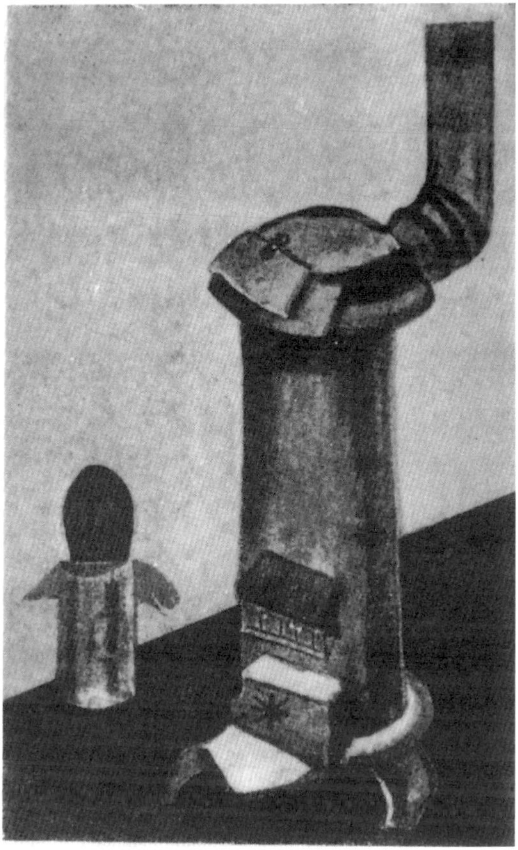

Hahnemann beruhigte sie, sie müsse nur 13 Tage Geduld haben. Morgens und abends betastete Hahnemann das Ei mit dem Zeigefinger und brachte morgens und abends neues Grün von derselben Wiese, auf der er das Ei gefunden hatte. Ihr könnt Euch das alle merken, wie man das macht, denn Ihr findet vielleicht auch mal solch ein Ei von einem richtigen HAHNEPETER. Und nun kam der Tag, wo der Hahnepeter aus dem Ei kriechen sollte. Das Ei war schon ganz warm geworden, und Hahnemann setzte sich schon vorsichtshalber die BRILLE seiner Großmutter auf. Denn wenn der Hahnepeter herauskommen würde, dann könnte er leicht hinunterfallen. Darum nahm Hahnemann zuletzt das Ei von der Konservendose herunter, wickelte es behutsam in seine Schürze und setzte sich damit dicht an den warmen Ofen. Mit einem Male gab es einen KLING

als ob die GROSSEN

Leute mit Wein

anSTOSSEN, und da kam der Hahnepeter auch schon aus dem Ei heraus und sagte sofort

GUTEN TAG!

HAHNEMANN
wollte die Eierschalen fortwerfen, weil er vor Schreck nichts Besseres zu sagen wußte, aber die waren schon nicht mehr da. Und wie er den Hahnepeter ganz vorsichtig auf den Tisch stellte, stand er sogar auf einem Bein, denn er hatte nur eines, und das war wie ein Kreisel.

HAHNEMANN
mochte ihn kaum fest ansehen, aber er sah ihn doch heimlich an und sah ihn immer wieder an, von allen Seiten an, und der Hahnepeter stand auf seinem einen Bein. Als nun die Mutter hereinkam, fragte sie sofort, was man mit dem Ding wohl eigentlich machen könne?

5

Da meinte Hahnemann, der würde doch Eier legen, und dann hätten wir eine ganze Familie von Hahnepetern. Aber die Mutter meinte, das hätte doch auch keinen Zweck. - O doch, das hätte den Zweck, daß viele Hahnepetermärchen kämen. Und mit einem Male fiel es Hahnemann dabei ein, daß der Hahnepeter auch „Kra" sagen konnte. Wenn man nämlich den Hahnepeter am Halse unter dem Lappen kitzelte, so sagte er K R A - K R A - so ähnlich wie Kikeriki. Und als die Kinder kamen, kitzelten sie ihn alle erst mal mit einem Strohhalm unter dem Halse, damit er „Kra, Kra" sagte. Und der Hahnepeter mußte fürchterlich lachen und sagte immer:

„KRA, KRA, KRA, KRA, KRA, KRA, KRA, KRA,"

und wie

ihn

nun

die KINDER alle kitzelten,

da kitzelte eines verkehrt, es wußte selbst nicht, wie und wo und warum, und wir wissen es auch nicht, warum es verkehrt war. Und plötzlich wurde er grasgrün, schrie furchtbar auf, sprang ein bißchen in die Luft und legte dabei ein schwarzes Ei. Und nun kitzelte jedes Kind einmal an der verkehrten Stelle. Und jedesmal legte der Hahnepeter ein schwarzes Ei. Und da es 13 Kinder waren, so legte er 13 Eier. Und dabei bemerkten es die Kinder, daß er hinten eine richtige Schraube hatte und einen richtigen

PROPELLER.

WENN WO NE
SCHRAUBE IST
MUSS MAN AUCH
DRAN DREHEN.

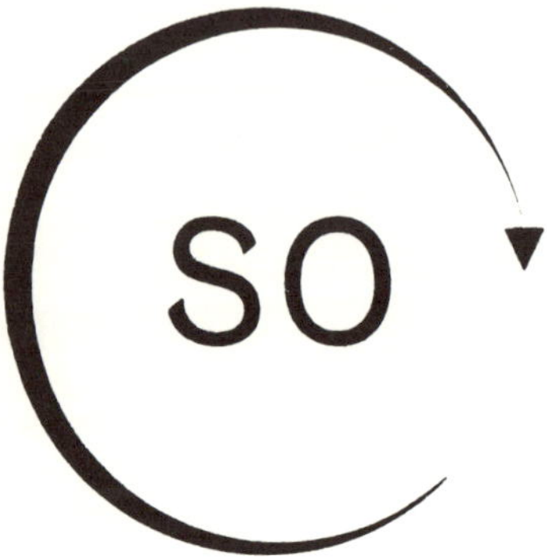

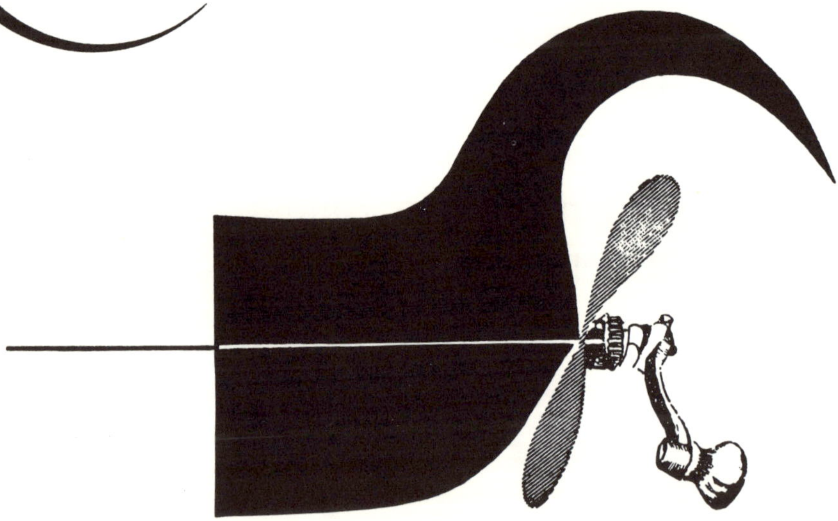

drehte Hahnemann an der Schraube 3 MAL rum, nachdem er die Mutter gefragt hatte, wie rum man drehen müßte. Die Mutter aber sagte, man müßte rechtsrum drehen. Und als Hahnemann dreimal rumdrehte, tanzte der Hahnepeter wie eine Balletteuse. Darum drehte jetzt Hahnemann

6 MAL rum. Und als Hahnemann sechsmal rumdrehte, tanzte der Hahnepeter wieder und erhob sich dabei etwas in die Luft. Darum drehte jetzt Hahnemann

9 MAL rum. Und als Hahnemann neunmal rumdrehte, flog der Hahnepeter ganz hoch und sang dazu, wie wenn der Vater Violine spielt. Darum drehte Hahnemann jetzt

13 MAL RUM AUF.

UND ALS HAHNEMANN DREIZEHNMAL RUMdrehte, flog der Hahnepeter ganz hoch, ganz schnell, noch schneller, noch viel schneller und sang dazu noch viel schöner, als wenn der Vater Violine spielt,

UND FLOG HÖHER

UND HÖHER

UND KAM ÜBERHAUPT NICHT

WIEDER HERUNTER.

9

Die Kinder sahen hinter dem Hahnepeter her, sahen sich gegenseitig an und machten betrübte und erstaunte kleine Gesichter. Manche lachten vor Schreck, und HAHNEMANN mußte sogar weinen.

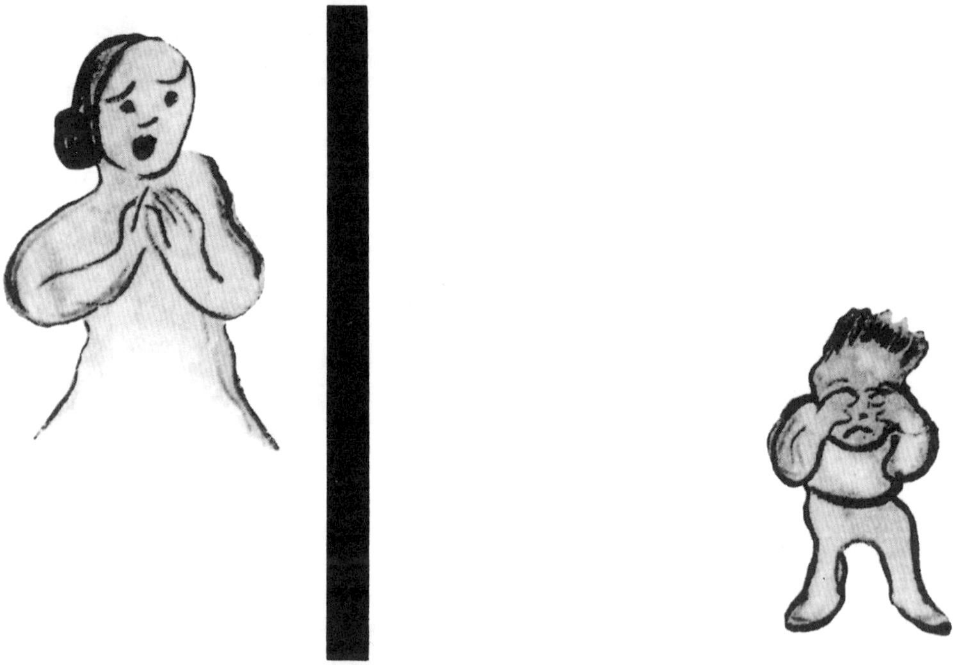

Aber der Hahnepeter kam nicht wieder. Und da kam gerade die Mutter dazu und hörte die ganze Bescherung und tröstete die Kinder und sagte, sie hätten ja noch die vielen Eier, die Hahnepeter gelegt hatte. Und jedes Kind bekam ein Ei, welches fast genau so ähnlich aussah, wie das Ei, aus dem der Hahnepeter herausgekommen war.

10

Der Paradiesvogel.

Auf Hahnemanns Fensterbank wuchs unter vielen Blumen und Stachelgewächsen, die Hahnemann gehörten, auch eine Blume, die so groß wie ein Teller war. Unter diese Blume legte Hahnemann sein Hahnepeter-Ei und pflegte es jeden Tag zweimal eine Viertelstunde. Da senkte die Blume ihren Kopf, der so groß war wie ein Teller, und deckte damit das Ei zu. Zuerst fürchtete Hahnemann, die Blume wolle gar das Ei fressen, aber die Blume fraß das Ei gar nicht, sondern brütete es aus mit ihrem lieben Angesicht. Und plötzlich kam ein richtiger Paradiesvogel aus dem Ei gekrochen, der der Blume sehr ähnlich war und so aussah, als ob er immer zwischen Palmen und Stachelpflanzen gelebt hätte. Der war sehr bunt und hatte schrecklich lange Federn am Schwanz, so daß er durchaus nicht auf der Erde sitzen konnte. Darum flog er immer im Zimmer umher und wurde am Ende so zutraulich, daß er Hahnemann aus der Hand fraß

UND ÜBERHAUPT ____________

und ging sogar mit Hahnemann spazieren, und alle Kinder freuten sich, wenn er so neben ihm flog. Aber einmal, als sie ausgegangen waren, kam der Paradiesvogel nicht wieder nach Hause, sondern flog weit übers Meer nach einer kleinen Insel, wo außer Adam und Eva noch nie ein lebender Mensch gewesen war: INS PARADIES. Da setzte er sich in der Mitte auf einen Apfelbaum und dachte vielleicht gar nicht mehr an Hahnemann.

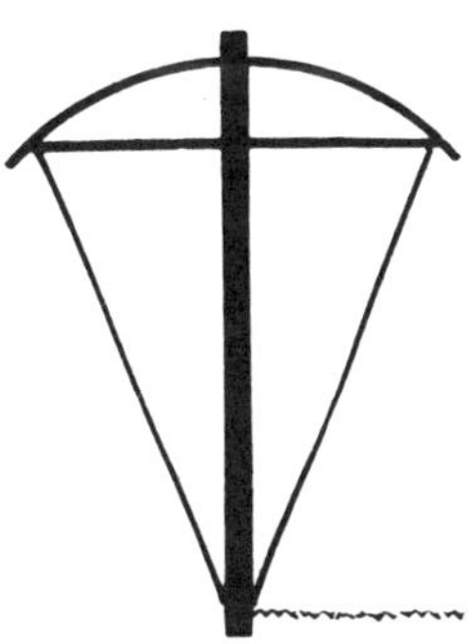

Aber Hahnemann war sehr traurig, daß der Paradiesvogel nun fort war, und weil er ihn sehr entbehrte und keine Eier vom Hahnepeter mehr hatte, wollte er sich einen neuen bauen. Darum nahm Hahnemann zwei Stäbe, nagelte sie über Kreuz zusammen und überklebte sie mit buntem Papier, genau wie einen Drachen. Hinten hängte er einen Schweif dran, genau wie einen Drachenschwanz, der ebenso bunt war wie der vom Paradiesvogel. Nun ließ er draußen seinen Drachen fliegen, und wie der ganz hoch gestiegen war, da zog er Hahnemann mit in die Luft. Erst gings über die Häuser, und Hahnemann konnte in die Schornsteine hineinsehen und sah, was die Leute heute für Essen kochten, dann immer höher und höher, über die höchsten Berge, dann immer weiter und weiter, quer über das Meer, und Hahnemann sah viele Schiffe mit großen Segeln und schwarzen Schornsteinen, und dabei wurde es langsam immer wärmer und wärmer. Bei der Wärme senkte sich der Drachen nieder, so daß Hahnemann dicht über dem Meere schleppte, bis er endlich ganz sanft auf einer ihm unbekannten Insel gelandet wurde. Jetzt ließ er den Drachen los, und wie der merkte, daß keiner mehr an seinem Seile hing, da stürzte er sich ins Meer, wo es am tiefsten war. Nun saß Hahnemann auf der kleinen Insel. Er ging schnell rund herum und auch schnell kreuz und quer, denn größer war sie im Augenblick nicht. Es waren viele wilde Tiere da, aber Hahnemann erschreckte sich kein Bischen, weil sie lange nicht so wild aussahen, wie die im Zoologischen Garten. Sie fraßen sich auch nicht gegenseitig, sondern waren alle Freunde, und da merkte es Hahnemann:

DIESE INSEL WAR DAS PARADIES.

Sämtliche Tiere lebten hier ausschließlich von Pflanzen, die Löwen fraßen Zwetschen und Salat, im Höchstfalle einmal weichgekochte Eier, und die Schlangen gingen Äpfel kauend auf den Birnbäumen spazieren. Und plötzlich fand Hahnemann zwischen Elefanten und Dromedaren seinen Paradiesvogel wieder. Der tat ganz als wenn er hier zu Hause wäre und zeigte Hahnemann, wo man Schokolade und Apfelsinen finden kann. Es gab eine ganze Menge Schokolade im Paradiese, und es gab überhaupt alles da: ROLLER, HOLLÄNDER, RINGELSPIELE, APFELKUCHEN, RUSSISCHE SCHAUKELN, ZAUBERER, HAMPELMÄNNER, SCHLAGSAHNE, MOTORSEGELBOOTE, KASPERLETHEATER, UNTERGRUND- UND HOCHBAHNEN, RADIO UND ROTE AUTOS. – Das alles konnte Hahnemann benutzen, wenn er wollte. Darum bat er um einen Löffel voll Lebertran, weil der Onkel Doktor ihm den verordnet hatte, und wegen der Schokolade, die er hinterher essen durfte.

12

Da kam plötzlich der gute alte HAHNEPETER anspaziert, die treue Seele. Und neben ihm gingen, o Wunder, zur Rechten die bekanntesten HIPPOLOGEN und SCHULREITER, zur Linken Herr Alfred UNGEFLOCHTEN, den 10. Jahrgang des „Normalschnitts" unter dem Arm.

Plötzlich fragte der Onkel Ungeflochten, ob Hahnemann wohl gern mal einige Schulsprünge von den Lippizaner Hengsten sehen wollte. O ja, sehr gerne wollte Hahnemann die Schulsprünge sehen, und da kamen auch schon von allen Seiten die gesattelten Lippizaner, und die Herren Hippologen, Schulreiter und Ungeflochten schwangen sich auf dieselben. Das Paradies nahm teilweise die Gestalt der Wiener Hofreitschule an, bester österreichischer Barockstil, nach dem Entwurf des bekannten Hofarchitekten Fischer von Erlach. Und nun trat der alte PLUVINEL ein, der Reitlehrer Ludwig des

Dreizehnten, und fragte sofort, ob der kleine Hahnemann wohl auch gern mal reiten lernen wollte. O ja, sehr gerne wollte Hahnemann reiten lernen, aber da sagte Onkel Ungeflochten, da müßte er die schönen Schulsprünge erst alle mal sehen. Und nun setzte sich der alte Pluvinel neben ihn und erklärte ihm alles, wie er überhaupt später Hahnemanns bester Freund geworden ist. „Sieh her," sagte er, „voilà eine herrliche Capriole. Dieser Hengst hier geht im spanischen Schritt . . mais voilà une levade, was jetzt Herr Ungeflochten macht."

13

Der kleine Hahnemann wollte immer noch mehr sehen, so schön sprangen und schritten die Hengste, aber da sagte der Onkel Pluvinel, nun müßte er selbst erstmal reiten lernen. Weil er aber so klein war, setzte man ihn auf einen sehr kleinen zahmen Esel. Das sah sehr drollig aus neben den großen Lippizaner Hengsten mit den langen Beinen und dem kurzen gedrungenen Körper, die ihren Kopf so stolz trugen. Aber Hahnemann wollte ja auch gar nicht Hohe Schule reiten, es genügte ihm, wenn er nur überhaupt reiten konnte. Und plötzlich bockte der kleine graue Esel und wollte durchaus nicht vorwärts, soviel ihn Hahnemann auch verprügelte, und hätte ihn beinahe sogar abgeworfen. Da kam aber auch schon Onkel Pluvinel, sein Freund, und sagte ihm, daß das Prügeln bei der Dressur von Tieren sehr vorsichtig angewandt werden müsse, das hätte er im „Normalschnitt" gelesen, MEISTENS HELFE GUTES ZUREDEN ODER EIN STÜCKCHEN ZUCKER BEDEUTEND BESSER. „Die Gerte," sagte er, „dient lediglich dazu, den mit anfühlender Aufmerksamkeit den Gang im Gleichgewicht haltenden Schenkel des Reiters zu unterstützen." Aber der Esel war nun verbiestert und wollte absolut nicht weiter. Da mußte Hahnemann fürchterlich weinen und wollte nun wieder nach Hause. Aber der Drachen war doch ins Meer gefallen, und da sagte der alte Pluvinel, so leicht würde das nicht gehen, daß er nach Hause zurückkäme,

DENN MAN KÖNNTE NUR ENTWEDER ZU HAUSE ODER IM PARADIESE SEIN.

Beides ginge nicht und wäre noch keinem Menschen gelungen. Aber da wollte der kleine Hahnemann doch wenigstens seiner geliebten Mutter Nachricht geben, wie schön er es hier hätte. Da sagte der alte Pluvinel, man müsse zu diesem Zweck den Paradiesvogel als Brieftaube dressieren, daß der seiner Mutter schöne Briefe brächte. O ja, sagte Hahnemann, das wäre schön. Und nun wurde der Paradiesvogel dressiert, zuerst an der Longe, genau wie die Lippizaner Hengste, und als er fertig dressiert war, ging Hahnemann zu Onkel Ungeflochten, weil der doch am besten schreiben konnte, und diktierte ihm einen langen Brief an seine Mutter:

LIEBE, BESTE MAMA!

Du denkst gewiß, ich bin fort und denke gar nicht mehr an Dich, aber nein, ich käme sogar ganz gerne zurück, aber das geht nicht, denn ich bin im Paradiese und der Drachen, der mich hergebracht hat, ist doch ins Meer gefallen und Hahnepeter ist auch hier, weil der hierhergehört und der Paradiesvogel, den ich mit Onkel Pluvinel als Brieftaube abgerichtet habe, auch, und Onkel Ungeflochten auch, der so gut schreiben kann, wie du aus diesem Briefe siehst. Soeben spielt die Paradieser Kurkapelle das Weserlied von Onkel Richard Wagner: „HIER HAB ICH SO MANCHES LIEBE MAL MIT MEINER LAUTE GESESSEN", und ich denke, daß dies hier Helgoland wäre. Aber im Paradiese ist das ganz anders, WENN DU ERST EINMAL DRIN BIST, KANNST DU SOBALD NICHT WIEDER HERAUS. Onkel Pluvinel sagt, eins könnte man nur: ENTWEDER ZU HAUSE SEIN ODER IM PARADIESE. Nun schreib Du mir auch bald, weil ich nicht zurück kann, und steck den Brief auch nicht in den Briefkasten, sondern gib ihn dem Paradiesvogel mit, weil wir hier keine Briefboten noch nicht haben. Und nun habe ich nur noch einen großen, großen Wunsch, nämlich, daß es Dir gut geht.

Nun Schluß und Gruß und Kuß

Dein

HAHNEMANN.

Die Mutter saß gerade in der Küche und putzte Steckrüben, als es ans Fenster klopfte, und der Paradiesvogel draußen war. Nein, diese Überraschung! Die Mutter kam von einem Schreck in den anderen. Erst erkannte sie den Paradiesvogel wieder. Dann sah sie plötzlich den dicken Brief, und als sie ihn las, wie freute sie sich da, daß er von ihrem lieben kleinen Hahnemann war. Nein, diese Überraschung! Die Mutter weinte richtig vor Freude und Leid, sie wußte es gar nicht weshalb alles, und schließlich wurde sie ganz schrecklich traurig, weil sie doch gar nicht zu Hahnemann konnte, als sie es las, daß Onkel Pluvinel gesagt hätte: „EINERWÄRTS KANN DER MENSCH NUR SEIN, ENTWEDER ZU HAUSE ODER IM PARADIESE!" Denn selbst wenn sie den Weg gewußt hätte, so hätte sie doch das gute Väterchen nicht verlassen können. Aber sie tröstete sich doch, daß Hahnemann noch lebte und es so gut hatte im Paradiese bei Onkel Ungeflochten und Onkel Pluvinel, und schrieb ihm einen langen Brief, den der Paradiesvogel ihm brachte, in dem unter anderem stand, daß er sich auch im Paradies immer schön die Hände vor dem Essen waschen sollte und nicht vergessen dürfte bei schlechtem Wetter den Mantel und die Gummischuhe anzuziehen. Und nun flog der Paradiesvogel alle acht Tage hin und her und brachte Briefe hin und her.

UND HAHNEMANN LERNTE INZWISCHEN DAS REITEN.

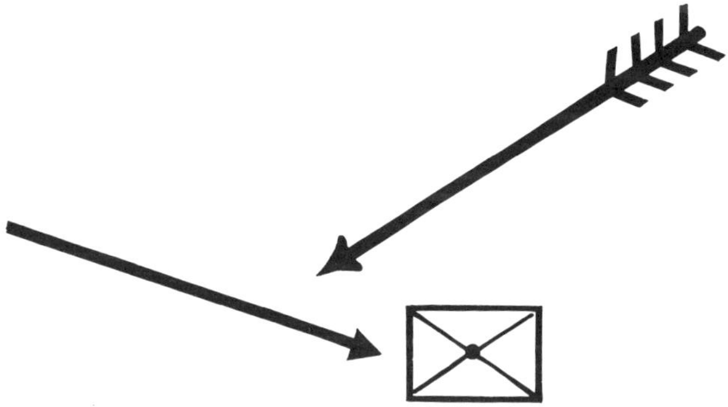

17

Das Paradies auf der Wiese.

Ihr wißt alle, daß alle Freunde Hahnemanns ein Ei vom Hahnepeter bekommen hatten, und als nun Hahnemann immer Briefe aus dem Paradiese schickte, da wollten auch alle gern ins Paradies. Darum gingen sie zu Hahnemanns Mutter und fragten sie, wie es denn Hahnemann seinerzeit gemacht hätte. Die Blume, die so hell war wie ein Katzenauge in der Nacht, war ja nun tot, weil sie offenbar aus Kummer über Hahnemanns Abwesenheit gestorben war. Ihre Zweige hingen schlaff herab. Oder ob sie beim Ausbrüten gestorben war? Vielleicht mußten alle sterben, die Hahnepetereier ausbrüten wollten. Ob nun die anderen Blumen solche Eier ausbrüten könnten, wußte niemand. Aber Hahnemann ließ durch Onkel Ungeflochten zurückschreiben: „. . . selbst Onkel Pluvinel, ja sogar Onkel Ungeflochten selbst wissen es nicht, wer dort die Eier vom Hahnepeter ausbrüten kann. Und Onkel Gustav, den Ihr noch nicht kennt, sagt, wer Eier ausbrütete, müßte sterben, ob das eine Blume oder eine Mücke wäre . . .," da waren alle Kinder sehr traurig und gingen mit ihren Eiern nach Hause. Daß aber eine Mücke ein so großes Ei ausbrüten könnte, glaubte niemand. Und sie verwahrten die Eier gut, denn einmal würde doch vielleicht einer die Eier ausbrüten kommen.

Nun war da ein kleiner Bube, und der hieß ERNST. Und Ernst sagte, er wollte schon ins Paradies hinein, selbst auch ohne Paradiesvogel; ja, er wüßte sogar hinzufinden, es wäre gar nicht so weit. Anfangs wollte es ihm keiner glauben, aber er sagte es so lange, bis die Mutter mitging. Da wollten alle Kinder auch mit, aber Ernst

wollte außer der kleinen Else niemand mitnehmen, denn Else war ein besonders feines Kind, war groß und schlank und hatte überall Schleifchen, wo sie hinpaßten und wo nicht, und ihre Zöpfe waren ganz dünn und lang und sahen wie auf Draht gezogen aus, darum mochte Ernst sie auch so gern leiden. Und nun gingen die drei los, Ernst, seine Mutter und Else. Ernst sagte, es wäre ganz nah, eben den Feldweg am Hause hinunter. Und plötzlich sagte Ernst: „Hier müssen wir durch, denn hier ist die Pforte des Paradieses." „Ja, das ist ja eine ganz gewöhnliche Pforte von einer Kuhweide," sagte die Mutter. „Schrei doch nicht so," sagte Ernst, „das täuscht, das sieht bloß so aus, hier müssen wir trotzdem durch." „Aber ich zerreiße mir mein Kleid am Stacheldraht," sagte Else, „ich muß draußen bleiben;" aber Ernst beruhigte sie, das wäre kein Stacheldraht, sondern das gäbe es im Paradiese nicht. Das wären nämlich alles Guirlanden wie beim Sängerfest. Und nun gingen die drei durch die Tür mit den Guirlanden wie beim Sängerfest auf die große Wiese, und Ernst sagte: „Hier sind wir nun mitten im Paradiese. Seht doch nur den Himmel an, das pure Gold!" „Und nun habe ich in einen Kuhklack hineingetreten," sagte Else. Aber Ernst beruhigte sie, das wäre kein gewöhnlicher Kuhklack, das wäre nämlich reiner Honigpudding. Aber sie sollte ja nicht zuviel davon essen, denn es gäbe noch viel was Besseres im Paradiese, noch viel was Besseres. Und nun zeigte Ernst die prachtvollen Blumen und sagte: „Habt Ihr überhaupt schon jemals so schöne Blumen gesehen?" „Aber das sind ja ganz gemeine Kuhblumen," sagte die Mutter. Aber jetzt zeigte Ernst ihnen die Lippizaner Hengste, von denen Hahnemann immer in seinen Briefen geschrieben hatte. „Aber das sind doch Kühe," sagten wie aus einem Munde die Mutter und Else. „Nein," sagte Ernst, „da kommt ja auch schon Onkel Pluvinel." „Nein, nein," sagte die Mutter, „du irrst. Das ist der Bauer, der die Kühe von seiner Wiese heimtreiben will." „Nein, nein," sagte Ernst, „siehst du denn nicht seine weiße Locken-Perücke, genau wie Onkel Pluvinel?" Aber die

Mutter sagte: „Kommt nur schnell, Kinder, denn der Bauer kommt über die Wiese direkt auf uns zu, und man kann nicht wissen, was er will.“ „Ach was,“ sagte Ernst, „der geht nicht auf uns zu, der geht doch auf die Lippizaner Hengste zu, der will die Lippizaner doch dressieren. Seht Ihr denn nicht, er hat doch schon die Longe in der Hand.“ „Ja, Tante,“ sagte Else, „er geht nach den Kühen.“

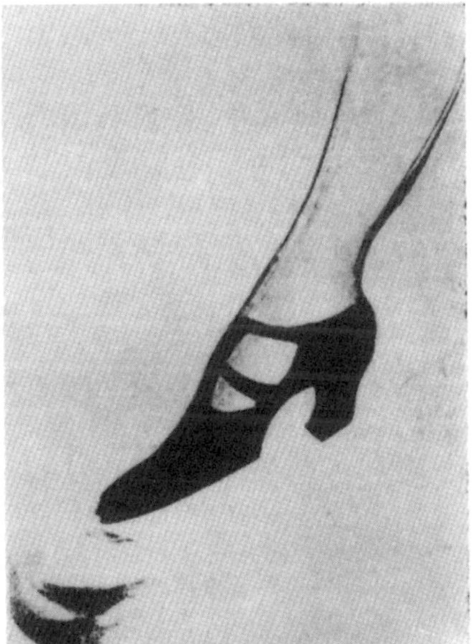

„UND JETZT HABE ICH AUCH IN EINEN KUHKLACK GETRETEN,“ sagte die Mama. Und tatsächlich hatte sie mitten hineingetreten in einen ziemlich großen Kuhklack. Und darum wollte sie es überhaupt nicht mehr glauben, daß dies das Paradies wäre. Aber Ernst sagte es so bestimmt, daß es doch und doch das Paradies wäre, denn sonst hätte er es doch gar nicht gesagt.

Und nun begann auch schon die Dressur, und Else sagte: „Das ist ja gar keine Longe, die Onkel Pluvinel da hat. Das ist ja eine Peitsche.“ Und Onkel Pluvinel schlug mit der Longe in die Luft, daß es laut knallte. Und Ernst sagte, daß es doch und doch eine Longe wäre. Und wie nun die Dressur weiter ging, da bäumte sich der Lippizaner Hengst hinten und vorne und schlug mit seinem Schwanze Rad und hopste hin und hopste her, ganz anderst, als das sonst die Lippizaner Hengste zu tun pflegen. Und plötzlich sagte Ernst: „Da kommt auch schon Onkel Ungeflochten und sieht zu, weil das hier doch 'ne Pferdedressur ist." „Aber das ist doch ein Bauernknecht," sagte die Mutter, „und der will helfen, weil die Kuh doch so störrisch ist." Aber Ernst wollte das nicht zugeben, weil das doch Onkel Ungeflochten war, und sagte, daß das doch Onkel Ungeflochten wäre, denn wie hätte er denn sonst den Normalschnitt unter dem Arm haben können. „I wo," sagte die Mutter, „das ist doch kein Normalschnitt, das ist doch ein Maulkorb für die störrische Kuh, damit sie nicht beißen kann und besser mitgeht, wohin sie soll." Aber Ernst sagte, daß das doch und doch der Normalschnitt wäre, denn wie sollte dies sonst wohl das Paradies sein. Und da war die Mutter schon wieder in einen Kuhklack getreten. Und jetzt trat sogar Ernst selbst hinein. Aber er tat nicht als ob und ging mutig durch dick und dünn, auf die Lippizaner Hengste zu.

DIE EINE STÖRRISCHE KUH ABER, WIE SIE ERNST ANKOMMEN SAH, HOB SIE IHREN SCHWANZ SENKRECHT HOCH, WIE BEI EINEM STIERKAMPF IN SPANIEN, SENKTE IHR GEWEIH UND KAM MIT GESENKTEM GEHÖRN UND EINEM ENTSETZLICHEN

MUH

AUF ERNST ZU.

Ernst, wie er das sah und hörte, kehrte er direkt um, und zwar genau entgegengesetzt und lief wie er in seinem Leben noch nicht gelaufen war, und zwar hinaus aus der Pforte des Paradieses mit den Guirlanden, die Kuh immer hinterher. Und das hatte er nun davon. Und draußen drehte er sich nach der Kuh um und sagte: „WIR SPIELEN JA NUR PARADIES, ALTE BIESTIGE KUH DU, ICH WEISS JA GANZ GENAU, DASS DU KEIN LIPPIZANER HENGST BIST." Die Kuh aber brüllte fürchterlich und lief immer gradeaus, wie das wildgewordene Kühe immer tun, und da nun Ernst im Bogen gelaufen war, so lief die

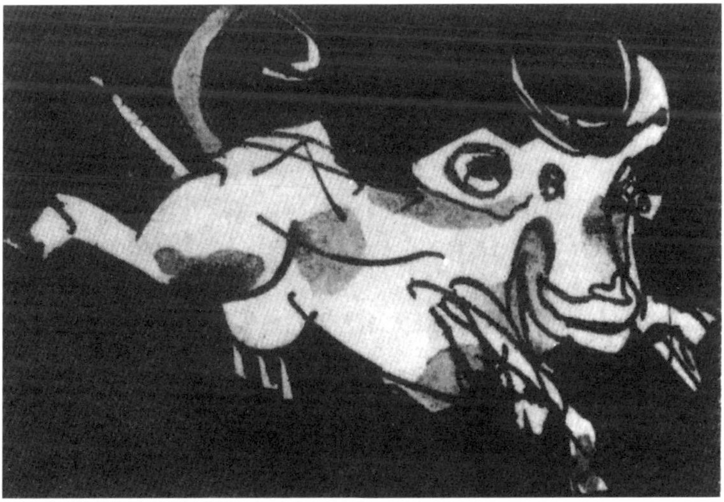

Kuh direkt gegen das Gitter und fiel mit einem großen Bums auf die Seite. Und nun sah Ernst von draußen seine Mama und Else, die noch immer mitten im Paradiese standen, und rief ihnen aus Leibeskräften zu:

„DAS IST JA GAR NICHT DAS PARADIES, KOMMT DOCH RAUS, SONST STÖSST EUCH NÄMLICH DIE KUH, ICH HABE MICH NÄMLICH VORHIN GEIRRT." Nun rief aber die Mutter zurück, sie glaubte es nicht, daß er sich vorher geirrt hätte, denn dieses wäre doch das Paradies, er sollte nur wieder hereinkommen, denn sonst könnte doch nicht Onkel Pluvinel mit der

Longe da sein. „Aber kannst du denn nicht sehen," rief Ernst, „das ist doch der Bauer mit der Peitsche." „Aber nun kommt auch noch Onkel Ungeflochten mit dem Normalschnitt unter dem Arm," sagte die Mutter. „Aber nein," sagte Ernst, „das ist doch der Bauernknecht mit dem Maulkorb für das Biest von Kuh, die mich eben beinahe gestoßen hätte, — ach Gott, ach Gott. Nun glaubt mir doch nur einmal und kommt, ich rege mich hier sonst noch tot vor Angst, ach Gott, ach Gott." Und nun kam die Mama mit Else und sagte, wenn Ernst sonst ängsterlich würde, dann wollte sie doch lieber herauskommen aus dem Paradiese, so schade es an sich auch wäre, aber

WER EINMAL LÜGT

DEM GLAUBT MAN NICHT

UND WENN ER AUCH

DIE WAHRHEIT SPRICHT.

Da sagte Ernst: „Ich habe ja gar nicht gelogen, ich habe mich nur geerrt.“ Aber Else zippte ihn aus und sagte:

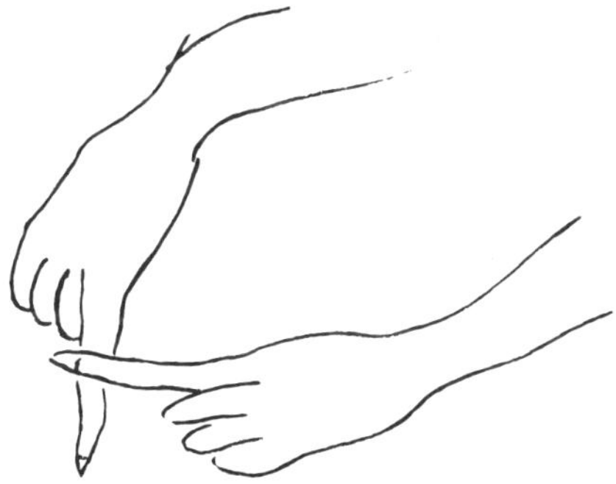

PFUI!

HAT GELOGEN
HAT BETROGEN
HAT DIE KUH AM SCHWANZ GEZOGEN.

A b e r

das letzte Wort blieb ihr im Halse stecken, denn in dem Augenblick stach sie eine ganz gewöhnliche kleine Stechmücke hinten im Nacken, grade an die Stelle, wo sie mit beiden Händen nicht hin konnte, und stach so feste, daß Else laut schreien mußte. Die Mama von Ernst wollte die freche Mücke gleich fortjagen, aber da sagte Ernst: „HALT, jetzt lüge ich aber nicht wieder. Nimm nur die Mücke nicht weg, ich weiß es ganz genau, diese Mücke, die aus der Paradieswiese kommt, kann mein Hahnepeter-Ei ausbrüten." Und er sagte das so bestimmt und richtig, daß Else sich den Schmerz verbiß, zumal da es nun sowieso nicht mehr weh tat, und daß die Mutter die Mücke sitzen ließ. Da sog die Mücke sich dick und rot und saß noch da, als die drei zu Hause ankamen.

Ernst holte sofort sein Hahnepeter-Ei, und wie die Mücke das sah, setzte sie sich sofort auf das Ei und blieb sitzen. Nun glaubten es alle, daß die Mücke das Ei würde ausbrüten können. Ernst stellte das Ei mit der Mücke auf die Fensterbank zwischen alle Blumen, und die kleine Mücke brütete dreizehn Tage lang. Man sollte es kaum glauben, daß eine so kleine Mücke überhaupt ein so großes

Ei ausbrüten kann, ABER BEI WUNDERN IST EBEN ALLES WUNDERBAR. Ernst hielt jeden Tag seine Hand der Mücke einmal hin, und die Mücke setzte sich eben darauf, stach ihn und trank sich satt. Dann flog sie aber sofort wieder auf das Ei und brütete es weiter. Die Kinder aber kamen jeden Tag und beobachteten das Ei. Die allgemeine Aufregung wuchs von Stunde zu Stunde, was wohl aus diesem Ei herauskommen würde, und nach dreizehn Tagen kamen alle Freunde und noch andere Kinder und stellten sich rund um das Ei, und die Mücke sah sie alle an vom einen zum anderen. Und plötzlich ging es

KLING KLING KLING
KLING KLING KLING
KLING KLING KLING
Die Eierschale zerfiel zu Asche,
und die arme Mücke fiel tot um,

und aus dem Ei kamen Tausende von kleinen Mücken hervor, die hin- und herflogen und wie die Zugvögel große Buchstaben und Figuren bildeten. Man konnte sie deutlich sehen, denn jede Mücke hatte einen kleinen roten im Dunkeln leuchtenden Kopf, wie ganz kleine elektrische Glühlämpchen. Das war wunderbar anzusehen. Mal tanzten sie den Kopf von Alfred Flechtheim, Hindenburg, dem alten Fritz (Friederikus Rex), Jackie Coogan oder Richard Wagner im Profil, mal war es eine Blume, z. B. Riwiesel oder Ograusel, oder ein modernes Auto in Tropfenform, und endlich ein Flugzeug mit einem bequem gepolsterten Sitz.

DAS WAR EIN HALLO!

Kaum aber hatte Ernst das Flugzeug gesehen, als er auch schon einstieg, und ehe er es sich versah, flog das Mückenflugzeug durchs Fenster, und höher und höher, und weg und weg, und Ernst mit und mit. Und er hatte ganz vergessen, sich ein Butterbrot mitzunehmen. Die Kinder aber standen am Fenster und winkten und winkten, und Ernst flog im Flugzeug immer weiter und weiter, erst quer über die Wiese mit den Kuhklacken, bis er im wirklichen Paradiese ankam. Da kam auch schon Onkel Pluvinel und hob ihn aus dem Flugzeuge heraus. Kaum aber war Ernst draußen, da flogen alle Mücken auseinander und im Paradiese umher, und war kein Flugzeug mehr da.

Und nun lernte Ernst den wirklichen Geheimrat Ungeflochten kennen. Seine Freude war so groß, daß er die Tränen tapfer hinunterwürgen mußte. Pluvinel stellte vor, indem er sagte: „Lieber Herr Ungeflochten, darf ich Ihnen vielleicht den kleinen Ernst vorstellen?" Und mit einer Handbewegung: „Herr Geheimrat Ungeflochten."

MAN MUSS NÄMLICH IMMER DEN JÜNGEREN DEM ÄLTEREN VORSTELLEN, DEN GERINGEREN DEM VON HÖHEREM RANG, UND WENN EINE DAME DABEI IST, STETS DEN HERRN DER DAME.

So ist es bei uns auf der Erde, und so ist es ERST RECHT oben im Paradiese. Man nennt das Sitte. Nur sind die Sitten oben im Paradiese viel mehr Gewohnheit, als bei uns auf der Erde, und Allgemeingut aller Gebildeten geworden. Sie sind so selbstverständlich, daß es keiner dort mehr falsch macht, denn jeder Lapsus, so nennt man das nämlich im Paradiese, rächt sich dort, und zwar auf dem Fuße. Und Ernst erzählte nun, daß er zu Hause auch ein Paradies hätte, das wäre viel schöner, man ginge nur eben den Feldweg am Hause hinunter, dann stände man vor der Türe des Paradieses. Aber da merkte Ernst schon, daß er einen Lapsus begangen hatte, denn Onkel Ungeflochten wurde sehr ernst und sagte:

„DU LÜGST

28

DAS KANN ICH SEHEN, DU LÜGST!“

„Wieso kannst du das denn sehen?“ fragte Ernst ganz schüchtern. „Weil du rauchst. Im Paradiese rauchen nämlich alle Leute, wenn sie lügen.“ Und das ist wahr. Für jedes Vergehen gibt es im Pardiese eine Strafe, und zwar sofort. Und darum passiert im Paradiese so selten was Böses, weil jedes Böse sich sofort selbst bestraft. Und zwar auf dem

Fuße. WIE SCHÖN WÄRE ES DOCH, WENN WIR AUF DER ERDE DOCH AUCH SOLCHE ZUSTÄNDE HÄTTEN.

Und da sagte Ernst: „Wir spielen das ja auch nur. In Wirklichkeit ist es eine häßliche Kuhwiese mit vielen häßlichen Kuhklacken, in die man so leicht hineintreten kann, aber unser Lippizaner Hengst . . . ," und da merkte er es selbst schon, daß er rauchte, „ich meine unsere Lippizaner Kuh geht Hohe Schule," er rauchte schon wieder, „ich meine unsere Lippizaner Kuh, das Biest, die läuft auf einen zu und sagt Muh, wie im spanischen Stierkampf. Das hört sich ganz schrecklich an. Die Mama ist ausgerissen, ich aber . . . ," und wie er das sagte, wurde der Rauch so dick, daß er Onkel Ungeflochten überhaupt nicht mehr sehen konnte. Und deshalb erzählte er nicht mehr weiter.

Und wie der Rauch sich allmählich gelegt hatte, da stand Hahnemann neben ihm und schüttelte ihm die Hand. Der freute sich mächtig, daß Ernst nun auch im Paradiese war, und fragte, wie er denn hergekommen wäre. „Ganz einfach," sagte

Ernst, „die Mücken haben mich hierher getragen," und dabei sah er sich um, ob er wohl nicht wieder rauchte. Aber er rauchte nicht, denn er hatte ja die blanke Wahrheit gesagt. „Und wo sind denn nun die Mücken?" fragte Hahnemann. „Alle zusammen weggeflogen." Aber in dem Moment kamen sie auch schon alle zurück mit ihren leuchtenden Köpfchen und flogen Hahnemann Figuren vor, und alle ergötzten sich. Erst tanzten sie alle Köpfe: Bismarck, Blümner, alle mit

B **B** **b**

Und da sagte Herr Geheimrat Ungeflochten: „Gut und schön, ganz possierlich anzusehen, aber keine Hohe Schule, hat mit Kunst so gut wie nichts zu tun." Und er befahl, seine Lippizaner Hengste zu satteln. Da bildeten plötzlich die Mücken die Figur eines edlen Pferdes und vollführten in dieser Gestalt so viele herrliche Kapriolen, daß das ganze Paradies schließlich zusah, Löwen und Elefanten, Nashörner und Gänse, Heuschrecken und Schleierschwänze, Pluvinel und Ungeflochten, und sogar die echten gesattelten Lippizaner Hengste selbst sahen zu und klatschten Beifall.

Und Hahnemann diktierte Onkel Ungeflochten einen langen Brief an seine Mutter, daß es noch nie so zwanglos und nett im Paradiese gewesen wäre, wie heute, und dann forderte er zum Schluß alle Kinder auf, auch hierher ins Paradies zu kommen. Wenigstens die, welche Eier vom Hahnepeter hätten.

Merfüsermär

Es war da auch ein kleines armes Kind namens Hertha aus der Stadt Wien, weil Wien nach dem Weltkriege eine arme Stadt war. Diese kleine Hertha hatte auch ein Ei vom alten Hahnepeter bekommen, weil sie zufällig auch mit bei Hahnemanns gewesen war, als Hahnepeter seinerzeit seine 13 Eier legte. Sie war so arm, daß sie nicht das Geld hatte, sich das Ei ausbrüten zu lassen, und sie hatte auch keine Beziehungen, etwa, daß die Mücken oder Fliegen das Ei ausgebrütet hätten. Sie hatte noch nicht einmal Blumen. Da sie das Ei aber doch gerne ausgebrütet haben wollte, so nahm sie es in die Hand. Ihr müßt Euch das nur einmal vorstellen, was es bedeutet, solch ein Ei 13 Tage und 13 Nächte in der Hand zu halten, ohne es zu zerdrücken. Und Hertha, das arme Kind, brachte dieses Wunder fertig. 13 Tage und 13 Nächte hielt sie das Hahnepeterei in der Hand, und wenn die Eihand lahm geworden war, legte sie es in die andere. Das Ei wurde ganz weich von dem vielen Anfassen, und die arme Hertha drückte ihre dürren Fingerchen darin ab. Und nach 13 Tagen, als sie so daran herumknetete, wurde die Masse plötzlich dehnbar, zog lange Fäden, wirbelte sich auf, wurde größer und größer und nahm die vollständig unsichtbare Form eines Trianeders an. Ihr könnt alle Lexika durchblättern, Ihr findet nicht einmal den Namen eines Trianeders dort verzeichnet, denn es ist ein Vehikel, wie es nur in der Dimension des Mars vorkommt. Man kann damit nicht auf den Straßen, auf oder unter Wasser fahren, auch nicht in der Luft, sondern am besten fährt es, wo keine Luft ist. Die Marser, d. h. die Untertanen der Dimension des Mars, benutzen es viel zum Reisen im Äther des Weltenraumes. Denn die sind sehr reiselustig, weil sie von den Engländern abstammen. Wir können sie nicht sehen, denn sie leben in der vierten Dimension. Sie selbst sehen aber alles, d. h. sich selbst sehen sie auch nicht. Sie leben in der gesamten Einflußsphäre des Mars, also auch teilweise auf Erde, Mond oder Pfiffikon. Vielleicht treiben sie ihre Kurzweil mit uns, und wir, die in der dritten Dimension leben, merken nicht einmal etwas davon. Auch Hertha merkte das Trianeder nicht, welches sie ausgebrütet hatte, bis sie plötzlich durch ein Parafi berührt wurde.

Durch Berühren mit dem Parafi an dem sogenannten Blitzableiter, oder wie man es in anderen Gegenden nennt, dem Musikknochen, das heißt jenem Nervenstrang am Arme kurz unterhalb des Ellenbogens, machen die Marser ihnen genehme Menschen plötzlich marsisch, man nennt das auf der Welt: einen Schlag kriegen. Der Mensch kriegt einen Schlag, fällt um und ist eine Leiche. Das heißt nur, seine dreidimensionale Einkleidung verleicht, während die vierdimensionale Seele, das heißt die, wo nicht sauer ist, treibt ab in ihre ihr eigentümliche Vierdimensionalität. Man kann sich das als Mensch kaum vorstellen, aber die Seele bleibt, was sie war, sie wirft nur ihren Ballast ab, und ist nun plötzlich Marsier geworden. Hertha hatte anfangs gedacht, das Ei wäre ihr unter den Händen zerschmolzen, als es sich in einen Trianeder verdimensioniert hatte. Denn sie sah nur die Knetflatschen, die dabei heruntertropften. Die Seele des Hahnepetereis, die ein Trianeder war, konnte sie nicht sehen. Da machte sie einen blödsinnigen Mund, und deshalb berührte sie aus Gutmütigkeit ein zufällig vorbeireisender Marsier mit dem Parafi. Jetzt wurde sie marsisch, und man nannte sie Poldeli. Es war ein seltener Fall, daß ein junger Mensch schon einen Schlag bekommt, meist bekommen erst ältere Herrschaften Schläge, Geheimräte und so, die durch ihre Gelehrsamkeit den Marsbewohnern aufgefallen sind und die sich quasi selbst in ihre Vierdimensionalität hineingearbeitet hatten. Wenn nun aber die Dreidimensionalität bei so einem Geheimrat, der einen Schlag bekam, zu stark war, so blieb der Körper einstweilen teilweise dreidimensional und wurde teilweise marsisch. Son halber Geheimrat lebt dann im Reich des Mars, der Rest bleibt erdgebunden. Die Menschen nennen das: der Herr Geheimrat ist durch einen Schlag linksseitig gelähmt. Eines Tages aber holte sich die zweite Hälfte des Herrn Geheimrat die erste nach, und nun sagen die Menschen, die stets großes Mitgefühl füreinander haben: »Nun ist der Herr Geheimrat plötzlich durch einen plötzlichen Tod erlöst worden.« Übrigens nennen sich die Marsier selbst Merfüsier. Und solch ein Trianeder nennen sie Proun. In der vierten Dimension können die Merfüsier nicht sehen, sondern sie fehnen. Fehnen heißt Aufnehmen vierdimensionaler Wirklichkeit durch einen Sinn, der bei uns Menschen in unserer Erdgebundenheit gebunden ist. Das Dreidimensionale jedoch kann der Merfüsier sehen, hören, riechen, schmecken, fühlen, genau wie wir Menschen.

Zu jener Zeit arbeitete im Ambri-Sotto, am Südabhang des heiligen St. Gotthard, ein Mann namens Lissitzky aus Witebsk bei Moskau. Schon als Kind hatte er in seinem Wesen viel Transzendentales gehabt, indem er nur die andere Seite der Welt liebte, die metaphysische oder merfüsische. Dieser Lissitzky arbeitete an der Erfindung des Proun, das heißt, er wollte ein Fahrzeug bauen zur Überwindung des unendlichen Raumes, um neue, vorher nicht geahnte Natur zu entdecken. Und bei Lissitzky arbeitete ein Elsässer aus jener Gegend, wo sich Deutsche und Franzosen seit Jahrhunderten Gute Nacht sagen, genannt Hans Arp, ein Wißbegehrer und leidenschaftlicher Verehrer von allem Transzendentalen, und daher auch von Lissitzkys Prounen. Dieser Hans Arp konnte nicht nur im Kaffeesatz der Sterne lesen, er las sogar im Sande und las überall und las in den Prounen von Lissitzky, daß ein Bergrutsch von außergewöhnlicher Größe sich am 26. Juli 1926 bei Ambri-Sotto ereignen würde. Vierundzwanzig Stunden vorher hatte Arp an alle Journalisten der Welt telegraphiert und sie von dem Bergrutsch unterrichtet, der in 24 Stunden stattzufinden die hohe Ehre haben würde. Und tatsächlich hatte er die hohe Ehre. Und zwar genau nach 24 Stunden und zwar genau an der von Arp vorher bezeichneten Stelle und war von außergewöhnlicher Größe. Der Eindruck in der Welt war ganz ungeheuer. Man wußte nicht, ob man mehr über die Proune staunen sollte, in denen so etwas zu lesen stand, oder über den begabten Wißbegehrer, der es lesen konnte. Man unternahm Prozessionen nach Ambri-Sotto, um Arp wie einen Ichneumon zu verehren, jedoch begab sich dieser, ohne von dem weltlichen Geschrei viel Notiz zu nehmen, mittels eines ausgezeichneten Fernrohrs auf den gegenüberliegenden Berg, kroch in eine Gletscherspalte und las von dort aus, indem er halb gebückt auf der linken Hand stand, das Trümmerfeld ab, wies jegliche Nahrung und Erfrischung zurück, lehnte es sogar ab, als man ihm eine Wärmflasche bringen wollte, sondern las und las, bis er die Sprache verstand, ohne Diktionär. Und neben sich sammelte er riesige Haufen abgelesener Steine. Darauf berichtete er das Resultat an alle Journalisten, und sie erfuhren, daß ein Wesen vom Mars, ein ehemaliges Wiener Ferienkind namens Hertha Maßlieb aus Wien, 12jährig bei einer Frau Dr. Batke in Bern infolge von Schlag plötzlich verstorben wäre. Dieses Wesen sei Marsierin geworden und habe dann diesen Bergrutsch verursacht, um ihren Angehörigen damit einen Brief zu schreiben. Der Bergrutsch wurde jetzt von allen Seiten photographiert, und die Behörden forschten nach den tatsächlichen Unterlagen, wobei es sich herausstellte, daß in der Tat im Jahre 1922 ein Wiener Ferienkind namens Hertha Maßlieb bei einer Frau Dr. Batke in Bern infolge von Schlaganfall das Zeitliche gesegnet hatte. Die Überraschung unter den Journalisten war so groß, daß nun auch Frau Dr. Batke photographiert und neben den Bildern des Bergrutsches und Hans Arps in allen illustrierten Journalen abgebildet wurde, und man bat den Arp, dessen Ruhm nun Allgemeingut aller Gebildeten geworden war, um nähere Angaben über Wesen und Inhalt des Briefes. Wir haben den von Hans Arp ursprünglich in Schwyzer Dütsch überlieferten Brief folgendermaßen übersetzt und veröffentlichen ihn unter jedem Vorbehalt, einschließlich des Verfilmungsrechtes:

Liebe Mutter!
Du denkst jetzt, ich wäre vor zwei Jahren am Schlag gestorben, aber Du irrst. Denn ich bin Merfüsierin geworden. Ich wurde seinerzeit in der Schweiz geparafiet, d. h. meine materielle Hülle fiel von mir ab, und ich durchlebe den Mars und bin sehr oft bei Dir, Du merkst es nur nicht. Denn was Ihr den Mars nennt, ist bloß seine Materie, weil Ihr nur materiell

denken und aufnehmen könnt. Es ist der dreidimensionale Kern des Mars, aber Mars ist alles, wie die Erde alles ist und wie alles gleich alles ist, wenn Ihr nur wollt und nicht materiell, sondern vierdimensional denkt. Die sogenannten Kanelüren des Mars aber sind der materielle Wirbel, bei dem die konstruktive Aufteilung der ganzen Welt beginnt. Als ich ankam, wurde ich in eine Badewanne gesteckt, ich bekam riesiges Heimweh, und da entdeckte ich das Paradies, welches Ihr in Eurer Erdgebundenheit nicht finden könnt. Das Paradies liegt nämlich so günstig, daß es von Schiffen nicht erreicht werden kann, obgleich es weiter nichts ist als eine kleine Insel im Stillen Ozean. Und zwar hat man es dadurch erreicht, daß die Insel Paradies weder auf einem der graden Längengrade oder dazu parallelen Linien, noch auf einem der gebogenen Breitengrade gebaut wurde. Daher kann es weder von graden noch von gebogenen Linien erreicht werden, die Schiffe können es allenfalls am Horizonte liegen sehen, können aber nicht hinfahren, da Schiffe nur auf graden resp. gebogenen Linien fahren können. Übrigens ist die Vegetation durchaus irdisch dreidimensional im Paradiese. Es leben dort Menschen, Tiere und Pflanzen genau wie auf der Erde, nur ein wenig verweichlicht, weil es dort keinen Konkurrenzkampf gibt. Ich möchte dort für mein Leben nicht sein. Übrigens bin ich selbst dreimal so groß wie das gesamte Paradies, einschließlich Onkel Ungeflochten, Onkel Pluvinel, Onkel Gustav Pfizer, Onkel Breitensträtter und Onkel Herwie sowie Tante Rainer Maria. Ich habe auch schon mein Sonntagskleid zerrissen, übrigens reißt alles. Eine Zeit hat es hier gar nicht geregnet, und da wurde es zu wässerig. Darum habe ich viele Tränen um Euch vergossen, zu Hause ist eben zu Hause. Die Hauptnahrung der Merfüsier ist und bleibt aber, genau wie die der Schwyzer, der Milchkaffee...

Hier hörte der Brief auf, weil der Bergrutsch mittlerweile bis an das Dorf Ambri-Sotto gelangt war.

Im Paradies ereignete sich inzwischen folgender Vorfall. Hans Breitensträtter, ehemaliger Schwergewichtsmeister von

Deutschland, genannt der blonde Hans, war seinerzeit am 29. Februar 1924 durch Paul Samson Körner aus Zwickau in Sachsen exgeboxt worden. Zu jener Zeit war im Paradiese ein neuer Engel angekommen namens Hans Breitensträter, von dem gesagt wurde, daß er boxen könne. Onkel Ungeflochten nannte ihn sofort »blonder Hans« und bat ihn, er möchte den Kindern doch einmal etwas vorboxen. »O ja«, sagte Hahnemann, »Onkel Hans soll uns was vorboxen.« Die Kinder hüpften um den blonden Hans herum und sagten: »Box uns mal, lieber Onkel Hans, box uns mal!«, und sie boxten sich gegenseitig in die Seite und boxten Onkel Ungeflochten in die Seite, und Onkel Pfizer bekam sogar einen von den verpönten Nierenschlägen. Aber Onkel Hans wollte nicht boxen und sagte: »Wenn ich erst boxe, müßt Ihr doch alle zu Boden.« Hertha beobachtete dies alles in ihrer vierdimensionalen Ungebundenheit und wartete den Moment ab, wo sie irgendwo durch ihr Eingreifen die Handlung in Verwirrung setzen könnte. Plötzlich sagte Onkel Stefan: »Hier zieht es.« Darauf sagte Onkel Ungeflochten: »Das kommt von dem rauhen Winde, mein lieber Herr Stefan George.« Darauf sagte Onkel Alfred Kerr: »Dann muß der Wind abgehobelt werden, damit er glatt wird, so habe ich es im Yankee-Land gesehen.« – »O ja, Onkel Kerr«, sagten die Kinder, »der Wind muß abgehobelt werden, der Wind muß glatt gehobelt werden.« – »Aber wie?« fragte Onkel Pfizer. Da sagte Onkel Hans: »Wenn mir jemand den Hobel erfindet, will ich den Wind abhobeln, Kraft genug habe ich durch mein Training.« Darauf sagte Onkel Peter: »Ich habe schon ganz andere Dinger geschoben, und wem ich ins Auge schaue, der fliegt in die nächste Ecke! Wenn wir den Wind abhobeln wollen, so muß er durch eine riesige Röhre von quadratischem Durchmesser gepreßt werden.« – »Sie meinen wohl Röhle«, meinte darauf Onkel Gropius. »Nein Röhre«, sagte darauf Peter Röhl, und er sagte das so laut, daß Onkel Moholy sich sofort auf ein daneben liegendes rotes Quadrat setzte, indem er sagte: »Denn wo ein Bauhaus ist, da laß Dich ruhig nieder, böse Menschen kennen keine Quadrate!«

Und nun wurde auf quadratischer Grundlage eine riesenhafte Röhre gebaut. Das sah sehr drollig aus, grade im Paradiese neben den zwetschenfressenden Löwen. Oben blieb das flache Dach der Röhre teilweise offen, damit eine Fläche entstand, an der der Wind glatt gehobelt werden konnte. Die eine Seite wurde nach oben hin verlängert und als Führungsschiene für den Hobel ausgebildet. Und nun kam der Tischler Schlemmer und brachte einen riesigen Windhobel. Es war ein üblicher Tischlerhobel, nur bedeutend größer und stärker ausgebildet. Die Schneide war mit Diamanten besetzt, um dem wilden Winde jede Rauhigkeit zu nehmen.
Peter Röhl hob mit einem einzigen Griff den Hobel auf das Dach der Röhre, worauf Breitensträtter begeistert sagte: »Der Mann gefällt mir, mit dem möchte ich wohl gern mal boxen.« – »O ja«, sagten die Kinder, »jetzt will Onkel Hans doch noch boxen«, und stellten sich alle im Quadrat auf. »Kinder«, sagte Peter Röhl, »laßt mich erst den Wind abhobeln. Nachher lassen wir Drachen steigen, und dann wird auch geboxt.« Darauf zog er sich einen Matrosenanzug an und sah nun aus wie ein oller ehrlicher Seemann. Jetzt wurde Onkel Kerr an die eine Seite der quadratischen Röhre gesetzt und mußte mit beiden Backen in die Röhre blasen. »Jetzt kiekt der wenigstens doch auch mal in die Röhre«, sagte Onkel Ungeflochten. Onkel Stefan mußte sich an die andere Seite der Röhre setzen und sagen, ob es zöge. Darauf sprach er wie ein Metronom: taktack, taktack, taktack, taktack, taktacktak, taktack, taktack, taktack, taktack, hier zieht es!«

Onkel Kerr mußte aber ruhig weiter blasen, und Onkel Stefan mußte ruhig sitzen bleiben, wenn es auch zog, und da fing Peter Röhl an, den Wind oben glatt zu hobeln. Es flogen Späne nach allen Seiten, so daß im Stillen Ozean ein fürchterlicher Wirbelwind entstand. So schrecklich hobelte der olle ehrliche Seemann. Onkel Kerr blies mit beiden Backen, und an der anderen Seite, wo Onkel Stefan saß, zog es kein bißchen mehr. Auf diese Weise erreichte man es, die scharfen Seewinde im Paradiese zu besänftigen, denn alle

Winde wurden durch die quadratische Röhle geleitet, wo man ihnen oben die Rauhigkeit abhobelte.

Zur Seite aber stand Breitensträtter und ärgerte sich, daß Peter hobelte und nicht er. Die vierdimensionale Hertha sah immer noch inaktiv zu. Plötzlich ging Breitensträtter auf Peter Röhl zu und gab ihm eine Ohrfeige. Darauf sagte Peter: »Sie wollen mich wohl beleidigen?« – »Im Gegenteil«, sagte der blonde Hans, »Sie haben mich schon lange beleidigt durch Ihr herausforderndes Benehmen an der quadratischen Röhle.« – »Nein, Sie mich«, sagte Peter Röhl. »Nein, Sie mich«, sagte Hans Breitensträtter. »Nein, Sie mich!« – »Nein, Sie mich!« – »Sie mich!« – »Sie mich!« – »Sie mich!« – »Sie mich!« – »Sie mich!« – »Sie mich!« – »Hier will natürlich mal wieder keiner beleidigen«, sagte Onkel Ungeflochten, und er war der einzige, der nicht zitterte. Peter Röhl nahm jetzt eine königliche Miene an, fast so vornehm wie ein Hofkutscher, und sagte: »Mein Herr, erwarten Sie meine Hosenträger!« Darauf zog er sich zurück. Hertha sah immer noch inaktiv zu. Jetzt suchte sich Peter Röhl seine Hosenträger aus. Pluvinel war ihm zu alt, Ungeflochten nicht »Rhenan« genug, Onkel Stefan war ihm zu akademisch, wohingegen er Werfel zu kindlich fand. Was blieb ihm also übrig, er ernannte feierlich Onkel Gustav Pfizer und Onkel Hugo von Hoffmannstal zu seinen Hosenträgern, indem er ihre Brust mit roten Quadraten schmückte.

Plötzlich erschienen die Hosenträger Onkel Röhls in der Wohnung des Herrn stud. rer. box Hans Breitensträtter. Gustav Pfizer überreichte ihm einen Blumenstrauß, und Onkel Hugo sagte: »Peter Röhl fühlt sich beleidigt, wollen Sie revocieren, oder ich erwarte Ihre Sekundaner.« Darauf suchte sich Onkel Hans Breitensträtter seine beiden Kartellträger aus. Er nahm Onkel Paul Samson Körner und Onkel Rudolf Blümner. Darauf begaben sich die beiden Kartellträger Breitensträtters zu den beiden Hosenträgern des Herrn Peter Röhl, und Dr. Rudolf Blümner sagte: *»Angolaina«*. Da erhoben sich alle vier und beteten ein kurzes Menetekel. Bei dem Worte Upharsi sagte Onkel Hugo: »Ich schlage schwere Säbel mit halber Bandage vor.« – »Nein«, sagte Onkel Gustav, »ich meine eine Nacktpartie.« Und nun sagte Onkel Paul Samson: »Ich schlage boxen vor!« Sein Vorschlag wurde genehmigt, und Hans Breitensträtter erhielt 14 Tage Zeit, um Boxen zu lernen. Hertha aber sah inaktiv zu, womit wir dieses Märchen beschließen wollen.

Der Pechvogel. Die Märchen vom Paradiese No. 5

Es war aber ein kleines Mädchen, das hieß Marie. Und es wußte es niemand, ob sie eigentlich die berühmte Gold- oder die bekannte Pechmarie wäre. Darum vergoldete sie ihr Hahnepeterei golden an und setzte es gemäß den ältesten Traditionen aus dem ersten Hahnepetermärchen direkt an den Ofen auf eine lange Konservendose. Aber sie hatte kein Gras zum Unterlegen, und darum nahm sie Holzwolle und malte sie grün an. Die anderen Kinder aber ärgerten sich, daß Marie ihr Ei vergoldet hatte und schütteten Pech darüber, daß es kohlpechrabenschwarz wurde. Die Holzwolle wurde auch schwarz, die Dose auch, und das Ei war kaum mehr unter dem Pech zu erkennen. Das alles sah aus wie eine große Kuppel mit vielen runden Ecken dran. Als Marie das sah, sagte sie, daß sie sich kein bißchen darüber ärgerte, denn sie ärgerte sich furchtbar. Sie sagte, sie wäre und bliebe darum doch die Goldmarie, und das Ei würde mit dem Pech am warmen Ofen eher noch eher auskommen als später. Und zwar meinte sie, nach zwölf Tagen statt nach dreizehn. Nun kamen alle Fliegen und setzten sich auf das Pech, weil sie es für Schokolade hielten, und blieben sitzen, weil sie festbackten und nicht wieder ab konnten. Die ganze Geschichte sah wie ein großer Schokoladenpudding mit Fliegenrosinen aus. Marie aber hatte guten Mut, und alle Fliegen halfen ausbrüten. Und am zwölften Tage lud Marie alle Kinder zum Auskommen des Eis ein. Aber es kam kein Kind, weil alle wußten, daß Hahnepetereier erst nach dreizehn Tagen auskommen. Aber sie wußten verkehrt, denn am zwölften Tage kam Marie ihr Ei aus. Es klingelte nicht, es klapperte nicht, denn es war zuviel Pech dabei. Es glitschte nur, so wie wenn der Vater der Mutter einen Kuß gibt, weil der Vater einen Schnurrbart hat, und die Mama sagt: »Aber nich son Nassen!« Und dabei glitschte aus dem Ei ein neugebackener Pechvogel aus. Der war kohlpechrabenschwarz anzusehen und verlor überall dicke Fäden Pech. Ihr meint wohl nur an einem Ende, aber nein, er verlor sie überall und immer. Denn darum war er ja ein Pechvogel.

Ein guter Geschäftsmann hätte eine rentable Pechfabrik daraus machen können und wäre sicher Multimillionär geworden, aber die Mutter, die nichts vom Geschäft verstand, sah nur, daß ihre gute Stube 10 cm hoch voll Pech gelaufen war. Ausgerechnet die gute Stube! Marie aber stand auf einem Stuhl und fragte: »Ist das denn nicht einfach herrlich?«, wie Kinder manchmal so dumm fragen können. Die Mutter kam jetzt vor Schreck gar nicht erst mehr zum Schelten, sondern holte gleich die Hundelonge, um Marie damit beispiellos zu verhauen; aber in der Zwischenzeit war das Pech schon bis zur Stuhlhöhe zusammengeflossen, und Marie stand auf dem Tische und sagte: »Ich bin aber doch eine Goldmarie, wie könnt ich sonst so einen goldigen Pechvogel besitzen.« Und im Grunde konnte ja die Marie auch nichts dazu, daß der Pechvogel in einem fort weiterfloß, darum lachte sie sehr vergnügt. Der ganze Pechvogel kam ja nur davon, daß die anderen Kinder das Pech auf das vergoldete Ei geträufelt hatten. Aber inzwischen war das Pech schon bis an die Tischplatte gestiegen, und die Mutter, die nicht ins Zimmer hineinkonnte, war atemlos. Sie holte die Trittleiter und legte sie quer über das Pech, um den Vogel zu fangen, der so pechte, und ihn ohne Frist an die Luft zu setzen. Aber die Leiter sank ein, und die gute Mutter wäre mit eingesunken und wie die Fliegen festgebackt, wenn sie versucht hätte draufzutreten. Da machte Marie das Fenster auf, und der Vogel flog hinaus. Marie wollte darnach greifen, da backte sie daran fest und wurde mit hochgerissen.

Wohin der Pechvogel mit Marie flog, das wißt ihr schon, denn alle Hahnepetermärchen beginnen in der alten Welt und enden im Paradiese. Und nach einer langen ruhigen Luftreise landete der Pechvogel Marie auf jener Insel, auf der schon Pluvinel und Ungeflochten, Hahnemann und Hahnepeter sowie Ernst, der Paradiesvogel und Leuchtmücken, Lissitzky, Hans Arp, Breitensträtter, Paul Samson Körner, Stefan George, Alfred Kerr, Peter Röhl, Gropius, Moholy, Schlemmer, Werfel, Hugo von Hoffmannstal und Dr. Rudolf Blümner auf neuen Zuwachs aus Europa warteten. Das wußte Marie, und sie erstaunte, als sie statt dessen eine drollige Blumenetagère auf sich zu kommen sah. Und sie erschrak bis ins Mark, als diese Blumenetagère plötzlich zu sprechen begann:

»Nie hat der Reiz der Farben
Halbblindem Blick gefrommt,
Im Paradies muß darben,
Wer nicht bekränzt schon kommt.«

Marie schrie auf, als ob jemand sie in die Ferse hatte stechen wollen und wollte sofort wieder nach Hause. Aber da kam die Blumenetagère freundlich auf sie zu, lächelte wie ein Nilpferd und sprach: »Geliebtes Kind, weine nicht. Denn Du selbst hast die ganze Schuld an Deinem Elend.« – »Was für Elend?« fragte Marie, »denn ich besitze doch meinen goldigen Pechvogel.« – »O, Du Halbblinde«, sagte das Nilpferd, »kommst Du nicht in Pech gehüllt? Solltest Du nicht lieber geschmückt mit Blumen gekommen sein wie eine Braut?« Marie aber verstand von alledem nichts, rein gar nichts, und da sie es nicht wissen konnte, ob das Nilpferd es gut oder böse meinte, rannte sie davon und rief: »Onkel Ungeflochten, Onkel Pluvinel, wo seid Ihr?« – Indem Marie nun fortlief, sang die Blumenetagère weiter:

»Es giebt ein Maß zu lohnen
die Tugend und die Pflicht.«

Und die Worte verhallten in der Ferne des brausenden Meeres. Und da kam auch schon Onkel Ungeflochten auf einem Lippizaner angeritten. Marie erkannte ihn gleich an seiner Nase und sagte: »Guten Tag, Onkel Ungeflochten, ich heiße Marie. Ich bin nämlich die Goldmarie, aber ich habe mich eben scheußlich erschrocken, daß dahier die Blumenetagère Beine hat und singen kann. Und sie singt lauter Witze.« – »Kindchen, erschreck Dich nicht so«, sagte Onkel Ungeflochten, »das ist ja gar keine Blumenetagère, das ist doch nur ein ehemaliger Oberlehrer, was Du für eine Blumenetagère hältst. Der ist ganz harmlos. Das ist Onkel Gustav Pfizer, ein schwäbischer Dichter und zwar nach dem kleinen Meyer ein Bruder des Vorigen. Er ist geboren und gestorben, er ist auch Professor, hat Bulwer und Byron übersetzt und im Jahre 1840 ›Dichtung epischer und episch-lyrischer Gattung‹ veröffentlicht. Der ist ganz harmlos.« – »Ist denn das ein Onkel, ja warum tut denn der so?« – »Das kannst Du noch nicht verstehen, mein Kind, aber der ist wirklich ganz harmlos. Wir haben alle viel Freude an ihm!« – »Will denn der seine Blumen verkaufen, der Mann mit den Beinen?« – »O nein, das darfst Du nicht tun, Kind, dann wird er sehr böse, nimm ihm ja keine Blume ab, aber sonst tut er Dir nichts. Denk mal, als der Dichter wurde, da hat er den Vers gedichtet: ›Im Paradies muß darben, wer nicht bekränzt schon kommt.‹ Und darum ist er hier im Paradies von oben bis unten bekränzt angekommen, weil er eine schreckliche Angst hatte, eventuell darben zu müssen. Aber der steht jetzt nichts aus, der darbt kein bißchen.« – »Aber wozu hat der denn die Bretter dabei?« – »Kindchen, da stellt er seine Blumen in Töpfen darauf. Weil er es sehr gut haben will, schleppt er eine große Menge Blumen mit sich herum, denn je mehr er mitschleppt, desto weniger darbt er.« – »Aber warum hat denn der Onkel Pfizer die Töpfe dabei?« – »Kindchen, sonst sind doch die Blumen so schnell welk, er müßte sich sonst dauernd neue Kränze von abgeschnittenen Blumen winden, wenn er bei dieser trockenen Hitze hier im Paradiese stets propper aussehen wollte.« – »Ja aber wie pflegt denn der seine Blumen?« – »Sehr einfach, seine Schüler begießen ihn alle paar Stunden.« – »Ja aber Onkel Ungeflochten, hatte denn der das so gemeint mit seiner Blumenetagère, wie der das seinerzeit dichtete? Hat denn der nicht bloße Poesie machen wollen?« – »Meine liebe Marie, hier im Paradiese gibt es keine bloße Poesie, hier im Paradiese muß man alles so tun, wie man es sagt. Darum sagen es auch alle Leute so, wie sie es meinen.« – »Aber Onkel Ungeflochten, der redet doch in Bildern.« – »I wo, Bilder gibt es nicht im Paradiese«, sagte Onkel Ungeflochten. »Sei bloß froh, Kind, daß es hier nicht auch noch Bilder gibt. Ich habe die Kunst wirklich satt. Weißt Du, und ich hoffe, daß ich doch noch einmal mit Getreide arbeiten kann. Dann kann ich mir wenigstens ein

Reitpferd leisten. Darum sag ich immer zu Onkel Pluvinel: ›Getreide ist eine solide Beschäftigung. Bei der Kunst kommt doch kein Reitpferd heraus. Ich hätte lieber 'ne Bar oder wäre bei meinem Getreidehandel geblieben.‹« – »Aber Onkel Ungeflochten, mußt Du denn hier auch noch Geld verdienen?« – »Nein, Kind, das vergeß ich ja immer wieder, Gott sei Dank nicht, denn ein Reitpferd hab ich hier sowieso.« – Und da kam plötzlich Onkel Herwarth Walden mit dem Bubikopf und sagte: »Herr Pfizer, Ihre Poesie hoch in Ehren, denn ich interessiere mich lebhaft für Poesie, gleichsam immer schon; aber was Sie da schreiben, das sind für mich nur unbewiesene Aussagen. Versuchen Sie es nur einmal zu beweisen, daß gerade die Bekränzten nicht zu darben brauchen. Ich kann Ihnen nur so viel sagen, daß von meinen Sturmkünstlern mancher mit Ruhm bekränzt ist und hat doch gleichsam darben müssen.« – »Jawohl«, sagte Ungeflochten, »Walden hat nicht unrecht mit den unbewiesenen Behauptungen. Beweisen Sie erst mal.« – Da sagte Onkel Pfizer: »Ich bin mein eigener Beweis, denn ich laufe hier wie ein Pfingstochse herum.« – »Sie meinen wie ein Nilpferd«, sagte Herr Geheimrat Ungeflochten, »aber das beweist darum doch nichts, denn wir darben hier alle nicht, Walden nicht, Pluvinel nicht, und ich erst recht nicht. Obgleich sich von uns keiner so mit Blumen seinen Anzug versaut hat wie Sie. Entschuldigen Sie den harten Ausdruck, aber Ihr Aufzug beginnt mich allmählich anzuekeln. Reiten Sie lieber öfter einmal, da kommen Sie auf ganz andere Gedanken.« – »O ja«, sagten die Kinder, »Onkel Pfizer mit den Blumen soll auf dem zahmen Esel reiten.« – Aber nun wurde mit einem Male Onkel Ungeflochten böse, indem er sagte: »A propos, Herr Pfizer, darben Sie ruhig mal ein paar Tage, denn das ist bedeutend vernünftiger als Ihr verrückter Aufzug da. Dadá hoch in Ehren, ich bin wohl für Dadá, denn Dadá hat eine Zukunft. Aber Ihr blödsinniger Aufzug nicht.« – Da nahm Walden Onkel Pfizer gleichsam in Schutz und sprach: »Sie wissen alle, daß ich gegen jede Halbheit kämpfe, aber das muß ich Onkel Pfizer lassen, er ist wenigstens konsequent, denn er führt seinen Blödsinn auch aus.« – »Aber warum lacht denn Onkel Walden so dabei?« fragte Marie. Da sagte Walden gleichsam: »Wenn man Literatur künstlerisch betrachtet, so entsteht der Humor, der insbesondere den Deutschen fehlt.« – »Aber was tut denn Onkel Walden hier?« Da sagt Onkel Ungeflochten: »Der ist doch Vorstand der älteren Dichterabteilung geworden. Das ist die lustigste Abteilung in unserem Hause.« Und plötzlich funkelte es im Dunkeln, und alle Kinder sagten: »Ah« und fragten, was denn das wieder wäre. Da sagte Onkel Pfizer: »Das ist doch Hugos Seele. Denkt Ihr denn etwa, daß ich der einzige Pfingstochse hier bin?« Und nun sagte gleichsam der Bürochef Walden: »Darf ich eben Hugo von Hoffmannstal zitieren: ›Das Tal des Hofmann lag nun im Dunkeln, und Hugos Seele konnte nun funkeln.‹« – »O ja, Onkel Walden, zitiere noch mehr, der funkelnde Hugo gefällt uns zu sehr«, sagte jetzt Hahnemann, die Hände in den Hosentaschen, und die ganze Kindergruppe wurde von dem funkelnden Hugo bald rot, bald grün beleuchtet, und eine eherne Stimme sagte dazwischen: »Nach ewigen ehernen großen Gesetzen müssen wir alle unseres Daseins Kreise vollenden.« Da sagte Walden: »Etsch, der Herr wird nämlich gerade heute 175Jahre alt.« Und plötzlich stand da so 'ne Wackelpuppe, in einem schwarzen Kasten, und machte wie ein Metronom »Taktack Taktack, Taktack, Taktack, Taktacktak.« Das war der mit den ehernen Gesetzen nicht, aber der sah sehr spaßig aus, und alle Kinder mußten schrecklich lachen.

Der wiegt sich und biegte sich aus seinem Kasten heraus und wieder hinein, und sein feierlicher Zylinderhut paßte sehr feierlich zu der Pelerine, die er trug, und zu die feierlichen Augen, die er immer feierlich nach oben drehte, wenn er feierlich dazu »tak« sagte, wenn sein feierlicher Stil feierlich an den feierlichen Kasten schlug. So was Feierliches hatten die Kinder noch nicht gesehen. Und sie waren alle gerührt und lachten ganz fürchterlich und sagten: »Onkel Stefan, wackle noch ein bißchen!«

Und da wackelte der Onkel auch eben nach links. Da sah

er ganz drollig aus, überhaupt plötzlich ganz anders, gleichsam wie ein schlankes Bein, und auf einem Ständer wiegte sich, göttlich nackt, eine breite Brust, und wenn die an den Bein anstieß, ging es allemal: »Tak«, das machte den Kindern einen höllischen Spaß, und sie sagten: »Taktak, jühuh, ach bitte lieber Onkel Herwie, zitiere, zitiere, wer das ist.« Und Onkel Herwie zitierte:

»Ihr hobet Euch vom Boden auf im Takte,
Die breite Brust gewiegt auf schlankem Beine«

»Aber was ist denn das für eine wackelige Nippesfigur, dieses Monstrum«, sagten die Kinder. »Gleichsam Onkel Stefan George«, sagte der Chef, »der dichtet die Ideale der Zeit in veredeltster Auffassung, wie Onkel Naumann sagte.« Und nun ging Ernst hin und klatschte mit der Hand auf die nackte Brust von Onkel Stefan, weil ihm das Nackte gleichsam reizte. Die Kinder aber schrien: »Onkel Herwie, Onkel Herwie, zitiere weiter, das geht so schön.« Da sagte der Chef:

»Alle Mädchen erwarten wen,
Jump Heidi, Jump Heida,
Wenn die Bäume in Blüten stehn,
Tralala trala.«

Die Kinder juchten alle mit. »Aber wer ist denn das Mädchen?« – »Gleichsam der keusche Onkel Rainer Maria, der ist hier im Paradiese in seine Operettenform gleichsam umgegossen«, sagte der Chef. Und da kam das Mädchen auch schon heraus, gleichsam unter den Blütenbäumen weg, was der Onkel Pfizer wiederum sehr schade fand und hüpfte und lachte und sagte plötzlich, als wenn das so ein neckischer Einfall gewesen wäre:

»Auf einmal weiß ich viel von den Fontänen.«

Die Kinder wußten nicht, wie sie das wohl gemeint haben konnte, jumpheidi, jumpheida, und welche Fontänen. Was weiß son Mädchen viel von den Fontänen, wenn se noch eben unterm Blütenbaum gestanden hat und hat da wen erwartet, aber das ist eben Operette, man ahnt so was, und kein Mensch weiß recht wohin. Und die Bäume knieten sich richtig hinein in ihre Blüten, als Onkel Herwie weiter zitierte:

»Die Häuser fallen hinter uns ins Knie.« Und nun kam das Mädchen, die wo wen erwartet hatte, die wo sich in die Blumen hineingekniet hatte, jumpheidi, jumpheida, die wo nun auf einmal was von den Fontänen weiß, auf Onkel Herwie zu und trat ihn auf seine Füße. Und wenn der zur Seite ging, ging das Mädchen wieder da hin, und wenn der nun auf die andere Seite ging, dann ging das Mädchen wieder da hin, und wo der hinging, da ging se immer mit und sagte: »Ich geh doch immer auf Dich zu.« Und da sagte der Professor Pfizer: »Sie ist nämlich ein Gottsucher.« Und die Kinder mußten furchtbar lachen, und Onkel Herwie sagte: »Aus, nun hör endlich mal auf, mich immer auf meine Füße zu treten, ich bin sowieso Dein Gott nicht, Du hast Dich geirrt.« – Und die Kinder lachten aus vollem Halse und fanden das ganz wunderschön hier in der alten Poesieabteilung, wie Tante Rainer Maria den Onkel Herwie auf die Füße immer gleichsam treten wollte. Aber da kam ihm eine großartige Idee, und er sagte zu das Mädchen: »Sieh mal, wie der Kleine da hinten weint!« Da war sie gerührt und ging auf den zu, und der saß da in die Ecke, gleichsam gekrümmt, gleichsam wie eine Jammergestalt und faßte mit beiden Händen einen mächtigen Bündel Plunder und weinte zum Herzzerreißen. Und alle Kinder weinten mit. Und Tante Rainer Maria weinte mit, und Onkel Walden sagte: »Das ist nämlich ein Expressionist, das ist nämlich der gute Onkel Werfel. Wein doch nicht, Onkel Werfelchen, Du hast doch noch einen schönen Ballen Plunder unter dem Arm!«

Aber der schluchzte und sagte: »Was wir hatten, ist nicht mehr zu halten, und am Ende bleibt uns nichts als weinen. Uchhu, uchhu, uchhu, uchhu!« Und alle Kinder schluchzten mit: »Uchhu, uchhu, uchhu, uchhu, jumpheidi, jumpheida!« Aber nun kam Tante Rainer Maria auf Werfelchen zu, indem sie sagte: »Nun komm ich aber auf Dir zu!« und ging immer auf ihn zu. Der wollte sich aber nicht immer auf seine Hühneraugen treten lassen, darum ließ er sein Bündel alte Wäsche fallen und sprang immer gleichsam hoch. Aber Tante Rainer Maria ging immer auf ihn zu, und jedes Mal, wenn sie auf seine Füße treten wollte, sprang er hoch, und alle schmutzige Wäsche sprang mit hoch, und dazwischen hopsten Tante Rainer Maria und Onkel Werfelchen. Und sie sagte dabei immer zu ihm: »Jetzt komm ich aber auf Dir zu.« Und er sagte: »Aua«, und schluchzte nur noch mehr. »Uchhu, uchhu!« Und Ernst rief: »Feste, immer feste, die Mama hauen, daß se schreit!« Und die Kinder lachten und riefen: »Jumpheidi, jumpheida!« Und das Metronom hörte gar nicht auf, tacktack zu sagen, und Onkel Pfizer ritt dabei rückwärts auf einem lahmen Esel, und Onkel Ungeflochten führte ihn an der Peitsche und knallte dabei mit der Longe. Und es war ein wunderbares Fest für die lieben Kinder.

Und mit einem Male pfiff Onkel Herwie auf den Fingern so laut, daß sich alle entsetzt nach ihm umsahen. Onkel Ungeflochten hörte auf, Onkel Gustav zu dressieren, Onkel Stefan wackelte nicht weiter, Tante Rainer Maria lief nicht mehr gegen den armen Onkel Werfel seine Füße, und Onkel Werfel setzte sich mitten in den Haufen Plunder, weil er nicht mehr stehen konnte, weil die Tante ihm die Füße so kaputt getreten hatte; und als alles stille geworden war, sagte Onkel Herwie in Versalien: »Die alte Abteilung Poesie wird nun geschlossen. Alle Kinder müssen sich in die neue Abteilung begeben, auch Ungeflochten und Pluvinel, und wer sonst nicht hierhergehört. Wer von den alten Dichtern Urlaub wünscht, hat sich auf dem Instanzenwege durch Onkel Stefan über Onkel Werfel an mich zu wenden. Habt Ihr das verstanden?« – Da sagte Onkel Stefan:

»Du willst am Mauerbrunnen Wasser schöpfen
Und spielend in die kühlen Strahlen langen.«

»Wem soll ich eins langen?« sagte Walden. –

Da sagte Onkel Stefan:

»Dein feuchtes Auge küßte meine Seele.«

Da sagte Walden: »Lieber Stefan George«, sagte er, »nicht aus dem Sinn, nur aus den Sinnen kann Kunst gestaltet werden. Und da kannste wohl recht mit Deinem feuchten Auge haben.« Und indem er sich an die anderen wandte: »Ihr könnt Euch das alle merken, das mit dem Sinn und das mit den feuchten Augen.« Die Kinder aber sagten alle: »Bitte lieber Onkel Herwie, laß uns doch noch wenigstens zehn Minuten in der alten Kitschabteilung bleiben, es ist hier doch so schön.« Aber da nahm Onkel Pluvinel die Longe zur Hand und trieb sie alle hinaus, und Onkel Herwie schloß mit beiden Händen die Tür zu. Dichter dürfen nämlich nur auf Urlaub raus.

Nun hatten aber die Kinder noch einen kleinen Pechvogel, den Marie mitgebracht hatte. Und sie überlegten, was sie damit machen sollten. Da sagte Onkel Ungeflochten: »Kinder, wir wollen uns mal einen Spaß erlauben. Den Pechvogel kriegt der verrückte Onkel Pfizer, damit der sich desto besser zurichten kann.« Onkel Herwie wurde gerufen und mußte dem Onkel Pfizer Urlaub geben. Man mußte einen Augenblick warten, weil der erst begossen werden mußte. Mit einem Male kam er raus, indem er seine alte Melodie sang, gleichsam sein Leitmotiv: »Im Paradies muß darben, wer nicht bekränzt schon kommt!« Worauf ihm die Kinder entgegenriefen: »Nie hat der Reiz der Farben halbblindem Blick gefrommt!« – Und da sagte die kleine Marie zu ihm: »Lieber Onkel Pfizer, Dein Gedicht gefällt uns zu gut, und da hab ich nun son kleinen goldigen Pechvogel mitgebracht, und wir dachten, den wollten wir Dir verehren. Wenn Du dann einmal wieder pfizen willst, dann brauchst Du bloß mit Pech die Blumen festzubacken.« Onkel Pfizer dankte ihr vielmals und sagte: »Danke schön. Das kommt mir nämlich gerade sehr gelegen, denn da ist bei uns gerade heute einer 175 Jahre alt geworden. Der muß sowieso bekränzt werden, wenn er auch nicht zu darben braucht.« Und da holten sie den heraus. Und die Kinder sagten: »Onkel Wolfgang, wir wollen Dich jetzt pfizen.« Und wie die nun den Pechvogel holten und den guten unschuldigen Onkel Wolfgang mit Pech beträufeln wollten, da sagte der: »Kinder, laßt doch den Unfug sein. Ich bin nun schon 175 Jahre alt geworden und habe nach ewigen ehernen Gesetzen meines Daseins Kreise vollendet.« So erreichte es Onkel Wolfgang durch Geistesgegenwart, daß er nicht gepfizt wurde.

Frisieren geht über studieren.

DIE SCHEUCHE
MERZ 14/15
TYPOGRAFISCH GESTALTET VON
KURT SCHWITTERS KÄTE STEINITZ TH. VAN DOESBURG
APOSSVERLAG HANNOVER

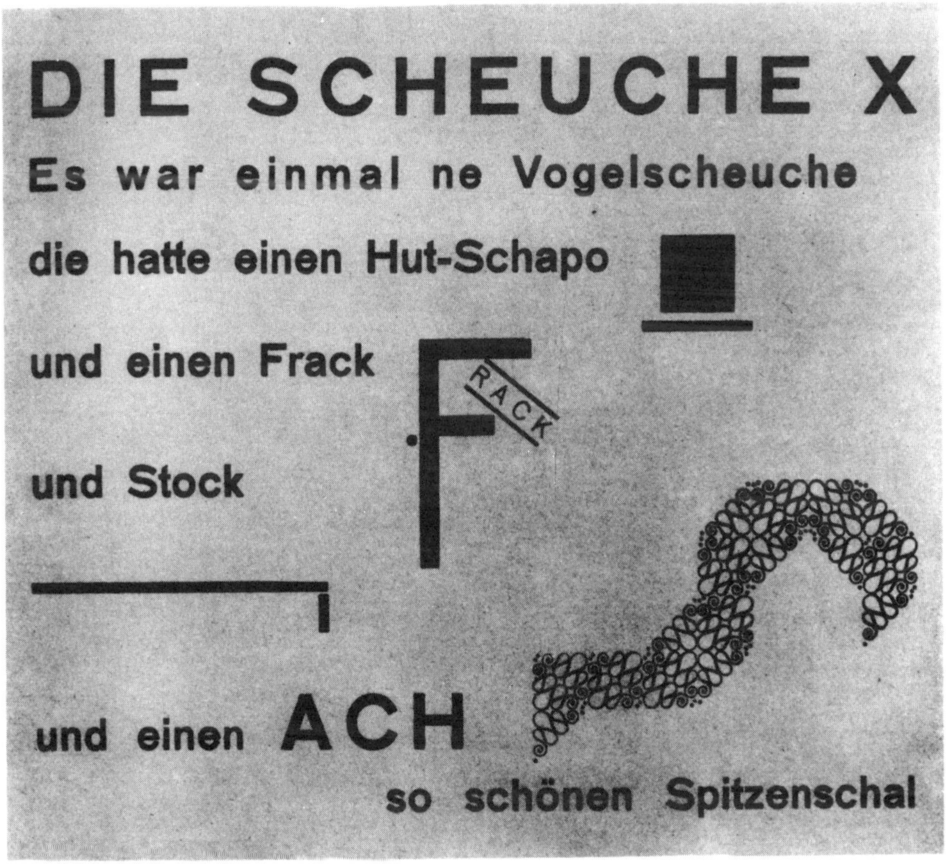
DIE SCHEUCHE X
Es war einmal ne Vogelscheuche
die hatte einen Hut-Schapo
und einen Frack
FRACK
und Stock
und einen ACH
so schönen Spitzenschal

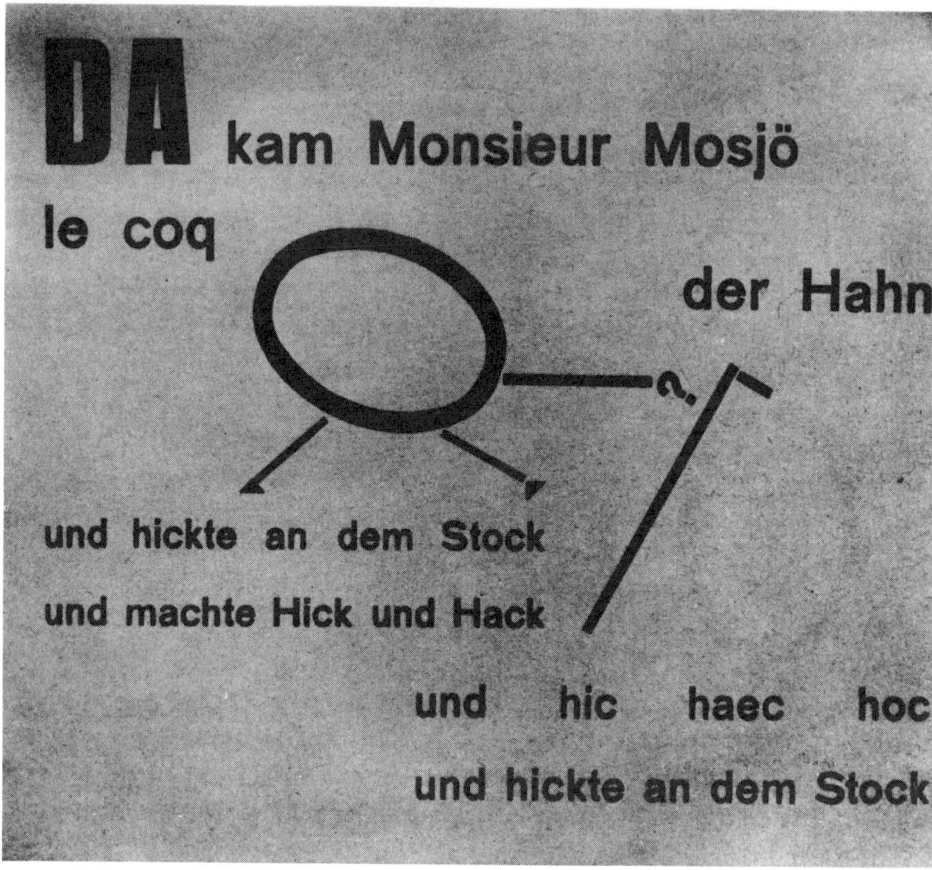

DA kam Monsieur Mosjö
le coq
der Hahn
?
und hickte an dem Stock
und machte Hick und Hack
und hic haec hoc
und hickte an dem Stock

UND
hatte keinen Stock
und keinen ACH
so schönen
SPITZEN
SCHAL

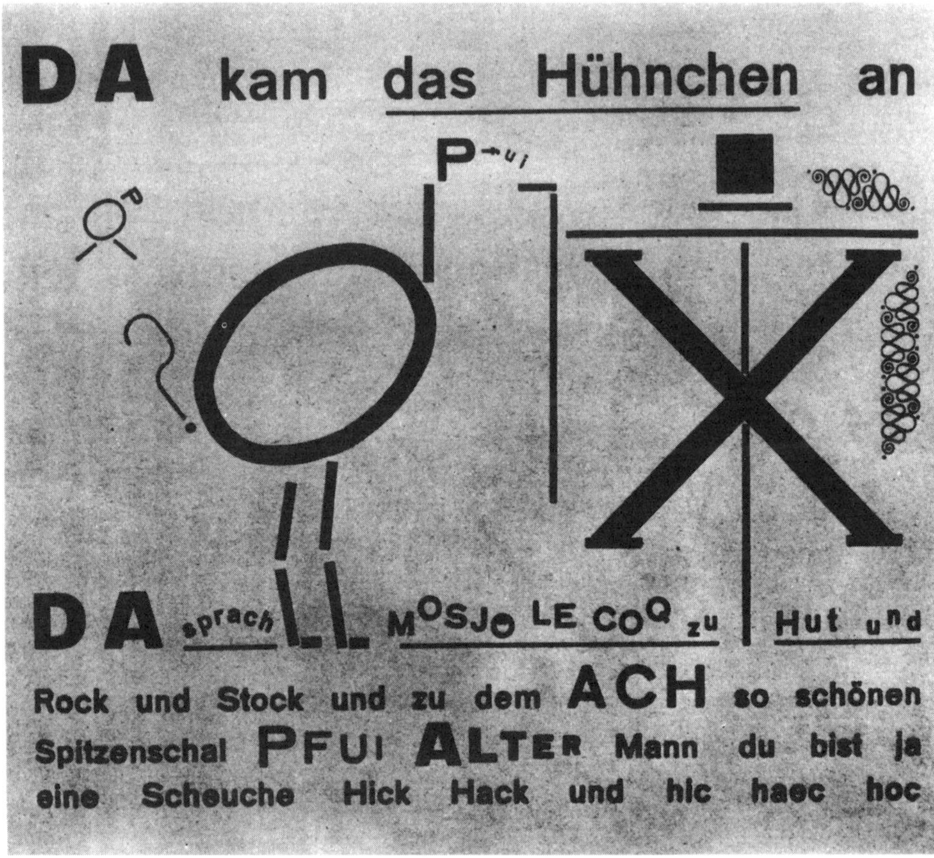
DA kam das Hühnchen an
Pfui
DA sprach MOSJO LE COQ zu Hut und
Rock und Stock und zu dem ACH so schönen
Spitzenschal PFUI ALTER Mann du bist ja
eine Scheuche Hick Hack und hic haec hoc

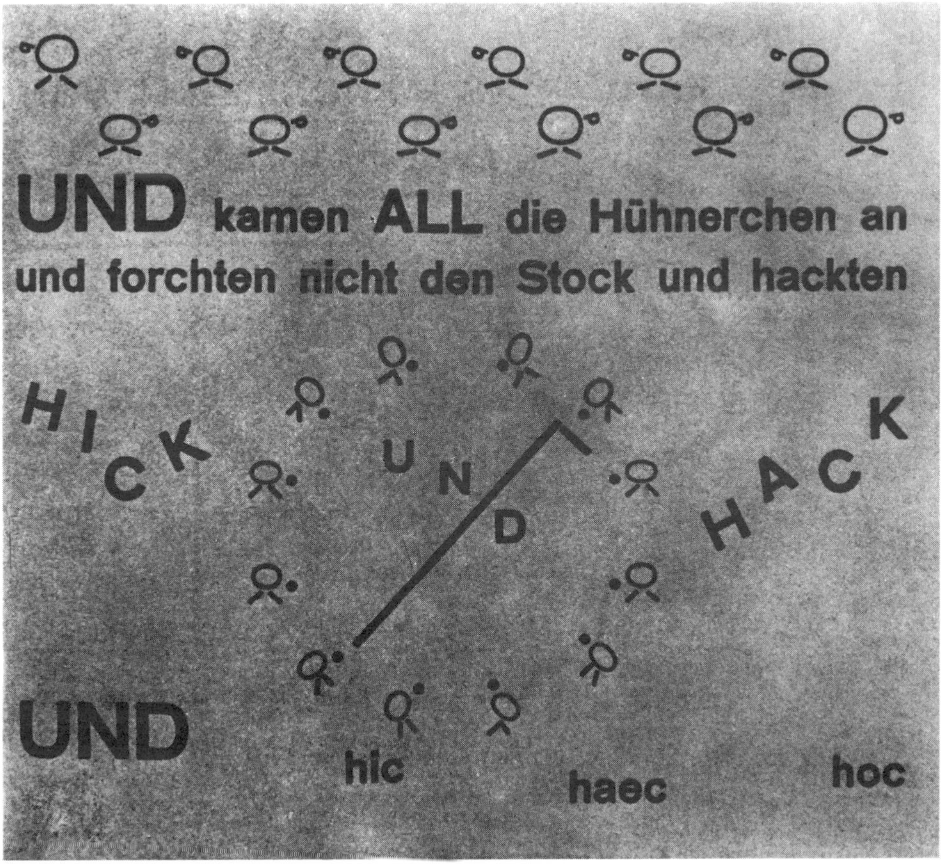
UND kamen ALL die Hühnerchen an
und forchten nicht den Stock und hackten
HICK
UND
HACK
UND
hic
haec
hoc

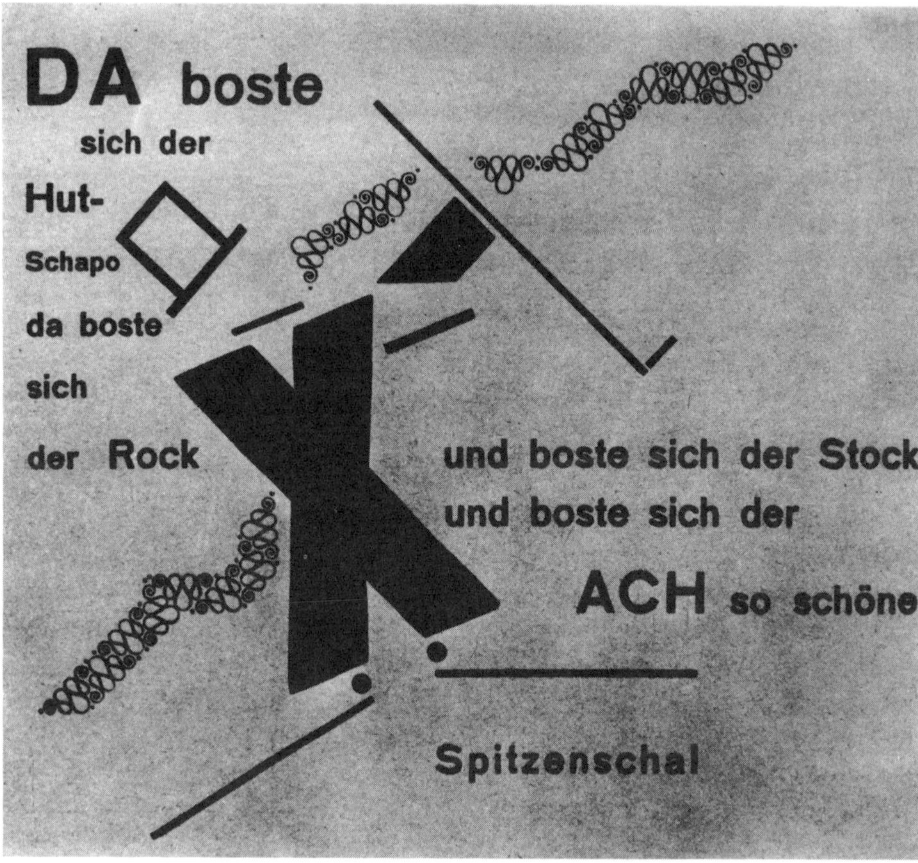
DA boste
sich der
Hut-
Schapo
da boste
sich
der Rock
und boste sich der Stock
und boste sich der
ACH so schöne
Spitzenschal

NUN kam der Bauersmann
und SAH mosjö le coq
und seine Hühnerchen
die machten Hick und Hack
und hic haec hoc und pickten
ALLE Körnerchen auf
und forchten NICHT
DEN STOCK

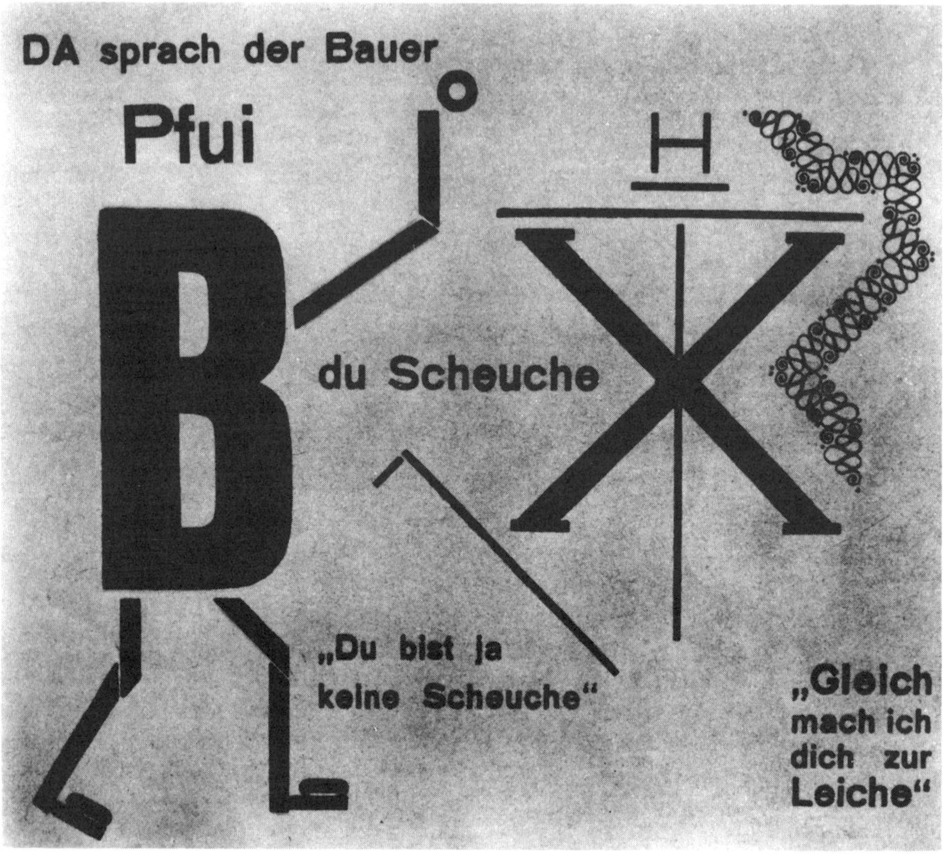
DA sprach der Bauer
Pfui
B
du Scheuche
H
X
„Du bist ja
keine Scheuche“
„Gleich
mach ich
dich zur
Leiche“

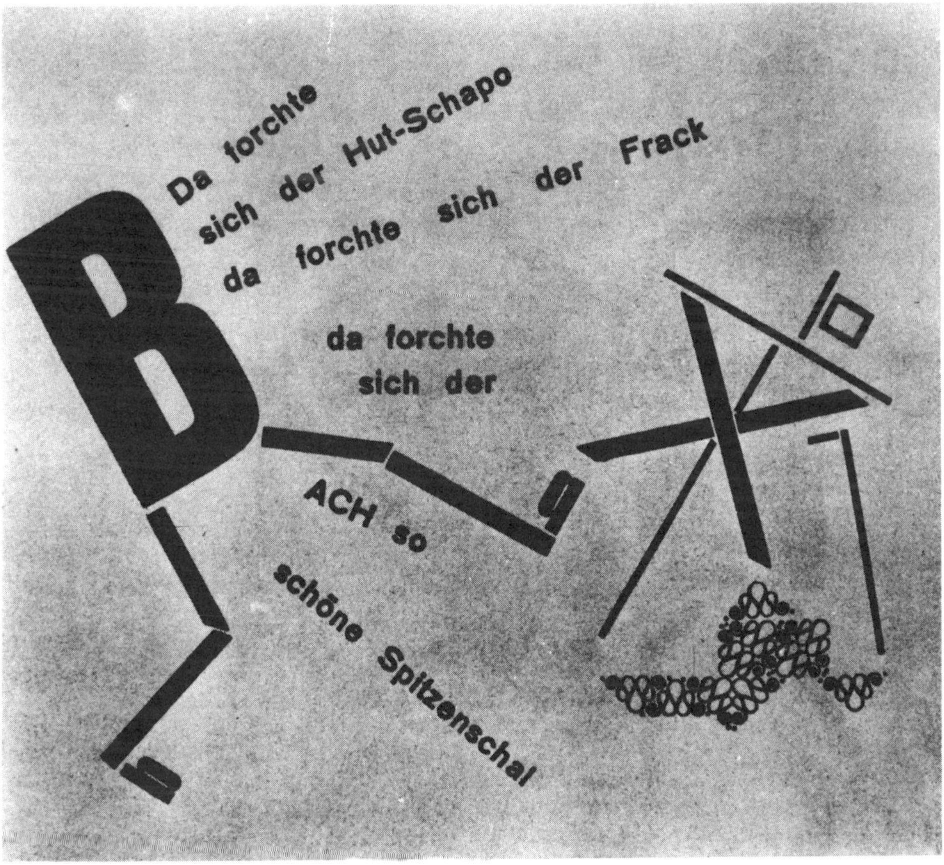
Da forchte
sich der Hut-Schapo
da forchte sich der Frack
da forchte
sich der
ACH so
schöne Spitzenschal

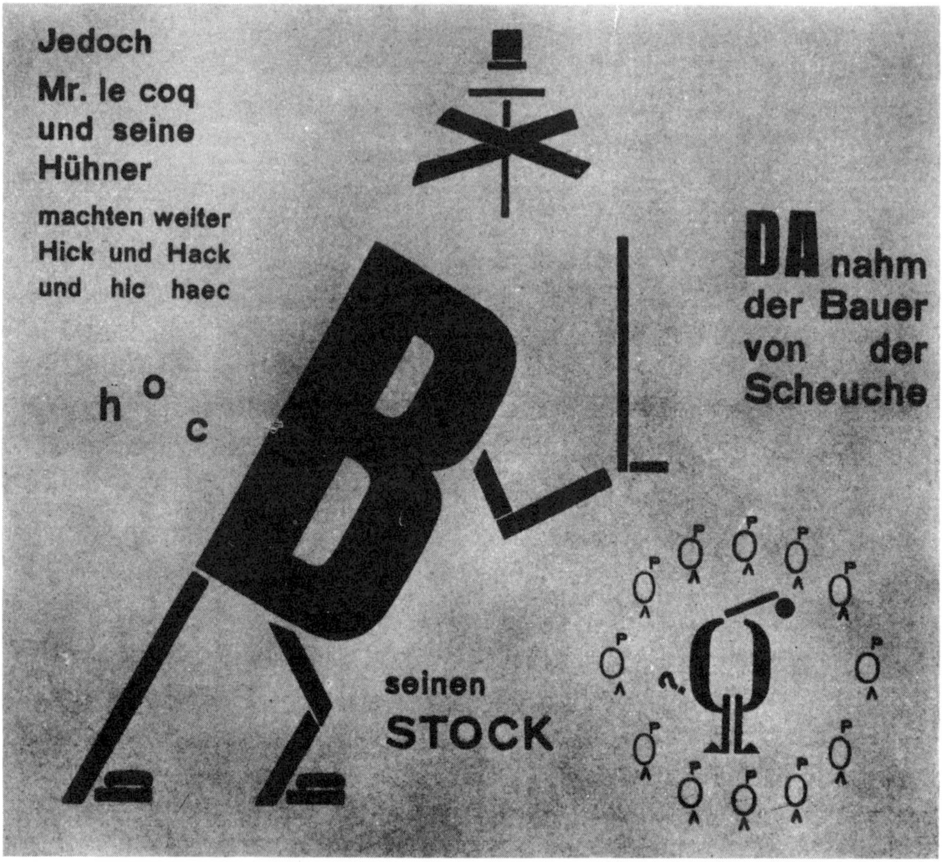
Jedoch
Mr. le coq
und seine
Hühner
machten weiter
Hick und Hack
und hic haec
hoc
DA nahm
der Bauer
von der
Scheuche
seinen
STOCK

mit einem

Male

ward es

dustre Nacht

und keiner sah und keiner hickte hic haec hoc
und Hick und Hack . . .

DA freute sich der
Hut-Schapo und freute sich
der Rock und freute sich der
ACH so schöne Spitzenschal

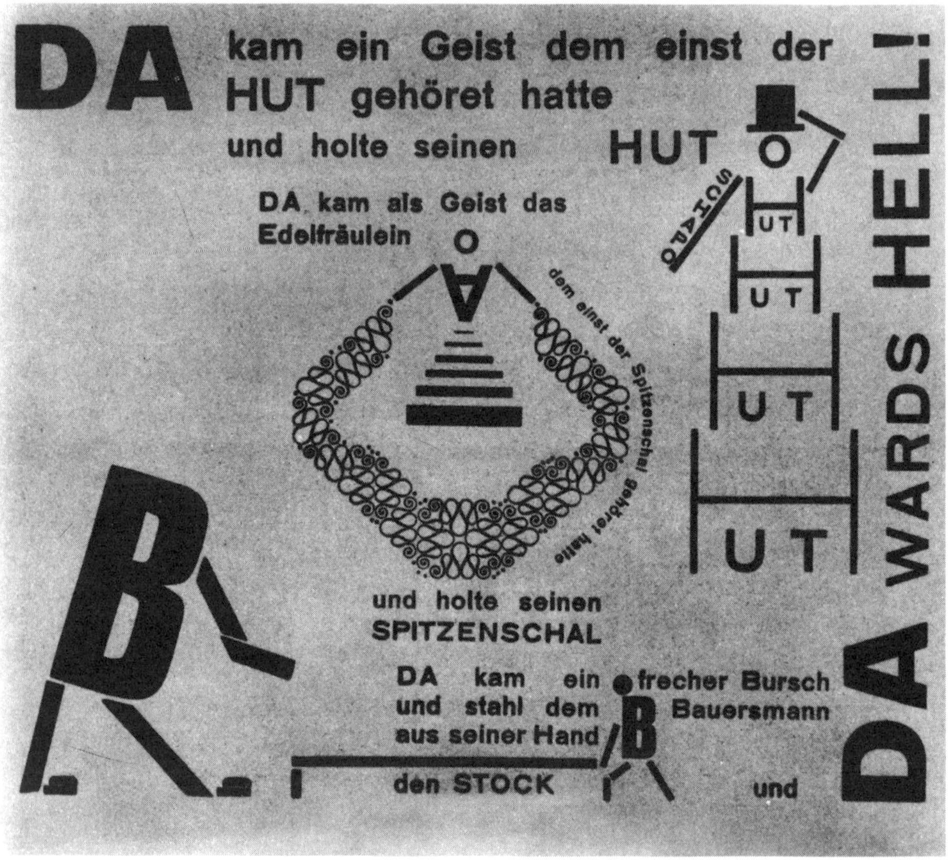
DA kam ein Geist dem einst der HUT gehöret hatte
und holte seinen HUT
DA kam als Geist das Edelfräulein
dem einst der Spitzenschal gehöret hatte
und holte seinen SPITZENSCHAL
DA kam ein frecher Bursch und stahl dem Bauersmann aus seiner Hand den STOCK und
DA WARDS HELL!

Abgier

Der alte Wagenmeister saß, wie allabendlich, so auch heute in seinem kleinen Häuschen am Eingang zu der Wagenremise für die Straßenbahnen und rauchte seine Pfeife. Sein weißer Vollbart war unordentlich gepflegt, er trug eine blaue Hose ohne jede Andeutung einer Falte, Schnürstiefel, graue wollene Strümpfe, 2 schlichte, 2 graue, die lange nicht gewaschen waren, über seinen ebenfalls lange nicht gewaschenen Füßen. Übrigens litt er an Hühneraugen und Rheumatismus im linken Fuß. Er trug nie einen Kragen, aber in seinem Flanellhemd steckte stets der für den Kragen bestimmte Knopf aus Knochen, der schon gelb geworden war. Sein außerordentlich schmieriges Queder guckte immer vorn aus der feldgrauen Militärjacke, denn er war im Felde Zahlmeister gewesen, Landsturmbataillon Schroda. Seine blaue Mütze mit Ledersturmband hatte ein ziemlich durchgeschwitztes Schweißleder. Seine Haare waren etwas dünn über der Stirn, und deshalb wurden Haare von der Seite über die kahle Stelle gekämmt. In Mütze und Anzug waren zahlreiche Ölflecken zurückgeblieben, obgleich alles oft und sorgfältig gebürstet wurde. Dadurch hatte es der alte Wagenmeister erreicht, daß die Flecken blank geputzt waren. Die Ärmel waren an der Hand etwas nach außen gebogen und hart geworden. Auch die Hosenbeine waren unten etwas dunkel und hart, denn im Laufe der jahrzehntelangen Dienstzeit tritt man in manches hinein. Seine Stiefel waren blank und sauber geputzt. Aber es war etwas viel Wichse drauf, und an den Stellen, wo sie sich beim Gehen knicken, waren sie gebrochen. Schade! Übrigens trug er leichteres Schuhwerk, denn der alte Wagenmeister rangierte mit den mittleren Beamten der Straßenbahn. Leider war er seit Jahren schon etwas enrhumiert, hüstelte ständig von unten, da er einen dauernden Katarrh der Bronchien hatte. Soviel von ihm selbst.

Er saß also in seinem Zimmer und schenkte sich aus seiner Flasche seinen Kaffee ein und rauchte. Zwischendurch ging er öfter durch die Wagenhallen und beruhigte die Wagen, die nicht schlafen konnten, weil sie Kummer oder Zahnschmerzen hatten. Denn es war immer mal was los, besonders bei den Triebwagen. Die Anhängerwagen waren schon bedeutend ruhiger, es fehlte ihnen an der vorwärtsdrängenden männlichen Kraft der Triebwagen. Dem alten Wagenmeister kam es so vor, als wären sie die Frauen der Triebwagen, welchletztere die Männer der Anhänger waren. Manche hatten zwei Frauen, mehr erlaubte die Polizei innerhalb der Stadt nicht. Draußen durften sie 3 und 4 Frauen haben. Der alte Wagenmeister war stolz darauf, daß in seiner Zentrale nie etwas passiert war, nicht das Geringste. Nachts schliefen die Elektrischen in bestem Einvernehmen miteinander, hier die Triebwagen, dort die Anhänger, denn zusammen durften sie nie schlafen. Morgens waren sie dann gut ausgeschlafen und frisch für die Fahrt. Dann wurden sie gewaschen und frisiert, dann waren sie rein und adrett und trabten munter in der Stadt umher. Der alte Wagenmeister hatte in seiner Zentrale die nettesten von allen Straßenbahnen. Sie waren immer lustig, stets willig und läuteten in der Stadt so freundlich, daß mancher sich nach ihnen umsah und sagte: Sieh mal, solch eine liebe Straßenbahn, wie nett und wohlerzogen sie läutet. Der alte Wagenmeister aber legte sich morgens schlafen und schlief wieder bis zum Abend. Heute aber war es ihm etwas unheimlich zu Mute, er wußte selbst nicht, weshalb. Er ging wiederholt durch die beiden Remisen, und alles war in bester Ordnung. Alle Wagen schliefen, und sein Liebling, der Nummero 365, schnarchte sogar fest. Der alte Wagenmeister strich sich über seinen weißen Bart, dann strich er der guten Nummer 365 über die Hinterfront, ohne daß dieser was davon merkte; der alte Wagenmeister war überhaupt etwas schüchtern und heimlich mit seinen Zärtlichkeiten. Er verschloß nun die Tür der Remise sorgfältig und begab sich wieder in sein Wachthäuschen. Es schlug eins, es schlug auch zwei, und der alte Wagenmeister wurde müde und machte sein Nickerchen wie jeden Morgen um diese Zeit, wenn ihm sein Rheuma dazu die Ruhe ließ. Heute träumte er etwas unruhig, obgleich doch alles in der Remise in der besten Ordnung war, sogar in beiden Remisen, sogar in der Frauenremise. Und plötzlich wurde der Traum ganz schlimm. Es war ihm, als ob die Tür der Hauptremise sich öffnete, und die Nummer 365, sein Liebling, käme ganz allein herausgefahren, und, er mochte gar nicht weiter träumen... Vor Schreck wachte der alte Wagenmeister auf, wischte sich den kalten Schweiß von der Stirn, sprang auf, riß die Hundepeitsche von der Wand und eilte auf den Hof. Ihm war es nun sogar, als ob er einen Wagen ausfahren hörte. Das Geräusch kam von der Hauptremise her, und der alte Wagenmeister spähte jetzt scharf nach der Tür, hinter der sein Liebling stand. Und plötzlich, der alte Wagenmeister wollte schier seinen Augen nicht trauen, öffnete sich diese Tür. Dem alten Wagenmeister sträubten sich seine seitlich herübergekämmten Haare unter der Mütze zu Berge, und er hätte schier vor Entsetzen in den Boden versinken mögen, da kam auch schon der Nummero 365 aus der Tür herausgefahren, als ob sich das so gehörte. Er war hell erleuchtet, und kein Mann Bedienung darauf. Der alte Wagenmeister wollte schreien und nach Hilfe rufen, er konnte es nicht, er war zu sehr erschrocken. Keinen Fuß konnte er von der Stelle heben. Da kam, wie wenn das selbstverständlich gewesen wäre, der Nummero 365 vorgefahren, überfuhr die Weiche, hielt, und der alte Wagenmeister las die Reklame, die alte Reklame längs der Bauchlinie: ›Montblanc Füllfederhalter‹, und in dem Augenblick sprang die Weiche von selbst um, als ob sie mit im Komplott gewesen wäre. Und nun fuhr 365 direkt auf die Anhängerremise zu. Die Tür öffnete sich von selbst, 365 fuhr hinein, fuhr bis dicht vor Nummero 14 und machte eine höfliche Verbeugung. Schon sprang aus der einen Ecke geschäftig eine Koppelstange, und die Stifte von 365 und 14 senkten sich selbsttätig in dieselbe, und die beiden Wagen waren miteinander fest verbunden. Jetzt stöpselte sich auch die Lichtschnur selbsttätig ein, und auch der Anhänger war jetzt hell erleuchtet. In kurzer Zeit wurde auf gleiche Weise ein zweiter Anhänger, Nummero 301, angekoppelt, und nun fuhren die drei, ganz freundlich läutend, bimm, bimm, ohne einen Mann Bedienung quer über den Hof, direkt am alten Wagenmeister vorbei, auf die Straße und dann weiter. Der alte Wagenmeister faßte sich an seinen Kopf, ob er auch wohl nicht träumte, aber er träumte nicht, und die drei Wagen fuhren immer geradeaus, die Straße entlang, und der Wagenmeister rief hinterher: »Wollt ihr wohl voneinander!« Nun wurde er aber rege, er ging ans Telephon, aber das verweigerte den Dienst. Auch die elektrische Klingel zur Wohnung der Werkstattarbeiter streikte. Da mußte er selbst bei seinem Rheuma hinterher. Er steckte sich einen Strick ein, bestieg den Triebwagen Nummero 63, kurbelte ihn an, und es ging in rasender Fahrt die Straße entlang, immer hinter den drei entlaufenen Wagen her. Die Jagd ging quer durch die Stadt immer geradeaus. Einmal kamen gerade drei bezechte Studenten daher und riefen: »O, ein ganzer Straßenbahnzug mitten in der Nacht«, und sie stellten sich an der Haltestelle auf, »da können wir noch nach Hause fahren.« Aber 365 fuhr vorbei, und die drei Studenten glaubten, einen Rausch zu haben, denn es schien ihnen, als ob die Wagen ohne einen Mann Bedienung gefahren wären. An der Stadtgrenze hätte der alte Wagenmeister auf 63 die drei Ausreißer beinahe erreicht, denn er konnte schneller fahren, weil er nichts zu ziehen hatte. Da hielten ihn die Stadtwächter, die durch die 365 mit ihren zwei Frauen aus dem Schlafe aufgeschreckt waren, an. Jammer! Sie wollten sogar den alten Wagenmeister wegen groben Unfugs einstecken, aber er beschwor sie, ihn freizulassen, es handelte sich darum, die drei entlaufenen Wagen wieder einzufangen. Da ließen sie ihn frei. Allerdings hatten die drei jetzt einen bedeutenden Vorsprung. Sie fuhren durch Vorstädte, an Dörfern und Fabriken vorbei, die vollständig leeren Landstraßen entlang, bis zur Endstation.

Da kam auch schon der alte Wagenmeister dicht hinterher. Und was half es der 365, entweder sie mußte sich ergeben oder auf die Landstraße ohne Geleise und ohne Oberleitung; und sie entschloß sich zu letzterem, so gefährlich das für Straßenbahnen auch ist. Der alte Wagenmeister aber stand verzweifelt an der Endstation. Wie eine Hühnerglucke, die die von ihr ausgebrüteten Entenkücklein aufs Meer hinausschwimmen sieht. Bei seinem Alter und bei seinem Rheuma durfte er die Fahrt auf die geleiselose Landstraße nicht mehr wagen. Da rief er den drei Wagen noch aus Leibeskräften nach, der Himmel möge sie vor Torheit schützen, dann fuhr er zurück und kam als gebrochener Mann in seiner Zentrale an. Die 365 aber fuhr ganz lustig mit ihren beiden Anhängerfrauen durch die dunklen Dörfer, strahlend von Licht. Allmählich wurde es hell, und die Bauern stehen früh auf. Sie waren höchst erstaunt, daß hier eine Straßenbahn vorbeifuhr. Es kam ihnen gruselig vor und da holte ein frecher Bauernbursche seinen Dreschflegel und haute damit nach den Straßenbahnen. Es gab jetzt eine große Jagd. Von allen Seiten kamen Bauern mit Dreschflegeln, von hinten, von vorn, um den Nummero 365 mit seinen beiden Anhängerfrauen totzuschlagen. Dem 365 sträubten sich die Haare und standen zu Berge, und das sah schrecklich aus. Er fuhr so schnell wie möglich, und seine beiden Frauen hängten sich dicht hinter ihn. Aber einige Püffe bekamen sie doch. Und plötzlich stellte sich der Herr Pastor aus Dingsda mitten auf die Landstraße und las den drei Straßenbahnen eine fromme Epistel aus der Bibel vor, so etwas vom verlorenen Sohn, der nun die Schweine zur Strafe hüten mußte. Den drei Straßenbahnen wurde dabei ganz weh ums Herz, und sie fuhren vorbei. Da stellte sich ihnen irgendwo die freiwillige Feuerwehr entgegen, und sie wurden jetzt mit gelbem Wasser bespritzt, daß es eine wahre Schande war. Der 365 dachte jetzt an den alten guten Wagenmeister und wäre gern wieder zurückgekehrt. Aber hier in dieser erbärmlichen, gottverlassenen Gegend war an Umkehren nicht mehr zu denken. Das Herz klopfte dem 365 zum Halse hinaus. In aller Eile erwog er noch den Gedanken, mit den wilden Völkerschaften, die ihn offenbar für einen Tank hielten, Frieden zu schließen. Da kam ein Kanal quer über den Weg. Rechts eine Brücke über den Kanal, links ein Weg ins Wasser, eine Pferdetränke. Die Brücke war hoch, 365 erschöpft. Dazu die Angst. 365 überlegte nicht lange, sondern stürzte sich mit seinen zwei Frauen den Nebenweg hinunter in die aufspritzenden Fluten. Es zischte, und die drei Straßenbahnen versanken, und niemand hat mehr etwas gesehen von 365, 14 und 301. Der alte Wagenmeister aber setzte eine Prämie aus für denjenigen, der die drei kleinen Leichen finden würde.

Dadaisten. Dadaisten.

Im Kampfe für die Verbreitung des Dadaismus vermittelt die Zeitschrift Merz die Namen und Aussprüche einiger Dadaisten, die sich selbst zum Teil für dadafrei halten.

1. **ENGAU**, Ingenieur in Laubegast, Schöpfer des Bismarckehrengartens, „bestehend aus Steinen, Plakaten, Reliefs, Büsten und anderen Ehrungen, in Form von Denksteinen geschichtlich geordnet, so daß wir vom einen Stein zum anderen schreitend gleichermaßen durch die Jahrhunderte gehen können. Die auf den Ehrengaben befindlichen Widmungen haben ihnen Leben und Poesie verliehen Die Steine reden . . .“ Von Herrn Engau stammt ein complett dadaistisches Gemälde, bestehend aus einem wirklichen ca. 25 cm langen alten Nagel und einer Unterschrift. Ich glaube, daß es von Engau stammt, da es im Ehrengasthause hängt. Ich lasse hier ein Facsimile folgen:

Das ist der Nagel, den

BISMARCK

stets auf den Kopf getroffen hat.

2. **CARL BOBE**, Kulturpionier, Friedensstadt im Teutoburger Walde, Weltorganisator und Weltordnungsdiktator. Bobe schreibt: „An dem kupfernen, kriegerischen Cherusker Hermann, erbaut von Bandel, im Teutoburger Walde vollzieht sich geistig der große Friedenswandel. Im Paradies auf Erden, den 21. April 1922, dem 107. Geburtstage des deutschen Geistesheroen Bismarck. Geistesarbeiter aller Länder! Jeglicher Widerstand ist gebrochen. Um vorgenannte Beweise zu erbringen, benutze ich die günstige Gelegenheit, in erster Linie holzindustrielle Berufskollegen zur Möbelmesse einzuladen, wobei ich aber ausdrücklich betone. daß jeder fortschrittlich veranlagte Geistesarbeiter willkommen ist. Nebenbei gemütliches Zusammensein im Berggasthaus. Ich habe die hohe Ehre, gemeingefährlich geisteskrank erklärt zu sein. Kulturpionier Carl Bobe.“

3. Johannes **BAAADER**, Oberdada, Präsident des intertellurischen oberdadaistischen Völkerbundes, Telefon Steinplatz 18:

---

8 Sätze von Johannes BAAADER. Die Menschen sind Engel und leben im Himmel. Sie selbst und alle Körper, die sie umgeben, sind Weltallkumulationen gewaltigster Ordnung. Ihre chemischen und physikalischen Veränderungen sind zauberhafte Vorgänge, geheimnisvoller und größer als jeder Weltuntergang oder jede Weltschöpfung im Bereiche der Sterne. Jede geistige und seelische Aeußerung oder Wahrnehmung ist eine wunderbarere Sache, als das unglaublichste Begebnis, das die Geschichten von Tausendundeinenacht schildern. Alles Tun und Lassen der Menschen und aller Körper geschieht zur Unterhaltung der himmlischen Kurzweil als ein Spiel höchster Art, das so vielfach verschieden geschaut und erlebt wird, als Bewußtseinseinheiten seinem Geschehen gegenüberstehen. Eine Bewußtseinseinheit ist nicht nur der Mensch, sondern auch alle die Ordnungen von Weltgestalt, aus denen er besteht, und inmitten deren er lebt als Engel. Der Tod ist ein Märchen für Kinder und der Glaube an Gott war eine Spielregel für das Menschenbewußtsein während der Zeit, da man nicht wußte, daß die Erde ein Stück des Himmels ist, wie alles andere. Das Weltbewußtsein hat keinen Gott nötig. BAAADER.

4. **ALFA BEI TISCHE**, der Schriftgeist, Hannover, Ich citiere aus dem deutschen Blatte zur Befriedigung der Parteien vom Dezember 1917, genannt Hirnamtliche Richtung: „Eine fünfzeilige Mutung, die an Stoff 69 für Genügen durch den Geist hat, und zwar auf Sicht: 41 für das Wirken auf die Kraft, 25 für Gemeinschaft auf den Stoff und 3 für das Hirnamt auf den Geist: Nur die Verheit schuf den Krieg 4 für das Stolze! und der Krieg schafft den Frieden 2 für das Pflichten; im Ge·isten muß der Geist 3 für das Hirnamt schaffen, da ihm die Kritik 5 für das Glücken oliegt, was ihn begeistert 1 für das Leben. 5 Zeilen von je 11 Silben — ergeben 55 für die Reue — auf den Stoff! Gilt die Ziffer 5 für das Glücken, dann auch die Zahl 11 für den Genuß auf den Geist!

nur wandern unter dir mit silbernen Füssen!
einmal beleckst du meine Stirne
alle leben wir in deinem Stall

Tibor Déry

Tran 24 / die Schwanenjungfrau

Was man kaut, wird Brei (Ernst Lehmann)

Sinnbild für die brave Kritik

Der hannoversche Maler und Dichter Kurt Schwitters hat ein Sinnbild für die brave Kritik geschaffen, das eine naturgetreue Nachbildung des Querschnittes aus den Kritiken in Tageszeitungen ist. Die Tagespresse über Kunst, sozusagen Tageskunstpresse, hat ein Kinderkleidchen an. Keusch und tüchtig hat sie ein Schürzchen vorgebunden, mit Stickereibesatz natürlich, nicht zu verwechseln mit Stänkereibeschmutz. Beine hat sie keine. Sozusagen ausverkauft. Womit soll sie also gehen? Auf die Hände. Aber die sind sozusagen ebenfalls inclusive Arme ausverkauft. Womit soll sie also zupacken? Mit dem Kopfe. Aber der Kopf ist weiter nichts, als ein Kleiderhaken. Daran hängt die Tageskunstpresse. Womit soll sie aber denken? Zu dem Zwecke hat ihr der Künstler einen Ersatzreservekopf beigegeben, wie man solche bei den Büsten verstorbener altägyptischer Könige in deren Grabkammern in den Pyramiden findet. Der Kopf hat den eigentümlich bellenden Ausdruck der Tageskunstpresse, Brille auf der Nase und ein Kopftuch an Stelle des fehlenden Verstandes. Die Nase ist rot. Wer Sorgen hat, braucht auch Likör.

Franz Müller

Kunstschaffen

Unter Erziehung versteht man die Methode der Erwachsenen, sich das Leben der Kinder und das Leben mit den Kindern leicht zu machen.

Punch von Nobel

Es war ein Mann, der hieß Punch. Der hatte einen karierten Rock, rot kariert und weiß kariert und rot kariert und wieder weiß kariert. Und die Kinder hatten ihn gerne, weil er einen karierten Rock anhatte, rot kariert und weiß kariert und weiß kariert und rot kariert und wieder weiß kariert. Und seine Hose war gerade umgekehrt, weiß kariert und rot kariert und weiß kariert und wieder rot kariert; ganz große Karos, mal rot, mal weiß. Und sein Schuh, der war so fein, direkt aus Samt, roter Purpur. Auf dem linken war ein dicker Quast, dafür war der andere aber ohne Quast, sah aber auch nicht übel aus. Und Punch ging von Dorf zu Dorf und sang und erzählte, und die Kinder hatten ihn gern; denn er konnte ausgezeichnet singen wie eine Gans. Er sang:

»Ich heiße Punch von Nobel,
Ich bin ein lustiger Vogel,
Ich bin so fein,
Wie nur der feinste Mann kann sein.«

»Kann sein«, sangen dann alle Kinder mit, »kann sein.« – »Ja, warum denn nur ›kann sein‹«, sagte Punch, »denn es ist doch so.« Dann sagte jemand: »Du sagst es ja selbst: ›kann sein‹.« – »Dummer Junge, ich kann doch nicht ›ist‹ sagen, sonst reimt es sich doch nicht. Auf ›fein‹ kann sich doch nicht ›ist‹ reimen.« Da sagte ein Junge: »Du hast ja keinen Hut!« – »Ich habe aber besten Mut«, und die Kinder freuten sich, daß er so gut reimen konnte. Aber Punch ärgerte sich, daß er keinen Hut hatte. Was half ihm sein karierter Rock, rot kariert und weiß kariert und rot kariert und wieder weiß kariert, was half ihm seine Hose, weiß kariert und rot kariert und weiß kariert und wieder rot kariert, was half ihm sein Schuh aus Samt mit dem Quast darauf; und der andere ohne Quasten war aber auch nicht übel. Ein feiner Mann muß doch einen Hut haben. Er kann ihn absetzen und zu Hause lassen, wenn ihm beliebt, und wenn es warme oder trockene Witterung ist, aber er muß ihn haben. Dann weiß ein jeder, er hat ihn. Aber er muß ihn haben. Dann weiß ein jeder, er hat ihn. Aber Punch hatte ja keinen Hut. Und wenn er von Dorf zu Dorf wanderte, so riefen ihm die Kinder stets dasselbe nach: »Du hast ja keinen Hut!« Darum besann er sich auf eine List, er sagte: »Ich brauche keinen Hut. Punch ist nämlich auf Reisen. Denkt ihr etwa, daß ein so feiner Mann wie ich seinen Hut auf Reisen mit sich führt? Ihr seid einfältig.« Und die Kinder lachten und fragten ihn, wo er denn zu Hause wäre. Diese Frage brachte ihn immer in Verlegenheit. Denn er konnte doch unmöglich sagen, daß er auf der Landstraße geboren war, daß er seine Mutter gar nicht gekannt hatte, daß er überhaupt keinen Vater hatte. Darum sagte er: »Meine Mutter ist eine Gräfin von Witzleben, sie wohnt auf ihrer Burg und hat dort eine große Hutfabrik.« Und nun wußten es die Kinder, daß Punch von Nobel ein feiner Mann war, denn er hatte Hüte, soviel er wollte, in Hülle und Fülle. Im nächsten Dorfe aber mußte er wieder seine ganze Geschichte von vorn erzählen, von der Gräfin von Witzleben, seiner Mutter, die auf ihrer Burg eine regelrechte Hutfabrik hatte. Peinlich, so etwas; und die kleine Elli wußte es ganz genau, daß er kein Sohn der Gräfin Witzleben war; denn es gab überhaupt keine Gräfin von Witzleben, und er hatte überhaupt keine Mutter gehabt, sondern war im Wagen geboren. Ob das nun derselbe Wagen war, in dem sie heute noch hausten, das weiß ich als Autor selbst auch nicht. Jedenfalls hausten sie beide zusammen mit einer Truppe, um in Dörfern Schaustellungen zu geben. Und das ist wirklich wahr, denn ich hätte doch sonst kein Interesse, Euch was vorzulügen. Es war aber eine ganze Menge Menschen, die da zusammen reisten, denn sonst kommt kein Publikum. Und Punch war der Spaßmacher dabei, der Kasper bei der Truppe, wenn er auch der feinste Mann war, das sowieso. Denn dazu gehört auch am meisten Witz. Sie können sich keinen Spaß aus den Fingern saugen, das geht nicht, weil in den Fingern kein Spaß drin sitzt. Und wenn einer Spaß machen will, muß er ganz frei sein von zärtlichen Regungen, denn beim Spaßmachen wird immer wer beleidigt. Darum ist es ja ein Spaß für die anderen. Nur Punch selbst wollte und durfte sich nicht beleidigen lassen, darum war er ja der Spaßmacher. Ein Kasper aber kann selbst keinen Spaß vertragen. Und wenn die Kinder ihn wegen seines Hutes fragten, das war ja kein Spaß, das war ja eine richtige Frage. Wenn aber Elli ihn gefragt hätte, das wäre ein Spaß gewesen, denn sie wußte, daß er keinen Hut hatte, und kaufen konnte er sich keinen, dafür reichte sein Salär nicht aus. Punch hatte keine Angst, niemals, nur vor Elli hatte er Angst, sonst gar keine Angst. Und der Herr Direktor Fleisch gab ihm auch keinen Hut, weil sein Kostüm ohne Hut sein mußte. Da waren immer rote Karos und weiße Karos, aber kein Hut. Punch hätte zum Diebe werden können, wenn er nur gewußt hätte, wo er einen Hut stehlen sollte.

Aber ich muß Euch erst mal die ganze Truppe vorstellen, Elli kennt Ihr nun schon, das lange, magere Mädchen mit den blonden Locken, den treuen blauen Augen, den schmalen Lippen, großen Ohren, der spitzen Nase. Sie trug immer ein langes, weißes Spitzenkleid, ganz schlank und nackte Arme. Das Kleid wurde mit Puder geweißt, weil es doch nicht immer gewaschen werden konnte. Darum durfte ihr keiner zu nahe kommen, sonst hatte er weiße Flecken. Aber immerhin war das das Feine daran. Die Backen malte sich Elli kirschrot und die Lippen rosa an. Puder im Gesicht liebte sie nicht, weil der doch schon auf dem Kleide saß. Die nackten Arme waren blaurot, weil sie immer fror. Das kam von der Dünne. Elli war wie gesagt die Klavierspielerin bei der Truppe. Ein Klavier gab es in jedem Dorf, mal besser, mal noch besser. Einer durfte ihr immer helfen, die Noten umzublättern, der mußte dann aber auch immer die Tasten wieder hochziehen, die nicht von selber wieder hochgehen wollten. Dieses Amt hatte Erich, seit er der Truppe angehörte, weil er sich am meisten Mühe gab, die lahmen Tasten herauszufinden. Das war Erich Stöpsel, ein kleiner, dicker Mann, und er war nicht einmal standesgemäß. Denn eigentlich stammte er nicht von der Landstraße, sondern war Schuhmacher. Er war in Tutenhagen geboren und aufgewachsen und der Sohn des alten Stöpsel und einer ehrbaren Bäckerstochter aus Kirchhain. Aber der alte Stöpsel war sowieso Schneider, und da hatte er nichts dagegen, wenn sein Sohn mit der Truppe mitwanderte. Eines Abends hatte Erich Stöpsel in Tutenhagen die Truppe gesehen als Gast in der Vorstellung. Und als nun das blaue Licht kam, das blaue Licht, da war er weg gewesen. Also das blaue Licht, so etwas Wunderbares hatte er noch niemals gesehen. Dazu die nackten Arme von Elli, die sowieso blaurot waren, die herrliche Musik, der Tanz von Bugbear und Backside, alles in blauem Lichte, daß Erich Stöpsel es nicht mehr aushalten konnte. Er ging am nächsten Morgen zum Herrn Direktor, nachdem er in der Nacht keine Minute geschlafen hatte, und verlangte, in die Truppe aufgenommen zu werden.

Der Herr Direktor Hanns Fleisch mit 2 Enn war aber kein Hans Wurst, dann eher schon Hans Rote Rüben. Er sagte: »Folgendes«, denn das war seine ständige Redensart. »Lieber Junge«, sagte er, ich meine Folgendes, was bist Du denn und was kannst Du denn?« – »Schuhmacher«, antwortete Stöpsel. »Das ist gut, das paßt ganz gut. Du weißt, daß Du bei uns tüchtig arbeiten mußt?« – »Ganz gerne, aber was denn? Ich bin doch kein Athlet.« – »Schuhe besohlen.« – »Eure Schuhe mache ich recht gern mit, auch die von Elli.« – Da merkte der Herr Direktor Bescheid und holte den Vertragsentwurf. Erich Stöpsel begann ihn durchzulesen. – »Ja, wieso?« sagte er, da nahm ihm der Herr Direktor den Vertrag weg, schlug mit seiner fetten Hand auf den Tisch und sagte: »Dann nich!« – »Aber ich habe ja noch gar nichts dagegen gesagt!« – »Aber das genügt mir schon.« – »Aber ich will ja nur eine kleine Änderung haben«, sagte Erich Stöpsel. – Und er hatte noch nicht einmal alles gelesen. Da legte der Herr Direktor seine fleischige Hand auf den Tisch und sah aus wie Napoleon und sagte: »Wer ist hier Direktor, Sie oder ich?« – »Aber Herr Direktor, ich meine ja nur folgendes: ...« – Bei dem Wort »folgendes« wurde der Herr Direktor weich und stand nun als Mensch vor Stöpsel, denn er hörte zum ersten Male, daß jemand »folgendes« zu ihm sagte, genau wie er es sonst zu anderen sagte, und hörte ihn an. Und Erich begann zu weinen, denn er hatte die ganze Nacht nicht geschlafen. Als er aber die fleischige Hand Fleischens in seinem Nacken spürte, ermannte er sich kurz und gestand, daß er heiß und glühend die blonde Klavierspielerin in dem Puderkleide liebte, daß er ... – »Ja, wenn es so ist«, sagte Fleisch, »dann ändern wir natürlich den Kontrakt«, und er änderte ihn zu seinen eigenen Gunsten. Erich aber hörte gar nicht mehr zu, sondern nur, daß er bat, des Abends der Eilli die Noten umblättern zu dürfen. Fleisch machte ihn noch darauf aufmerksam, daß das eine sehr schwere Aufgabe wäre, schwerer als das Spielen selber, weil er dann auch immer auf die Tasten aufpassen müßte, die beim Spielen unten liegen blieben und nicht wieder hoch wollten. Aber Erich meinte, mehr als zehn würden das doch nicht bei einem Klaviere sein, denn sonst käme doch das ganze Klavier auf den Müll. Da beruhigte ihn Fleisch, obwohl er genau wußte, daß es oft bei weitem mehr als zehn Tasten waren bei den Klavieren auf den Dörfern. Und er sagte: »Wenn Du tagsüber fleißig Schuhe geflickt hast, dann darfst Du des Abends für Elli die Tasten hochziehen, die unten liegen bleiben und nicht von selbst wieder hochwollen.« Und Erich schlug ein und wurde Mitglied der Truppe. Der Vertrag war sehr hart. Nicht nur, daß er auf Lebenszeit Mitglied werden mußte, er mußte auch hart arbeiten, denn der Herr Direktor wollte durch Stiefelbesohlen viel Geld verdienen. Die Kinder des Wagens, die sonst betteln gegangen waren, gingen von nun an Schuhe holen zum Besohlen. Und Erich Stöpsel reparierte den ganzen Tag, im Wagen oder auf der Landstraße daneben, je nachdem die Jahreszeit und die Witterung war, die Schuhe der Dörfler. Es waren meist hoffnungslose Fälle, denn die leichteren machte der ansässige Schuhmacher selbst. Das Besohlen hatte für die ganze Truppe die größten Vorteile. Allein, weil die Kinder viel mehr geschenkt bekamen als sonst, wenn sie bloß betteln gingen, weil sie die ehrliche Absicht hatten, etwas zu verdienen. Und oft betrug der Verdienst am Besohlen mehr als die gesamte Einnahme eines Abends. Schließlich behielt man die besseren Stiefel immer zurück, weil es niemand beweisen konnte, daß er seine Stiefel der Truppe zum Besohlen gegeben hatte, und verkaufte sie einige Dörfer weiter als neu, wo es anzunehmen war, daß der ursprüngliche Besitzer sowieso nie hinkommen würde. Erich Stöpsel hatte es nicht geglaubt, daß er den ganzen Tag würde arbeiten müssen. Aber was half es ihm? Und so tröstete er sich, enfin...... Ihr möchtet nun gern wissen, wer Bugbear und Backside waren. Sie waren nämlich Bruder und Schwester. Eigentlich hießen sie Popanz und Popo, aber sie nannten sich auf englisch, weil das weniger unanständig war. Sie waren beide Tänzer. Bugbear war Schleiertänzer, d.h. er hatte entsetzlich viele Lumpen an, rosa, hellblau, himmelblau, zart violett, orange und wieder rosa. Popo dagegen, oder wie sie selbst sich nannte, Fräulein Backside, war Nackttänzerin. Aber sie liebte es nicht, nackt zu sein, so eine war sie nicht, sie war nur nackt aus Beruf. Während der Zeit, wo die Truppe feierte, war sie ein allerliebstes kleines Mädchen, sanft wie ein Engelchen, und dabei schmutzig, wie es bei der Truppe so recht beliebt war. Sie trug ganz lose, weite Kleider, grau in grau gestreift, einen dicken blonden Zopf und große rote Ohrringe. Sie war die Mama von allen, wenn sie auch die jüngste war. Und das war die erste große Enttäuschung für Stöpsel gewesen, der sie für eine Dirne gehalten hatte. Denn wenn es eine Enttäuschung ist, in einem Mädchen, das man für rein hielt, eine Dirne zu entdecken, so ist es umgekehrt eine noch bedeutend größere Enttäuschung. Und darum konnte auch Stöpsel ihr es nie verzeihen, daß sie wie eine Mutter war. Backside kochte, wusch, buck, machte reine, womit das Aufwirbeln von Staub innerhalb des Wagens gemeint ist, stopfte, flickte und war ein allerliebstes kleines Mädchen, ein wenig bleichsüchtig. Da war die Elli ganz anders, die schlief gern viel und fletzte sich gern draußen oder im Wagen stundenlang herum. Übrigens war Elli der Backside sehr befreundet, und sie war die Einzige, die sie auf Deutsch Popo nannte und nennen durfte. Bugbear war, wie gesagt, Popos Bruder. Zwar kannte keiner die Eltern der beiden mehr, aber sie galten immer schon als Geschwister, und man sagte, sie wären im Wagen geboren. Ob das nun dieser selbe Wagen war, das wußte man freilich nicht mehr zu sagen, aber das ist hier ja auch gleichgültig. Bugbear galt als Alkoholiker, obgleich er meist nüchtern war. Darum trank er immer, das heißt, sooft er konnte. Da er aber nicht oft konnte, weil er nicht Geld genug hatte, trank er nur, wenn er vom Publikum freigehalten wurde. Aber das gelang ihm nie. Denn seine Kunst war zu groß für das Publikum. Er liebte nicht die Posse, den Scherz oder den Spaß, dafür war ja Punch da, er war feierlich und pathetisch, hatte aber für keine zehn Pfennig Kultur im Leibe oder sonstwo. Er tanzte, wie ihm gerade der Schnabel gewachsen war. Er hätte lieber tanzen sollen, wie ihm die Beine gewachsen waren. Dafür hatte er aber für das Publikum nur einen Ausdruck: »Idioten.« – Wenn er frei war, liebte er die Einsamkeit und ging gern stundenlang in Wäldern spazieren. Deshalb hielt man ihn in den Dörfern öfter für einen Landstreicher. Übrigens nannte Elli ihn stets Bogil.

Im Dorf Kirchhain war im Restaurant Germania eine große Vorstellung. Durch Plakate war eine große Excentric-Schau der Fleisch-Truppe angezeigt. Hanns Fleisch hatte nämlich seinen Namen der Truppe vererbt. Und das war ein ausgezeichneter Trick gewesen, denn nun witterte man etwas Fleischiges, und das bringt immer Publikum. Daß Fleisch aber nur ein Eigenname war, ahnte keiner.

Der kleine Saal der Germania war deshalb auch bis auf den letzten Platz ausverkauft. An der Kasse saß Stöpsel, an Stelle der Frau des Direktors, weil die bei den Kindern bleiben mußte, bis sie schliefen. Übrigens war Fleisch der einzige verheiratete Mann in der Truppe, weil er es sich leisten konnte, denn er war hier der Herr Direktor.

Vorn im Saale saßen die Herren Lehrer, die eifrig rauchten und disputierten, dann kam das Volk. Auch einige Schüler waren dabei. Da kam, als alles schon besetzt war, eine dicke Magd herein. Stöpsel gab ihr zwar noch eine Karte, bemerkte aber dabei, sitzen könnte sie nicht mehr. Dabei sah er sie an, und sie trug ein Korsett. Ihr dicker Hals und ihre dicken roten Hände waren mit viel Spitzen sauber eingefaßt, die alle peinlich gewaschen waren. Und diese Pracht der Hüften. Stöpsel wollte ihr jetzt seinen Stuhl anbieten, aber da kam schon, ganz gegen seine Gewohnheit, der Herr Direktor selbst und verschaffte ihr einen Platz, indem er 2 Schüler aufstehen ließ. Und da saß sie nun mitten vor der Bühne, etwas hinter den Lehrern, die unter Wahrung ihrer Würde etwas vorsichtig zur Seite rochen.

Auf ein Glockenzeichen hob sich der Vorhang, die Menge sah bewundernd eine große vergoldete Sonne, die von unten herunterhing und aus Pappe war. Dann trat von der Seite Punch ein. Er wackelte, stellte sich breitbeinig auf und sagte seinen alten Vers:

»Ich heiße Punch von Nobel,
Ich bin ein lustiger Vogel,
Ich bin so fein,
Wie nur der feinste Mann kann sein.«

Die Kinder sangen wieder »kann sein« mit, und aus dem Publikum rief Stöpsel: »Du hast ja keinen Hut!« – »Ich brauche keinen Hut, denn ich bin der Sohn der Gräfin von Radelberg, die auf ihrer Burg eine regelrechte Hutfabrik besitzt. Das weiß ein jeder Narr.« Aber die Kinder riefen weiter: »Du hast ja keinen Hut, keinen Hut-Schapo!« Da war Punch sichtlich beleidigt, aber er mußte jetzt seine Rolle weiter spielen, deshalb ging er auf die Sonne zu und sagte: »Will doch mal sehen, was es heut Neues unter der Sonne gibt.« Und indem er die Sonne zur Seite schob, wie wenn sie aus Pappe gewesen wäre, denn sie war ja auch aus Pappe, da stand er ratlos da, denn es war niemand drunter. Einen Augenblick wußte er nicht, was er machen sollte. Er stand da und hielt seine beiden Hände fest. Dann wandte er sich an das Publikum mit den Worten: »Sie müssen sich noch einen Augenblick gedulden, meine Herrschaften, denn der Herr zieht sich eben noch an.« Und im Publikum hörte man Stöpsels Stimme: »Der hat eben die Magd gesehen, der hat jetzt keine Zeit.« Der Herr Direktor Fleisch aber rief hinter den Kulissen weg: »Komme gleich, werde soeben rasiert.« Punch zog also die Sonne wieder zurück, und die Sache begann wieder von neuem. Er zog jetzt die Sonne wieder zur Seite, und da stand Fleisch als Napoleon drunter. Und nun begann der Dialog:

Punch: Sehe ich recht?
Fleisch: Jawohl.
Punch: Ist das nicht Napolium?
Fleisch: Jawohl, ich bin es selbst, Kaiser Napoleon.
Punch: Aber wo sitzt Du denn drauf?
Fleisch: Auf Helena.
Punch: Dann komm doch runter.
Fleisch: Sitze fest.
Punch: Aber nich doch, wir wollen doch plaudern.
Fleisch: Kann nicht, bin festgewachsen.
Punch: Ja wieso denn?
Fleisch: Sie haben mich hier zu lange sitzen lassen.
Punch: Dann reiße Dich doch selber los von Helena.
Fleisch: Geht nicht.
Punch: Wird schon gehen.
Fleisch: Ich blute mich sonst tot.
Punch: Dann laß Dich doch von Deinen Armeen losreißen.
Fleisch: Alle verloren.
Punch: Aber Du hast doch 'n Heer, Napolium muß doch 'n Heer haben.
Fleisch: Ich habe keine Heere mehr, bin pleite.
Punch: Dann komm Du wenigstens mit Helena vorgeritten.
Fleisch: (reitet auf Helena vor; die Helena ist das alte Wagenpferd.) Punch, zieh die Sonne wieder vor, daß etwas Neues wieder wachsen kann.
Punch: (zieht die Sonne vor) Meinst Du, ich hätte nichts weiter zu tun, als die Sonne immer wieder vor und immer wieder weg zu ziehen, weil Du mit der Magd liebäugelst?
Fleisch: Keine Insubordination, ich sage hier folgendes: »Ich bin hier der Herr Direktor und nicht Du.« Jetzt muß ich gähnen: »Uah.«
Punch: Warum?
Fleisch: Weil ich jetzt sagen muß: »Ich langweile mich so sehr auf Helena.«
Punch: Aber Deine Rolle ist doch sowieso bald aus, dann kannst Du doch runter zur Magd.
Fleisch: Du redest irr. Ich langweile mich doch nur in mei-

ner Eigenschaft als Napoleon, als Euer Direktor langweile ich mich natürlich niemals.
Punch: Dann laß uns plaudern.
Fleisch: Ich will an meine großen Zeiten denken.
Punch: Wie warst Du froh nach Deinen Siegen bei den Pyramiden!
Fleisch: Was hilft er mir? Was hat er mir genützt? Nicht einmal die Magd besitze ich.
Punch: Dummerchen, Du liebes kleines Dummerchen, Du hättest sonst doch nie die eiserne Krone von Mailand tragen können.
Fleisch: Du quatscht, Direktor wäre ich sowieso geworden.
Punch: Jetzt fängst Du wieder an. Erst siehst Du nach den Busen der Magd, dann bist Du nicht unter der Sonne, wenn es Deine Zeit ist. Wenn Du nicht hier Direktor wärest, würde ich Dich entlassen.
Fleisch: Geh weiter, geh weiter, die Lehrer werden ungeduldig. Und ich habe auch keine Zeit.
Punch: Das Stichwort ist: »mir«, das ist noch nicht gefallen.
Fleisch: Was nützen meine Siege, was nützen alle meine Kronen m-i-r?
Die dicke Magd verzieht jetzt ihr Gesicht schmerzlich und sagt: »Der arme Mann, ist denn det wirklichen Gottes der wahre Napolium?«
Punch: Denk doch an Deinen Ruhm, an Deine große Zeit, die unvergeßlich ist.
Fleisch: Diese verfluchten Engländer sind das mal wieder gewesen, die haben die ganze Schuld. Nun bin ich festgewachsen.
Punch: Und was wünscht Du dir nun, ich will Dir's schaffen.
Fleisch: Ein Weib, ich wünsche mir die Magd da unten.
Die Magd: Aber nich doch, Herr Napolium, ich einfaches Mädchen, ach Gotte nee, ich schäm mir dod.
Punch: Befiehl, mein Kaiser, Punch ist die vier Jahreszeiten, Punch kann Dir alles schaffen.

Fleisch: Du weißer und geschickter Mann, Locheisen, wie nenne ich Dich?
Punch: Punch von Nobel, ich kneife wie ein Locheisen, darum bin ich Kasper Punch, Locheisen.
Fleisch: Also Punch, olles Locheisen, sieh zu, was es heut Neues unter der Sonne gibt. Ich glaube, es ist die Magd.
In dem Augenblick kommt Bugbear als Polter angelaufen.
Polter: Rauwau, rauwau, rauwauwauwau – – pum pum.
Fleisch: Oh meine Nerven!
Polter: Rauwauwauwau, rauwauwauwau, Schnapsnase, rumpumpum, rumpumpumpum.
Fleisch: So redet doch kein vernünftiger Mensch seinen Kaiser an, wenn er auch auf Helena sitzt.
Punch: Still, Polter, der hohe Mann hat schlechte Nerven.
Polter: Du hast ja keinen Hut.
Punch: Wenn Du mich hier beleidigen willst, zermürbe ich Dich unter meiner Faust.
Polter: Ick mache ihnen mundtot, waschtehste! (Geht mit erhobener Faust auf Punch los.)
Punch: (boxt ihn deshalb in den Bauch. Polter bricht zusammen.) Du Schwein!
Polter: Ui! Au! Ui! Au! Wau! Radau! Beb b blöder Hengst, Du solltest doch bloß markieren.
Punch: Ich warte auf das Stichwort: »Sonne«.
Polter: (sich in Schmerzen windend) Aua! Aiai! Du bist doch der größte Tölpel unter der SONNE!
Punch: Napoleon.
Fleisch: Er hat Dich doch gar nicht gefragt.
Punch: Mir auch egal, wenn das Stichwort: »Sonne« kommt, muß ich an dieser Stelle »Napoleon« sagen.
Polter: (immer noch liegend) Olle Kamellen, sieh doch zu, was es heut Neues gibt unter der Sonne.
Punch: (schiebt die Sonne wieder zur Seite. Es steht da Popo, nackt angezogen.)
Backside: Ich bin das Mädchen vom Lande, seid Ihr der große Kaiser?

Punch: Dann steigen Sie bitte ein, gnädiges Fräulein, ist alles schon erledigt.

Backside: (geht auf Napoleon zu.) Ich muß jetzt den großen Feldherren lieben, das ist meine Rolle.

Im Publikum wird es jetzt sehr unruhig, wegen der Sittlichkeit.

Die Magd: Lose Dirne, was fällt Dir ein, er liebt mich doch!

Jetzt springt ein Bauernbursche auf und ruft der Magd zu: »Infames Ludeer, was geht Dir das an?«

Backside: (hat vor Scham einen roten Popo bekommen) Ich bin doch nur aus Beruf nackt. Und ganz nackt bin ich sowieso nicht, sonst würde ich von der Zensur gestrichen.

Da ruft ein kleiner dicker Mann: Jawohl, blauviolett angestrichen.

Punch: (schiebt die Sonne wieder vor) Steigen Sie ein, gnädiges Fräulein, ach so, Sie sind ja schon eingestiegen.

Backside: Ich war so frei. (Das Publikum beruhigt sich ein wenig)

Napoleon: Bestes, schönstes und edelstes Fräulein!

Backside: Komm ja von Deinen Gaul nich runter, Du blutest Dich sonst tot.

Napoleon: Geh, Du bist langweilig.

Backside: Geh nicht, bist festgewachsen.

Napoleon: Dann komm Du zu mir rauf, bist nicht die Erste, die ich zu mir erhebe.

Backside: Oh, welch erhebendes Gewühl! (faßt an die Zügel Helenas und steigt in einen Steigbügel.) Oh, ich geringes Mädchen!

In diesem Augenblick steht die Magd plötzlich auf, stößt zwei Lehrer mit ihren Biergläsern glatt um, springt mit einem Satz über die Versenkung für die Musik auf die Bühne, und indem sie Fleisch mit beiden Händen in den Rücken boxt, spuckt sie Backside ins Gesicht.

Die Magd: Du unerhörtes, schamloses Weib, ich kratze Dich die Augen aus.

Und während sie auf die arme Backside losgeht, die doch nur aus Beruf nackt ist, haben schon zwei Bauernburschen

Fleisch von Helena heruntergerissen. Der eine Bauernbursche: Er hat gelogen, er blutet sich ja gar nicht tot, er kann wohl von dem Gaul herunter, er wills nur nicht.

Und damit Fleisch für seine Lügen bestraft wird, schlägt ihn der Bauernbursche der Einfachheit halber blutig.

In diesem Augenblick erscheint der Autor selbst. Er erkennt, daß hier eine Situation geschaffen ist, die zu keinen Resultaten führt und andererseits sehr langweilig werden würde. Sie wollen Beispiele? Ich gebe Schlagworte: Panik im Saal, Fluch des Publikums, irgendwer rettet die Kasse, für sich natürlich, der Backside werden selbstverständlich die Kleider gestohlen, damit sie nackend bleiben muß, irgendwer wickelt sie in seinen roten Schlafrock und entführt sie damit nach Hause. Napoleon spielt seine Rolle weiter, das heißt, er wird weiter blutig geschlagen. Der Saal ist nun leer. Die Polizei erscheint, als Fleisch zerschlagen liegen geblieben ist. Er lebt noch etwas. Außer dem sterbenden Fleisch ist jetzt kein Mensch mehr auf der Bühne oder im Saal. Die Polizei nimmt ihn fest, das heißt, er kann nicht mehr gehen. Da er nun nicht mehr mitgehen kann, droht die Polizei durch Schreckschüsse. Inzwischen werden Einbrüche im Dorfe verübt, weil der Gendarme beschäftigt ist. Der Gendarme stellt fest, daß Fleisch nicht mehr transportabel ist, und daher schleift er den Unglücklichen an beiden Armen ins Gemeindeamt. Am nächsten Morgen telephoniert er zum Arzt, weil das Telephon nur erst ab 9 Uhr Dienst tut. Der um 1 Uhr mittags erscheinende Arzt findet Fleischen als Leiche vor, und zwar verblutet. Irgendwohin sind alle Mitglieder der Gruppe verstreut. Nur Punch, um den das ganze Buch geschrieben ist, bleibt. Er benutzt die allgemeine Dunkelheit und die große Verwirrung, um sich an der nächsten besten Vogelscheuche zu vergreifen und ihr den Hut zu stehlen. Darauf begibt er sich auf die Wanderschaft, denn nun hat Punch von Nobel einen Hutschappo.

Der neue Hut aber ist viel zu unfein für ihn. Sehen Sie, das führt nicht weit. Daher besinnt sich der Autor auf etwas anderes. Alle Figuren nämlich, die ein echter Dichter selbst schafft, sind aus Pappe. Aber alle Pappe hat 2 Seiten. Daher dreht der Dichter seine Figuren einfach um, sobald es ihm gefällt. Also:

Wir verließen damals Fleisch auf der Bühne, wo er von den Bauernburschen blutig geschlagen wurde. Jetzt kommt der Dichter und dreht ihn um. Und sie staunen, welch ein entzükkendes Mädchen auf Fleischens Rückseite gemalt ist. Das Mädchen aber hieß Frieda Meier. Warum sollte sie denn anders heißen? Sie sieht aus wie Meier, und zwar Meier ohne y, ihr Vorname Frieda ist nicht im geringsten ungewöhnlich, also ein ganz und gar gewöhnliches Mädchen war sie, weder zu alt noch zu jung. Und von nun an bleibt Herr Direktor Fleisch verdreht, er ist und bleibt bis auf Widerruf Frieda Meier. Dafür aber rettet er sein Leben, denn die Bauernburschen staunen über diese Verwandlung und haben nicht den Mut, das hübsche Mädchen weiter blutig zu schlagen. Die Truppe ohne Direktor geht natürlich auseinander, wohin ist zur Zeit egal. Und was nützt es Fräulein Frieda Meier, daß sie hier auf der kleinen Bühne im großen Saale der Germania in Kirchhain steht? Nichts! Was bleibt also einem gewissenhaften Autor übrig? Er dreht auch den Saal der Germania um, nachdem die Bauernburschen wie beleidigte Hunde abgezogen waren. Und Sie staunen, was auf der Rückseite des Saales ist: es ist weiter nichts als der bekannte Badestrand von Heringsdorf. Und Frieda Meier setzt sich sofort in einen Strandkorb mit schwarz weiß rot karierten Wimpeln, zieht sich aus und erscheint als Badeengel in gelbem Trikot. Und wenn die Sonne darauf scheint, so leuchtet sie wie die Sonne selbst. Aber hier beginnt der Autor zu streichen. Das alles paßt ihm noch nicht. Ich streiche der Einfachheit halber zunächst die Umgebung einfach durch, kreuz und quer durch, und sage nur »einst« und »irgendwo«, an Stelle von »Heringsdorf«. Es bleibt Frieda Meier bestehen, die nun auch eine übliche Kleidung in beliebiger Umgebung und zu beliebiger Zeit erhält. Irgendwo traf sie einen Herrn, der sich ihr in irgendeiner Weise näherte. Die beiden lernten einander in irgendeiner

Weise kennen. Es entstand die übliche Konversation, zum Beispiel: »Können Sie mir wohl sagen, welche Bedeutung das Zwerchfell bei der Entwicklung des Repetiergewehrs hat?« – oder: »Wie war der Erfolg auf der letzten Leipziger Messe?« Und er erfuhr bei dieser Gelegenheit, daß sie Frieda Meier hieß. Er stutzte, denn es fiel ihm auf, daß sie Frieda Meier hieß. Ihnen, lieber Leser, würde das nicht so aufgefallen sein, wie es Herrn Fritz Meier auffiel, daß jemand Frieda Meier hieß. Und Sie ahnen nun wohl auch schon den Grund. Oder soll ich deutlicher werden? Meier fragte: »Mit y?« – »Nein, mit i«, – Meier: »Ich schreibe mich ja auch mit i.« – »Ich auch.« – Und damit waren sie so gut wie verlobt. Das beste Einvernehmen war jedenfalls hergestellt, und aus dem i entstand spontan die Liebe. Sie können von Niederschlag, von subjektiver Interpunktion sprechen. Sie brauchen es auch nicht, jedenfalls wurde ein dauerndes Verhältnis hergestellt zwischen Frieda Meier und Fritz Meier, das zu einer dauernden Verbindung der beiden in der Ehe führte. Wie eben so Ehen so zustande kommen. Fritz und Frieda Meier wurden Mann und Frau und verlebten 4 Wochen reinen Glücks. Wie man das so nennt. Was aber ist Glück? Man könnte sagen: »Gesteigertes Lebensgefühl.« Aber das könnte auch ein Irrtum sein, denn Steigerung braucht nicht Glück zu sein. Es kommt darauf an, was man steigert. Man kann wohl Glück dabei haben, braucht es aber nicht unbedingt. Es wäre notwendig, sich darüber zu einigen, was man mit Glück meint, wenn man Glück definieren will. Ob es subjektive Empfindung oder eine Eigenschaft oder Erscheinung der Dingwelt ist, die von für viele geltenden Attributen begleitet ist. In diesem Falle handelte es sich um ein Ding außerhalb von uns. Wie aber kommt Glück außer uns? Hier muß man zur Typologie greifen. Je nach dem Weltanschauungstypus ist Glück jedesmal etwas Verschiedenes; innerhalb dieses Typus aber sollte es idealsubjektiv betrachtet dem Wohlbefinden gleichkommen. Zum Beispiel liegt Glück für den Ernährungstypus in Hunger, für den Bewegungstypus in der Geschwindigkeit. Glück hat keinen Inhalt, weil es nicht existiert. Es ist das Bild eines Zustandes, und jeder Mensch kennt dieses Bild. Es ist das Bild des wünschenswerten Zustandes, der zur Voraussetzung hat, von außen kommenden Spannungen keinen Widerstand entgegenzusetzen. Aber was nützen uns endlich solche Definitionen? Es ist eben nicht so einfach.

Wie dem aber auch sei, Meiers verlebten 4 Wochen reinen Glücks. Aber nun wurden sie Freunde nach 4 Wochen glücklicher Ehe. Es soll mir nämlich keiner sagen, daß bloße Freundschaft zwischen den verschiedenen Geschlechtern etwa nicht möglich wäre. Dann soll er erst einmal alle Ehen von über 4 Wochen kritisch betrachten. Das heißt, falls die Liebe länger anhält, kann sie leicht in Feindschaft ausarten.

Ich beobachte dieses nämlich mittels meiner Phantasie an Meerschweinchen, jenen kleinen Insekten, die schon seit Tacitus' Zeiten als Versuchskaninchen besonders für medizinische Zwecke verwendet werden. Was aber ist Phantasie? Phantasie? – Das ist etwas, wer sie nicht hat, der hat die eben nicht, der kann sie auch nicht haben, dem kann kein Dichter helfen, ich auch nicht. Sie, verehrte gnädige Frau, haben selbstverständlich Phantasie, und Sie, mein lieber Herr Doktor, stehen mit beiden Beinen in der Wirklichkeit, und das erfordert riesig viel Phantasie. Und im Grunde haben wir überhaupt alle Phantasie, mit einem Worte alles. Was soll ich Ihnen da das Wort Phantasie noch groß erklären, aber Phantasie ist etwas ganz anderes. Sehen Sie, wenn ich hier in den Text zwei Striche drucken würde, so wäre das Phantasie, und zwar plastische Phantasie. Denn durch mittels meiner Phantasie entworfene zwei Striche habe ich Ihre Phantasie angeregt, wetten, daß ich Ihre Phantasie angeregt habe, und zwar zu der an sich selbst gerichteten Frage, was sollen hier nun wieder diese zwei Striche bedeuten, denn sie unterstreichen ja gar nichts. Jedoch unterstreichen die zwei Striche, was ich unterstreichen wollte, den Begriff Phantasie. Denn was bedeutet überhaupt ein Strich? Wer ihn hat, weiß es meistens nicht, aber der hat auch meistens Phantasie. Denn Phantasie ohne den sogenannten Strich gibt es nicht. Man sagt zum Beispiel, der Mensch hat wohl einen Strich, und meint damit jene außerordentliche Fähigkeit, Dinge miteinander zu verbinden, die auf verschiedenen Breitengraden liegen. Sie werden mir vielleicht zugeben, daß das Phantasie ist. Aber manchmal ist das nichts Außergewöhnliches, denn manchmal haben wir alle Phantasie. Manchmal haben wir alle einen Strich, Sie gnädige Frau haben sicherlich einen Strich, ebenso wie Ihr Mann, der mit beiden Beinen in der Wirklichkeit steht. Mit dem Strich ist es so, irgendwo müssen wir alle unseren Strich haben, denn Strich haben ist menschlich. Und zwar kommt das daher, daß wir nicht bloße Typen oder Normalien, sondern Individuen sind. Ich möchte nun Eure Hochwohlgeboren Phantasie nicht länger streichen, sondern, indem ich mit beiden Beinen in die Wirklichkeit springe, die Gegenfrage ausstreichen, was ist keine Phantasie? Ist z. B. Nüchternheit das Gegenteil von Phantasie? Und so komme ich auf unser Beispiel von Herrn Fritz Meier und Frau Frieda Meier, geborene Meier, zurück.

Ich habe nämlich 3 Meerschweinchen. Wieso? Warum staunen Sie? Sie wollen eine Erklärung haben? Gut! Oder wollen Sie doch lieber etwas von Meiers hören, jene schon oben angedeuteten Meiers mit i, nicht die mit y. Ich will Ihnen jetzt einmal erst rechts herum erzählen, denn ich kann bei meiner außerordentlichen Phantasie ebensogut links herum wie rechts herum erzählen. Aber warum soll ich Ihnen denn links herum erzählen, wenn ich ebensogut rechts herum erzählen kann? Ich kaufte mir also in der Inflationszeit, wissen Sie, was das ist? Also in dieser Zeit kaufte ich mir, da ich nämlich Devisen hatte, Sie wissen doch noch, was Devisen sind? Das sind nämlich jene kleinen Insekten, die schon zu Tacitus' Zeiten als Versuchskaninchen verwendet wurden; also ich hatte Devisen. Nicht viele. Aber man braucht auch nicht viele davon zu haben, zum Versuch genügts immer. Denn eine Dewiese geht gleich in die Millionen, was sage ich, in die Milliarden, was sage ich, in die Billionen gehn se gleich hinein. Das muß man mal mitgemacht haben! Und zwar geht das mit der Valuta zusammen, verstehen Sie? Aber was will man machen?

Also ich kaufte mir für fünfundzwanzig holländische Centen ein kleines schwarzes Meerschweinchen. Bis dahin wußte ich überhaupt gar nicht, daß schwarze Meerschweine vorkommen. Aber das nur nebenbei. Das Tierchen war schwarz und blieb schwarz, als wir es wuschen, so daß wir annahmen, es müsse wohl von Natur aus schwarze Haare gehabt haben. Solange das Tier jung war, war es ein richtiges rassiges Weib. Es begrüßte uns mit »tüt tüt«, und darum nannten wir es Tüti. Aber das alles nur nebenbei. Das Getüte aber wurde je länger je weher, so daß ich glaubte annehmen zu dürfen, Tüti wolle uns dadurch anregen, ihr einen Mann zu kaufen. Aber das alles wie gesagt nur nebenbei. Übrigens wollen Sie auch noch mehr von meinem Meerschweinchen hören? Oder soll ich Ihnen direkt vom Verlag aus einen Mann besorgen? Inzwischen aber war unser deutsches Geld stabil geworden. Wissen Sie, was stabil ist? Das weiß nämlich so richtig keiner; aber stabil ist, wenn man immer Angst hat, daß Inflation wieder los geht. An dieser Stelle kann ich Ihnen auch endlich sagen, was reines Glück ist. Reines Glück ist nämlich, wenn es nun gerade stabil bleibt. Nachdem nun unser deutsches Geld stabil geworden war, wollte ich mich denn doch als Kavalier zeigen und kaufte der Tüti für drei Rentenmark in einer der ersten Meerschweinchenhandlungen Hannovers einen Mann. Wissen Sie, was das heißt für einen armen Künstler? Noch dazu in unserer schweren Zeit? Der Mann sah auch vollständlich schwarz aus, vielleicht vom langen Lagern, aber als ich ihn wusch, wurde er braun weiß gescheckt, und wir nannten ihn deshalb Schecki. Aber das nur nebenbei. Und nun vergingen Tage der reinsten Freude, des reinsten Glücks unter den Meerschweinchen. Aber lassen Sie sich nur nicht stören wegen mir. Anfangs hatte es Tüti überhaupt nicht glauben wollen, daß es außer ihr noch Meerschweine gab. Sie hatte eben keine Phantasie oder vielleicht zuviel Phantasie, das ist nämlich ungefähr dasselbe. Aber das Glück dauerte nur einige Tage, und nun folgten Wochen der mehr oder weniger Langenweile. Wissen Sie, was Langeweile ist? Nein, sein Sie froh. Ich kann es Ihnen nämlich auch nicht sagen. Und schließlich saß Tüti unter der Kommode und Schecki unter dem Ofen.

Und wenn sie sich mal gegenseitig bei den Mahlzeiten trafen, so fletschten sie sich einander bissig an genau wie Eheleute.

Und nun nach vier Wochen glücklicher Ehe, respektive Glück, was dasselbe ist, saß Frau Frieda Meier, geborene Meier, im Herrenzimmer und rauchte Zigaretten, während Herr Fritz Meier zum größten Bedauern des Autors nicht etwa bei seiner Frau saß, sondern in einem bequemen Lehnsessel im Salon, wo er seiner Frau Likörbonbons langsam auflutschte.

Sie bemerken wohl schon die von mir beabsichtigte Parallelität mit der Meerschweinchenehe. Denn wegen der Parallelität habe ich überhaupt den ganzen Vergleich geschrieben. Aber das brauche ich wohl meinem Leserpublikum kaum weiter auseinanderzusetzen. Solche Parallelitäten haben ja bereits größere Kollegen und Dichterfürsten zu wiederholten Malen gefunden und dem stets aufs neue erstaunten Publikum vor die Hühneraugen gelegt. Man soll niemandem auf die Hühneraugen treten. Trafen sich aber nun Meiers zufällig gelegentlich der Mahlzeiten, so fletschten sie sich wild an wie Meerschweinchen.

Das »tüt« aber unserer Tüti wurde immer weher und weher, und wir wußten erst nicht, was dieses zu bedeuten hatte. Da aber war bei uns ein ganz großer Meerschweinologe mit Namen Mucki zu Besuch. Der untersuchte die beiden ganz genau an Hand von geprüften Tabellen und stellte sowohl ein- wie auswandfrei fest, daß Schecki auch ein Weibchen war, womit obige Parallelität zu der Ehe der beiden Meiers zum größten Bedauern des Autors leider vollständig aufgehoben wurde. Schade, was? Sehen Sie, so können sich selbst Dichter täuschen. Aber Sie werden mir das nicht weiter übelnehmen, denn selbst größeren Kollegen von mir ist manchmal sogar unbewußt mancher Irrtum mitgelaufen, man nennt das dann dichterische Freiheit.

Eines Tages, Meier und Frau waren ganz gemütlich zu Hause, jeder für sich, Gott für uns alle, da klingelte es, und vor der Tür stand ein untersetzter Mann, der auch nicht die leiseste Ähnlichkeit mit Fritz Meier hatte, welcher statt dessen aber groß und korpulent war. Der draußen war klein und mager, aber nicht etwa zierlich, dann eher im Gegenteil etwas hölzern. Fritz Meier war allerdings auch nicht zierlich, sondern dann eher korpulent oder massiv. Der draußen hatte schon ganz fiffige Augen, unser Fritz Meier dahingegen sah nicht gerade aus wie ein großer Forscher oder etwa wie ein Entdecker, dann schon eher wie eine Kuh, die satt ist und sich besinnt, ob sie bald wieder anfangen soll zu kauen. Der Mann draußen war angezogen mit einem kurzen hellgrauen Mantel, hingegen unser Fritz Meier war im Schlafrock. Der Mann draußen hatte kleine lustige Ohren, dagegen unser Fritz Meier trug ein Höhrrohr, weil er nämlich selten gut hören konnte, besonders wenn er aufgeregt war. Damit Sie mich etwa nicht mißverstehen, unser Fritz Meier konnte nicht etwa selten gut hören, sondern es war eine ganz besondere Seltenheit, wenn er mal gut hören konnte. Nun Sie verstehen wohl schon. Der Mann draußen stotterte ein wenig, ganz besonders wenn er aufgeregt war. Dann konnte er wohl zwanzigmal dieselbe kurze Silbe sagen, bevor er sich so recht dazu entschließen konnte, die nächste probeweise auszusprechen. War diese dann aber ganz und gar draußen, wurde sie der Gründlichkeit halber fünfundzwanzigmal wiederholt, bevor er sich entschloß, die beiden Silben mit voller Betonung etwa dreißigmal zu sagen usw. Unser Fritz Meier dagegen sprach frei, laut, offen, ruhig wie ein Redner, nur hörte er selten gut. Wenn er aufgeregt war, konnte man ihm etwa zwanzig bis dreißigmal dasselbe sagen, und wenn es auch nur eine ganz kurze Silbe gewesen wäre, bis er es verstand. Der Mann draußen war elegant, unser Herr Fritz Meier dagegen eher ein wenig nonchalant. Weltmänner waren beide, sie wußten, wie man sich zu benehmen hat oder auch nicht. Da muß man sich nämlich erst darüber einigen, was man unter Weltmann zu verstehen hat. Die Gesten des Weltmannes kannten beide. Jedenfalls was sie für solche Gesten hielten. Und vielleicht waren sie auch noch nicht einmal Weltmänner, sondern hielten sich bloß dafür. Jedenfalls fehlte es beiden nicht an der für den Weltmann nötigen Verachtung für solche Leute, die sich für weniger vornehm als sich selbst hielten. Das konnten unter Umständen solche Leute sein, die sich selbst für Weltmänner hielten.

Das Dienstmädchen unseres Herrn Fritz Meier öffnete dem fremden Manne draußen die Tür und fragte, was er wünschte. Er bat ganz einfach, den Herrn Fritz Meier sprechen zu dürfen. »In welcher Angelegenheit bitte?« fragte Minna, das Dienstmädchen, – »P p p p persönlich. Hier ist meine K k k k karte.« Und dabei überreichte er ihr eine Karte, auf der schlicht der Name Fritz Meier stand. Minna betrachtete die Karte, las den Namen und glaubte eine Halluzination zu haben und machte deshalb vorsichtig die Tür zu. Denn irgend etwas stimmte hier offenbar nicht. Denn wie kam dieser Mensch da draußen zu dem Namen ihres Herrn, Meier, noch dazu mit i? Er hatte offenbar eine Karte von Fritz Meier sich zu verschaffen gewußt und suchte mit dieser falschen Karte sich Einlaß zu erschwindeln. Fritz Meier kaute soeben einen Likörbonbon, als Minna ihm die Karte Fritz Meiers überreichte. Fritz Meier überprüfte flüchtig die Karte Fritz Meiers: »Aber das ist ja meine eigene Karte.« Er holte aus seiner Brieftasche eine Karte und legte sie zu dieser soeben hereingetragenen. Es war derselbe Name Wort für Wort, sogar mit i, noch dazu die gleiche Schrift, sogar die gleichen Typen. Meier glaubte eine Vision zu haben. Da überlegte er nicht lange, sondern sagte dem Mädchen rund heraus, da draußen könne kein Mann stehen, vollständig ausgeschlossen, daß da ein Mann stände.

Aber Minna versicherte Herrn Fritz Meier, daß da draußen tatsächlich ein Herr stehe, der ihr diese Karte gegeben hätte, Ehrenwort. Sie hätte es anfangs selbst nicht glauben wollen, aber der Herr hätte ihr diese Karte gegeben und wollte Herrn Fritz Meier sprechen. Herr Fritz Meier fragte: »Wie sieht er denn aus?« – »Klein und holzig.« – »Wie sieht er aus?« – »Klein und holzig, wie ein Totengerippe, aber sonst sehr fein.« – »Wie sieht er aus?« – »Klein und holzig.« – »Wie sieht er aus?« Herr Fritz Meier nahm jetzt sein Höhrrohr. »Klein und holzig.« – »Klotzig?« – »Nein, holzig.« – »Ach so, klotzig.« Herr Meier stieß einen dumpfen Ton des Grauens aus, als wenn eine alte Ziege eine Eule gesehen hätte. Der klotzige Mann, den er noch nicht kannte, depotierte ihm. Und er sagte: »Den könnte ich in meiner Hand zerdrücken.« Der Meier draußen aber war sehr fein, wie gesagt Weltmann. Er wartete ruhig und klingelte nicht etwa ein zweites Mal, sondern wartete, denn soviel wußte er vom guten Leben, daß man nicht zweimal klingelt. Der Meier von drinnen aber sagte: »Nein, sagen Sie dem Herrn, ich kann ihn nicht empfangen.« Da zog der kleine Meier ganz ruhig eine zweite Visitenkarte aus seiner Tasche und überreichte sie dem Mädchen mit der b b b b bescheidenen B b b b bitte, sie möchte dieselbe bitte der gnädigen Frau übergeben mit der B b b b bitte um Au au au au audienz. Minna warf hinter sich die Tür zu und überreichte der gnädigen Frau die K k k k karte. Frieda Meier stand am Fenster. Sie war dünn und schlank. Als sie die Karte las, erschrak sie ein wenig, denn sie mußte dabei unwillkürlich zurückdenken an ihre Jungmädchenzeit. Wie hatte sie innerlich gezittert bei dem großen Erlebnisse, daß einer Meier hieß, Fritz Meier. Damals jedenfalls. Und nun? Es war, wie wenn altes trockenes Holz plötzlich in Wasser gelegt wird, es beginnt wieder zu quellen und wird wieder grün. Frieda Meier quoll wie ein Schwamm. Sie fragte das Mädchen: »Wie sieht er denn aus?« – »Wie eine Spinne.« – Ihr grauste vor Spinnen, aber sie sagte: »Spinnen habe ich immer gern leiden mögen, führen Sie den Herrn bitte herein!« – Während nun das Mädchen hinausging, um den kleinen Herrn Meier zu holen, kam der große Meier in Frau Frieda Meiers Zimmer und sagte: »Was fällt Dir denn ein, einen fremden Herrn hereinzulassen?« – Frau Frieda Meier wurde jetzt spitz wie eine Stecknadel und sagte: »Das geht Dich nichts an, denn der Herr wünscht mich doch zu sprechen.« – »Mich zu sprechen?« – »Nein mich!« – »Also mich?« – »Nein mich!« – »Also doch mich!« – »Nein mich!« – »Aber mich auch!« – »Meinetwegen Dich auch!« – »Aber ich habe mir seine Frechheiten nicht gefallen lassen!« – »Wieso denn Frechheiten?« – »Was sagst Du?« – »Ich sagte, wieso Frechheiten?« – »Was meinst Du?« – »Wieso Frechheiten?« – »Ach so, ach so!« – »Ich frage Dich schon lange, wieso Frechheiten?« – »Was meinst Du?« – »Was Du mit Frechheiten meintest, frage ich.« – »Ja, das meine ich auch.« – »Was meinst Du, was, was, was?« – »Wer hat Wasser?« – »Ich meine, was Du von Herrn Fritz Meier meinst?« – »Das bin ich.« – »Was willst Du denn eigentlich von mir?« – »Der Idiot bildet sich ein, Fritz Meier zu heißen, wie ich. Solch ein Idiot!« – In dem Moment kam der kleine Meier gerade ins Zimmer, und der große Meier ging in demselben Augenblick automatisch hinaus. Frau Frieda bat den kleinen Herrn BITTE Platz zu nehmen, denn man ist gegen Besuch stets höflich. Man bietet dem Gaste einen Stuhl an und fragt, ob er wohl rauchen wollte. Damit er aber nicht zuviel raucht, hat man eine ganz bestimmte Sorte Zigaretten, die eben nur für den Besuch bestimmt ist, Marke Heldentod. Manchmal sind diese Zigaretten schon so alt, daß sie innen grün sind, denn Zigaretten können schimmelig werden. Diese Zigaretten aber sind gerade reif für den Besuch. Aber das nur nebenbei. Wenn Sie überhaupt etwas haben, das nicht mehr ganz einwandfrei ist, wie z. B. ranzige Butter, Milch mit einem Stich ins Saure, saures Bier, saures Brot, vollkommen hartes Brot, lehmigen Kuchen, etwas ältere Schokolade, Waldmeistertee, zähes Fleisch, sauer gewordenes Gemüse, Spargel aus aufgegorenen Weckgläsern, verdorbenes Fleisch, weiche Ölsardinen, tranige Enten, dem Besuch können Sie es ruhig anbieten, denn der darf aus Wohlerzogenheit nichts weiter sagen als: »Gnädige Frau, es schmeckt mir heute wieder vortrefflich, ganz ausgezeichnet, es hat mir in meinem ganzen Leben noch nie so herrlich gemundet! Sie haben doch eine vorzügliche Küche.« – Aber glauben Sie dem Gaste nicht zuviel, denn wenn er zuviel lobt, kann es vorkommen, daß er seine eigenen Worte nicht glaubt. Er sagt das dann nur aus Höflichkeit, weil man aus Höflichkeit doch immer lügen muß. Darum raucht er auch, denn rauchen und lügen ist doch dasselbe. Die Länge einer Zigarette aber ist das Maß für eine Länge eines Besuches, wenn man ihn recht förmlich gestalten will.

Unförmliche Besuche sind auch unförmlich bezüglich der Zeit. Erste Besuche pflegen stets förmlich zu sein. Bist Du wo zum ersten Mal, und man bietet Dir Zigaretten an, so darfst Du nicht lange bleiben. Reicht man Dir dahingegen Zigarren, so hat der andere es sich selbst zuzuschreiben, wenn Du so lange bleibst, bis die Zigarre alle ist. Du hast die Entschuldigung, daß es ungesund und unfein ist, auf der Straße zu rauchen. Denn die frische Luft bekommt scheinbar beim Rauchen nicht gut. Überhaupt darf man sich merken, daß es im Leben nie auf Schuld oder Unschuld ankommt, sondern stets auf eine gute Entschuldigung. Was man ist, ist gleichgültig gegenüber dem, was man sich zu entschuldigt.

Also der kleine Meier nahm Platz. Frau Frieda Meier bot ihm eine Zigarette an und fragte, ob er rauchen wollte. Meier dachte an die üblichen Folgerungen aus der allgemeinen Bildungslehre, wie wir sie vorhin angedeutet haben, wurde ein wenig verwirrt, denn er k k k k konnte doch nicht in k k k k knappen d d d d drei Minuten alles sagen, was er zu sagen hatte. Er dankte höflich, indem er mit dem Kopfe nickte und dazu k k k k sagte, weiter nichts, ganz simpel und ohne alle Umschweife. Dann mußte er sich erst einen Augenblick ausruhen, weil er sozusagen keine Luft mehr hatte. Frau Frieda Meier fragte höflich: »Was verschafft mir die große Ehre Ihres Besuches?« Der kleine Meier begann wieder mit k k k k und endete wieder mit der kurzen, aber präzisen Rede: »k k k k.« Frau Frieda Meier fand die Unterhaltung reizend. Sie lächelte entgegenkommend und sagte: »Ich verstehe Sie schon vollkommen, mein lieber Herr Meier. Zünden Sie sich vielleicht noch eine Zigarette an?« Meier zündete sich die zweite Zigarette an der ersten an, dann begann er fortzufahren: »K k k k k k entsch entsch entsch entsch entsch entsch entschul entschul entschul entschuldigen Sie b b b b bitte, aber aber a a a aber die ganze ganze ganze Ange ange ange angelegenheit heit heit die ganze Angelegenheit aber aber aber die k k k k entsch entsch entsch entsch b b b b bitte erregt mich so stark, daß ich daß ich d d d d daß ich sssssssonst sonst stottere stottere ich nämlich niemals nämlich meistens niemals nämlich meistens. Haben Sie verstanden?« Frau Meier lächelte begütigend und versuchte noch mal die bescheidene Frage, was er denn eigentlich von ihr wolle. Der kleine Meier begann mit einem kurzen: »K k k k k k und erzählte dann in mehr oder minder stotterndem Tonfall, daß er daß er daß er daß er, Wort für Wort drei- bis sechsmal wiederholt, daß er daß er daß er daß er.« Frau Meier war einfach gerührt, ähnlich wie Titania im Sommernachtstraum, denn sie denn sie denn sie denn sie... aber in dem Moment begann Meier wieder, daß er daß er daß er daß er. Frau Frieda Meier sagte, er möchte sich weiter keine Mühe geben, sie hätte ihn schon vollständig begriffen. »Ach so«, sagte Meier, «dann brauch ich es Ihnen weiter gar nicht zu sagen.« – »Rauchen Sie vielleicht noch eine Zigarette?« – »Ich ich ich ich ich ich bin bin bin bin bin bin b b b b bin ...« – »So frei, so frei«, ergänzte Frau Meier. – »Jawohl, ich bin so frei.«

Nebenan aber ging der große Meier auf und ab. Er saß nicht im Sessel seiner Frau und rauchte nicht deren Likörbonbons. Sondern er hielt von Zeit zu Zeit sein Hörrohr an das Schlüsselloch, um zu erfahren, was nebenan passierte. Er konnte mit dem besten Willen nichts verstehen. Dann raste er wieder von neuem auf und ab. Bis ihm endlich der bekannte Faden der Geduld riß und er ins Zimmer seiner Frau eintrat. Er donnerte nicht gleich los, sondern er war ja Weltmann. Er war ein wenig reserviert und blieb in der Tür stehen. Der kleine Meier ging auf und ab und ging auf den großen Meier zu und sagte mit einer förmlichen Verbeugung: »K k k k k k k k k k k.« – Worauf der große Meier antwortete: »Was meinen Sie?« – »K k k k k k k k k k k k.« – »Was meinen Sie?« – »K k k k k k k k k k k k.« – »Wie bitte?« – »Ich komme, i i i i i ich komme, ich...« – »Ich verstehe Sie ganz gut, Sie brauchen nicht so zu schreien!« – »Weil ich...« – »Sie brauchen es mir nicht zu wiederholen.« – »Weil ich ...« – »Wie bitte?« – »Ich denke, ich sollte nicht wiederholen?« – »Ja, bitte wiederholen Sie, ich verstehe Sie nicht ganz gut.« – »K k k k k kk k kk kk kk k kk k kk.« – »Jawohl.« – »K k k k k kk kk k kk k kk k kk k.« – »Kann ich mir denken.« – »K k k k kk k kk k kk kk kk k.« – »Aber was hat das mit meiner Frau denn zu tun?« – »K k kk k kk k k k k kk k kk kkkk.« – »Sie werden mir zu dreist!« – »K k k k k k k k k k k k k k k k k k k k k k kkkkkk k.« – »Ich muß hier energisch bitten.« – »K k k kk k kk k.« – »Was meinen Sie ganz richtig, mein Herr?« – »K k k kk kk k kk k.« – »Meine Frau?« – »K k kk k kk k k k k kk k kkkkkk.« – »Wie meinen Sie das denn?« – »K k k k kk k k k kk k kkk k k.« – »Ach so, in meinem Hause nicht, in meinem Hause geht das nicht!« – »K k k k k k kk k kk k kkkkk k.« – »Verstehen Sie, in meinem Hause geht das nicht, das geht nicht, ein für alle mal nicht.« – »K k k k k k k kk k kk k kk k.« – »Ich sage Ihnen doch, das gibt es nicht.« – »K k k k k.« – »Ich weise Ihnen gleich die Tür.« – »K k kk k k k k k k.« – »Wie bitte?« Der kleine Meier wollte gerade wieder: »K k k k k kk k k k« – sagen, da unterbrach Frau Frieda Meier, indem sie sagte: »Der Herr besucht mich, und Du hast ihn ja noch gar nicht angehört, was er eigentlich will. – Mein Mann hört nämlich nicht gut!« – »Jawohl, das will ich aber nicht.« – »Was willst Du nicht?« – »Das könnte Dir wohl passen!« – »Was könnte mir wohl passen?« – »Pastor?« – »Nein, so so sieht der nicht aus.« – »Ich habe ja gar nichts vom Pastor gesagt.« – »Was redest Du in einem fort von Pastor?« – »Nichts.« – »Sei nicht so kurz ab!« – »Nein!« – »So erkläre Dich deutlicher!« Da begann der kleine Meier wieder, indem er auf den Tisch sprang. Frau Frieda Meier warf ihm einen bewundernden Blick zu. Dann sprach Meier: »K k k k k k k k k k k k, k k k k k k k k k k k k k, k k k k k k k k k k k k k, k k k k k k k k k k k k,« und indem er ohne Unterbrechung weiterredete, um endlich herauszubringen, was er eigentlich sagen wollte, sagte er: »K k k k k k k k k k k k k, k k k k k k k k k k k k, k k k k k k k k k k k k k k, k k k k k k k k k k k k k k, ich ich ich i i i i i ich hei hei hei hei hei hei heiße heiße ich heiße nnnnnnnnnnämmlich, ich heiße nämmmmmlich F f f f f f ffffffff f f f fr Fritz Fritz Mmmmmmmm Meier, ich hhhh heiße nämlich Fritz Meier u uuu u u u uuund da d d d d da d d d d da, heiße nämlich dddd d d da habehabehabehabehabehabe habe ich dddd d d da habe ich nnnnnnn nämlich da habe ich m m m m mir nämlich g g g g g g g g g ge dacht gedacht, nämlllich Meier i i i i i ich w w w w w wollte w w w w w wollte, wollte, heiße, heiße, heiße auf diese Tatsache hin, tat tat tat ta ta ta tat Tatsache gedacht reisen, reisen.« – Mit einem Seufzer der Erleichterung atmete er auf und ab, sprang mit einem Satz wieder vom Tisch herunter und sagte: »O!« –, indem er mit dem Taschentuch nicht den Schweiß von der Stirn, sondern den Dreck vom Tische wischte, den er darauf getreten hatte. Frau Meier reichte ihm die Hand wie zum Gruße, denn sie freute sich so sehr, daß einer auf den Namen Meier hin reiste, weil er Fritz Meier hieß. Der große Meier hatte kein Wort verstanden, obgleich es der kleine Meier wohl oft genug gesagt hatte. Darum fragte er: »Wo haben Sie denn Ihre Bibel, Herr Pastor?« – Da begann der kleine Meier mit: »K k k k k k k k k k k k k k k k kk kk kk kk kk k.« Dieses Mal hatte es der Große Meier zum ersten Male richtig verstanden, deshalb fragte er: »Sie stottern wohl?« – Da antwortete der andere: »K k k k k k k k k kk kk kk k k«, und fuhr fort: »H h h h h h h h h h h hören Sssssssssssie et et et et et, etwa, hö hö hö hö hö hö hören Sie et et et et et et et et et et, Hhhhhhhhh hören Sie et et et et et et et etwa etwa etwa etwa etwa etwanicht etwanicht nicht g g g g g g g g ganz g g g g g g gut ganz gut ganz nicht gut?« – Aber der große Meier achtete nicht darauf, sondern befahl: »Sagen Sie fünften Moses 3, Vers 3.« – Da begann der vermeintliche Herr Pastor: »K k k k k k k k k k k k k k k kkkkkkkkk.« – »Allerdings, Ihr Gedächtnis ist gut, ich zum Beispiel hätte es nicht sagen können.« – »K k k k k kkkkk.« Und dann berichtete Meier, »daß er, daß er, daß er, daß er, daß er, daß er, in leicht gestotterter Rede, daß er auf den Namen Meier reiste, reiste, reiste, reiste, reiste, reiste, daß er nämlich auf den Namen Meier hin reisen, reisen, reisen wollte, wwwwwww w w w wollte, wollte, daß er auf den Namen Meier hin reisen wollte, um um um um um um in der g g g g g ganzen w w w w w w Welt alle Herren, a a a alle Herren Meier m m m m m m m Meier zu b b b b besuchen, die jedenfalls, die die die die die die m m m m m m Meier m m m m m m i i i i i i i i I Meier mit I hießen, gewissermmmmmmmaßen als Prediger, als p p p p p pp pppp pppp p p p p pp p p p ppp p pp p p p p pp p p p p pa pa pa pa pa pa pa Past Pastor, um eine g g g g g g Große Gemeinde aller Meier Meier Meier Meier mit I mit dem Vornamen Fritz oder Frieda zu gründen, zu b b b b b b begründen.« Da fragte der große Meier: »Wie bitte?« – Und so begann der kleine Meier wieder mit »K k k k k k k k k k k.« –

Aber dem Autor selbst riß hier die Geduld, wie er überhaupt leicht ungeduldig wird. Wie wäre es denn hier überhaupt möglich, aus diesem Di di di di di dilemma wieder herauszukommen, daß der eine stottert, während der andere taub ist. Die Idee der großen Gemeinde Meier mit I findet der Autor zwar durchaus diskutabel, und schlägt seinerseits hier vor, man solle zu diesem Zwecke eine kleine I i i i i insel kau kau kau kau kau kaufen und auf diese Insel alle Meiers mit I und dem Vornamen Fritz oder Frieda transportieren. Auf dieser Insel kann dann der Meierismus eingeführt werden, zur konsequenten Verarbeitung des ideal meieristischen Gedankens in einen nationalen Meierstaat.

Aber da fiel dem Autor ein, Herrn Fritz Meier, den kleinen Meier von draußen, ganz plötzlich umzudrehen. Denn alle Figuren, die ein Dichter selbst schafft, sind aus Pappe, und Pappe hat zwei Seiten. Daher dreht der Dichter seine Figuren einfach um, sobald es ihm gefällt. Und als der Autor nun Herrn Fritz Meier von draußen umgedreht hatte, da war auf der Rückseite ein Mann, der hatte einen karierten Rock an, rot kariert und weiß kariert, und rot kariert und wieder weiß kariert; und die Kinder hatten ihn gerne. Und der hieß Punch und hatte einen Rock an, der war kariert, rot kariert und wieder weiß kariert, und rot kariert und wieder weiß kariert, ganz große Karos, mal rot und mal weiß. Und sein Schuh, der war so fein, direkt aus Sammet. Roter Purpur. Und auf dem linken war ein dicker Quast, dafür aber war der andere ohne Quasten drauf, sah aber auch nicht übel aus. Und Punch konnte so gut singen wie eine Gans. Und er sang:

»Ich heiße Punch von Nobel,
Ich bin ein lustiger Vobel,

Ich bin so fein,
Wie nur der feinste Mann ist.«

Denn er hatte von dem alten Punch von Nobel gar viel gelernt. Zunächst reimte er auf das Wort »Nobel« das Wort »Vobel«. Dadurch unterschied er sich sofort vom alten Punch. Denn es war tatsächlich ein neuer Punch von Nobel und nicht der alte. Irgendwo lebte der alte Punch von Nobel auch noch weiter. Und nun konnte es sich der neue Vobelpunch leisten, den Reim von »Fein« und »Sein« auszumerzen, weil ein Reimgedicht sich doch nur an einer Stelle zu reimen braucht. Das können Sie schon an jeder klassischen Dichtung studieren. Dafür drückte er sich an Stelle des zweiten Reimes korrekt aus, er wäre so fein, wie nur der feinste Mann ist. Keiner konnte ihm nun »kann sein« nachrufen, und es tat es auch keiner. Nur machte das Ehepaar Meier ziemlich verdutzte Gesichter, als sie den kleinen Meier plötzlich so verändert fanden. Und Frieda Meier sagte noch: »Sehe ich recht?« – Da drehte der Autor nun auch sie um, und auf ihrer Rückseite stand, wie Sie ja wissen, Herr Direktor Hanns Fleisch in der Gestalt und dem Kostüm des Kaisers Napoleon auf Helena. Und Fleisch sagte sofort: »Also hier finde ich endlich einen von meiner Truppe wieder.« – »Sie irren sich, Herr Direktor, ich heiße zwar Punch von Nobel, habe aber niemals einer Truppe angehört.« – »Dann sagen Sie bitte Ihren Vers.« – »Ich heiße Punch von Nobel, ich bin ein lustiger Vobel, ich bin so fein, wie nur der feinste Mann ist.« – Da sah es der Herr Direktor, daß es der Vobelpunch war, und begann mit ihm zu unterhandeln wegen Eintritts in die Truppe, die er jetzt neu gründen wollte. Punch fragte, wo denn die anderen wären. Da konnte der Herr Direktor nichts Näheres angeben, weil sie alle auseinandergelaufen waren, und sagte deshalb: »Was geht Dir das an?« Da unterschrieb Punch ohne langes Zögern den Vertrag, denn er war es satt, immer so allein zu reisen. Außerdem, wer konnte es wissen, wo und wann er wieder umgedreht werden würde, und dann wäre er ja wieder plötzlich Fritz Meier und seinen Vertrag sowieso los. Der übriggebliebene Fritz Meier aber verstand von alledem rein gar nichts, zumal er sowieso nichts verstand, weil er schwerhörig war. Daher fragte er: »Was sagen Sie?« Herr Direktor Fleisch stellte darauf sich und Punch vor und fragte höflich, wo er sich denn befände. Darauf sagte Meier, er bäte ihn dringend, doch endlich aus seiner merkwürdigen Verstellung heraustreten zu wollen. Denn er wäre doch seine Frau, Frau Frieda Meier, nicht wahr? Da sagte Fleisch: »Ich bin Direktor Fleisch von der Excentric-Schau«, worauf Meier antwortete: »Fleisch oder Vegetarisch, das ist mir einerlei.« – »Mein Herr, ich könnte Sie als dummen August ganz gut brauchen.« – »Was zu rauchen? Hier haben Sie eine Zigarette.« – »Wollen Sie oder nicht?« – »Was?« – »Ob Sie mit meiner Truppe mitreisen wollen?« – »Preise? Ich war noch nicht auf der Börse heute.« – »Mein Herr, wo bin ich denn hier hingeraten?» – »Ich kann Ihnen schlecht raten.« – »Wo befinden wir uns denn hier?« – »Danke, ich befinde mich heute ganz gut.« – »Wie heißt denn diese Stadt?« – »Matt? Nein, kein bißchen, befinde mich heute ganz gut.« – »Was ist denn dies hier für eine Straße?« – »Von Dir lasse ich mich noch lange nicht auf die Straße setzen.« – »Der Mann ist ganz gut als dummer August zu gebrauchen. Wollen Sie nun mitkommen?« – »Wie lange soll denn dieses Spiel noch dauern?« – »Wir spielen eineinhalb bis zwei Stunden.« – »Was für Hunde?« – »Himmel Herrgott Sakra, wo sind wir denn hingeraten?« – »Wie bitte?« – »Gänsebraten?« – »Gottes Donnerwetter, ich bin Fleisch, Direktor der Excentric-Schau.« – »Fleisch oder kein Fleisch, was soll dieses Possen-spiel?« – »Wir spielen nicht Posse, wir spielen Napoleon.« – »Aber Sie wollen mir doch nicht weiß machen, daß Du Napoleon wärest.« – »Ich will hier raus.« Fleisch klingelt an der elektrischen Hausglocke, Minna erscheint. Fleisch: »Herrgott Sakra, was ist denn hier los?« Minna: »Was sind denn das für zwei Kerle?« Fleisch: »Ich kenne mich nicht mehr vor Wut.« Minna: »Wo ist denn Frau Meier?« Fritz Meier, der zufällig einmal richtig verstanden hat: »Die hat sich hier in diesen idiotischen Zirkusreiter verwandelt.« Minna: »Das soll Frau Meier sein?« Fleisch: »Blödes Frauenzimmer, wo sind wir hier?» Minna: »Ich denke, Sie wären gnädige Frau.« Fleisch: »Ich bin doch wahrhaftigen Gottes keine Frau, sehen Sie mich doch an aus Ihren blöden Kuhaugen.« Minna: »Gnädige Frau, verstellen Sie sich doch nicht so.« Fleisch: »Ich glaube, ich werde verrückt.« Meier: »Was bedrückt Sie, lieber Herr?« Punch: »Der Wahrheit die Ehre zu geben, dieses hier ist mein Herr Direktor, und ich habe mich neu anwerben lassen.« Minna: »Sind Sie hier etwa Diener geworden? Ich diene nicht mit Ihnen zusammen.« – Punch: »Bist du denn auch bei der Truppe geworben?« – Meier: »Ich schmeiße Euch alle raus, und dann will ich endlich meine Frau wiederhaben.« Minna: »Da ist die Tür.« Fleisch: »Raus, raus, raus, ich kann mich nicht mehr halten.«

Teils durch Meiers bedrohliches Benehmen, teils durch den Wunsch, doch endlich zu erfahren, wo sie hier eigentlich sind, gehn Fleisch und Punch hinaus auf die Straße und befinden sich vor Meiers Hause. Sie bleiben stehen, um sich zu orientieren, während Fritz Meier seine Frau überall sucht. Sie ist und bleibt fort. Er telephoniert sofort an die Polizei: »Hallo, hier Meier, wie bitte? Kann nicht verstehen, was sagen Sie, falsch verbunden, wer ist verbunden, ach so! Wie bitte? Ich kann Sie wirklich nicht verstehen.«

Unterdessen fragt der Herr Direktor Fleisch den nächsten Schutzmann nach Namen und Lage des Ortes. Er orientiert sich leidlich schnell. Irgendwo in der Nähe hatte er seinerzeit mit seiner Truppe gespielt.

Allerdings gab es einen richtigen Auflauf auf der Straße, denn er hatte seit längerer Zeit nicht Napoleon persönlich spazieren gehen sehen. Dazu war sein Begleiter ziemlich außergewöhnlich. Er hatte einen karierten Rock an. Rot kariert und weiß kariert und wieder rot kariert und wieder weiß kariert, ganz große Karos. Und die Kinder riefen hinter Punch her: »Du hast ja keinen Hut.« – »Ach, was brauch ich einen Hut«, sagte Punch. »Zeigt uns erstmal den nächsten Weg zum Gasthaus ›Germania‹.« Und sie hatten wirklich Glück, reines Glück, denn im nächsten Dorfe befand sich tatsächlich das Gasthaus ›Germania‹. Und auf der Bühne im großen Saal liefen drei Meerschweinchen hin und her, die quiekten sehr lustig und hatten offenbar großen Hunger. Da sagte Punch: »Wie heißt ihr denn?« Da sprangen alle drei vor und nannten ihre Namen. Und sie hießen Tüti, Schecki und Böcki, jedes mit einer Verbeugung. Das kam den beiden gleich verdächtig vor, denn die Meerschweinchen hatten so etwas Menschliches, daß sie unbedingt meinten, es müßten eigentlich Menschen sein. »Was meinst Du«, sagte Punch, »soll ich mal das Böckchen mit den roten Augen rumdrehen? Wir sind doch selbst auch umgedreht und haben dadurch unsere jetzige Gestalt gewonnen.« – »Punch, Du bist ein gescheiter Mann, ich wette, Du hast Recht. Und ich bekomme auf diese Weise meine ganze Truppe wieder zusammen, denn ich bin der festen Überzeugung, die Meerschweinchen sind nichts anderes als meine ehemaligen Schauspieler, denn warum wären sie sonst auf der Bühne?« – »Was meinst Du denn, was das Böckchen mit den roten Augen wäre?« – »Das ist selbstverständlich niemand weiter als Erich Stöpsel.« Und plötzlich drehte Punch das Böckchen um, und da war es wirklich Erich Stöpsel. Der ging sofort auf Fleisch los und freute sich innig, daß er seinen alten Direktor wieder hatte, und fragte, wo denn eigentlich Elli geblieben wäre. Da drehte Fleisch Tüti um, und es erschien Elli, die kleine schlanke Klavierspielerin, in dem einfachen Puderkleide. Da war der Herr Direktor so froh und sagte: »Nun können wir beinahe wieder spielen, meine Truppe wird allmählich wieder komplett, und er zählte auf: ich, Punch, Stöpsel, Elli, es fehlen nur noch Bugbear und Backside, sowie meine Frau und Kinder; aber die Frau und Kinder spielen ja sowieso nicht mit, also ist es mir einerlei.« Da sagte Punch: »Dann will ich auch eben Schecki umdrehen«, und er tat es. Und da stand plötzlich nicht etwa Bugbear oder Backside, sondern die dicke Magd. Fleisch sah sie mit einem süßen und einem sauren Auge an, weil er wußte, daß sie nicht spielen konnte, während er sich persönlich freute, sie wiederzusehen. Denn Fleisch war Geschäftsmann, und das Spiel war ihm erst das Wichtigste, daher verhandelte er sofort mit der Magd und mietete sie für seine Truppe, weil sie so dick war. Und nun überlegte er, was er mit diesen fünf Mitgliedern machen sollte. Für Napoleon reichte es nicht, wohl aber für sieben Jahre und das Weib. Das konnte er mit fünf Personen spielen. Und er stellte gleich das Programm auf:

Sieben Jahre und das Weib.

Personen:

Vier Jahre:	Hanns Fleisch selbst
Zehn Jahre:	Punch von Nobel
Ein Jahr:	Stöpsel
Das Weib:	Die dicke Magd
Das Unweib:	Elli

Und es begannen sofort die Proben. Und es ging alles glatt, und am besten spielte sogar die dicke Magd, Fräulein Helena. Denn eigentlich konnte sie gar nicht spielen, darum spielte sie am natürlichsten. Und in acht Tagen fand die erste große Vorstellung der neuen Excentric-Schau statt im großen Saale des kleinen Restaurant ›Germania‹ in Kirchhain. Überall waren große Plakate ausgehängt, die die erste Excentric-Schau der neuen Fleischtruppe ankündigten. Der Andrang war natürlich enorm, besonders da gleichzeitig ein großes Angebot von Gendarmerie mit angezeigt wurde, um das Publikum vor neuen Gewalttaten zu warnen. Und sie kamen gar mit in das Programm:

Die Gendarmerie: Der Gendarme.

Und der Gendarme mußte sogar mitspielen. Vorn saßen selbstverständlich wieder die Herren Lehrer beim Bier, dann kam das Volk, darunter einige Schüler. Stöpsel führte die Kasse. In zehn Minuten war der Saal voll. Daher ließ man ihn von der befreundeten Gendarmerie absperren. Am Vorhang saß Elli, und als der Vorhang geöffnet war, sah das Publikum zunächst nur einen dicken Strick quer über die Bühne liegen. Alles war stumm und blieb stumm. Es dauerte fünf Minuten, da sagte ein Lehrer: »Sieben Minuten haben wir nun schon gesehen, es fehlt das Weib und die sieben Minuten abzüglich dieser fünf Minuten.« Da gab es ein Glockenzeichen siebenmal, und es ruckte siebenmal an dem Strick, und ein Wagen wurde mit sieben Rucken auf die Bühne gezogen und stand beim siebenten Male fest auf der Bühne. Darauf befand sich die Magd Fräulein Helena, verkleidet als Weib. Und da sagte ein kleiner Mann: »Das Weib hätten wir nun, wenn es auch bedeutend mehr als sieben Jahre ist, aber wir wollen jetzt die sieben Jahre sehen.« In dem Moment kam Fleisch und sagte: »Kommt schon, ich bin zwar nur vier Jahre, aber ich komme soeben.« Und die Kinder riefen: »Oh, Napoleon.« – »Nein, Napoleon bin ich nicht«, sagte Fleisch, »ich bin nämlich Napoleon auf Helena. Das ist ein Begriff aus Raum und Zeit, und die Summe heißt vier Jahre.« Jetzt erschien die Gendarmerie. Der Gendarme: »Ich bin die Gendarmerie, ich habe das Publikum zu warnen, etwa die Aufführung stören zu wollen.«

Der kleine Mann: Das tun wir ja auch nicht, wenn gut gespielt wird.
Fleisch: Dafür lassen Sie uns sorgen, wir spielen ausgezeichnet.
Das Weib: Also vier Jahre suchst Du? Ich suche aber sieben Jahre.
Ein Lehrer aus dem Publikum: Du stimmst nicht, Herr Napoleon, denn Napoleon war sechs Jahre auf Helena, von 1815 bis 1821, und nicht etwa vier Jahre.
Ein anderer Lehrer: Wollen Sie bitte meine Uhr reparieren, Herr Napoleon?
Fleisch: Ist nicht nötig, die Uhren der Herren Lehrer gehen sowieso alle gleich.
Erster Lehrer: Er will sich um meine Frage drücken. Warum heißt Du denn nicht sechs Jahre?
Fleisch: Ganz einfach, ich selbst auf Helena das sind zwei. Ich war sechs Jahre auf Helena, nun bin ich fort. Ziehen Sie uns also zwei wieder von den sechs ab, dann bleiben vier übrig.
Es folgte ein Beifallsklatschen, daß Fleisch aufhören mußte zu sprechen. Dann kam Punch.

Punch: Ich heiße Punch von Nobel,
Ich bin ein lustiger Vobel,
Ich bin so fein,
Wie nur der feinste Mann ist.

Die Kinder: Du hast ja keinen Hut.

Punch: Aber guten Mut. Und meine Mutter hat eine regelrechte Hutfabrik auf ihrer Burg Radeberg. Ja, die ist eine Gräfin von Radeberg.

Fleisch: Das bist Du doch nicht. Das ist doch der andere Punch, der Vogelpunch.

Punch: Der ist auch die Vierjahreszeiten, ich dagegen bin zehn Jahre.

Der kleine Mann: Punch ist zehn Jahre, Napoleon ist vier Jahre, also sind die beiden zusammen vierzehn Jahre. Wir sollten aber doch sieben Jahre und das Weib sehen.

Der erste Lehrer: Ihr seid zuviel, das ist Betrug.

Fleisch: Sie irren, Herr Lehrer, seit ich auf Helena war, bin ich nur noch abzuziehen und niemals zuzuzählen. Punch und ich, das sind sechs Jahre.

Der zweite Lehrer: Also meine Uhr geht richtig, aber ihr zusammen, ihr seid sechs Jahre und nicht sieben.

Das Weib: Ich bin traurig. Ich warte auf sieben Jahre, und es waren nur sechs, darum muß ich einen großen Monolog halten.

Ich warte auf meinen Freier.
Sieben Jahre ist meine Feier.
Da kamen vier Jahre,
Und es war nicht das Wahre.
Da kamen zehn Jahre
Und trugen die vier Jahre
Auf die Bahre,
Und ich raufte mir die Haare,
Denn meine Feier
Ist zehn weniger einen Dreier,
Denn zehn weniger vier
Gehört zu mir.
Oh, ich unglückliche junge Dame.
Wenn doch mal der richtige käme!

Hier merkte sie es, daß sie vorbeigedichtet hatte, denn Dame und käme reimt sich nicht ganz gut. Wenigstens nicht an jenem Abend, darum verschwand Fräulein Helena. Während nun die Magd hinter der Bühne bleibt, kommt Elli, setzt sich auf der Bühne ans Klavier und haut darauf. Alle Tasten bleiben liegen, und sie kann infolgedessen bald nur noch fütt fütt spielen. Darum hört sie schließlich bald auf.

Elli: Oh, ich unglückliche Frau,
Wenn ich auf die Tasten hau,
So bleiben sie unten.
Und ich finde keinen Mann,
Der sie hoch mir ziehen kann.

Der zweite Lehrer: Wenn es weiter nichts ist, Frollein, gerne. Aber ohne Konsequenzen, bitte.

Stöpsel: Ist nicht nötig, denn dazu bin ich ja engagiert, auch ohne Konsequenzen.

Der zweite Lehrer: Wer bist du denn?

Stöpsel: Ich bin ein Jahr.

Der erste Lehrer: Dann sind jetzt sieben Jahre und ein Weib.

Der zweite Lehrer: Wieso?

Der erste Lehrer: Punch sind zehn Jahre, Napoleon gleich vier davon ab, sind sechs Jahre, die beiden zusammen und dieser kleine dicke Mann sind sieben Jahre.

Elli: Aber, ich bin doch kein Weib, denn ich spiele doch das Unweib.

Der kleine Mann: Zum Donnerwetter, wir wollen hier sieben Jahre und das Weib sehen, und nicht sieben Jahre und das Unweib, oder wir verlangen unser Geld zurück.

Der Gendarme: Spaß muß sein bei 'ner Leiche!

Elli: O!

Der Gendarme: Wo ist das Unweib?

Elli: Das bin ich.

Der Gendarme: Was will sie denn hier?

Elli: Ich spiele Klavier.

Der Gendarme: Es ist unstatthaft, daß Unweiber frei herumlaufen.

Das Weib: (hereinrufend) Dirne, abscheuliches Unweib, ich kratze dich deine Augen immer noch aus!
Elli: Sei doch einem armen Unweibe nicht böse! Was soll ich denn man hier bei die Herrens?
Der Gendarme: Ich nehme Sie fest, Unweib, kommen Sie mit! (Mit Unweib ab.)
Das Weib: Oh! ihr sieben Jahre, oh! ihr mein Glück.
Es wird jetzt rotes Licht angezündet, das Publikum ruft: »Ah!«
Der erste Lehrer: Es war geistig und nett, voll Witz und Humor. Sieben Jahre und ein Weib, wer ist der Dichter?
In diesem Augenblick erscheint im Publikum der wahre Punch und ruft: »Hier bin ich.« Er hat einen karierten Rock an, wie Sie ja wissen, und einen Hut auf und zwar einen Modellhut von der Radebergerhutfabrik. Er ruft gleich von der Tür aus dem falschen Punch zu:
Vogelpunch: Wer bist du denn, Du Affe?
Vobelpunch: Er heiße Punch von Nobel.
Vogelpunch: Ich ebenfalls, aber was bist Du denn?
Vobelpunch: Ich bin ein lustiger Vobel.
Vogelpunch: (Beginnt fürchterlich zu lachen) Was ist denn das für ein Tier, ein Vobel?
Vobelpunch: Weil Du zu dumm bist, sonst reimt es sich doch nicht.
Vogelpunch: Es reimt sich doch, bloß ein wenig vorbei, aber man kann doch die Sprache nicht einfach verdrehen.
Vobelpunch: Wer bist Du denn?
Vogelpunch: Ich bin ein lustiger Vogel.
Vobelpunch: Dann flieg doch mal.
Vogelpunch: Jawohl, sofort, Dir an Deinen blöden Kopf.
Vobelpunch: Wie fein bist Du denn?
Vogelpunch: Wie nur der feinste Mann kann sein.
Die Kinder: Kann sein, kann sein.
Vogelpunch: Nein, es ist so. Warum denn hat meine Mutter eine Radebergerhutfabrik?
Vobelpunch: Die hat ja gar keine, meine Mutter hat ja eine.
Vogelpunch: Wo denn man bloß? In Radeberg steht nur eine, das ist meiner Mutter ihre.

Vobelpunch: I, wo, Du hast ja überhaupt Deinen Hut einer Vogelscheuche geklaut.

Vogelpunch: (Wird rot vor Wut und springt auf die Bühne) Halunke.

In diesem Augenblick erscheint vorne in der Eingangstür ein Mann, der sofort auf die Bühne geht und deklamiert:

»Ich heiße Nunch von Pobel,
Ich bin ein listiger Hobel,
Ich bin so fein,
Wie nur ein guter Tischler sein.«

Die beiden hatten sich inzwischen schon in die Haare gekriegt, und die Hüte waren schon heruntergefallen. Jetzt aber lassen sie sich los und gehen beide vereint auf Nunch von Pobel. Und es half nichts, daß im Publikum jemand rief: »Ich heiße Lunch von Robel.« Denn die beiden Punch hauten schon auf den Nunch mit Stuhlbeinen. Inzwischen beginnt der Gendarme zu verhaften. Zuerst verhaftet er die Lehrer, dann die Schüler, dann den Wirt, das ist verkehrt, denn nun ist keine Aufsicht mehr da. Einige beginnen nun, das Bier direkt vom Spundloch in die Kehle laufen zu lassen. Es kostet ja nichts. Während jetzt der Gendarme mit der Verhaftung der harmlosen Lehrer beschäftigt ist, reißen die beiden Punch den Nunch von Pobel an den Beinen von unten bis oben auseinander. Und siehe da, als der letzte Rest auseinandergerissen war, da waren es zwei halbe Nunch, das sowieso. Die dicke Magd fiel jetzt in Ohnmacht. Hanns Fleisch begann einen Wutanfall, denn er wollte soeben Nunch von Pobel engagieren. In seiner Verzweiflung engagierte er jetzt Punch von Nobel, den Vogelpunch. Aber was sollten die zwei Hälften von Nunch auf der Bühne, daher drehte der Dichter sie einfach um, und da waren es Bugbear und Backside, und es war eine herzliche Begrüßung zwischen Backside und Elli, oh, Gott nein, das war schleimig. Die schnatterten wie die Hühner. Aber Sie haben ja sicher auch schon gesehen, wenn zwei Frauen sich begrüßen, und man denkt, die werden niemals fertig damit, wie wenn beide dreißig Eier gelegt hätten. »Nein, wie siehst Du nur gut aus.« – »Und wie ist es Dir denn so lange ergangen?« – »Ach zeig mal, Du hast ja einen neuen Hut!« – »Und Du ein neues Kleid! Das steht Dir aber mal gut.« – »Du, Dein Hut steht Dir aber wirklich gut.« – »Ach, und Dein Kleid ist aber wirklich nett.« – »Mir steht alles.« – »Bilde Dir man bloß keine Schwachheiten ein.« – »Meinst Du etwa, Dein neuer Hut wäre schön? Der reine Wolkenschieber.« – »Oh, das ist ein Parisermodell, bitte sehr.« – »Von anno dazumal, Du siehst aus wie eine alte Vogelscheuche.« Und so schnatterten sie weiter. Bugbear aber verhandelte unterdessen mit Fleisch für sich und seine Schwester wegen Eintritts in die Truppe. Und nun hatte sie wieder ihre Präsensstärke, da drehte der Dichter den Gendarme um, weil der sowieso nichts taugte, weil er die harmlosen Lehrer verhaftet hatte, da war es plötzlich die Frau des Herrn Direktor Fleisch, ach, war das ein Wiedersehen! Sie weinte dicke Tränen, und er sagte immer: »Laß mich doch, nun laß mich doch, aber nun laß mich doch endlich, ich habe geschäftliche Dinge im Kopfe.« Und das Publikum dachte, das alles gehörte zum Stück. Aber dabei war es doch außer Programm. Und da drehte der Dichter das ganze Publikum um, und da war es plötzlich eine Eskimobevölkerung von Spitzbergen. Und da drehte er den Saal von der Germania um, und da war es wieder der Strand von Heringsdorf. Und nun waren plötzlich die Eskimos in Heringsdorf. Und im Restaurant auf der Landungsbrücke befand sich die Fleischtruppe. Und nun begann der Dichter, wieder einzelne Leute aus der Truppe umzudrehen. Zuerst drehte er den Vobelpunch wieder um, und da war es Fritz Meier von draußen, und er stotterte schrecklich: »K k k k kkkk k k k k kkkk k k k kkk k k k k kkkk k k kk.« Jetzt aber triumphierte der richtige Punch, denn sein Nebenbuhler war plötzlich ein so entsetzlicher blöder Mann geworden. Oder finden Sie ihn etwa interessant? Dann verstehen Sie nichts von Männern. Und die dicke Magd war gerade aus ihrer Ohnmacht erwacht, als der kleine Meier von draußen sie aufforderte, mit in den Verein zur Förderung des Meierismus einzutreten. Und als sie eben zusagte, drehte der Dichter auch sie um. Und der stotternde Meier hielt jetzt nur ein Meerschweinchen in der Hand, das Schecki hieß. Und die Eskimobevölkerung dachte Visionen zu haben. Sie hielten das Meerschweinchen für einen jungen Löwen, weil es mit den Zähnen fletschte, übrigens eine sehr nahe Verwechselung. Ist mir selbst schon mehr als einmal passiert, daß ich mitten in der Nacht aufwachte, wenn so ein Meerschweinchen wie ein wild gewordener Löwe unter meinem Bett herlief. Und da rannten die Eskimos davon. Aber wohin? Quer über die Ostsee, direkt nach Spitzbergen. Denn in Spitzbergen gibt es keine Löwen, höchstens Seelöwen und Seehunde und Eisbären, sonst herrscht dort Frieden. Und Elli und Backside unterhielten sich noch immer über den reizenden neuen Hut, der aussah wie eine alte Vogelscheuche, da drehte der Dichter Elli um, und da war es auch ein Meerschweinchen, und zwar Tüti, aber Tüti lief sofort hinaus zu Fritz Meier, weil der doch Schecki in der Hand hielt, und gurrte und mauzte sehnsüchtig. Und da drehte der Dichter... nein, Verzeihung, er drehte nicht, sondern wer drehte, war Hanns Fleisch, und zwar drehte er an den Enden seines Schnurrbartes, denn er wußte vor Angst nicht, was er machen sollte. Einer nach dem anderen wurde umgedreht, da konnte kein Mensch ein solides Geschäft bei unterhalten, und da war der Dichter mitleidig und drehte auch Fleischen um. Sie wissen schon, was dabei herauskam, denn es war nicht das erste Mal, daß Sie auf seiner Rückseite Frau Frieda Meier sehen. Die aber war glücklich, daß sie hier ihren Mann nicht fand, denn halten Sie das mal aus, mit einem tauben Mann verheiratet zu sein, der gern viel redet, mögen Sie etwa gern immer: »Wie bitte?« hören? Es wird auf die Dauer auch langweilig. Darum näherte sie sich Herrn Fritz Meier von draußen, der so schön stottern konnte, und heiratete ihn plötzlich. Eine kluge Frau, nicht wahr? Punch von Nobel leitete die Hochzeitsfeier. Und damit endete die Geschichte.

Denn der Dichter selbst konnte aus dem Di di di di dilemma nicht herauskommen, daß durch Um- und Umdrehen immer wieder neue Situationen geschaffen wurden, die zu keinen Resultaten führten. Er erklärte sich daher selbst für verdreht und drehte sich selbst um. Auf der Rückseite aber stand, Sie werden selbst staunen, kein Geringerer als KURT SCHWITTERS. Und der hatte kein Interesse daran, PUNCH VON NOBEL weiter zu bedichten. Er schrieb seinen Namen darunter und das Datum, und es war am 5. 10. 1925, gerade an seinem zehnten Hochzeitstage. Das heißt, er ist niemals zehn mal verheiratet gewesen, sondern es war der Tag, an dem er einmal zehn Jahre verheiratet war. Das soll mir erst einmal einer vormachen. Geschrieben in Waldhausen bei Hannover, Waldhausenstraße 5, zweite Etage, in dem fabelhaften Stijlzimmer.

Der Schweinehirt und der Dichterfürst

Ein Schweinehirt hütete seine Schweine und flötete dazu auf seiner Flöte: »Piep, piep, piep, piep, piep, piep, piep.« Da kam ein Dichterfürst vorbei, der fragte ihn, ob er wohl glücklich sei! Da schlug der Schweinehirt seine blauen Augen auf und sah ihn an so tief wie ein See. Und sprach: »Ich bin wohl still und auch zufrieden, doch glücklich bin ich nicht. O, wär ich doch ein Märchenprinz! Wie viele Schweinehirten sind doch Fürstenkinder, wie viele!« Und er deutete dabei auf seine Bibel, in der er das gelesen hatte und die er nun als Kopfkissen benutzte. Da rührte er den Dichterfürsten, da nahm der Dichterfürst ihn mit und setzte ihn bumms in sein Meisterwerk, sein allerbestes Märchen, mitten hinein.

Und da saß er nun mit seinen schönen blauen Augen und war ein richtiger Prinz, ein echter Fürstensohn und hütete die Schweine seines Vaters, des alten Königs, und spielte dazu auf seiner Flöte: »Piep, piep, piep, piep, piep, piep, piep.« Und der Dichterfürst, der fragte ihn, ob er denn nun wohl glücklich sei. Da schlug der Schweinehirt und Fürstensohn wohl seine schönen blauen Augen auf und sah ihn an so tief wie ein See und sprach: »Ich bin wohl still und auch zufrieden, doch glücklich bin ich nicht. O, hätt' ich doch ein kleines liebes Weib, die so schön die Schweine hüten kann wie ich. Wie viele Schweinehirten haben wohl ein kleines, liebes, zartes Weibchen!«

Da freute sich der Dichterfürst, daß er ihn früh genug gefragt hatte, denn das Märchen, sein Meisterwerk, war noch nicht ganz zu Ende. Und bumms holte er von ungefähr aus seiner Phantasie ein kleines, zartes, liebes Weib daher, ein Mädchen mit blonden, langen Zöpfen und mit blauen Augen, mit rotem Röckchen, und die die Schweine hüten konnte, so schön wie der Prinz und Schweinehirt. Und es dauerte nicht so lange, da liebte sie unser Prinz wie seinen Augenstern, und es war, als hätte er in die Sonne gesehen, denn wohin er auch sah, da erblickte er ihre schlanke Gestalt, die roten Röckchen und die langen, blonden Zöpfe.

Da fragte unser Dichterfürst den Schweinehirten, ob er nun wohl glücklich sei! Doch der hub an: »O, Dichterfürst, ich war wohl still und auch zufrieden, wenn ich auch nicht glücklich war; doch nun ist es aus mit meiner Ruhe, aus mit meinem stillen Frieden und glücklich? – glücklich bin ich doch nicht.« Da fragte ihn der Dichterfürst, ob er denn wohl lieber das Mädchen mit dem roten Röckchen und den langen, blonden Zöpfen wieder herausnehmen sollte aus seinem Meisterwerk, jenem Märchen, in dem der Schweinehirt nun lebte? – Doch unser Schweinehirt und Fürstensohn schlug seine schönen blauen Augen auf zum Dichterfürsten, und seine Augen waren wie ein See, den eine Windsbraut peitscht, so naß und sprach: »Ich bin wohl nicht mehr still und auch nicht mehr zufrieden, und glücklich bin ich auch nicht; doch leicht kann Glück von solchen Mädchen kommen. O, laß mich, ich hab' Zeit, kann warten. Wenn ich je glücklich werden soll, so kann mein Glück recht gut bei diesem Mädchen sein.«

Und unser Dichterfürst versprach es ihm, nicht ohne des Hirten Willen das kleine Mädchen wieder fortzunehmen aus seinem Meisterwerk.

Und nun wurde das Abendrot so rosa, und die Sonne strahlte so hell am Tage und so dunkel in der Nacht, und der Morgen war so voll Tau und Frische, und die Nebel waren so weh und schön wie Brautschleier, und der erste Kuß war wie der Segen der Mutter und war so süß, Sacharin wäre noch gar kein Ausdruck dafür gewesen. Und nun hatten sie es gelernt und küßten sich alle zwei bis drei Minuten und hörten schließlich gar nicht mehr auf zu küssen, bloß wenn sie mal essen mußten und sonst.

Und nun fragte der Dichterfürst unseren Schweinehirten und Fürstensohn, ob er denn nun wohl glücklich sei? Da schlug der Schweinehirt seine schönen blauen Augen auf und sagte: »Glücklich? – war ich einen kurzen Augenblick, beim ersten Kuß. Nun ist es vorbei, und die Ruhe ist fort, und der stille Frieden ist fort, und alles ist fort, und ich muß mein Glück wieder haben, ich muß das liebe Mädchen zu meiner

Frau machen. Sind doch die meisten Schweinehirten verheiratet!«

Da wurde unser Dichterfürst sehr ernst, denn das einfache Bauernmädchen mit dem roten Röckchen und den langen, blonden Zöpfen konnte er doch dem Fürstensohne nicht zur Frau geben und sagte zu dem Schweinehirten und Fürstensohne, daß er doch bedenken solle, er wäre kein geringer und einfacher Schweinehirt, sondern ein Fürstensohn, und es paßte sich nicht für einen Fürstensohn, daß er ein einfaches Bauernmädchen heiratete. Was würde wohl der Fürst, sein Vater, der eine Zierde dieses schönen Märchens war, des Meisterwerks, was würde wohl der würdige alte Herr dazu sagen? Da sah der Schweinehirt ihn an mit seinen schönen blauen Augen und sprach: »Wozu denn bin ich Fürstensohn? Ich habe doch gedacht, nun könnte ich heiraten, wen ich wollte, und nun soll ich nicht einmal dieses liebe, schöne, frische Mädchen heiraten, weil es zu gering für mich ist. Und ich will gar keine Bessere. Ich mag doch nicht diese Scheuchen, die wie Veilchen riechen und wie eine Fahne flattern. Dann laß mich doch einen einfachen Schweinehirten bleiben, ich hab' es satt, ein Fürstensohn zu sein.«

Da wurde der Dichterfürst sehr traurig und sagte, aus Freundlichkeit hätte er ihn, den armen Schweinehirten, in sein Meisterwerk gesetzt, und hätte ihn bumms zum Fürstensohn erhoben, und hätte ihm ein Mädchen geschenkt zu seiner Kurzweil, und das wäre nun der Dank dafür, daß er, der Schweinehirt, nun dieses schöne Märchen, dieses Meisterwerk, vernichten wollte. »Starrkopf«, so herrschte er den Schweinehirten an, »wie kann ich denn nun am Ende meines Meisterwerks den König, deinen verehrungswürdigen Vater, zum Bettler werden lassen, der dich als einfachen Schweinehirten gezeugt hat?

Wie kann ich bloß? Habe ich nicht Komposition und Takt und Rhythmus in meinem Meisterwerk, und muß ich diese etwa nicht behalten? Wie stände ich als Dichterfürst wohl da, wenn ich den guten alten König, deinen verehrungswürdigen Vater, den ich zweihundert Seiten lang habe König spielen lassen, wenn ich den alten Herrn nun zum Bettler erniedrigte und sagte, alles Vorhergesagte wäre Schein gewesen, Betrug und Bauernfang? Weil dirs einmal so gefallen hat? Bin ich etwa dein Hausknecht? Ich ruiniere noch meine ganze Karriere wegen deiner blöden Primanerliebe! Ich sage dir, du kannst das Weib nicht heiraten, denn sie ist keineswegs standesgemäß für dich. Lieben darfst du sie, aber heiraten mußt du eine andere, die so schön nach Veilchen duftet und so herrliche, wogende und wallende Gewänder anhat.«

Da wurde unser Schweinehirt so in sich gekehrt, so schrecklich traurig, daß er mit seinen schönen blauen Augen weinen mußte, und sprach: »So nimm mich denn aus deinem Meisterwerk heraus, du großer Dichterfürst, ich störe es ja nur, ich tauge nicht zum Königssohn. Steck mich in ein geringeres Werk, doch laß mich Schweinehirt bleiben.« Da sprach der Dichterfürst: »Was nützt es dir wohl, wenn du in einem geringeren Werke ständest, du würdest darin doch nicht glücklich sein, das weiß ich aus der bösen Erfahrung, die ich mit dir Undankbarem gemacht habe; doch würdest du mir auch dieses Werk zerstören. Das tue ich nicht!«

Da sprach der Schweinehirt: »Dann laß mich frei, laß mich in Frieden ziehen und bringe mich zurück in meine Heide, daß ich die Schweine meines Bauern hüte wie zuvor, und gib das Mädchen mit dem roten Röckchen mit.«

Da sprach der Dichterfürst: »Das kann ich nicht. Ich kann dich wohl dem Leben wiedergeben und dich in Frieden ziehen lassen, doch das Mädchen, das weiter nichts ist als meine Phantasie, das kann ich dir nicht geben. Sie lebt doch gar nicht. Was wolltest du damit? Sie ist doch nur ein Blatt Papier, bedruckt auf beiden Seiten, mit Zeichen, die du doch nicht lesen kannst.« – Da sprach der Schweinehirt: »Dann gib mich frei, ich muß zurück in meine Heide.«

Und bumms setzt ihn unser Dichterfürst aus seinem Meisterwerk wieder heraus und in die Heide, an jenen Platz, an dem er ihn gefunden hatte. Und nun fragte er ihn, ob er endlich glücklich sei. Da sprach der Schweinehirt: »Mein großer Dichterfürst, ich bin wohl still geworden und auch zufrieden, ich hab' durch dich das Glück gesehen, ich will es nicht. Es gibt ein Glück, doch nur auf Kosten meiner Ruhe, meines Friedens. Was soll ich mit dem Glück? O, frag mich nicht, ob ich nun glücklich sei, ich will nicht glücklich sein. Laß mir die Ruhe, laß mir meinen Frieden; leb du im Glücke deiner Phantasie, mein großer Dichterfürst!«

Da sprach der Dichter: »Hirt, du bist weiser noch als ich. Was nützt es denn den Menschen, dem Glücke nachzulaufen? Es gibt kein Glück, das länger währt als einen Augenblick. Gib mir von deiner Ruhe, deinem Frieden, und ich will nicht mehr glücklich sein.« Da gab der Schweinehirt dem Dichterfürsten seine Hand und sah ihn an mit seinen blauen Augen, so tief wie ein See, und sprach: »Komm, setz dich zu mir, wir wollen Schweine hüten, du und ich, wir wollen essen, trinken, schlafen, in der Sonne liegen, und unsere ganze Sorge sei das Wohl der Schweine. Glück ist das nicht, doch Ruhe und Frieden.«

Die Zoologische Garten-Lotterie

Schulze bekam einen richtigen Brief mit der Post. »Donnerwetter«, dachte er, »da wird wer gestorben sein, ich weiß nicht, wer mir sonst schreiben sollte.« Aufgeregt riß er den Brief auf, da war es nur eine Anzeige der Zoologischen Garten-Lotterie. »Du solltest dein Glück mal versuchen«, sagte Frau Schulze, »ein Mann muß Unternehmungsgeist haben. Denk mal, wenn wir zum Beispiel eine Gans gewinnen würden, die könnten wir billig schlachten lassen und essen.« – »Aber wenn wir nun einen Elefanten gewinnen oder ein Nilpferd, was wollten wir wohl damit anfangen?«

In dem Augenblick kam Frau Schönwetter von nebenan aufgeregt herein und sagte: »Soeben habe ich einen Brief bekommen, und ich denke, es ist wer verheiratet oder gestorben. Ich reiße den Brief auf, und da steht da: ›Gnädige Frau, versuchen Sie Ihr Glück, hier können Sie einen Elefanten gewinnen.‹ Ich bin ratlos, was soll ich tun?« – »Natürlich ein Los nehmen«, sagte Frau Schulze, »wir nehmen auch ein Los.«

Da kam schon der junge Herr Gleiwitz von unten herauf und sagte atemlos: »Ich habe soeben einen Brief bekommen. Ich denke natürlich, Mutter ist krank, oder jemand hat sich verlobt oder ein Kind bekommen, aber es ist ein Los. Und richtig bedacht, warum soll ich nicht ein Los nehmen? Sehen Sie, ich kann einen Hund gewinnen, und ich wollte mir schon immer einen anschaffen. Ich werde ja wohl nicht gerade eine Riesenschlange bekommen, die mich nachts erwürgt, oder ein Lama, das mich dauernd anspuckt.« – »Wir nehmen auch ein Los«, sagte die Schulze, und da sagte ihr Mann: »Jawohl, und wenn wir einen Eisbären gewinnen sollten, wir können ja heizen.«

Die Tage bis zur Ziehung waren aufgeregte Wochen. Schulze hatte sich schon einen Reitanzug bestellt, um auf dem zu gewinnenden Zebra jeden Morgen zur Gesundung in den Tiergarten zu reiten, während Frau Schulze sich Schmalz gekauft hatte, um Gänseschmalz machen zu können. Und wie sie noch so redeten, kam ein eingeschriebener und versiegelter Brief. Schulze wußte es jetzt, **daß keiner gestorben oder geboren sein konnte,** denn er hatte ja ein Los.

Zitternd vor Aufregung riß er den Brief auf, dann setzte er sich wie gebrochen in seinen Lehnstuhl und sagte nichts. – »Was ist Dir, Alterchen?« fragte Frau Schulze. – »Wir haben den Hauptgewinn.« – »Ach, Du Süßer!« – »Laß das lieber sein«, sagte Herr Schulze, »wir sind ruiniert, denn wir haben den großen Löwen gewonnen, und der frißt uns alle auf.« – »Aber Männchen, wir haben doch immer so viele Küchenabfälle, oder es wird mal etwas Milch sauer, und dann die viele Kartoffelschale, das kriegt alles der Löwe.« – »Aber Liebste, denkst Du etwa, daß ein Löwe saure Milch säuft wie eine Ziege? Er ist doch kein Meerschweinchen. Da hast Du Dich aber geschnitten.« In dem Moment kam Frau Schönwetter herein.

Den Türgriff noch in der Hand haltend, sagte sie: »Ich habe das Nilpferd gewonnen, können Sie mir wohl Ihr Goldfischglas borgen?« – »Um Gottes willen«, sagte Schulze, »da müssen Sie schon Ihre Badewanne opfern, in unser Goldfischglas paßt es nicht rein.« – »Aber machen Sie keine Geschichten, Herr Schulze, es muß rein.« – »Aber wenn's nun doch nicht rein paßt?« – »Es wird schon rein passen.« – »Aber wenn's nun doch nicht rein paßt?« – Da sagte Frau Schulze: »Ach, Quatsch, wir haben nämlich den ersten Preis, wir haben den großen Löwen gewonnen.« – Frau Schönwetter stieß einen Schrei des Entsetzens aus. – »Warum schreien Sie denn so gewöhnlich?« – »Ach, ich dachte nur, wenn der Ihren Mann beißen würde.« – »Achgottenee! so was braucht unser Löwe nicht, den füttern wir standesgemäß. So 'n bißchen Kartoffelschale wird wohl noch übrig sein. Und wenn der das nicht mögen tut, denn muß er eben! Herrgott, an was haben wir uns selber im Kriege nicht alles gewöhnen müssen.«

Da stürzte auch schon Herr Gleiwitz herein: »Sie haben ja die Tür offen stehen.« – »Macht nix, wir haben ja einen Löwen, uns kann keener.« – Herr Gleiwitz sprang mit einem Satz auf die Kommode und fragte verwirrt: »Wo is denn der?« – »Noch isser im Zoo, der kommt morgen.« – »Ach so«, sagte Herr Gleiwitz und sprang wieder herunter, nahm eine königliche Miene an und sagte: »Ich habe zwei Paar Steinböcke gewonnen.« – »Dann nehmen Sie nur Ihre Steinböcke ein wenig in acht, daß unser Löwe die nicht frißt.« – »Wir müssen die Tiere aneinander gewöhnen«, sagte Herr Gleiwitz. – »Und ich habe das große Nilpferd«, sagte Frau Schönwetter. – »Wo wollen Sie das man bloß hintun?« – »Ich dachte in Schulzes Fischglas.« – »Das is bisken klein, ich würde Ihnen raten, sperren Sie das Vieh in die Küche, da haben Sie gleich fließendes Wasser, und da kann das Tierchen dann den Kopp unterhalten, das muß fürs erste genügen.«

»Emil, wo lassen wir denn unsern Löwen?« fragte Frau Schulze. – »Am besten in der Kammer auf Deinem Bettvorleger.« – »Ich schlage vor«, sagte Herr Gleiwitz, »wir mieten uns gemeinsam einen Möbelwagen und transportieren die Tiere zusammen, denn gewöhnen se sich gleich aneinander.«

Donnerwetter, staunten die Leute, als der Möbelwagen ankam. Frau Schulze hatte ihr Blauseidenes angezogen. Sie war die erste, die unten am Schlag stand. Als der Löwe herauskam, band sie ihm gleich ein hübsches blaues Bändchen mit einer Schleife um den Hals und streichelte ihm zärtlich Kopf und Nacken. **Da ging der gerne mit** und legte sich oben gleich auf ihren Bettvorleger. »Wenn der nur stubenrein ist«, sagte sie zu Emil, dann ging sie ans Fenster, mal sehen, wenn die anderen ankamen.

Donnerwetter, war das 'ne Jökelei! So elegant wie mit dem Löwen ging das mit dem Nilpferd nicht. Das hatte nämlich absolut keine Manieren. Vier Meter lang, zwei Meter dick, so sieht er aus, mein Vetter Nick. Also man nannte es Nick, weil es so aussah. Wie das schon dumm vom Möbelwagen auf die Straße hinunterpatschte. Und wie es dann die kleine Treppe zur gotischen Haustür hinaufwatschelte, **wie unschön!** Und da stand er nun, der Herr Hippopotamus aus der vornehmen Familie von Obesa in dem gotischen Torbogen der Eingangstür fest eingeklemmt. Und die Steinböcke waren auch schon ausgestiegen und tanzten auf der Straße umher, stießen sich gegenseitig und boxten die harmlosen Passanten stoßweise in die Seite. Und draußen stand die Schönwettern und schob so gewöhnlich den Herrn von Obesa am Hinterviertel, während im Treppenhaus verzweifelt Herr Gleiwitz stand, weil er nicht zu seinen Steinböcken kommen konnte. Er rief sie dauernd mit seiner gellenden Pfeife, wodurch wiederum das Nilpferd verbiestert wurde und nach hinten ausschlug. Aber Gott sei Dank hatte es nur alte Hufeisen an seinen Schwimmflossen, die schon etwas ausgewaschen waren. Nun wurde das Tierchen auch zu trocken in dem dauernden Zug in der gotischen Türöffnung, daher begoß man es mit Wassereimern. Endlich sprang Herr Gleiwitz beherzt durch die Lücke zwischen dem Vetter Nick und der gotischen Türspitze auf die Straße und bekam dabei aus Versehen gerade einen Eimer voll Wasser ins Gesicht, der dem Nilpferd gegolten hatte. Aber er tat nicht als ob, sondern Sie hätten den Jubel mal sehen sollen, als der seine vier Steinböckchen in die Arme schloß. **Das war ergreifend schön.** Sie leckten ihm alle die Hände, und der eine, der überhaupt immer am zutraulichsten war, sprang ihm gleich auf beide Schultern und ließ von oben eine ganze Kette echter Perlen hinunterfallen. **Das war ergreifend schön,** direkt wie Feuerwerk. Und die Kinder brüllten vor Vergnügen: »Der Herr Gleiwitz als Papa, der gute Onkel Gleiwitz als Papa.«

Und da kam der Hauswirt. Donnerwetter, war das 'ne Quittung! Da stand das Vieh in der Tür, der Vetter Nick nämlich, wo der Hauswirt durch wollte. Und die Frau Schönwetter konnte noch nicht einmal bekannt machen, weil der Herr von

Obesa rückwärts stand. Und der Hauswirt wollte partout nicht zugeben, daß das Tierchen mit in die Wohnung genommen würde. Was das immer für Quertreibereien sind! Er sagte, **sein Haus wäre ein vornehmes Haus.** Donnerwetter, war da die Schulzen stolz, daß sie den eleganten Löwen hatte, das vornehmste aller Tiere. Aber der Wirt konnte sowieso nichts machen, denn bei dem heutigen Mieterschutzgesetz sind einige wenige Haustiere mit vorgesehen. Aber nun haute der mit seinem silbernen Stockknauf so derb auf dem Nilpferd seine Hinterfront, daß das sich ein wenig anstrengte und nun drinne war. Es ging dann ganz manierlich hinauf bis zur dritten Etage und in die Speiseküche, die für ihn eigens ausgeräumt war. Dabei hängte es nebenbei einen Flügel der Windfangtür aus und warf auf dem Vorplatz zwei Schränke und eine Kommode um; aber so was sind meines Erachtens nur Schönheitsfehler. Das Vieh nahm übrigens die ganze Küche ein. Und wie klug so Tiere sein können! Der Hippopotamus hatte doch sofort heraus, wo die Wasserleitung ist, und leckte dauernd hinüber. Tiere sind eben begabt. Und bald war die ganze Küche naß.

Herr Gleiwitz wohnte möbliert. Er hatte nur ein Zimmer, und da waren **die schönsten Porzellane** drin. Echt imitiert Meißen, echt imitiert Terrakotta, echt imitiert Sèvres, echt imitiert Taragon, alles wertvolle Stücke, allerdings nur imitiert, dafür aber echt imitiert. Auf dem Kachelofensims standen zwei Kandelaber, **bitte sehr!** Überall waren Hündchen und Rehe angebracht, erstere aus Porzellan, hingegen letztere aus schwerer Bronze mit gußeisernem Kern. Feudal, was? Donnerwetter gefiel das den Steinböcken gut! Sie kletterten im ganzen Zimmer umher und beschnupperten alles vorsichtig. Und wenn sich eins müde geklettert hatte, dann konnte es sich auf Gleiwitzen seinem Bette behaglich ausstrecken.

Frau Schulze kehrte nun wieder zu ihrem Löwen zurück. **Donnerwetter, lag der majestätisch auf seinem Bettvorleger.** Einen Augenblick getraute sie sich nicht einmal hineinzugehen, aber schließlich ergriff sie sich ein Herz und streichelte dem Löwen zärtlich über die Wangen. **Punkt sechs** Uhr begann der Löwe fürchterlich zu brüllen. Frau Schulze war sehr erschrocken und gab ihm sofort alle verfügbaren Kartoffelschalen, aber der war stolz und rührte sie nicht an. Auch den kleinen Rest saure Milch ließ der stehen. Der mußte was Besseres gewohnt sein. Da gab Frau Schulze ihrem Hausfrauenherzen einen gewaltigen Ruck und klatschte dem Löwen einen wunderschönen kalten Apfelpfannkuchen **direkt ins Maul.** Aber der spuckte ihn wieder aus und brüllte bloß. Donnerwetter, Schulzens hatten nie Kinder gehabt. Und Schulze wollte natürlich wieder recht haben, daß der Löwe Apfelpfannkuchen ein für allemal nicht fräße. Aber was versteht schließlich so ein Mann von der Küche? **Den Dreck versteht er!** Und Frau Schulze sagte: »Hier bin ich nun streng, wir wollen den Löwen erziehen, der kriegt nichts anderes. Lächerlich einfach, so schön wie hier auf dem Bettvorleger hat der's in seinem ganzen Leben nicht gehabt und kriegt's nie wieder. Undankbares Geschöpf!« Es gab sogar eine eheliche Szene, in deren Verlauf Schulze vom Abendessen aufsprang und sein Beefsteak mit Zwiebelsauce, so warm, wie es war, dem Löwen vorsetzte. Der aber fraß es nicht, sondern weinte bloß von den Zwiebeln, und Frau Schulze sagte: »Du, ich glaube, der ist krank, wir wollen ihm mal etwas Natron einflößen.« Und nun hielt Schulze dem das Maul auf, und Frau Schulze schüttete ihm **für fünf Pfennig doppelkohlensaures Natron** und für fünf Pfennig Bittersalz in den Rachen. Da hätten Sie das Tier mal husten und niesen hören sollen, aber er fraß die Kartoffelschalen doch noch nicht. Son Schlawiener!

Als Schulzes zu Bett gingen, bekam der Löwe eine Häkeldecke über. Schulze schnarchte bald, und endlich schlief auch sie fest ein. Aber aus irgendeinem Grunde wachte sie mitten in der Nacht auf, und **da fehlte ihr rechter Arm.** Frau Schulze suchte im ganzen Bett danach, aber da lagen bloß ihre Strümpfe. Da weckte sie denn doch ihren Mann. Der gleich hoch, und den fehlenden Arm mit gesucht, aber der war nicht zu finden. Der Löwe schlief ganz fest. Da sagte Schulze: »Du, ich glaube, der Löwe muß draufliegen«, und nun stießen sie den Löwen, daß der aufwacht, aber der zwinkert nur mit den Augen und rührt sich nicht. Jetzt tritt Schulze dem Löwen direkt ins Gesicht, und der springt mit Gebrüll hoch und beißt – in Schulzes neuen Pyjama ein Loch. Dann steht er knurrend wie ein Hund. Schulze, nicht faul, reißt seinen Revolver aus der Nachttischschublade und schießt den Löwen einfach übern Haufen.

Der war nun tot, und der fehlende Arm war auf rätselhafte Weise verschwunden. Frau Schulze sah am anderen Morgen noch die ganze Kartoffelschale mit durch, da war er auch nicht bei. **Jammer, daß sie nur einen rechten Arm hatte.** Vermutlich mußte ihn der verstorbene Löwe doch wohl gefressen haben.

Der Hippopotamus aber lag ganz ruhig in der Küche, als Frau Schönwetter zu Bett ging, und leckte das Wasser. Auf dem Vorplatz vor der Tür lag ein Scheuertuch, aber das genügte nicht, um das hinausströmende Wasser aufzufangen. Jetzt kam von unten der Hauswirt herauf und beklagte sich, **daß das Wasser bis unten in den Keller hineinflösse.** Frau Schönwetter schlug ihm einfach die Tür vor der Nase zu und rief: »Dann klagen Sie mich doch raus, ich kann doch nicht Ihretwegen das Tierchen dursten lassen. Die nächsten sechs Monate bleibt das Tier in der Küche, dafür lassen Sie man die Gerichte sorgen.« Kaum lag sie wieder im Bett, da kamen die Mieter der unteren Etage herauf, weil's ihnen ins Bett regnete, und verlangten, daß sie wenigstens die Leitung kleiner stellte. Frau Schönwetter lachte hinten im Halse, denn das war doch bloß der gelbe Neid. Die ärgerten sich blaß, daß sie kein Nilpferd gewonnen hatten. So'n bißchen Wasser! Da sollen die Leute 'n Regenschirm aufspannen, wenn sie im Bette nicht naßregnen wollen. – **»Das kann doch Schwamm geben«,** rief der kleine Dicke. – Aber Frau Schönwetter mußte denn doch fürchterlich lachen, im Zoologischen Garten gibt das Nilpferd doch auch keinen Schwamm. So'n liebes Tierchen. Das soll mal wieder so was sein. Bald darauf hörte sie den Schuß von nebenan durch die Wand, ohne sich groß was dabei zu denken. Morgens war ihr erster Weg zur Küche; sie mußte waten, denn die ganze Wohnung stand unter Wasser. Tische und Stühle kamen ihr entgegengeschwommen. Die Schränke waren dick aufgequollen, wie Pappe. Von den Wänden waren die Nägel abgerostet, und alle Bilder nebst Wandschmücken lagen unten im Wasser, das ihr bis ans Knie ging. Sie dachte: »Wenn's nur dem Tierchen gut geht, dann bin ich's ja gern zufrieden!« – Aber dieser Schreck. Denken Sie, wie sie in die Küche kommt, **liegt das Tier tot.** Es ist ganz dick aufgequollen und muß wohl ertrunken sein. Den Kopf hatte es hoch unter den Gaskandelaber gehängt, aber das Wasser mußte in der Nacht wohl höher gestanden haben, und da war es offenbar zu lange unter Wasser gewesen. Und nun das aufgequollene Tier wieder herauszukriegen! Frau Schönwetter stellte gleich den Wasserhahn ab, denn nun hatte es keinen Zweck mehr, das Wasser laufen zu lassen. Und nun sah man erst, wie die Türen gequollen waren, und als das Wasser abgelaufen war, waren die Fußböden so schlammig und weich wie die Feldwege im Winter. Und dann das Gewicht des Tieres! Ein normales Flußpferd wiegt nach Herders Konversationslexikon, dritte Auflage, reich illustriert durch Textabbildungen, Tafeln und Karten, dritter Band, Elea bis Gyuilay, Freiburg im Breisgau, Berlin, Karlsruhe, München, Straßburg, Wien und St. Louis, Mo. Seite 675, **bis 2500 Kilogramm.** Aber Frau Schönwetter war helle. **Sie schnitt einfach das Tier von hinten in kleine Scheiben,** die sie selbst bequem tragen konnte, und trug es dann scheibenweise mit dem Mülleimer in den Wechselsack. So sparte sie wenigstens den Dienstmann.

Und nun die Steinböcke? Anfangs schliefen sie ganz ruhig auf dem Fußende von Gleiwitzens Bett. Aber mitten in der Nacht mußten doch wohl Meinungsverschiedenheiten entstanden sein, und nun ging's aber los! Sie rasten hintereinander her, und Gleiwitz war aufgewacht und pfiff mit seiner schrillen Pfeife dazwischen. Und die vier Steinböcke rasten an den Wänden hoch und warfen aber auch alles um. Da wußte sich Gleiwitz nicht zu helfen. **Er nahm sein Taschenmesser, und erstach einen nach dem andern.** Und wie nun die vier tot dalagen, schnitt sich Gleiwitz die Pulsadern auf und legte sich daneben; denn er hätte das wertvolle Porzellan nie im Leben wieder bezahlen können.

Warnung:
Schreiber dieses hat so ausführlich geschrieben, um die eminente Gefahr einer Zoologischen Garten-Lotterie deutlich zu demonstrieren. Man sollte die außerordentliche Gefahr nicht verkennen und die zoologischen Gärten so stellen, daß sie ihre Insassen standesgemäß beherbergen können: **dem Löwen eine Wüste, dem Nilpferd einen Strom, den Steinböcken ein Hochgebirge.** Das ist soziale Tierpflege, und das ist standesgemäß für die Tiere.

Die Piepmänner und das Schwein

Wißt Ihr, was ein Piepmann ist? Die einen erkennt man an ihrem Federkleid, die anderen an ihrem Pfeifen. Die ersteren sitzen im Walde und pfeifen mit ihrem Schnabel. Die zweiten sitzen auf Schiffen und pfeifen auf ihren Pfeifen. Die Waldpiepmänner sind Herren des Waldes. Sie bebauen den Boden mit Pilzen und leben in ihren kleinen Körpern, unter denen sie ihre Nester bauen. Die Schiffspiepmänner nähren sich von Fischen. Sie sitzen auf kleinen Schemelschiffen bald oben, bald unten, und lesen bei den leuchtenden Quallen.

In einem Unglücksjahre brach plötzlich ein Streit vom Wellenzaun. Die Waldpiepmänner hatten nämlich ein rosa Schwein entdeckt. Es war dieses das einzige Schwein, das je gelebt hatte. Daher wußten sie, daß es ein Schweinchen war, aber da sie es nie gesehen hatten, begafften sie es. Da sie nun nicht wußten, was sie damit anfangen sollten, so holten sie es in ihr Nesterdorf und fesselten es, und das Schweinchen mußte mitkommen, obgleich es bedeutend viel stärker war als die kleinen Piepmänner, denn es waren ihrer zu viele. Nun stand das Schweinchen da und wußte nicht, was es sollte, weil die Piepmänner nicht wußten, was sie mit ihm anfangen sollten. Da trat der kleine Dicke hervor, der immer Toaste ausbrachte. Er schob den kleinen Bauch auf den Rücken und zog sein Toastbüchlein aus dem Federschnurr, und jeder glaubte, er würde nun das Lied singen, das die Wäldner zu feierlichen Gelegenheiten immer zu singen pflegten. Aber statt dessen sang er:

Unser rosa Bauernschwein,
Wozu wird es dienlich sein?
Ist's zum Küssen nicht parabel,
Wetz es unsern grünen Schnabel.

Und der Chor der Wäldner sang es nach: »Ist's zum Küssen nicht parabel, wetz es unsern grünen Schnabel.« Dann berieten sie über kurz oder lang und kamen überein, das Schwein auf die Bäume zu stellen, um ihre Schnäbel daran zu wetzen, und damit es nicht entwetzen konnte. Daher schlossen sie die Bäume auf, klappten sie um, stellten das Schwein auf die Krone und klappten die Bäume wieder hoch. Und als nun das Schweinchen oben stand, stellten sie sich im Kreise auf und sangen:

»Wer hat Dich, Du rosa Schwein,
Hochgeklappt so hoch da droben?
Wohl die Wäldner will ich loben,
Solang noch mein Stimm' erschallt.«

Und dazu bliesen sie mit ihren Waldhörnern, daß das große Schweinchen seinen Kopf schief halten mußte.

Von diesem Gesange nun bekamen die Schiffspiepmänner Wind und begannen schnell auf und nieder zu schauen. Sobald nun ihre Schemelschiffe hochkamen, sahen sie das rosa Schweinchen mächtig groß auf dem Walde stehen. Der alte Schemelpieper, der als Seher bekannt war, sagte, daß dieses das verheißene Schwein wäre, und daher liebten es alle über allen Piep. Sie berieten nun ein Weilchen, daß sie das Schwein unbedingt haben müßten. Deshalb schickten sie ihren größten Weltmann, den Boxerpieper, zur Verhandlung in den Wald, damit er das Schwein lospiepe. Da nun die Wäldner, die stets gute Freunde der Schemelschiffer gewesen waren, nichts Arges vermuteten, entstiegen sie ihren Bäumen und begrüßten den Boxerpieper durchaus höflich mit dem Gesange:

»Fischerin, Du Kleine,
Fahre nicht alleine,
Steigt der Schemel auf und nieder,
Ist's geschehn um Dein Gefieder.«

Aber Box nahm sowohl den Regen wie die Traufe und entleerte sie über die bestürzten Wäldner. Und als die Wäldner nun erschrocken fragten, was denn Box eigentlich wollte, sagte er, er wäre gekommen, das rosa Schwein mitzunehmen, welches die Schemelschiffer unbedingt haben müßten. Die Wäldner berieten nun ein Weilchen untereinander und kamen zu dem Schluß, daß ihnen zwar das Schwein allerdings nicht sehr wichtig wäre, daß man aber solche Zumutung von wegen Auslieferung des Schweinchens seitens der Schemelschiffer aus Gründen der Reputation rundum, dreieckig und vierkantig ablehnen müßte. Daher sagten sie zu Box, sie könnten, so leid es ihnen täte, und so gern sie es auch wollten, das rosa Schwein nicht hergeben, weil sie es zum Wetzen ihrer grünen Schnäbel unbedingt brauchten. Da nahm Box eine straffe Haltung an, klappte die Hacken zusammen, daß es knallte, und sagte:

»Hiermit ist der Krieg erklärt,
Der sich immer gut bewährt«,

und stach wieder in See.

Die Wäldner hockten sich jetzt wieder getrost auf ihre Bäume, denn sie wußten, daß sie so gut wie unüberwindlich waren. Denn abgesehen davon, daß sie an Zahl die Schemelpieper weit überpiepten, war es pieperdings undenkbar, daß die Schemeler auf die Bäume schifften. Und sollten sie infolge einer Blockade des Waldes von den Pilzen abgepiept werden, so konnten sie getrost ihr rosa Schwein melken. Und übrigens war es ihnen tatsächlich so ziemlich piepe.

Die Schemelschiffer wußten es wohl, daß sie nicht zum Schwein schiffen konnten und daß ihnen auf den Bäumen die auf den Bäumen gewachsenen Wäldner gewachsen waren, und waren deshalb und desganz enttäuscht über Boxpiepers diplomatischen Mißerfolg. Da sie nun aber einmal Krieg hatten, so betete der alte Schemelpieper ehrfürchtig zu dem großen Piep: Er möge ihre Schiffe lenken, daß sie über den Wald schiffen könnten. Und sprach:

»Heiliger Piep!
Gib
Uns Wellen, die uns aufwärts tragen,
Dann wollen wir Dich loben und sagen:
Piep, piep, piep, piep, piep!«

Und der große Oberpiep erleuchtete den Schemelpieper und gab ihm Kraft, daß er die Wellen in die Hände nehmen und unter die Schiffe legen konnte. Und der alte Schemelpieper nahm die Wellen in die Hände und legte eine auf die andere unter die Schiffe, bis der Wald im Wasser versank und die Schiffe der Schemelschiffer über die Bäume fahren konnten. Nun aber klappten die Wäldner ihre Bäume über die Bäume so hoch, daß sie wieder höher waren als die Wellen. Und je mehr Wellen die Schemelschiffer unter die Schiffe legten, desto mehr Bäume setzten die Wäldner aufeinander. Und so war das Schwein doch unerreichbar für die Schemeler, weil der Wald bald mehr Bäume hatte als das Meer Wellen. Da sagte Box, der immer klüger war als die anderen, man solle besser gleich das ganze Meer hochklappen, und alle Schemelschiffer faßten an und klappten das ganze Meer auf einmal hoch. Es war entsetzlich anzuhören, wie das Scharnier des Meeres schrie, denn es war durch das viele Wasser ganz verrostet. Und plötzlich stand das Meer entsetzlich hoch wie eine Wand vor dem Wald. Das Schwein mußte jetzt schwimmen, und die Wäldner hängten sich an sein Schwänzchen. Da es aber zu viele waren, mußten sie sich, wenn sie nicht ertrinken wollten, auf Gnade oder Ungnade ergeben. Auf dem Rükken des Schweinchens wurde Frieden geschlossen, und der Krieg hatte sich wieder einmal best bewährt.

Die Schemeler trugen nun Welle auf Welle wieder ins Meer zurück, die Wäldner setzten jetzt die Bäume wieder neben die Bäume. Nun wurde der Wald niedergeklappt und das Schweinchen auf den Fußboden gestellt, um zu den Schemelern auf die Schiffe abtransportiert zu werden. Da lief das Schweinchen so schnell fort, daß es unmöglich war, ihm zu folgen. Die Wäldner ließen nun Gras über alles wachsen, und alles wurde eine große Wiese.

Rundfahrt im Hamburger Hafen

Bereits auf dem Hauptbahnhof war es mir klar, daß solch eine Hafenrundfahrt nur in Begleitung einer Dame möglich ist; denn wie sollte wohl einer allein diese Unsumme von Eindrücken erhabenster Art in sich verdauen können. Die Dame hieß nach Morgenstern Emma, weil sie wie eine Möwe aussah, vastehste!

Also, Emma und ich fuhren per Hochbahn in den Hafen. Die sogenannte Hochbahn aber fährt tief unter der Erde, und ich dachte mir gleich, daß der ganze Hafen nach diesem System angelegt sein müßte.

Die Hafenbewohner, die übrigens Angehörige der weißen Rasse sind, ahnten offenbar, wie ehrenvolle Gäste sie heute empfingen, denn eine große Anzahl livrierter Männer warteten uns mit tiefen Verbeugungen auf. Wir wurden zum Beispiel auch photographiert, bevor wir uns auf der Möwe einschifften, so hieß nämlich unser Schifflein, und ich sagte noch zu Emma: »Nun gehts aber los!« Und da setzte sich auch schon die Möwe in Bewegung. Es war kein ganz großes Schiff, aber mir fiel sofort auf, daß überhaupt nur kleinere Schiffe sich bewegen können. Die größeren Schiffe dahingegen sind mittels langer Bindfäden am Fußboden des Hafens festgebunden.

Auf der Möwe bemerkte ich sogleich eine Wärmequelle, denn es war draußen kalt und windig, so richtig naßkalt. Ich überlegte nun, wie wohl diese Wärmequelle gespeist sein könnte, denn von nichts kann doch nichts kommen. Und so habe ich eine Hypothese aufgestellt, die übrigens in ihren Folgerungen durchaus logisch und einwandfrei ist. Durch meine intensiven Beobachtungen an vorbeifahrenden kleineren Fahrzeugen stellte ich fest, daß das Wasser verbittert gegen die Spitze des Schiffes anrollte, wobei es laut aufspritzte. Das war allemal dasselbe. Dadurch regte sich natürlich im Innern des Schiffes die Opposition, und das Schiff fuhr mit aller Kraft gegen besagten Anprall. Wie ich überhaupt stets im Leben habe feststellen können, daß alles Tempo nur aus Opposition entsteht. Auf diese ganz einfache Weise fuhr dann das Schiff vorwärts. Und Sie sehen, so erklären sich oft die allerschwierigsten Dinge sehr einfach, wenn man nur lernt, sein bißchen Logik richtig anzuwenden. Aber das habe ich ja seit früher Jugend schon geübt, und so erklärt es sich mir auch sehr einfach, daß im Innern des Schiffes, teils durch Anprall, teils aus Opposition, Wärme entstehen mußte, denn jede Ursache muß wie eine Uhr ihre Uhrkette haben. Die Wärme nahm natürlich infolge der vielen Feuchtigkeit im Hafen die Form von Wasserdampf an, und man konnte deutlich sehen, wie sie in dieser Form durch Schornsteine in die kalte Witterung hinausgeleitet wurde. Und nun hatte man zur Verwertung des Dampfes eine praktische Einrichtung, nämlich den Dampfkessel. Dort wurde der durch Reibung und Opposition entstandene Dampf gesammelt, bevor er hinausströmte. Der Zweck war offenbar der, daß der riesige Dampfkessel warm wurde, damit ich und Emma uns daran wärmten. Und nun erkannten wir den ganzen Zweck einer Hafenrundfahrt überhaupt und setzten uns nebeneinander auf die Wärmequelle, nicht bevor ich Emma über die Funktion und den Zweck derselben sowie über die neuen Rotorschiffe unterrichtet hatte.

Wenn nämlich der sogenannte Pö des Menschen gründlich warm ist, dann geht's bis in die Fuß- und Fingerspitzen. Und nun hatten wir, so nebeneinander auf den Dampfkessel gesetzt, die volle Muße, alles rings um uns intensiv zu beobachten. Und es fielen uns unerhörte Dinge auf, von denen wohl kaum einer in Hamburg eine Ahnung hat. Aber so geht es im Leben immer! In das Museum seiner Vaterstadt geht man immer nur, wenn man Besuch hat. Und ich sage noch so zu Emma: »Möwen sind keine Menschen, wenn sie auch Emma heißen!« Und die Emma fragt mich: »Wieso?«, und da zeige ich ihr, daß die Möwen alle in einer Richtung sitzen, den Kopf stets gegen die Sonne gekehrt, während wir Menschen stets in verschiedener Richtung sitzen. Sie haben mir überhaupt sehr leid getan, die Möwen. Sie mußten furchtbaren Hunger haben, die armen Tiere, weil kein Mensch auf unserem Schiffe seekrank wurde. Die armen Tiere! Aber dann bemerkten wir plötzlich, wie eigentlich der ganze Hafen mit Wasser gespeist wird. Die großen Schiffe nämlich, die, wie oben erwähnt, mit Bindfäden am Fußboden des Hafens festgebunden waren, hatten im Innern Quellen. Diese Schiffe wurden nun mehrfach an der Seite angestochen, und aus diesen Stichlöchern kam wie Pulsschlag das Wasser heraus, das in seiner Summe den ganzen großen Hafen füllte. Wir staunten über den Erfindungsgeist der Menschen und daß man diese geringfügigen Mengen Wasser noch zweckdienlich verwendete. Aber ist es nicht wirklich erstaunlich, daß sich zum Schluß diese kleinen Wassermengen zu einer so unendlich ausgedehnten Wasserfläche summieren? Wir dachten unwillkürlich an das gute, alte Sprichwort: Steter Tropfen höhlt den Stein!

Und was meinen Sie, wie ich da hochsehe, da schwebt über uns ein riesiger Galgen! Ich erschrak nicht wenig; denn die Justiz soll im freien Hamburg sehr streng sein. Ist es doch schon in Hamburg verboten, daß einer sich leuchtende Buchstaben an seine Fassade hängt! Und so sage ich zu Emma: »An diesen Galgen wurden offenbar ehemals Verbrecher, die gegen die Justiz verfehlten, aufgehängt.« Überall, wo man hinsah, konnte man solche Galgen sehen, die teils schwammen, teils am Lande festgewachsen waren. Wie peinlich für einen Verbrecher, da oben zu baumeln, wenn Emma und ich da unten auf unserer Wärmequelle vorbeifuhren! An den Galgen hingen riesenhafte eiserne Ketten und Haken, denn man wollte selbst die allerschwersten Verbrecher aufgalgen können, und das zieht ins Gewicht. Nun hatte diese Menge mustergültiger Galgen offenbar schon sehr abschreckend auf das Hamburger Verbrechertum gewirkt; denn zurzeit hing nicht e i n Missetäter daran. Aber ich muß gestehen, selbst ich würde angesichts dieser entsetzlichen Strafgeräte zu keiner sträflichen Handlung mehr den Mut gehabt haben. Nun hatte man, da man fürchtete, die dauernde Unbenutztheit der Galgen würde die allgemeine Moral der Hamburger schädigen können, einige Kisten an den Galgen aufgehängt, die man hoch und wieder runter, hoch und wieder runter und immer wieder hoch und immer wieder runter ließ als abschreckende Beispiele. Und ich sah sogar einen ganzen Eisenbahnwaggon baumeln, und ich erklärte Emma, daß dies eine soziale Form der Massenhinrichtung sei. Die Delinquenten werden in einen Eisenbahnwaggon zusammengepfercht, unter den Galgen gerollt und gemeinsam mit dem Waggon aufgehängt, bis sie tot sind, um dann auf Schiffe hinabgelassen und mittels der Schiffe ins Meer abtransportiert zu werden. Und so saßen wir nebeneinander auf der Wärmequelle, und Emma sagte noch: »Meine Sitzfläche wird schon ganz warm!« Worauf ich ihr erwiderte. »Das bekommt dich aber ganz gut! Denn wenn der Pö so richtig warm ist, dann geht's bis in die Fuß- und Fingerspitzen.« Weil mir nämlich inzwischen schon wieder die unerhörtesten Dinge auffielen. Da hatte man nämlich Galeerensträflinge auf Brettern mittels Seilen an der Seite der großen Ozeandampfer hinabgelassen. Hinauf konnten sie nicht wieder, und unten war das Wasser. Und in der Hand hielten sie ein haariges Holz, und mit diesem haarigen Holze kitzelten sie an der Seite des Schiffes. Und Emma meinte: »Die schaben nun so lange an der Seitenwand herum, bis sie sich ein Loch geschabt haben, damit sie wieder einsteigen können.« Und ich mußte ihr recht geben, denn so war es auch.

Es blieb auch schließlich kein anderes Mittel übrig, um sie aus ihrer unglücklichen Situation zu befreien, und Emma sagte noch: »Wenn ich mich nicht hinten auch noch verbrenne, dann weiß ich es nicht!« Aber ich sagte, daß ihr das sehr gut bekommen würde. Denn wenn nämlich der Pö beim Menschen so ordentlich warm ist, denn geht es bis in die Fuß- und Fingerspitzen. Und inzwischen hatte ich entdeckt, daß man die alten Schiffe jetzt vielfach rot anstrich. Donnerwetter, dachte ich, ist denn wohl inzwischen unter den Hafenbewohnern der Kommunismus ausgebrochen? Und wie ich noch so denke, sind wir an der Landungsbrücke angelangt, und ich freue mich richtig, daß wir wieder an Land gehen können, wissen Sie, wegen er bolschewistischen Gefahr. Draußen steht schon der Photograph mit der fertigen Photographie, und ich komme mir vor wie eine Fürstlichkeit: überall hängt mein Bild! Das waren erschütternde Augenblicke, ein herrlicher Empfang! Da sagte Emma zu mir: »Du, ich glaube, ich bin wirklich durchgebrannt!« Ich sage noch: »Wieso?« und besehe mir ihre mittlere Rückseite. Was denken Sie? Die blanken Knochen stehen heraus! Alles ist weggebrannt! Es war einfach furchtbar.

Ich sage ihr noch: »Das kommt von dem verfluchten Dampfkessel, in dem, wie ich dir vorher erklärt habe, der Anprall in Wärme umgesetzt wird!« Und wie ich ihr noch erkläre, daß das bei einem modernen Rotorschiffe nicht passieren kann, da fasse ich mir an mein eigenes Hinterviertel, und was meinen Sie! Ich habe auch die blanken Knochen in der Hand! Die kolossalen Eindrücke im Hamburger Hafen hatten uns doch tatsächlich über die abnorme Hitze hinweggetäuscht, die da hinten gewesen sein muß. Darauf sagt Emma: »Jammer, das Flettner nicht eher gelebt hat, dann wäre uns das nicht passiert! Aber was nun?« Da sage ich zu ihr: »Stell dich immer mit dem Rücken gegen meinen Rücken, und dann gehen wir seitwärts nach Hause!« Gesagt, getan. Und so hat es überhaupt kein Mensch gemerkt, daß wir hinten etwas durchgebrannt waren. Und wie wir nun so zusammen nach Hause gehen, sagt die Emma zu mir: »Weißt du«, sagt sie, »von so einer Hafenrundfahrt da bringt man doch wenigstens was mit nach Hause.«

Nun stellen Sie sich das bloß vor!

Emils blaue Augen

Die Geschichte des Herrn mit den Augen von Pappe

Namen sind gleichgültig. So brauchen Sie gar nicht zu wissen, wer der Herr mit den Augen von Pappe eigentlich war. Eines Tages verlor er sein eines Auge, und es war blau, weil er blaue Augen hatte. Und wie er es auch überall suchte, er fand es nicht wieder. Und da er eine sehr zanksüchtige Frau hatte, wollte er ihr nicht gern mit seinem einen Auge unter die Augen treten, denn sie hätte ihm doch nur Vorwürfe gemacht, daß er sein Auge verloren hatte. Darum zeichnete er sich zum Ersatz ein Auge auf ein Stück Pappe und steckte die Pappe dahin, wo das Auge gesessen hatte. Seiner Frau aber zeigte er nur die eine Hälfte des Kopfes, die mit dem richtigen blauen Auge. Aber seine Frau, die ihn ständig beobachtete, weil sie immer suchte, an ihm etwas auszusetzen, bemerkte es sofort, daß er ihr nur immer die eine Seite des Kopfes zeigte, und sagte: »Du hast sicherlich mir etwas zu verbergen, denn warum zeigst du mir denn nicht einmal deine andere Seite?« Aber er zeigte sie ihr nicht, ja, er ging ihr sogar geflissentlich aus dem Wege, als sie es versuchte, um ihn herumzugucken, und je schneller seine Frau herumguckte, desto schneller drehte er sich weg; bis sie ihn am Rockzipfel festhielt und die Bescherung sah.

Emil hatte es nämlich versäumt, auf das auf Pappe gemalte Auge ein Glanzlicht zu setzen, weil er doch mit dem Auge selbst auch das eine Augenlicht verloren hatte. An dem fehlenden Glanzlicht aber erkannte natürlich seine Frau sofort, daß dieses ein Pappauge war, und sagte vorwurfsvoll: »Aber Emil, du hast natürlich wieder einmal dein Auge verloren; wenn dir deine Krawatte nicht angewachsen wäre, du würdest sie sicher auch verlieren. Aber du wirst mir das Auge wiederschaffen, sonst schlage ich dich tot.« Emil von Pappe stellte sich nun ganz verängstigt in die nächste Ecke, bis seine Frau das Zimmer verließ, und dann setzte er eilig folgende Annonce auf: »Blaues Auge verloren, abzugeben bei Freiherrn Emil von Pappe.«

Das blaue Auge aber hatte ein bildschönes Mädchen gefunden. Sie betrachtete es heimlich, und da es blau war, gefiel es ihr zu gut. Darum nahm sie ihr eigenes, ein braunes Auge, heraus und setzte dafür das gefundene blaue ein. Und Sie glauben es gar nicht, was sie da plötzlich alles sah mit dem blauen Auge: daß zum Beispiel die jungen Mädchen Kleider anhaben, und sie hätte gern bedeutend mehr gesehen, denn es war ein Männerauge. Darum ärgerte sie sich mit ihrem einen blauen Auge, daß die Mädchen Kleider anhaben; mit dem anderen braunen Auge dahingegen schämte sie sich vor sich selbst gleichzeitig, daß sie solch ein Mädchen war. Das war zu komisch. Endlich hatte sie sich sattgesehen und sich sattgewundert und wollte das blaue Augen wieder herausnehmen, um ihr eigenes braunes wieder einzusetzen; aber da ging es nicht, denn das blaue Auge war zu groß und hatte sich festgeklemmt. Nun hatte sie ein braunes und ein blaues Auge und mußte außerdem mit dem blauen immer geradeaus sehen, weil es sich nicht bewegen konnte. Als sie die Anzeige von dem verlorenen Auge las, meldete sie sich sogleich beim Freiherrn von Pappe, weil sie sowieso nur zwei Augen nötig hatte. Sie zeigte ihm allerdings das braune Auge, und der Freiherr, obgleich er sehr wohl wußte, daß dieses sein Auge nicht war, nahm es trotzdem an, aus Angst, er würde sein richtiges Auge doch nicht wiederbekommen und seine Frau würde ihn dann totschlagen, und gab sogar zehn Prozent Finderlohn. Frau von Pappe aber sah das Mädchen scharf an und merkte es sofort, daß sie selbst das blaue Auge ihres Mannes angezogen hatte und ihm dafür ihr braunes andrehen würde. Sie sagte es ihr deshalb auf den Kopf zu, und da gestand das Mädchen unter braunen Tränen alles. Aber sie sagte auch, sie würde das blaue Auge mit dem besten Willen nicht wieder hergeben können, weil es festgeklemmt wäre. Da verklagte Frau von Pappe das junge Mädchen auf Herausgabe des blauen Auges.

Inzwischen machte der Freiherr von Pappe mit dem braunen Auge die merkwürdigsten Studien. Er begann damit plötzlich für Schauspieler, Tenöre, Zahnärzte zu schwärmen, weil es ein Mädchenauge war, sah schamhaft an jedem Mädchenkleide herunter und wurde mit seinem braunen Auge alle Augenblicke rot, während er mit seinem blauen gänzlich anders empfand. Und er wollte gar nicht gern sein blaues Auge zurücktauschen, sondern wollte lieber das braune zu Studienzwecken behalten. Aber inzwischen klagte die Freifrau von Pappe das blaue Auge aus dem jungen Mädchen heraus und gewann die Klage. Das Mädchen wurde verurteilt, das blaue Auge binnen vierundzwanzig Stunden an die freiherrliche Familie von Pappe auszuhändigen. Aber sie weinte zum Steinerweichen, da sie das Auge doch nicht hergeben konnte. Aber Frau von Pappe blieb hart und bestand auf ihrem guten Recht und verlangte von dem Richter, das Mädchen zur Herausgabe des Auges zu zwingen.

Der Richter aber war ein weiser Richter und fragte alle Beteiligten, ob sie sich blind seinem Urteilsspruch fügen würden, denn es gäbe nur ein Mittel, das Auge dem rechtmäßigen Besitzer wieder zuzustellen. Da willigten alle Beteiligten ein, und die Freifrau von Pappe sagte: »Ihr seid ein weiser und begabter Richter, ich werde mich mit Freude Eurem Urteilsspruche fügen.«

Da setzte sich der Richter auf seinen Stuhl und sprach: »Ich bestimme hiermit kraft meiner Richtergewalt, damit Recht wird und Recht bleibt, was Recht ist, und damit der Freiherr von Pappe sein ihm zu Recht zustehendes blaues Auge wiederbekommt, daß derselbe von seiner bisherigen Frau geschieden und mit der Jungfrau mit dem blauen Auge neu vermählt wird.« Da fiel die zanksüchtige Frau von Pappe vor Schreck tot um, und der brave Freiherr von Pappe gab dem jungen Mädchen, überglücklich über diese weise Lösung, die ihn gleichzeitig von seiner zanksüchtigen Ehefrau befreite und ihn in den Besitz seines ihm zu Recht zustehenden blauen Auges versetzte, im Beisein des weisen Richters und vor vielen Zeugen den ersten Kuß, der ihm aber zu Recht zustand.

Geschrieben Anno 1648, im Jahre des westfälischen Friedens.

Horizontale Geschichte

In Revon, Hauptstadt des gleichnamigen Staates Revon, war durch Herrn Professor Wichterig eine Erfindung und dadurch eine Entdeckung von wirklich weittragender Bedeutung gemacht worden. Herr Professor Wichterig hatte sein neues Opernglas mitsamt der dazugehörigen Umhüllung in ein Gefäß mit Salzsäure fallen lassen. Es war ein ganz ausgezeichnetes Glas, das durch Vergrößerung den Horizont quasi heranholte und, umgekehrt ans Auge gesetzt, die nächsten Gegenstände, wie z. B. die Hand des Beobachters, in meilenweite Entfernung projizierte, so daß man von seiner eigenen Hand Abstand hatte und diese nun plötzlich objektiv beobachten konnte. Und als er sich nun anschickte, das kostbare Glas wieder mittels eines gebogenen Drahtes aus der Salzsäure herauszufischen, da bemerkte er, daß es in der Säure schmolz wie Schnee an der Sonne. Es glitt ihm auch mehrere Male ab, und endlich war es samt der Umhüllung geschmolzen. Wichterig war baß erstaunt und anfangs sogar ein wenig betrübt über den Verlust des ausgezeichneten Opernglases. Aber als echter deutscher Forscher nahm er an dem Zufall Anlaß zu Experimenten und füllte zunächst die Fernglaslösung auf Flaschen, die er mittels Gummistöpseln sorgfältig verschloß. Ohne die Wissenschaft nun davon zu unterrichten, daß man Operngläser mit Hülle in Salzsäure auflösen kann, experimentierte Wichterig in entbehrungsreicher Arbeit mit der Säure im Laboratorium weiter. Sie würden es kaum glauben, wenn es nicht wissenschaftlich einwandfrei wäre, feststände, daß ein mit dieser Lösung betropfter Gegenstand plötzlich eine absolute Größe bekommt. Um Ihnen die Sache ganz klar zu machen, erinnere ich daran, daß wir in einer Scheinwelt der Perspektive leben. Nehmen sie zwei gleich große Literflaschen, stellen Sie die beiden nebeneinander in die Fensterbank, so erscheinen beide gleich groß. Wenn Sie aber eine von den beiden Flaschen hinaustragen in den Garten und auf eine Ruhebank setzen, und betrachten beide vom Zimmer aus, so erscheint die Flasche draußen klein neben der großen in der Fensterbank. Das nennt man Perspektive, ist aber Schwindel. Sie können weder aus der verschieden erscheinenden Größe im zweiten Fall auf absolute Verschiedenheit, noch aus der gleich erscheinenden Größe im ersten auf Gleichheit schließen. Denn durch Professor Wichterigs Experimente wurde einwandfrei festgestellt, daß es eine absolute Größe nur an einer Stelle der Welt gibt, das ist auf der Rednertribüne des Reichstages in Berlin. Diese ist, wie die Versuche mit der Operngläslösung beweisen, die Stelle, wo alle Gegenstände am größten sind, gewissermaßen der Mittelpunkt der Welt. Stellt man sich auf diesen Punkt, so sieht man, wie nach allen Seiten bis in die graue Ferne alles stetig kleiner und kleiner wird. Geht man nun bis zum Horizonte, so erscheint dahinter noch ein kleinerer Horizont und so weiter. Schon in den Vororten von Berlin ist alles sehr klein, in den Provinzen noch viel kleiner, in Paris, Moskau und London winzig, und in New York kann ein echter Berliner einen Wolkenkratzer mit bloßem Auge nicht mehr wahrnehmen. Sie werden fragen, wieso. Denn es erscheint immer der Horizont klein, und wenn Sie hingehen, erscheint er groß. Aber Sie irren, denn Wichterigs Erfindung stößt alle bisherigen Hypothesen über Perspektive glatt um. In Wirklichkeit werden Sie, wenn Sie zu einem Horizonte hingehen, in dem Maße kleiner, wie die Sie umgebende Natur kleiner ist, deshalb merken Sie es nicht, daß der Horizont kleiner ist, als Sie vorher waren. Das hat die Natur mal wieder weise eingerichtet, denn wie dumm würden Sie als Riese wohl dastehen, wenn man Sie plötzlich in den kleinen Horizont mit Ihrer jetzigen Größe versetzte. Würde z. B. ein Reichstagsabgeordneter in seiner normalen Größe nach Friedenau versetzt, so würde er mit einem Schritt vom Bahnhof Wilmersdorf-Friedenau bis zur Kaiserallee, Haltestelle Ecke Stubenrauchstraße schreiten, so groß ist er in Friedenau, und wenn es auch nur ein mittlerer Abgeordneter gewesen wäre. Sein Hacken würde die Breite der ganzen Kaiserallee einnehmen, und unter seinem Fußtritt würden 10 Autos, 100 Personen, 4 Hunde und ein Apfelsinenkarren zugrunde gehen. Die vierstöckigen Häuser würden ihm bis an die Knöchel reichen, und das Geschrei der zertretenen Personen würde er erst nach 3 Minuten hören können wegen der Entfernung seines Ohres von unten. Er selbst würde eine scheinbare Größe der Zugspitze haben, betrachtet von einem Friedenauer aus, der auf der Kaiseralle geht. Wie gut hat es die Natur aber eingerichtet, daß der Herr Abgeordnete, wenn er bis Friedenau mit seinem Auto fährt, sich mitsamt seinem Auto so viel verkleinert, daß er in Friedenau selbst nicht viel größer ist als ein Friedenauer. Würde aber ein Abgeordneter des Reichstages direkt nach Magdeburg versetzt, ohne sich den Größenverhältnissen von dort anzupassen, so würde ein Schritt von ihm genügen, um die ganze herrliche Stadt mitsamt der blühenden Bemalung Tauts zu zertrümmern und kilometerweit das Land inklusive der Kukirolfabrik zu verwüsten. Die Häuser in Magdeburg würden ihm wie ein bißchen Dreck erscheinen. Würde nun unser Abgeordneter ins Ruhrgebiet in seiner jetzigen Größe versetzt, so würde das ganze Sanktionsgebiet von Dortmund bis Köln, dazu die Rheinprovinzen bis Aachen und unter seiner Sohle der Oberrhein von Mainz bis Basel vernichtet, glatt vernichtet. Ginge er nun in gleicher Größe weiter, so würde beim nächsten Fußtritt die Insel England im Ozean versinken und beim dritten Nord- und Südamerika, einschließlich Brasilien, Panama und Alaska. Ja, da staunen Sie, aber das alles hat uns die Erfindung des Herrn Professor Wichterig gelehrt.

Kommt nun umgekehrt ein Mensch vom Horizont auf Sie zu, so wird der größer und größer, und wenn der Amerikaner, der Engländer, der Kölner, der Magdeburger und der Friedenauer zum Schluß im Reichstage nebeneinanderstehen, so erscheinen alle gleich groß. Würde aber ein Friedenauer plötzlich in den Reichstag versetzt, ohne an Größe und Gestalt zuzunehmen, so würde vielleicht ein höflicher Abgeordneter ausrufen: »Dort läuft eine Maus.« Würde aber ein Magdeburger in seiner wirklichen Gestalt einen Reichstagsabgeordneten im Reichstage anspringen, so würde der denken, er hätte einen Floh.

Sie werden mir einwerfen, das wäre nur Hypothese, aber

nein. Betrachten wir einmal die Wirkung der Wichterigschen Lösung. Herr Professor Wichterig ließ nämlich beim Experimentieren wieder zufällig einen Tropfen dieser Lösung auf seinen rechten Stiefel fallen, wodurch dieser Stiefel, wie er nachher feststellte, absolute Größe erhielt. Wenn nun Wichterig im Labor hin- und herging, so begann der Stiefel bald zu drücken, bald groß und weit zu werden wie ein bequemer Hausschuh, je nachdem, ob er sich dabei dem Reichstage näherte oder von ihm entfernte. Wichterig ahnte nicht den Zusammenhang und ging abends ahnungslos nach Hause. Indem er nun aus dem Hause trat, näherte er sich dem Reichstage, wodurch sein Stiefel schauderhaft eng wurde. Er kniff den Fuß, das Wichterig es nicht aushalten konnte und seinen Stiefel ausziehen wollte. Aber der war so fest angeklemmt, daß es unmöglich war. Eine Zeitlang hinkte er nun auf dem linken Fuße, wobei er mit Schrecken bemerkte, daß der herabhängende rechte Fuß immer kleiner und kleiner wurde. Der Schmerz war kaum mehr auszuhalten, so preßte der verdammte Stiefel. Herr Professor Wichterig wurde bleich vor Schmerz, als man ihn an die Straßenbahn trug. Nun fuhr die Straßenbahn zufällig in der Richtung direkt vom Reichstage weg, wodurch der Stiefel immer größer wurde. Das heißt, der Stiefel blieb in seiner Größe absolut, während Straßenbahn und Publikum und alles kleiner wurde, so daß er demgegenüber zu wachsen schien. Und bald paßte er ganz gut und klemmte nicht mehr. Alles staunte den Stiefel an, der bald wie eine Kiepe groß dastand. Nachdem die Straßenbahn eine Biegung gemacht hatte, wurde er wieder kleiner, daß er fast paßte, und bei der nächsten Biegung wieder größer, bis er zum Schluß so groß war, daß Herr Professor Wichterig nur so eben mit den Haaren heraussah. Nun aber entstand eine Panik im Wagen, denn der Stiefel war fest zwischen beide Bänke eingeklemmt und belästigte das Publikum sehr. Entrüstet wurde Wichterig aufgefordert, den Wagen zu verlassen. Aber er konnte ja nicht raus. Da hoben vier starke Männer den ganzen Stiefel heraus und ihn mit und stellten ihn an die Seite der Landstraße. Herr Professor Wichterig kletterte nun oben aus dem Stiefel heraus und ging mit einem Fuße barfuß nach Hause. Der Stiefel wurde nun durch einen Rollwagen nachgeholt, und als er vor dem Hause stand, war er vier Meter hoch und zehn Meter lang. Wichterig wollte es gar nicht glauben, daß das der Stiefel war, der ihn eben noch so gedrückt hatte. Schon kam der Inhaber eines Schuhladens und erwarb den Riesenstiefel für seine Auslage. Er ließ ihn putzen und zu seinem Geschäft bringen. Da nun durch das Putzen die Opernglaslösung abgerieben war, so verharrte der Stiefel in seinem Verhältnisse zur Umwelt und blieb auch im Zentrum der kleinen Stadt Revon der Riesenstiefel, der er geworden war. Das gab Herrn Prof. Wichterig Stoff zum Denken. Aber er konnte noch keine Lösung finden. Er experimentierte zunächst mit Stiefeln aller Art, ohne zu denken, daß er sie mit Opernglaslösung betupfen mußte. Es ereignete sich nichts. Nach einem halben Jahr nahm er eine leere Flasche mit nach Hause, in der Opernglaslösung gewesen war, und als er in der Straßenbahn saß, bekam diese Flasche plötzlich die Elephantiasis, sprengte Wichterigs Tasche und erreichte, auf den Fußboden der Straßenbahn gestellt, zum Entsetzen der Passagiere bald die Größe von zwei Meter. Der Wagen mußte halten, und die Flasche wurde auf die Landstraße gesetzt. Wichterig legte sie um und rollte sie nach Hause. Dabei wurde sie ständig größer, bis sie so schwer wurde, daß Wichterig sie liegenlassen mußte. Obgleich Wichterig den Grund immer noch nicht ahnte, so wußte er, daß die Flasche, ähnlich wie seinerzeit sein Stiefel, dadurch größer wurde, daß sie sich vom Labor entfernte. Nun verkaufte er sie an eine Likörfabrik als Aushängeschild, und als man sie mittels Rollwagen ins Innere der Stadt transportierte, und da man an seinem Labor vorbeifahren mußte, so wurde die Flasche ganz klein, und als sie im Geschäft war, betrug sie nur noch drei Millimeter Höhe. Der Käufer war baß erstaunt und machte den Kauf wieder rückgängig. Wichterig holte nun die Flasche wieder in sein Labor ab, und siehe da, sie erreichte hier wieder die ursprüngliche Größe. Jetzt hatte Wichterig eine Art von Kompaß, und er fand bald heraus, daß seine Flasche in einer Richtung immer kleiner wurde, in der entgegengesetzten größer, und nun suchte er nach dem Zentrum des Strahlensystems, das diese merkwürdige Veränderung, so schien es ihm wenigstens, an seiner Flasche verursachte. Die Richtung der Strahlen wies direkt nach Berlin. Wichterig folgte der Richtung und kam so zum Königsplatz. Dort hatte die Flasche nur die Größe eines Sandkorns. Als nun Herr Professor Wichterig die Zuschauertribüne des Reichstages betrat, schien die Flasche für ein menschliches Auge ganz zu verschwinden. Wichterig ging nun weiter, und da er sich nach entgegengesetzter Richtung vom Reichstag aus entfernte, wurde die Flasche plötzlich wieder sichtbar und wuchs und wuchs. So stellte er einwandfrei den Reichstag als Zentrum der merkwürdigen Strahlen fest, die er horizontale Strahlen nannte, weil sie fast über seinen Horizont gingen.

Im Labor nun reinigte Wichterig seine Flasche innen und außen, da er sie nun der Wissenschaft vorführen wollte. Er lud zu diesem Zweck zehn Kapazitäten von überallher ein und führte seine Flasche erst im Labor vor. Die Herren mit den weißen Bärten staunten, allerdings war im Labor ja nichts zu sehen, aber sie hatten ja keine Ursache, an der Rede des Herrn Professor Wichterig zu zweifeln, daher staunten sie Bauklötze, als nun Wichterig, seines Sieges gewiß, mit den Kapazitäten die Straßenbahn bestieg und damit nach Hause fuhr, blieb die Flasche unverändert, weil Wichterig sie ausgespült und daher relativ gemacht hatte. Es war eine Blamage für ihn, aber nur eine momentane. Denn kaum waren die Kapazitäten wieder abgereist, als Wichterig dachte, die Blamage wieder auszuwetzen, und dabei überlegte er, daß wohl durch das Waschen der Flasche die Störung gekommen sein müßte. Was hatte er aber fortgewaschen? Den Rest der Opernglaslösung. Was aber gab den Dingen absolute Größe? Die Opernglaslösung. Wie also konnte er die Dinge absolut machen? Durch Betupfen mit Opernglaslösung. Was tat er also? Er betupfte beliebige Dinge mit Opernglaslösung. Und was stellte sich heraus? Daß jedes Ding durch Betupfen mit Opernglaslösung absolut wird. Und wie äußerte sich solche Absolutheit?

Indem mit Opernglaslösung betupfte beliebige Gegenstände an scheinbarer Größe ab- oder zunehmen in dem Maße, wie sie sich der Rednertribüne des Reichstages am Königsplatz nähern oder von ihr entfernen.

Mein Selbstmord

Ich war durch eine Sache sehr betrübt und so traurig, daß ich nicht ein noch aus wußte, sondern mir kurzerhand das Leben nehmen wollte. Es wäre indiskret, über die Sache, die mich so erregte, näher zu sprechen, denn man soll das Mädchen, das man liebt, nicht so kompromittieren.

Da habe ich mit mir selber Zwiesprache gehalten, wie ich mir am besten das Leben nehmen könnte.

Zuerst habe ich an Starkstrom gedacht, aber ich kann schlecht klettern, und die Türen von dem Transformator mag ich nicht aufreißen, weil das wegen Lebensgefahr verboten ist. Da denke ich an Gas. Aber denken Sie das Pech, in meiner Wohnung liegt kein Gas, und irgendwo einbrechen, wo Gas liegt, und dann den Schlauch unter die Nase halten, das mag ich auch nicht tun, denn was mögen die Menschen denken, wenn sie mich finden, noch bevor ich tot bin, und wenn ich dann mit meinem Schmerz ins Gefängnis geworfen werde! Ich denke jetzt an mein Rasiermesser. Aber das Ding ist ja viel zu stumpf, ich kriege meine Pulsadern nicht mehr durch damit. Da denke ich an Erdolchen mit dem Taschenmesser mitten durchs Herz. Aber das ist mir dabei schon einmal umgeknickt, und ich habe mich verdammt dabei in die Finger geschnitten. Ein Strick zum Aufhängen kann leicht abreißen, oder der Nagel fliegt aus der Wand. Bei mir zu Hause sitzen die Nägel überhaupt nicht so recht fest in der Wand. Aber Erschießen ist mir zu brutal. Dazu sind wir zu liebevoll erzogen zu Hause. Dabei kann auch zu leicht ein Unglück passieren. Ein Freund von mir hat sich dabei ein Ohr rutschweg abgeschnitten und lebt mit dem einen Ohre heute noch. Sie können auch ebenso gut sagen: »Ohne das eine Ohr.« Das sieht nicht gut aus. Ich denke also an Gift. Aber ich kann ja alles vertragen, das ist ja das Schreckliche. Einmal habe ich eine Flasche voll Salmiakgeist in einem Zuge ausgetrunken, und da sehe ich die 3 Kreuze und das Wort ›Gift‹ in roter Schrift. Sie können sich wohl meinen Schreck vorstellen. Es hat mir genau wie Bier geschmeckt, und es ist mir ausgezeichnet bekommen. Ich kann eben alles vertragen, und da stellt es sich heraus, daß meine Freunde, bloß um mich in Angst zu versetzen, aus Ulk über das Etikett einer Bierflasche ein Schildchen von einer Salmiakgeistflasche geklebt haben. Ich ging natürlich sofort zur Apotheke, um mir das nötige Gegengift zu kaufen, und da sagt der Apotheker, ich müßte normalerweise schon lange tot sein. Sie können sich meinen Schreck kaum vorstellen. Ich kniete nieder und umarmte seine Beine. Deshalb vekaufte er mir Selterswasser. Aber das muß sich wohl mit dem Salmiakgeist schlecht vertragen haben, denn es hat furchtbar gegoren, furchtbar gegoren, ich habe mindestens 10 Kubikmeter Luft entwickelt. Sie sehen, auch die Gegengifte tun mir nichts, aber so eine innere Luftentwicklung will ich nie wieder erleben, nie wieder. Was bleibt mir also übrig? Ich muß mich ertränken, so leid es mir auch tut. Ich also los in die sumpfigen Flußwiesen, wo unser Strom fließt. Ich überlege noch kurz, ob ich vielleicht gut täte, vorher noch ein Beruhigungsmittel wie Baldriantee, Bromsalz oder Hoffmannstropfen zu nehmen. Schließlich komme ich auf Sulzberger Tropfen, die ich immer gegen Magenverstimmung nehme. Warum sollten sie nicht auch bei Seelenverstimmung nützen? Ein gutes Universalmittel nützt immer. Natürlich muß man entsprechend mehr davon nehmen bei Seelenleid. Ich trinke also eine ganze Flasche davon aus, und dann wandere ich am Ufer im Weidendickicht. Es war stockfinster. Ich suchte mir nur noch den schönsten Platz aus zum Beenden meines Lebens durch die nasse Flut. Denn ich war immer schon etwas poetisch veranlagt. Man will doch nicht gerade dort sein junges Leben lassen, wo eine tote Kuh liegt oder ein Froschweibchen seine kleinen Eier ausbrütet. Und ich denke noch so: »Wie leicht kann sich einer in der Dunkelheit hier den Schädel einrennen!«, denn es war wirklich stockfinster. Aber ebenso schnell denke ich, daß dazu doch ein harter Gegenstand nötig ist, und beruhige mich, denn da standen keine Bäume weit und breit. Und von selbst in der Luft rennt sich kein Mensch seinen Schädel ein, das sowieso. Soviel Selbstbewußtsein hatte ich noch, um das zu wissen. Ich schleiche also richtig am Ufer entlang, und ich denke mir noch so: »Wenn der nur tief genug ist!« Denn ich weiß, daß einmal einer durchgewatet ist, und da ist ihm das Wasser bloß bis an die Knie gegangen. Aber ich beruhige mich, denn es soll ja auch Stromschnellen geben. Die sind ganz gefährlich. Wenn ich nur gewußt hätte, wo solche Stromschnellen sind. Aber ich kann nun nicht lange mehr überlegen, denn für mich gibt es nur eine Wahl und keine Wahl mehr, ich muß mich so bald als möglich ertränken, sonst wird da doch nichts draus. Ein bißchen tollkühn muß ein Selbstmörder schon sein, komme was da wolle. Und wenn der Strom nun mal nicht größer ist, so muß er jedenfalls fürs erste genügen. Man kann die Ströme eben nicht größer machen, als sie sind. Und dann soll sich schon einmal einer im Suppenteller ertrunken haben. Der hatte nämlich beim Essen einen Schlag bekommen, und dann ist er vornüber in seine eigene Suppe gefallen. Also ich suche mir eine Stelle aus, wo der Strom besonders breit ist. Ich wußte nämlich, daß breite Ströme auch gleichzeitig tiefer zu sein pflegen als die schmalen. Ich steige also vorsichtig ein. Das Wasser spritzt hoch auf und reicht mir gerade bis an die Knöchel. Ich wieder raus, weil ich mich bei der Kälte doch nicht erkälten will. Ich hantele mich also wieder warm, dann nehme ich einen Anlauf, springe wie ein Floh in die Luft und fühle meine letzte Stunde schon vom Kirchturm meines Dorfes schlagen. Mein Herz klopft mir zum Halse heraus. Aber wie ich unten ankomme, merke ich vom Wasser nichts. Alles ist ausgetrocknet. Ich sitze direkt auf dem Sandstrande. Da muß ich denn in meiner Todesangst wohl über den ganzen Strom hinweggesprungen sein. Vor Schreck schlage ich lang um, und da liege ich hintenüber im Nassen, nur der Kopf ist wieder am ersten Ufer angelangt, von wo ich abgesprungen war. Ich jetzt raus. Ich war am ganzen Rücken naß, vorn war ich noch trocken. Aber ich hatte noch soviel Selbstbewußtsein, um zu wissen, daß der Mensch erst am ganzen Körper naß sein muß, bevor er ertrinken kann. Jetzt lege ich mich voll Todesmut ans Ufer, rolle mich hinunter in die hochaufspritzende Flut und drehe mich im Wasser um und um. Mir ist schon alles egal geworden, und ich bin rundum naß mit Ausnahme der Nasenspitze, die noch trocken war. Dann setze ich mich wieder ans Ufer und warte, denn der Tod hätte nun kommen müssen. Aber ich muß wohl kein Talent zum Selbstmorden haben, denn der Tod kam nicht. Da weine ich dicke Tränen, aber ohne dadurch den Tod zwingen zu können. Für den Tod ist eben kein Pflänzchen gewachsen. Die Tränen liefen mir immer nur so in die Nase, daß ich mich beinahe sogar verschluckt hätte. Und da höre ich denn in der Nähe ein abscheuliches Geräusch. Ich habe in dem Moment eine Angst ausgestanden, Sie können sich keinen Begriff machen. Wie leicht hätte mir einer mein Geld stehlen und mich in den Strom werfen können! Ich will mich schon leise wegschleichen, da schluchzt neben mir einer wie ein Kind. Ich denke: »Wer weint, der mordet nicht.« Und so ist es auch tatsächlich. Ich gehe also hin, und denken Sie, da ist es der Fritz, der Fritze Buhmann. Der arme Kerl rührte mich geradezu. Der konnte kaum reden vor Schluchzen. Ich schließe ihn in meine Arme, da ist der ganz naß und hat offenbar im Zeuge gebadet. Solch ein Leichtsinn, das ist doch im Winter gefährlich, bei der Temperatur! Und da schluckt der die Tränen herunter und fragt mich, weshalb ich denn eigentlich so naß wäre. Da sage ich ihm, mit mir wäre das ganz etwas anderes, ich hätte mir das Leben genommen, mit mir wäre es nun vollständig aus, ich wartete nur noch, bis der Tod endgültig käme. Da ist der sehr verwundert und sagt mir, die Annemarie, was die Annemarie ist, die hätte sich doch heute mit mir, als wie ich bin, verlobt, oder nicht? Ich frage ihn, wieso denn. Da sagt der, daß ihm das die Annemarie persönlich gesagt hätte, daß ich sie so zärtlich geknutscht hätte, und daß ich sie auf den Hals geküßt hätte und immer tiefer. Ich wußte von nichts, außer daß mir die Annemarie umgekehrt dasselbe von dem Fritze erzählt hat. Aber in dem Moment war ich richtig stolz, darum sagte ich: »Wenn sie nicht mehr erzählt hat...« Da schreit der Fritze auf: »O Gott, ist es denn noch mehr gewesen? Dann nehme ich mir das Leben!« – Und da stürzt er sich auch schon in die Fluten, daß ich ganz naß davon werde. Und wie der nun drinnen liegt, da ist der Strom richtig aufgestaut und geht über seine Ufer rüber, und das Wasser läuft mir eiskalt über meine Füße. Da habe ich es doch empfunden, daß Ströme Naturgewalten sind. Man kann sie nur kurze Zeit aufhalten, dann setzen sie doch ihren Lauf durch. Und endlich springt der blitzschnell hoch, umarmt mich und ruft: »So hilf mir doch, ich sterbe ja nicht von Wasser.« Ich kann vor Rührung nicht sprechen, da fragt der mich, ob ich denn schon vielleicht tot wäre. Und da stürzt von der Wucht des plötzlich frei gewordenen Wassers in der Ferne die Brücke ein und schwimmt fort. Sie können sich unsere Angst kaum vorstellen, denn gerade über diese Brücke hätten wir nach Hause gehen müssen. Nun war sie weggeschwemmt. Wir voll Angst hin, wo die Brücke gestanden hat, und da haben wir denn bis zum frühen Morgen getreulich zusammen ausgehalten.

Inzwischen war es aufgefallen, daß wir nicht nach Hause gekommen waren, und man suchte uns. Und wie wir da Arm in Arm am Ufer stehen, da kommt die Annemarie und schreit gleich los: »Nicht ins Wasser springen!« und springt mit einem Satz quer über den Strom und wirft sich stürmisch in meine Arme. Wie das der Fritz sieht, stürzt er sich in die Fluten und dreht sich um und um. Dann steht er wieder auf und läuft ins Dorf. Der lebt heute noch.

Und ich habe 8 Tage darauf die Annemarie geheiratet. Nach 14 Tagen hatten wir schon unser erstes Kind. Nach 4 Wochen hatten wir schon 5, und nun nach einem Jahre bin ich der glückliche Vater von 59 Kindern. Ich kenne mich überhaupt nicht mehr aus. Die meisten sind schon wieder verheiratet, und der Älteste hat bereits schon Stücker 20 eigene Kinder. Sogar von diesen sind einige wieder glückliche Väter und Mütter. Sie mögen es mir glauben oder nicht, aber diese Ehe, Sie dürfen es mir getrost glauben, diese Ehe ist noch viel viel schlimmer, als mein Selbstmord jemals gewesen ist.

Der zündende Funken

Doktor Groß war der erklärte Liebling aller Frauen. Er tanzte ausgezeichnet, war ein guter Gesellschafter, chic und gepflegt, kurz, er war der erklärte Liebling der Frauen. Das wußte er, aber es zündete bei ihm nicht, niemals, denn er wog kühl und objektiv alles ab und fand viel bei den Frauen zu tadeln. Ein Mann wie er konnte jede Frau an der Nase herumziehen, darum machte es ihm kein Pläsier. Zum größten Kummer seiner Eltern, die gern Großkinder wiegen wollten. Und doch zündete es auch bei ihm, und zwar eines Tages.

Eines Tages nämlich ging Dr. Groß spazieren, dachte an nichts und sah in die Schaufenster der Modefirmen. Gerade stand er vor einem Damenkonfektionsgeschäft, da zündete es. In einer künstlichen Laube aus Papiergeranke und elektrischem Licht hatte er einen Backfisch aus Wachs in leichtem Frühlingskleide gesehen, getreu der Natur nachgebildet und voll Reiz und Charme. Der Wachsbackfisch stand da bloß, um das zu verkaufende Frühlingskleid zu zeigen, aber er sah nicht das einfache, geschmackvolle Kleidchen, er sah das liebreizende Mädchen. Er sah auf den Charakter, mitten durch das Kleid durch, und der Charakter dieser Frau, das vornehme, ruhige Wesen, ihre liebreizenden, anmutigen Bewegungen, ihre seidenweiche Haut, ihre außerordentliche Schönheit, das alles gefiel ihm so über die Maßen, daß er sich nicht mehr bezwingen konnte, er ging in den Laden und verlangte die Mutter zu sprechen.

Seine erste große Enttäuschung war, daß dieser Backfisch keine Mutter, sondern nur einen Prinzipal hatte. Da verlangte er nach dem Chef. Herr Levy, der Chef, war ein vornehmer Charakter und ohne viel Poesie. Er dachte, daß ein feiner junger Mann seiner Frau oder Braut ein chickes Kostüm kaufen wollte, und war baß erstaunt, als Dr. Groß begann: »Ich möchte Sie um die Hand jener Dame anhalten, die im dritten Fenster das Sommerkleid zu 29 Mk 98 anbietet.« – »Tut mir sehr leid«, erklärte der Chef, »die Dame ist unverkäuflich.« Da merkte er es, daß die Dame sehr wertvoll sein mußte, und stellte sich zunächst vor. »Sehr angenehm, Levy«, sagte der Chef, und Dr. Groß begann: »Ich will sie übrigens gar nicht kaufen, sondern erlaube mir nur, um ihre Hand anzuhalten.« – »Tut mir leid, aber wie gesagt, die Dame gebe ich nicht ab.« – »Weshalb?« – »Sie ist, wie gesagt, unverkäuflich.« – »Aber Herr Levy, Damen sind sowieso unverkäuflich.« – »Sie irren, Herr Doktor, Damen sind manchmal sogar zu kaufen, aber es tut mir leid, diese Dame ist mein Eigentum, und ich gebe sie nicht ab.«

»Aber mein Herr, Sie können nur ein menschliches Anrecht auf diese Dame haben, denn ein Eigentumsrecht wie zu Zeiten des Sklavenhandels, das gibt es heutzutage auf Damen Gott sei Dank nicht.« – »Nun?« – »Daher ist es nicht Ihre Angelegenheit, sondern die der Dame, ob sie bei Ihnen bleiben will oder nicht.« – »Tut mir aufrichtig leid, aber auf Damen aus Wachs kann man ein Eigentumsrecht besitzen wie zu Zeiten des Sklavenhandels.« – »Tut auch mir leid, aber ich erkenne Ihr Recht nicht an. Gestatten Sie, daß ich ins Fenster trete, um mit der betreffenden jungen Dame Rücksprache zu halten und ihr meine Gefühle vor die Füße zu legen.« – »Tut mir wirklich sehr leid, aber ich befürchte außerdem, die Dame aus Wachs wird Ihnen nicht antworten.« – »Das würde mir sehr leid tun, jedoch falls sie mir durch Schweigen ihre Genugtuung zu erkennen gibt, würde es mir noch lieber sein als viele Worte, denn ich liebe nicht die schwatzhaften Frauen.« – »Aber mein Herr, diese Dame lebt doch nicht, ich begreife nicht, was Sie von ihr eigentlich wollen.« – »Heiraten.« – »Dazu werden Sie keinen Standesbeamten finden, denn die Dame steht nicht in den Listen. Sie ist keine Person! Sie können doch nicht eine Wachsfigur heiraten!« – »Das ist meine Angelegenheit. Woher wollen Sie denn wissen, ob eine Wachsfigur eine Person ist? Sind Sie Standesbeamter gewesen? Gibt es nicht zahlreiche Personen mit Wachsteilen, künstlichen Armen, Beinen, Zähnen, Nasen, Haaren, warum sollte es nicht Personen geben, die ganz und gar künstlich sind? Ich könnte Ihnen beweisen, daß jede Form ihren entsprechenden Inhalt haben muß. Entweder ist diese Wachsfigur eine Person wie alle anderen Frauen, oder alle anderen Frauen sind keine Personen. Denn der einzige Unterschied zwischen einer Wachspuppe und einer beliebigen Frau ist der, daß die Puppe bedeutend ruhiger, vornehmer und eleganter ist.« – Hier wußte sich der Chef keinen Rat mehr. Da kam er auf eine List. Er sagte, er als Vormund wollte seine Zustimmung geben, aber die Ehe müsse im Schaufenster stattfinden. Da sagte Dr. Groß: »Mir ist es gleichgültig, ich bin der ergebene Diener meiner Angebeteten.« – »Aber ich muß Sie doch bitten, nichts zu unternehmen, das einen berechtigten Auflauf vor meinem Geschäft hervorrufen würde, denn wir sind eine alte, angesehene Firma.« – »Das versteht sich von selbst, Herr Levy.« – Der Chef war verzweifelt, er hatte seinen letzten Trumpf ausgespielt. Zudem hatte er Angst vor Dr. Groß, den er plötzlich für verrückt hielt. Da sagte plötzlich der erste Verkäufer: »Darf ich den Herrn noch darauf aufmerksam machen, daß die betreffende Dame Gabelsberger Stenographie schreibt?« – In dem Augenblick verabschiedete sich Dr. Groß kurz, indem er sagte: »Wenn dem so ist, dann ist natürlich eine Ehe vollständig ausgeschlossen, denn ich schreibe die Einheitsstenographie. Danke sehr!« –

Sie werden sicher denken: »**Son nackiges Tierche**«, isser auch. Der hat sich nämlich alle Federn ausgerissen. Weil unser Vater doch so hat leiden müssen, ehr daß der starb; und da hat der abends immer Licht angehabt, **weil der nicht hat schlafen können;** und da hat dann das Tierche auch nicht schlafen können, **weil der immer Licht angehabt hat**, son armes Tierche; und da hat der sich aus Kummer vor lauter Langerweile alle Federn ausgerissen. Auf seinem kleinen Kopfe, da hatter ja noch welche, **schön siehter ja nicht grade aus**, son nackiges Tierche. Pfui schäm dich, Schacko, dreh dich mal um, und der schämt sich noch nicht emal!

Aber ich denke: »Gehster mal mit zum Tierarzt, der kann ja auch nichts machen.« Und da sag ich: »Herr Doktor, Sie werden sicher denken, son nackiges Tierche, **isser auch.** Der hat sich nämlich alle Federn ausgerissen. Weil unser Vater doch so hat leiden müssen, **ehr daß der starb;** und da hat der abends immer Licht angehabt, weil der nicht hat schlafen können, und da hat das Tierche auch nicht schlafen können, weil der immer Licht angehabt hat, **son armes Tierche;** und da hat der sich aus lauter Kummer **vor Langerweile** alle Federn ausgerissen. Auf seinem kleinen Kopfe, da hatter ja noch welche, schön siehter ja nicht grade aus, son nackiges Tierche. **Pfui, schäm dich, Schacko,** dreh dich mal um, und der schämt sich noch nicht emal!«

»Ja«, sagt da der Tierarzt, »da kann ich auch nichts machen, **ich bin nämlich Tierarzt.** Wenn der sich alle Federn ausreißt, daß da keine wachsen können, **dann hatter eben keine.** Schön siehter ja nicht grade aus, **son nackiges Tierche,** pfui schäm dich, Schacko, **dreh dich mal um,** und der schämt sich noch nicht emal. Auf seinem kleinen Kopfe, da hatter ja noch welche. Aber da behalten Sien doch zur Erinnerung an Ihren guten Vater, weil der doch so hat leiden müssen, ehr daß er starb.«

Und da hab ich ihn behalten zur Erinnerung. Und dabei mag mich das Tierche noch nicht emal, **weil ich doch ne Frau bin,** weils doch ein Weibchen ist, **das riecht der.** Das nennt man bei den Tieren Instinkt, **weil man doch nicht Inriecht sagen kann,** aber das riecht der. Wenn ich dem zum Beispiel das Köpfchen kraule, **dann beißt der mich.** Wenn Sie dem aber das Köpfchen kraulen, dann gibt er Ihnen Küßchen, **weil Sie doch ein Mann sind,** weils doch ein Weibchen ist. Sag mal Schacko, soll Dir der Rudolf mal das Köpfchen kraulen, oder ist es der Otto? **Die älteren Herren nennter nämlich: »Der Rudolf«,** die jüngeren der Otto, weils doch ein Papagei ist. Sag mal Schacko, ist es der Rudolf, oder ist es der Otto?

»Derrr Rruudolf«!

Hören Sie, **er sagt: »Der Rudolf«, son liebes Tierche!**

Als unser Vater noch lebte, hab ich gesagt: »Vater, **wenn Du einmal, was der Himmel verhüten möge,** Deine Augen für immer schließen solltest, was soll dann aus dem Tierche werden? Der nimmt doch von mir kein Futter, weil ich doch ne Frau bin.« **Da hat unser Vater gesagt:** »Wenn ich dereinst einmal, was der Himmel verhüten möge, die Augen für immer schließen sollte, **und der hat keinen Besseren,** dann wird er von Dir sein Futter schon nehmen.« Und als unser Vater, was der Himmel verhüten möge, **seine Augen für immer geschlossen hatte,** und der hatte keinen Besseren, und ich gab dem am anderen Morgen sein Futter, da hat der alles aus den Stäben seines Bauers **wieder herausgeknibbelt** und dazu hatter gesagt: **»Ssähste, daa hastn«,** weils doch ein Papagei ist. Aber am anderen Morgen, da hat ders vor Hunger gefressen.

Sehen Sie, jetzt macht der sein Nießerchen. Gesundheit, Schacko! Sehen Sie, und jetzt weint der. Aber Sie werden jetzt sicher denken: **»Was hängt denn da eigentlich herunter?«** Ja, das ist nämlich sein Kropf. **Das Tierche hatten Kropf!** Der muß doch wissen, wo der seine Körnerchen hintut, wenn der seine Nahrung zu sich nimmt, dazu hat der seinen Kropf. Sie würden das gar nicht emal bemerken, **wenn der seine Federn noch hätte.** Aber die hatter sich ja ausgerissen. Weil unser Vater doch so hat leiden müssen, **ehr daß der starb,** da hat der sich alle Federn ausgerissen. Auf seinem kleinen Kopfe, da hatter ja noch welche, schön sieht er ja nicht grade aus, son nackiges Tierche, pfui schäm dich, Schacko, dreh dich mal um, und der schämt sich noch nicht emal!

Aber Sie werden jetzt sicher denken: **»Was hängt denn da nun schon wieder herunter?«** – Ja, das ist nämlich ein Bruch. **Das Tierche hatten Bruch!**

Ja, wenns 'n Mensch wäre, dann würde ich sagen: **»Der muß ein Bruchband tragen«,** oder wenns gar ne Dame ist, aber der trägt doch kein Bruchband, weils doch ein Papagei ist. Der läßt sich an seinem kleinen Körper doch nicht ankommen! Der würde sich das bloß abknibbeln und sagen: **»Sähste, da hasten!«,** weils doch ein Papagei ist. **Der hat nämlich mal 8 Tage keinen Stuhlgang gehabt.** Da hab ich gedacht: **»Gehster mal mit zum Tierarzt, der kann ja auch nichts machen.«** Und wie ich mit dem Tierche in der Eisenbahn sitze, von der Aufregung oder von dem Rucken oder so, **da kriegt der plötzlich Losung,** und da hat der sich das alles herausgedrängt. Schön sieht er ja nicht grade aus.

Da hab ich gesagt: »Herr Doktor, **Sie werden jetzt sicher denken,** was hängt denn da nun schon wieder herunter? Ja, das weiß ich nämlich auch nicht. Der hat nämlich **8 Tage keinen Stuhlgang gehabt,** und da denk ich, gehster mal mit zum Tierarzt, der kann ja auch nichts machen. Und wie ich mit dem Tierche in der Eisenbahn sitze, **von der Aufregung oder von dem Rucken oder so,** da kriegt der plötzlich Losung, und da hat der sich das alles **da herausgedrängt.«** – »Ja«, sagt da der Doktor, **»da kann ich auch nichts machen, ich bin nämlich Tierarzt.** Der hat nämlich 'n Bruch. **Das Tierche hatten Bruch!** Wenn 'n Mensch wäre, würde ich gesagt haben: der mussen Bruchband tragen, **oder wenns gar 'ne Dame ist.**

Aber das Tierche trägt doch kein Bruchband. Der würde sich das bloß abknibbeln und sagen: ›Ssähste, da hasten‹, weils doch ein Papagei ist. **Aber der kann da alt bei werden!** Schön sieht er ja nicht grade aus, son nackiges Tierche, aber Sie würden das noch nicht einmal bemerken, wenn der seine Federn noch hätte. **Aber die hat er sich ja ausgerissen,** weil unser Vater doch so hat leiden müssen, ehr daß der starb. Auf seinem kleinen Kopfe, da hatter ja noch welche, son nackiges Tierche, pfui schäm dich, Schacko, dreh dich mal um, **und der schämt sich noch nicht emal.** Aber da behalten Sien doch zur Erinnerung!«

NACHWORT (Zur Orientierung des Lesers)
Der Papagei wohnt in Bad Ems und ist 43 Jahre alt; er heißt Chaco und ist inzwischen gestorben. Er hat nämlich Herzwasser gekriegt, **und da hat's noch am Morgen so in ihm gekluckert.**

Aber die Frau hat gedacht: »Der kann ja doch nichts machen, **der is nämlich Tierarzt.«** Und da is sie noch zur Kirche gegangen, weils nämlich Sonntag war. Aber der Doktor hat gesagt: »Wir können ihm das Wasser nich ablassen.« Und da hat der noch so gehorcht und hat gesagt: »Isser denn so krank – ja isser denn so krank?«, und hat bis zuletzt noch gesprochen, und dann isser ganz dick geworden, dasser nich mehr auf seine Stäbe sitzen konnte.

Und wie sie von der Kirche zurückkommt, da liegt das Tierche tot. Er ist ganz dick aufgequollen, **und da hats ihm das kleine Herzche abgedrückt.** Der hat Herzwasser gehabt.

Und da hat sie ihn selbst aufgeschnitten, weil sie doch mal sehen wollte, was denn nun eigentlich die Todesursache war, **und da is da lauter klares Wasser rausgekommen.**

Und da hat dann die Frau den letzten Wunsch ihres Mannes erfüllt und hat den am Fußende von seinem Grabe mit beigesetzt, und da ruht nun Schacko. Die Frau aber weinte noch, als sie es mir erzählte.

Der Gast

Eines Tages komme ich nach Hause. Steht da auf meinem Balkon ein Mann, breitbeinig, breitschulterig, mit riesigen Händen und mit mächtigem Kopf. Ich besehe mir den Mann von unten und gehe wieder zurück, ohne hineinzugehen. Nach 2 Stunden habe ich den Schreck soweit überwunden, daß ich nun wiederkomme; da steht der Riese noch da in derselben Stellung. Ich habe solch einen Schreck, daß ich noch einmal umkehre. Nach abermals 2 Stunden steht er noch immer unbeweglich auf meinem Balkon und sieht dorthin, woher ich komme. Jetzt wird mir die Sache zu dumm, und ich trete ein. Meine Frau sagt mir sofort etwas aufgeregt: »Auf dem Balkon steht ein großer Herr, der Dich zu sprechen wünscht.« – »Was will er denn?« frage ich. »Ich weiß es nicht, nur ist er mir sehr unheimlich«, sagt meine Frau. Offen gestanden war er mir auch etwas unheimlich. Ich gehe also auf den Balkon, da steht er mit dem Rücken gegen das Zimmer, ohne sich umzudrehen, den Blick nach der Straße gerichtet. Ich sage leise: »Guten Tag.« Da dreht er sich um und sagt: »Das ist jetzt das dritte Mal, daß Sie gekommen sind.« – »Sie haben ganz recht«, sage ich, »ich hatte immer noch etwas vergessen.« Darauf erwidert er: »Es riecht hier nach Leichen.« – »Nach Leichen?« frage ich, »aber meine Frau ist eine sehr saubere Hausfrau, und wir haben weder Mäuse, noch Fliegen.« – »Ich rieche Menschenleichen.«, sagt er. »Aber mein Herr, hier sind gar keine Menschen gestorben, Sie müssen sich irren. Ich bin doch nicht Haarmann!« – »Sie sind noch viel schlimmer«, sagt der unheimliche Gast, »Sie haben Ihre eigene Frau aufgefressen.« – »Aber meine Frau lebt doch, ich habe sie doch eben noch begrüßt.« – »Ihre Frau ist tot, was da lebt, ist nur noch ihre Hülle, die Sie ausgefressen haben.« – »Aber mein Herr, ich begreife Sie nicht, ich habe zwar schon oft etwas ausgefressen, aber doch nicht ausgerechnet meine liebe Frau? – –« – »Mein Herr, Sie verwechseln wohl mir und mich«, sage ich erregt. – »Tut mir leid, aber die Wahrheit ist meistens nicht angenehm zu hören.« – Kurz darauf ließ mich meine Frau hinausrufen und bat mich, den Herrn so bald wie möglich wieder fortzuschicken, weil er außerordentlich unheimlich wäre. »Aber das kann ich doch bei einem Gast nicht tun«, sage ich, »ich werde versuchen, daß er von selbst auf den Gedanken kommt zu gehn.« Meine Frau war sehr traurig und kam mir in dem Augenblick so hilflos vor, daß ich jetzt beinahe selbst glaubte, sie gefressen zu haben. Ich ging wieder zu meinem ungebetenen Gast zurück. Er hatte sich eine Zigarette angezündet und sah sehr unternehmend aus. Er fühlte sich bei mir offenbar sehr wohl, so daß ich kaum zu hoffen wagte, daß er je wieder mein Haus verlassen würde. »Wissen Sie überhaupt, ob Sie noch derselbe sind, der Sie früher gewesen sind«, fragte er plötzlich ohne für mich erkennbaren Zusammenhang. »Das kann ich zwar nicht bestimmt wissen, aber ich nehme es an«, erklärte ich ihm, »daß ich seit meiner Geburt stets derselbe geblieben bin, abgerechnet von den kleinen Veränderungen durch das Leben.« – »Sie irren sich, Herr Schwitters«, sagt er, »Ihr Körper bleibt zwar stets derselbe, aber seit etwa 4 Jahren wohnt ein anderer Geist drin, der Geist eines französischen Militärs.« – »Donerwetter«, stammelte ich. Denn ausgerechnet für Heereskunde habe ich so wenig Talent. Als einfacher Muskote in preußischem Dienst hatte ich noch nicht einmal rechts und links scharf unterscheiden können. Der unheimliche Gast aber fuhr fort: »Vor 4 Jahren sind Sie nämlich gestorben, ohne es zu merken. Ihr Körper hat dem Geist eines hohen französischen Militärs, der von den Deutschen abgeschossen ruhelos umherflog, so gut gefallen, daß er seine Kugel gegen Ihren Geist gelenkt und ihn getötet hat. Dann ist er in Ihren Körper eingezogen.« – Ich war baß erstaunt, daß sich der General gerade meinen Körper ausgesucht hatte, denn in Preußen war gerade mein Körper fast immer, auch in der harten Kriegszeit, als dienstuntauglich bezeichnet. Ich habe fast nie gedient, und wenn, dann war der Unteroffizier immer der Verzweiflung nahe. Und der französische General sollte gerade auf meinen armen verwachsenen Körper Appetit gehabt haben, denn ich bin doch in meiner Entwicklung fast zwergenhaft geblieben, habe einen Buckel, schiele, bin stark schwerhörig und auf einem Bein lahm, ganz zu schweigen von meinen inneren Organen. Ich sagte deshalb, ich wüßte von nichts, was sich in ähnlicher Weise damals ereignet haben sollte. Ich wäre außerdem nie im Bereich der Kugeln gewesen im Weltkriege, weil der Hausarzt das für meine Gesundheit für gefährlich erachtet hätte. Ich falle so leicht, weil ich die fallende Krankheit habe. Und im Kriege zu fallen ist lebensgefährlich, direkt. Dafür fällt man für sein Vaterland, während man sonst für sich fällt.

»Nein, nein«, sagte ich, »Sie müssen sich irren, denn gerade im Weltkriege bin ich immer sehr häuslich gewesen, ich war immer in meiner Heimat weit hinter der Front.« Da sagte der Fremde unheimlich, ohne irgendeine Bewegung in seinen starren Zügen: »Gerade Sie sind von einer Kugel getroffen worden, ob Sie es glauben oder nicht. Es gab im Weltkriege Kugeln, die von Frankreich über Deutschland direkt nach Japan geflogen sind und dort ihr Opfer gefunden haben.« – Ich bedauerte noch einmal, daß sich der französische General keinen geeigneteren Körper ausgesucht hatte, und hätte gern gewußt, wo denn nun die strategischen Fähigkeiten dieses Napoleon geblieben waren. Aber der Gast beliebte mich anders zu unterhalten, indem er sagte: »Sie sind übrigens nicht der einzige Zwerg heute, es ist alles degeneriert.« – Mir ist dieser Gedanke an sich sehr geläufig, daß wir in einer Zeit der Überkultur leben, und so gab ich ihm ohne weiteres recht. Er sah auf meine kleine Gestalt und wollte mir offenbar imponieren, indem er sagte: »Früher waren die meisten Menschen mindestens 100 Meter hoch.« – »Woher wissen Sie«, erwiderte ich, »das müssen jedenfalls kleinere Meter gewesen sein, denn eine Ritterrüstung aus dem Mittelalter paßt selbst mir nicht mehr.« Da sagte der Gast: »Sie irren, denn das Maß für die Größe eines Menschen ist stets sein Werk. Die Menschheit kann nie Werke leisten, die größer sind, als der Mensch werden kann. Nun ist Ihnen wohl bekannt, daß ein Wolkenkratzer in Amerika bis zu 100 Meter hoch wird. Folglich ist das ein Maß für die heute abnorm wirkende Größe früherer Menschengeschlechter.« Ich staunte ….., aber ich erwiderte ganz ruhig: »Dann haben nach Ihrer Hypothese die Menschen früher bis zum Monde hören können, ohne mit der Wimper zu zucken, denn wir würden mittels Radio heute bequem Musik vom Monde hören können. Oder wollen Sie mir eigentlich etwas verkaufen, etwa eine Aktie für Kalibongesellschaften am Deister?« – »Ich kann Ihnen sogar noch andere Dinge erzählen«, fuhr der Gast fort, »wissen Sie schon, daß ich die Geschicke Chinas leite?« – Ich fragte ihn, weshalb er denn dann die vielen kleinen Revolutionen machte, er sollte doch lieber in China eine große, mächtige Revolution durchführen, wie es die deutsche gewesen wäre. Darauf ging er aber nicht ein, sondern sagte in allem Ernst: »Ich bin der Kaiser von China.« Ich dachte daran, wie ich seinerzeit wegen eines epileptischen Anfalls auf der Straße in Dortmund in ein Krankenhaus getragen und neben einen ungefährlichen Irren gelegt war, der mir immer sagte, er wäre der verstorbene Kronprinz Friedrich, und die Frau, die ihm nachher Essen brächte, wäre seine Frau, die Kaiserin Friedrich, man sähe es ihr gar nicht an, daß sie Kaiserin wäre, so einfach trüge sie sich. Und in Wirklichkeit kam überhaupt keine Frau zu ihm. Mein Gast aber fuhr fort: »Ich leite die Geschicke Chinas von meinem Schreibtische aus. Nachts kommen die Elefanten und bringen mir aus meinen Provinzen Meldungen. Ich weiß sofort, worum es sich handelt, gebe Befehle, und meine Elefanten führen sie bis zum nächsten Abend aus.« – Ich fragte den Herrn darauf, ob er mir nicht ein Dienstmädchen besorgen könnte. Da fuhr er fort: »Sie sind ein glücklicher Mensch.« – »Ich begreife nur noch nicht, was Sie bei mir wollen«, entgegnete ich. – »Sehen Sie, ich bin nur ein einfacher Sterblicher, kein Kaiser von China, und ich habe nur ein Ziel, das ist das Blöde und Sinnlose aller mich umgebenden Dinge zu erkennen. Mir erscheint in der Tat alles so lächerlich, wie es klingt, wenn ich einmal über etwas schreibe, das können Sie mir getrost glauben.« – »Ich will sie erlösen. Gehen Sie mit mir, dann mieten wir uns ein Schiff, fahren auf hohe See und regieren von dort aus die Welt. Ich leite nach wie vor China, Sie leiten Amerika. Sind Sie einverstanden?« – »Ja, aber was würde aus meiner armen Frau werden?« – »Die ist ja sowieso so gut wie aufgefressen.« – »Und was soll ich bitte weiterfressen dürfen?« – »Ich besorge Ihnen 50 Frauen, das muß fürs erste genügen. Später bekommen sie je nach Appetit so viele Frauen Sie haben wollen.« – Ich sagte nun schüchtern, ich müsse es mir erst eben überlegen. Aber er gestattete das mir nicht, sondern befahl mir, direkt die Koffer zu packen und mitzukommen. Da sagte ich zu ihm, mein Kollege, Herr Schilling, hätte eine weit bessere Anlage für solche Dinge, denn er wäre immer schon ein Phantast gewesen. Ob er den nicht lieber nehmen wollte. Aber mein Gast hatte für Schilling wenig Interesse und wollte ihn jedenfalls nicht mit einer Offerte bemustern. Er hatte es ganz offenbar auf mich abgesehen. Vielleicht gehörte er zu den schwarzen Magiern und hatte mich ohne mein Wissen schon lange magnetisiert, und nun hatte er schon so viel Arbeit in mich hineingesteckt, daß er nun auch die Früchte ernten wollte. Bei Schilling hätte er wieder von vorn anfangen müssen. Da sagte ich ihm rundheraus, daß er sich bei mir keine weitere Mühe zu geben brauchte, denn ich deklinierte nicht für die Transzendentales. »Sie irren sich über sich selbst«, sagte mein Gast, »gerade Ihr Sträuben ist mir der beste Beweis dafür, daß Sie reif für transzendentale Dinge sind. Sie sind der Mann, der über Amerika ein Despot werden kann.« – Ich konnte mich seinen zwingenden Gründen nun nicht mehr widersetzen und kam daher auf eine List. Ich rief meiner Frau durch die Tür zu, die möchte bitte meinen Koffer holen, weil ich abreisen müßte. Meine Frau war entsetzt, aber mein Gast war jetzt höchst befriedigt. Ich packte dann zu dem größten Erstaunen meines Gastes nichts in den Koffer hinein und forderte ihn auf mitzukommen. »Sie haben ja das Einpacken vergessen«, sagte er. »Sie irren«, antwortete ich, »es ist alles darin, was ich für Amerika brauche.« – »Aber der Koffer ist doch leer?« – »Sie irren, er enthält wichtige Vollmachten, mein Nachthemd mit Zahnbürste und verschiedenen Pillen und Pulver, die ich leider immer nehmen muß.« – »Aber ich sehe ja nichts«, sagte mein Gast. »Dann haben Sie eben keinen Sinn für amerikanische Dinge wie ich. Hier im Koffer habe ich alles Erforderliche, um den ganzen amerikanischen Kontinent beherrschen zu können.« – »Ja, aber ...« – »Beruhigen Sie sich, bei mir kommen zwar nicht Elefanten an den Schreibtisch geritten, sondern bei mir fahren die ganze Nacht Unterseeboote ins Bett und bringen Meldungen über Meldungen aus Amerika.« – Der Gast war ratlos. Offenbar hatte er sich meine Mitarbeit anders vorgestellt. Da fuhr ich fort, er brauchte mir übrigens keine Damen zu besorgen, zum Ausfressen und so, denn wir in Amerika machen das anders. Ich hätte zu dem Zwecke eine Flasche mit echt amerikanischem Damin in meinem Koffer. Das ist ein starker Extrakt aus den schönsten Damen Nordamerikas, der ähnlich gewonnen wird wie seinerzeit das Liebigsche Fleischextrakt aus Büffeln. Eine Messerspitze davon zu einer beliebigen Frau hinzugefügt, und sie wird eine erste Schönheit und zum Ausfressen sehr geeignet. Schon wenn man davon eine kleine Messerspitze voll auf die Glatze eines alten Herrn streicht, so wird er ein junges Mädchen. Ich schlug dann meinem Gaste vor, ich wollte ihm etwas Damin hinzufügen, um ihn besser ausfressen zu können. Die Wirkung war frappant. Er faßte sich an die Stelle, wo im gegebenen Falle die Glatze hätte sitzen müssen, sah mich dann etwas verlegen an, dann sagte er: »Herr Schwitters, ich glaube Ihnen einen großen Kummer machen zu müssen. Ich hatte Sie überschätzt. Sie sind nicht so verrückt, wie Sie es die Welt gern glauben machen wollen. Sie sind ja ein großer Bürger. Ich kann mit Ihnen leider nichts anfangen.« – »Schade«, sagte ich, dann ging mein seltener Gast.

Das ganz einfache Butterbrot

Neulich Abend war ich zu einem ganz einfachen Butterbrot eingeladen. »Und bringen Sie Ihre liebe Frau auch mit!« sagte die gnädige Frau. Ich sage also zu meiner Frau: »Dann müssen wir unbedingt vorher Pellkartoffeln essen, denn von einem ganz einfachen Butterbrot werde ich nicht satt.« Also wir essen Pellkartoffeln. Meine Frau meinte, zu einem einfachen Butterbrot müßte man Blumen mitbringen. Nun hatten wir ja sowieso noch eine Sonnenrose und zwei Rosen, und da habe ich denn denen die welken Blätter ausgezupft, und überhaupt, wenn son Blatt mal angehn wollte, das kam auch heraus, denn es sieht zu schäbig aus; Blumen müssen frisch sein, sonst schenkt man lieber keine, und dann haben wir die drei zusammengebunden mit son blauen Zwirn, den wir noch vom Konditor hatten, und nun noch ein Farnkraut dabei und en Stücker 4, 5 Efeublätter von unserm Wirt an der Ecke seiner spanischen Wand; dann sah das Ding bon aus. Nun hatten wir vom Klassenausflug unsers Sohnes vom Deisterhotel die Papierserviette mitgenommen, alles fein mit Inschrift, aber nicht so wie bei den Tassen ›gestohlen im Deisterhotel‹, sondern einfach schlicht mit Firma drauf. Die wurde denn da umgewickelt, und die gnädige Frau sagte, das Bouquet wäre ja ganz reizend. Aber es war auch schick, davon abgesehen. Meine Manschetten hatte ich der Sauberkeit wegen umgedreht, denn die Dinger trägt man ja heutzutage von beiden Seiten. Nun sollte ich auch andere Socken anziehen, weil man beim Gehen auf dem einen Hacken immer ein Loch sah, das habe ich aber nicht getan, weil wir ja doch nur zu einem ganz einfachen Butterbrot eingeladen waren. Als wir bei den Leuten ankamen, da standen da Stücker dreißig Autos, und ein galvanisierter Diener machte die Tür auf. »Das ist pickfein hier«, sagte ich zu meiner Frau und reiche dem Diener ein blankes 10-Pfennigstück. Ich habe son Hang fürs Galante. Dem entzückenden Kammermädchen, die mir den Paletöter abnahm, küßte ich die Hand, und wie sie dabei schamhaft zurückzuckte, da hab ich ihr dreimal ganz zart aufs Schürzenband geklopft, wie das die vornehmen Herren immer tun. Wir waren ja sowieso unter uns in der Herrengarderobe. Das nahm die scheinbar gern an, denn sie fragte mich aufmerksam, ob sie mir etwas zum Nägelreinemachen geben sollte. Ich dankte ihr vielmals, denn bei uns werden die Nägels immer am Sonnabend reinegemacht. Dann nahm ich meine Blumenattrappe unterm Arm und ging damit auf den Korridor, denn wir wurden poplicher Weise auf dem Flur empfangen. Die gnädige Frau hat furchtbar über meinen Strauß geschwöcht, nein diese Verwünschungen hätten Sie mit anhören müssen. »Also wirklich originell«, sagte sie immer. »En ganzer Staat«, und ein Herr sagte: »Das ist ja die reinste Laubenkolonie«, und die Gnädige sagte: »Nein, Sie hätten sich doch nicht so in Unkosten schmeißen sollen.« Aber ich habe sie beruhigt, indem ich ihr sagte, daß wir die beiden Rosen und die Sonnenrose sowieso noch hatten, indem daß ich da nur die faulen Blätter herausgezupft hätte. Aber ich hörte noch, wie sie da leise zu dem Mädchen sagte: »Werfen Sie die Dinger nur gleich in den Müllkasten.« So was versteh ich nun nicht, entweder ich schwöge über etwas, oder ich sage es dem Menschen gleich glatt heraus, wenn sie mir son Schmarren ins Haus bringen wollen. So bin ich.

Nun sagte ich: »Wo sind denn nun die einfachen Butterbröder?« – »Sie haben gewiß großen Hunger«, fragte die gnädige Frau, dabei hat sie mich ganz schief von der Seite angeguckt, »Sie können sich gleich schadlos halten; wir warten nur noch auf einige verspätete Herrschaften.« Dabei waren Stükker funfzig schon da, die sich in feine Batisttaschentücher schnäuzten. »Aber ich darf Sie vielleicht vorstellen?« fuhr die Dame des Hauses fort. Da habe ich ihr abgewunken, denn ich kann die vielen Namen doch nicht behalten, denn Namens merke ich mir nie; das ist so eine Spezialität von mir. »Ein origineller Herr«, sagte die gnädige Frau und ließ mich stehen. Sehen Sie, ich stelle mich nie vor, aber in der Vierten kennt mich doch jeder wegen meines jovialen Benehmens. So bin ich. Aber die nun noch kamen, wurden mir vorgestellt, weil ich doch in der Reihe mitstand und mich nicht ausschließen konnte. Einige Damen äußerten den Wunsch, mich einmal lange gern schon einmal kennengelernt zu haben, was ich ihnen hoch anrechnete. Endlich gings zur Tafel, denn das Ding war viel eher eine Tafel als ein Tisch zu nennen, und Butterbrot war überhaupt nich drauf, bloß so kleine Stückchen verbranntes Brot gab es, die nannten das Tohst. Auch sone neue Erfindung. Dann kam der galvanisierte Diener wieder mit weißen Handschuhen an und reichte meiner Tischdame eine Tasse Bouillon. Ich wollte mir auch gleich eine nehmen, aber da gab er sie mir nicht, sondern er sagte, er gäbe sie mir von der anderen Seite. Und dann lief der wirklich hinter mir rum und bot mir die Bouillon von hinten an. Das habe ich mir aber nicht gefallen lassen und habe sie jetzt überhaupt nicht mehr genommen, son blöder Affe mit seinen Handschuhen. Denkt, ich soll tun, was er will, da ist der aber an den Verkehrten geraten, so haben wir aber nicht gewettet, Freundchen, son Kastanienfritze. Da sagte er: »Wie Sie befehlen!« und geht weiter. Ich sage: »Ich werde dir gleich einmal was anderes befehlen, du hast wohl lange nicht parterre gesessen, ich gebe dir einen auf deine blöde Rampe, daß du im Grundwasser schwimmst, Insurgent, zermürbtes Kalbfleisch; sauf deine Bouillon alleine! Von wegen einem auf der Nase herumklimmpern!« Da ist der ganz kusch gewesen, son pomadisierter Hengst. Nee, nee, auf solche veralteten Ansichten lasse ich mich nicht ein! Also Spaß beiseite, ein Bovke bin ich nie gewesen, und so gehe ich gleich zum gemütlichen Teil über. Ich sage man bloß: »Pett dir man nicht auf deinen Schlips mit deinen Handschuhen!« – Und meine Frau flötet über die Tafel: »Stanislaus, benimm dir, das sind wir unserer Repuhtazion schuldig.« – Die Gäste sind sehr ernst, keiner sagt etwas, da wird mir das zu langweilig, und ich sage gemütlich: »Kuckuck!« Das kann ich täuschend nachmachen wie im Walde. »Kuckuck, Kuckuck«, flöte ich, und die Gnädige sagt wieder: »Wirklich originell, großartig!« Und alle reden, wie originell ich bin. Da sage ich zu Frieda: »Frieda, das brauchen die Leute auch nicht zu wissen, daß ich Stanislaus heiße!« – Da hätten Sie die Gesellschaft mal lachen hören sollen, als ob ich den besten Witz gemacht hätte. Ich wußte gar nicht, wo denn der Witz war. Komisch sind die Menschen doch, da lachen sie wie auf ein Stichwort alle los. Aber immer alle gleichzeitig, wie eine große Herde.

Aber feine Leute waren da, auch der Herr Generaldirektor, Evchen Müssman ihr Mann, die kenne ich doch von früher, weil die doch früher bei Klotz Animiermamsell war, die hat vielleicht Karriere gemacht mit ihre krummen Beine noch dazu. Da werde ich dann plötzlich gemütlich und rufe übern Tisch weg: »Na, Evchen Müssman, kennst mich noch?« Aber das Aas sieht weg, als ob sie nichts gehört hätte, und dabei haben wir schon als Kinder zusammen gespielt. Alle gucken mich an und gucken Evchen Müssman an. Da sage ich plötzlich: »Die Dame da, die sich da eben im Batisttaschentuch schnäuzt, die kenne ich nämlich; das war früher Evchen Müssman, die war nämlich in ihrer Jugend Animiermamsell bei Klotzens. Die kenne ich ganz gut.« Denn ich wollte mich doch auch einmal dicke herausstreichen, daß ich mit einer so vornehmen Generaldirektrice auf du stehe. Da plötzlich alles schweigt, da legt die los: »Du verdammtiges Mistvieh«, sagt sie, »ich habe dich nie recht verknusen können, wassen echten Kavalier ist, davon haste keinen Groschen im Leibe, aber wovon sollste auch bei die Erziehung, wennde schon das uneheliche Kind eines Abdeckers bist mit deinen Sommersprossen ins Gesicht, bist mir ja überhaupt viel zu gewöhnlich, aber das hat mir mal wieder die Nebenreich eingebrockt, daß sie uns zusammen eingeladen hat. Die weiß doch ganz genau, was du für ein gewöhnlicher Binke bist.« Da stand plötzlich der Herr Generaldirektor auf und kam auf mich zu: »Mein Herr«, sagte er, »folgen Sie mir bitte nach draußen.« Da ruft meine Frau nach: »Stanislaus, benimm dir.« – »Ich benehme mir schon«, sage ich, »immer am richtigen Fleck, da ist die mir viel zu minne zu. Aber die kanns ja nicht vertragen, wenn man die Wahrheit sagt.« Da sagt die Gnädige zu mir: »Es gibt auch Wahrheiten, die in die Hölle führen.« Ich sage: »Jeder kann die Wahrheit eben nicht vertragen«, und frage Herrn Generaldirektor, ob er mir in die Herrentoilette befiehlt? Da macht der ein Gesicht wie Papa; na, ich denke, ich will ihm schon den Gefallen tun und eben mit nach draußen gehen. Alle drehen sich nach mir um, weil ich die Serviette mit nach draußen genommen habe. Aber da kam schon der mit seinen weißen Glacéhandschuhen und nahm sie mir ab. Draußen krempelte ich mir gleich die Ärmel auf, aber es war nicht nötig, denn der Herr Generaldirektor sagte sofort: »Ich schenke Ihnen 100 Mark.« – »Das kann ich ja gar nicht annehmen«, sage ich verdutzt, da sagt er, ich sollte es nur ruhig nehmen zur Erinnerung an seine Frau. – »An die Evchen Müssman?« frage ich, »Sie sind wirklich ein feiner Mann, aber von umsonst wird man auch nicht Generaldirektor.« – »Beruhigen Sie sich nur«, sagt der da, »meine Frau wird die Ehre haben, Sie nächstens auch zu einem einfachen Butterbrot bei uns einzuladen.« – »Und dann kommst du mal zu mir«, sage ich darauf, »dann sollst aber mal staunen, was ein einfaches Butterbrot ist«, und will wieder hineingehen und weiter scherzen. Da greift der in die Tasche, und ich schreie gleich: »Nicht schießen, bitte!«, aber der sagt nur: »Ein origineller Mensch«, und holt einen Brief aus der Tasche. Dann hält er mir den Brief unter die Nase, und ich sage: »Ja, das ist ein Brief.« Da sagt er: »Und der ist mir sehr wichtig, denn er ist eilig. Er muß sofort fort, und zu Ihnen habe ich Vertrauen, Sie kennen meine Eva von Jugend an, Sie wissen, was für sie davon abhängt, daß er gut und richtig besorgt wird, ich kann keinen würdigeren Menschen senden als Sie.« Einen Augenblick standen mir meine fünf Sinne still. Dann fuhr er fort: »In 13 Minuten fährt der Zug nach Celle, Sie müssen eilen, ihn zu erreichen. Hier haben Sie 200 Mk. Sie sind ein gewissenhafter Bote, aber bitte besorgen Sie den Brief sofort. Wenn es Ihnen zu spät werden sollte, wieder hierherzukommen, so werde ich, so leid es mir tut, Sie der Gesellschaft empfehlen. Ich danke Ihnen, auf Wiedersehen bald.«

Ich war perplex. Aber ich stand schon im Überzieher draußen, also ging ich zur Bahn. Ich fuhr auch nach Celle. Aber der Brief war ohne Adresse. Ich machte ihn auf, um nach dem Inhalt zu sehen, wer ihn empfangen sollte, da war nur ein leeres Blatt drin. Ich habe lange darüber nachgedacht, weshalb dem Herrn Generaldirektor dieser Brief so wichtig war, daß er mich deshalb aus einer angeregten Unterhaltung herausholte und 200 Mark spendierte. Erfahren habe ich es nie, denn zu dem einfachen Butterbrot beim Generaldirektor bin ich nie gebeten worden, und sonst habe ich niemand von der ganzen Gesellschaft wiedergesehen. Vielleicht ist es auch gut so, denn der Ton bei denen paßte mir sowieso nicht. Nur hätte ich gern gewußt, was eigentlich bei denen ein einfaches Butterbrot bedeutet.

Kunsthistoriker

Jahrtausende waren über unsere degenerierte Kultur hinweggeschritten, eine Sintflut hatte große und blühende Kontinente zerstört, den Rest hatte die blaue Rasse, welche auf dem neuen, dem Stillen Kontinente gewachsen war, eingeäschert. Denn es hatte einen Krieg von rund tausend Jahren gegeben, bis die letzten weißen, schwarzen und roten Menschen gefallen oder respektive niedergemetzgert waren. Die Blauen mußten deshalb so gründlich aufräumen, weil sie in den bisherigen Rassen ihre Erbfeinde erblickten, und mit Recht. Mit System hatten die Blauen alle Städte, Dörfer, Schiffe, Luftschiffe, Autos zerstört, und was etwa übriggeblieben war, hatte der Zahn der Zeit aufgefressen, dem sowieso schon längst so manches in die Schuhe geschoben wurde. Alles war futsch, worauf sich die Kultur um 1928 baute, worauf wir heute noch so stolz sind, bis auf einige wenige Grundmauern und riesige Trümmerhaufen. Nun war auch noch eine Seuche unter dem Eisenbeton ausgebrochen, der gefürchtete Eisenbetonkrebs, welcher ungefähr alle Eisenbetonplatten zu Staub zermahlen hatte, tempi passati.

Wie es aber in der Geschichte immer geht, wurden schließlich zum Schluß auch die Blauen von der Kultur beleckt, welche sie selbst anfangs vernichtet hatten, aus den Nomaden wurden seßhafte Völker mit Städten, Militär, Panzerkreuzern und allem, was wir heute Kultur nennen. Die Industrie dehnte sich gewaltig aus, und die Städte erhielten eine für uns unerhörte Größe; die kleinsten hatten mehrere Millionen Einwohner, während die Großstädte nach Milliarden und Billionen zählten. Es gab einzelne Häuser, welche mehr als eine Million beherbergten. Die Kunst blühte, aber ohne daß es jemand ahnte, daß das Kunst war. Denn es gab nicht wie bei uns eine Trennung von Kunst und Technik oder von Sonntag und Alltag, sondern alles war Kunst und alles war Werktag. Jedes Riesenhaus war genau wie der kleinste Gegenstand gestaltet, also Kunst. Die Empfindung von Gestaltung war so sehr Allgemeingut aller Menschen, daß es keine Künstler gab, daß man keinen Kitsch kannte, weil alle Künstler waren. Es war die größte Blüte der abstrakten Kunstanschauung, die die Welt je gesehen hatte. Aber jeder Höhpunkt trägt in seiner Definition den Anfang zum Untergang. Und so kam plötzlich ein genialer Mensch auf die Idee, die Kunst vom Leben zu trennen und alles konsequent durchzubilden. Zwar hatte seine Konsequenz analytischen Zweck, aber seine Nachfolger, weil sie nicht mehr den natürlichen Zusammenhang zwischen der Kunst und der Natur hatten, verfielen in Formeln, wenn sie auch selbstverständlich in ihrer Gestaltung abstrakt blieben. Jetzt begann auch die Architektur ihren eigentlichen Zweck, Nutzräume zu gestalten, zu vergessen und sich zur Kunst zu erheben. Es wurden Triglyphen und Tempelbau erfunden, denn man begann jetzt auch, Gott zu verehren. Nachdem nun mehrere Jahre Kunst verflossen waren, gab es so viele Stile und hatten so viele Stile einander abgelöst, daß man begann, sie historisch zu betrachten, weil man sie direkt nicht mehr betrachten konnte. Das ist ja immer dasselbe, Dinge, die mit dem besten Willen nicht mehr direkt wirken wollen, versucht der Mensch historisch zu erfassen. Er macht großartige gedankliche Kombinationen, welche manchmal sogar richtig sind, manchmal jedoch auch nicht. Die Menschen, die sich auf diese Weise beschäftigten, nannte man Kunsthistoriker. Nun mußten aber irgendwo die Belege für ihr Studium lagern. Und so kam ein ganz besonders genialer Doktor auf die Idee, dafür ein Haus zu bauen, das er Museum nannte. Der Bedarf an Museen wurde aber größer und größer, und da nun sowieso infolge von gewaltigen Revolutionen eine Reihe von Königsschlössern frei wurde, so wurden auch diese zu Museen gemacht. Das Schloß war aber immer das bevorzugte Haus einer Stadt, denn alle Städte waren, was wir heute als drollig empfinden würden, in der ganz einfachen Art des Schneckenhauses gebaut, spiralförmig, und im Brennpunkt der Spirale lag jedesmal das Schloß. Jede Stadt bestand nur aus einer einzigen Straße, die historisch betrachtet von der Zelle, dem Schlosse, ausging und sich in immer größerem Bogen und immer breiter werdend um das Schloß drehte. So hatte man das ganz gleichmäßige Wachstum der Städte nach allen Seiten erreicht. Zwar dauerte es tagelang, wenn jemand etwa beabsichtigte, zu Fuß vom Schloß aus nach außerhalb der Stadt oder umgekehrt zu gehen, aber das bedeutete nicht viel; denn man ging ja nie einen Weg, sondern man flog über die Häuser hinweg in gerader Linie, wohin man wollte. So waren selbstverständlich die Haupteingänge der Häuser nicht von der Straße aus, sondern von den Dächern. Auf der Straße waren die Wirtschaftseingänge für die Dienstboten. Von oben fuhr der Besucher in bequemen Aufzügen zu den einzelnen Stockwerken hinunter. Nachdem nun die bodenständige Kunst der blauen Rasse in allen Stilarten erschöpfend genug gesammelt war, so daß sich schon Dutzende von Duplikaten in den Museen befanden, kam ein besonders genialer Kunsthistoriker auf die Idee, die Trümmerhaufen aus unserer heutigen Kultur auszugraben und zu studieren, ob man seinerzeit auch Kunst gehabt hätte; und so wurde eine kunsthistorische Kommission nach Deutschland geschickt, welches ziemlich verödet war. Zunächst suchte man ziemlich ergebnislos in den riesenhaften sumpfigen Eichwäldern nach Stätten, in denen Menschen wohl gehaust haben konnten, bis man durch Zufall einen kleinen unbedeutenden Trümmerhaufen in der Leineniederung entdeckte an der Stelle des jetzigen Hannover. Es ist schwer zu sagen, warum gerade diese Stadt sich, wenn auch nur zum kleinen Teil, als Trümmerhaufen hatte erhalten können. Doch mußte die Expedition leider sehr bald unterbrochen werden, weil alle beteiligten Herren an der Malaria starben infolge der riesigen Sümpfe in der Leineniederung. Der einzige überlebende Kunsthistoriker namens Sebastiano Fino kehrte zurück und ruhte in seiner Heimat nicht eher, als bis eine neue größere Expedition ausgerüstet wurde, um zunächst einmal die gefährlichen Leinesümpfe trockenzulegen. Dann begann er auszugraben. Man stellte zunächst fest, daß die prähistorischen Völker in Hannover mit einer Art von roten Steinen gebaut hatten, deren Ursprung man nicht kannte; denn auf der ganzen Welt gab es keinen Steinbruch von dieser Farbe und Struktur, und das Brennen von Tonziegeln kannten die Blauen noch nicht. Nachdem nun die Trümmer jahrzehntelang mit System geordnet waren, wurde der Grundriß von Straßenzügen freigelegt, dünne, steinerne Straßen, auf denen unerklärliche eiserne, stark verrostete Bänder mit Rillen in der Mitte, je vier auf einer Straße lagen. Man hielt das für eine ästhetische Angelegenheit, für eine Art von Triglyphen; denn man war es gewohnt, in dieser Form zu denken. Der Grundriß der Straßenanlagen wurde maßstäblich abgezeichnet und erregte überall, wo er bekant wurde, höchstes Erstaunen, da er zum Teil wirr durcheinanderlief, teilweise aber ganz unerklärlicherweise Straßen zeigte, die rechtwinklig zueinander standen und noch dazu geradeaus liefen. Es ging den Leuten einfach nicht in den Kopf, daß etwa ein rechtwinkliges Straßensystem angenehmer sein sollte als das übliche spiralförmige, besonders aber, daß eine Stadt mehr als eine Straße haben sollte. Man fand auch den betonierten Maschbahnsteig vor, der sich die Jahrtausende so gut gehalten hatte, weil er unter dem Wasser vor den verheerenden Wirkungen des Eisenbetonkrebses geschützt war. Man pumpte ihn leer und konnte sich keinen rechten Begriff von dem Zwecke der unregelmäßigen Formen machen. Jetzt war man aber inzwischen zu einem stattlichen Trümmerhaufen vorgedrungen, zu dem des heutigen Provinzialmuseums, der wie durch ein Wunder besonders gut erhalten war. Und es wirkte wie eine Offenbarung, als Herr Professor Sebastiano Fino persönlich ein riesenhaftes Ölgemälde in noch tadellos erhaltenem Goldrahmen, welches die Ermordung Julius Cäsars darstellte, unter den Trümmern hervorzog. Im ersten Augenblick schrie er um Hilfe; denn er hielt das Ganze für einen Spuk, weil er es doch nicht ahnen konnte, daß diese ihm plastisch erscheinenden Figuren weiter nichts als ein Stück bemalte Leinewand waren, und da er selbstverständlich die römische Geschichte nicht kannte, so lag für ihn selbstverständlich nahe, daß der Herr mit dem Dolche, nachdem er Cäsarn ermordet haben würde, in einem Wahnsinnsanfall etwa auch ihn ermorden konnte. Plötzlich aber lachte Herr Fino hell auf; denn er erkannte den ganzen Schwindel, daß es sich nur um ein Gemälde handele, welches er für total verrückt hielt und in einem Briefe an seine Gattin Futurismus nannte, weil es nämlich nicht nur in Gold eingerahmt war, sondern noch obendrein dadurch so komisch wirkte, daß es etwas darstellte; denn die an abstrakte Kunst gewöhnten blauen Kunsthistoriker konnten sich mit ihren fünf Sinnen nicht vorstellen, daß ein Bild unter Umständen auch etwas darstellen kann. Und als das Bild in der Heimat von Fino ankam, wollten sich seine Kollegen schier totlachen vor Vergnügen über eine solche Viecherei, daß ein Bild so täuschen kann. Sie meinten, es müßten Halbwilde gewesen sein, die kulturlos genug waren, um so etwas zu malen. Man denkt, da sitzt einer im Stuhle und hinter dem steht ein anderer mit einem Dolche und will ihn jahrtausendelang in den Nacken stechen, und was ist das? Leinwand! Nichts als angetuschte Leinwand! Solche Täuschung konnte nur ein auf sehr niedriger Kulturstufe stehendes Volk mit vollem Bewußtsein ausführen. Wozu hat denn ein Kulturvolk den Film? Heutzutage wird so etwas gefilmt, aber das hat darum mit Kunst nichts zu tun. Durch diesen Gedankengang angeregt, untersuchte man jetzt das Bild auf seinen künstlerischen Inhalt. Da man aber keinen fand, so hielt man es für eine Anleitung für Mörder. Man bietet dem Delinquenten einen Stuhl an, einer kniet mit einem Bittgesuch vor ihm nieder, und der andere ersticht ihn, hinter dem Stuhl stehend, mit dem Dolch. Besonders interessierten die Triglyphen an dem Stuhl, auf dem der Delinquent saß. Also mußte die damalige Zeit schon Triglyphen gekannt haben, welche Feststellung man ja auch schon an den rostigen Bändern auf der Straße gemacht hatte. Bisher war man noch der Überzeugung gewesen, daß man selbst die Triglyphen erfunden hatte. Und es war nun die Frage, können so selbstverständliche Dinge wie Triglyphen in verschiedenen Epochen der Kultur erneut erfunden werden, oder bestand ein Zusammenhang zwischen der Kultur der blauen Rasse und der jener barbarischen Urvölker aus der ungesunden Leineniederung.

17. JAHRGANG BERLIN / OKTOBER 1926 7. HEFT

DER STURM

MONATSSCHRIFT / HERAUSGEBER: HERWARTH WALDEN

K. SCHWITTERS 24

Kurt Schwitters: Merzzeichnung.

Kurt Schwitters: Merzzeichnung

Fräulein Franke

Wie ein Gedanke
Saß auf der Banke
Ein Fräulein Franke.
Da kam der Herr Piesewitt
Und nahm die Dame mit.
Da hat Piesewitten die schönsten Stunden
In Fräulein Frankes Arm empfunden.

Schnuppe

Meine süße Puppe.
Mir ist alles schnuppe,
Wenn ich meine Schnauze
Auf die Deine bautze.

Ganz mitten

Ganz mitten auf dem linken Knie,
Ganz in der Mitte hatte sie
Ein kleines rotes Muttermal,
Es war nur eines an der Zahl.

Selbst wenn es zwei gewesen wären, die
da saßen mitten auf dem linken Knie,
So säße doch nur eins ganz auf der Mitte,
Was ich zur Diskussion zu stellen bitte.

Doppelmoppel

Der Herr von Doppelmoppel
Hat alle Dinge doppel.
Er hat ein Doppelkinn
Mit Doppelgrübchen drin.
Er führt ein Doppelleben,
Das zweite stets daneben.
Er hat ein Doppelweib
Zum Doppelzeitvertreib.
Der Herr von Doppelmoppel
Hat eben alles doppel.

Haste raste roste nicht

Haste raste roste nicht,
Der dritte ist zuviel
Der dritte läuft und ruht sich nicht,
Das Rennen ist das Spiel.
Haste, raste, roste nicht,
Der dritte hat die Not;
Stellt er sich als Vordermann,
Ist der zweite tot.

Zusammenstoß
Groteske Oper in 10 Bildern
3. Fassung

PERSONEN

VIRMULA, Astronom
ALMA, seine Assistentin, Tochter Meisterlichs
MEISTERLICH, Oberordnungskommissar
BANA, seine Frau
TAA, Tänzerin
NOLL, Tänzer
TEDDI, Taas großer Bär, später lebendig
VIOLINA, der tote Geiger, später lebendig
ROMMEL, Astronomie-Diener
FRAU ROMMEL, seine Mutter
ORDENTLICH, Anführer der Ordnungspolizei
DIE DIREKTRICE
DER VETERAN
DER OBERKELLNER

ALLI, LO } Freundinnen
RICHARD, HERMANN } Freunde
KONTROLLEUR im Nachtasyl
6 HERREN VOM NACHTASYL
SCHMIDT, Ansager vom Rundfunk
PAULSEN, Opernsänger
DER VERSAMMLUNGSLEITER
KOMMUNIST. MONARCHIST. PAZIFIST. LIBRETTIST.
LIBERALER. NATIONALER. RATIONALER.
RADIKALER.
DER REGISSEUR
HEINRICH, AGNES, FRL. BITTE SEHR } Auf dem grünen Globus
1. MANN, 2. MANN } Auf dem Mars
BLASSER HERR. DER UNGLÄUBIGE.
DER LEICHTGLÄUBIGE. DER FETTE. DAS DÄMCHEN.
DIE DAME. DER KAVALIER. FRL. JUGENDLICH.
DER KAPELLMEISTER.

ZEITUNGSVERKÄUFER. ORDNUNGSPOLIZEI.
BETTLER. MÄNNER. MÄDCHEN. HERREN.
PUPPENPANZEN. DISTELKAVALIERE.
DIE GROSSE KATZE. DER GROSSE HUND. PIERRO.
DORFBEWOHNER.
MENSCHENMENGEN UND STIMMEN.

ERSTE SZENE
Sternwarte in Berlin

(Keller, nur 2½ m hoch. In der Mitte schließt sich der Durchschnitt eines ca. 3 m breiten Turmes nach oben hin an. Unter der Mitte des Turmes ein Tisch. Links hinter einer vorspringenden Wand im Hintergrunde eine Treppe, rechts und längs der Hinterwand Tische mit Apparaten und Regalen. Nur am Tische helle Beleuchtung.)

Virmula und Alma sitzen, hinten rechts Rommel beim Aufräumen mit einer kleinen Lampe.

Virmula bei der Lampe vertieft hört nicht die leichte Sphärenmusik und beachtet nicht, daß Alma leise für sich singt.

ALMA Der Knabe saß am Bach,
Das Wasser war so hell
Am Grunde schwamm ein Fisch
Der Fisch schwamm blitzesschnell.
Der Knabe sprang hinab
Das Wasser war so tief
Und unten auf dem Grund
Wie es da ferne rief:

Du bist nicht hier am Bach
Und was hier blinket hell
Das ist kein flinker Fisch.
Du sprangest blitzesschnell
Du sprangest tief hinab
Du sprangest weit und fern:
Hier unten auf dem Grund
Da ist der fremde Stern.

VIRMULA *gleichförmig*
Sinus, tangens, cotangens
Tango sinus asinus
22 23 25
28 31 35.
ALMA *gleichzeitig mit 22 ...... 35*
Sinus, tangens, cotangens
Tango sinus asinus.
VIRMULA *mit zunehmendem Schwung*
Tango sinus cotangens
Tango sinus Sinai

35 42 54
69 86 100.
ALMA *gleichzeitig mit 35 ...... 100*
Sinus tangens cotangens
Tango sinus Sinai.
VIRMULA Es geht auf! Es geht auf!
ROMMEL *leise*
69 86 99
Es geht nicht auf!
VIRMULA u. ALMA Es geht auf, es geht auf!
ROMMEL Mir geht nichts auf!
Wie leicht wird man getäuscht!
VIRMULA Die Formeln täuschen nicht
Der grüne Globus stößt auf unsere Erde.
ALMA Der grüne Globus stößt auf unsre Erde.
ROMMEL *erschrickt*
... auf unsere Erde.
VIRMULA Die Erde wird voraussichtlich ...
ALMA Die Erde wird voraussichtlich ...
ROMMEL Was wird sie denn?
VIRMULA Zusammenstoßen!
ALMA u. ROMMEL Zusammenstoßen?
ROMMEL Das geht nicht gut.
ALMA Ich find es gut!
Mit Dir zusammen untergehn,
Das find ich gut.
ROMMEL Nicht gut!
Mit ihm zusammen untergehn?
Ich geh nach Haus!
Es geht doch alles nur kaputt
Ja was denn, was denn
was denn! Ich geh nach Haus. *Ab.*
ALMA Mit ihm zusammen untergehn
Ist große Lust,
Er hat den Untergang entdeckt
Mit ihm im Untergang zu leben
Ist große Lust.
VIRMULA Und wenn
Und wenn die Erde doch nicht untergeht?
ALMA Sie muß, Du hast es doch errechnet.
VIRMULA Und wenn der grüne Globus
Die Erde nur berührte?
ALMA Dann küßte er die Erde, wie ich Dich.
Küßt ihn.

VIRMULA Du liebes Mädchen!
Küßt sie.
ALMA Du großer Mann.
VIRMULA Ich hab den Stern entdeckt
Doch Du entdecktest mehr,
Denn Du entdecktest unser Herz.
ALMA Du sprangest tief hinab
Du sprangest weit und fern
Und unten auf dem Grund
Sah ich den fernen Stern.
MEISTERLICH *eintretend*
Da komm ich grad im rechten Augenblick.
VIRMULA u. ALMA Im rechten Augenblick.
MEISTERLICH Da darf ich gratulieren.
VIRMULA u. ALMA Da darf er gratulieren.
MEISTERLICH *zu Alma*
Da darf ich gratulieren!
ALMA *weist auf Virmula*
Du darfst ihm gratulieren.
MEISTERLICH Ihm soll ich gratulieren?
VIRMULA Jetzt werde ich berühmt.
ALMA Sein Ruhm ist jetzt begründet.
MEISTERLICH *plötzlich begreifend*
Er hat wohl einen Stern entdeckt?
VIRMULA Ich habe einen Stern entdeckt.
ALMA *gleichzeitig*
Er hat doch einen Stern entdeckt.
MEISTERLICH Da muß ich gratulieren.
ALMA Ein ziemlich kleiner Stern.
MEISTERLICH Wie jammerschade!
VIRMULA Ein ziemlich kleiner Stern,
Nur wenig Kilometer rund
Ein Kügelchen im Weltenraum.
MEISTERLICH Wie jammerschade!
VIRMULA u. ALMA Ein Glück, daß er nicht größer ist.
MEISTERLICH Wirst Du dann doch berühmt?
VIRMULA *rechnet gleichförmig*
Sinus, tangens, cotangens
Tango sinus asinus
22 23 25
28 31 35.
ALMA *gleichzeitig mit 22.....35*
Tango, sinus, cotangens,
Tango sinus asinus.

VIRMULA Sinus, tangens, cotangens,
Tango sinus Sinai
35 42 54
69 86 100.
ALMA Es stimmt!
MEISTERLICH Dann wirst Du doch berühmt.
VIRMULA Mein Ruhm reicht bis zu grünen Sternen!
MEISTERLICH Wie heißt der neuentdeckte Stern?
VIRMULA Der grüne Globus.
MEISTERLICH Laß sehn, wo ist der Stern?
VIRMULA *zeigt den Stern im Spiegel des Fernrohrs*
Der kleine helle Punkt.
MEISTERLICH So klein?
ALMA Ein Glück, daß er nicht größer ist.
VIRMULA Du wirst ihn übermorgen größer sehn.
MEISTERLICH Was gehts mich schließlich an?
VIRMULA Du wirst es sehn.
Hier in Berlin wirst Du es sehn.
ALMA *gleichzeitig*
Ganz nah wirst Du ihn sehn.
MEISTERLICH Hier in Berlin?
VIRMULA Zusammenstoß!
ALMA Zusammenstoß.
MEISTERLICH Zusammenstoß?
Das kann nicht sein.
VIRMULA Es ist,
MEISTERLICH Was wird geschehn?
VIRMULA Die Erde wird voraussichtlich ...
ALMA Die Erde wird voraussichtlich ..
MEISTERLICH Die Erde wird voraussichtlich ...
VIRMULA Untergehn
ALMA u. MEISTERLICH Untergehn.
MEISTERLICH Untergehn?
Wo bleibt die Ordnungspolizei?
VIRMULA Geht unter.
MEISTERLICH Die Ordnungspolizei kann niemals untergehn.
VIRMULA Geht trotzdem unter.
MEISTERLICH Wird sie zerdrückt, wird sie verbrennen?
VIRMULA Voraussichtlich verbrennen.
MEISTERLICH Nein, nein, das kann nicht sein,
Nein, nein, das darf nicht sein!
ALMA Mit ihm verbrennen ist mir große Lust.
MEISTERLICH *reißt den Telephonhörer und spricht laut hinein*
Ausnahmezustand!

Ich erkläre den Belagerungszustand über Berlin.
zu Virmula
Wo wird der grüne Globus landen?
VIRMULA Potsdamerplatz.
MEISTERLICH Wann wird der grüne Globus landen?
VIRMULA Schon übermorgen früh.
MEISTERLICH Muß schnellstens umgeleitet werden.
VIRMULA Was soll er umgeleitet werden
Er wird voraussichtlich die Erde doch verbrennen.
MEISTERLICH Der kleine Stern?
Er soll die Heizung kleiner stellen.
VIRMULA Hat keinen Zweck, dann wird er uns zerdrücken.
MEISTERLICH Der kleine Stern?
Dann muß er langsam landen.
VIRMULA Der kleine Stern wird übermorgen größer werden.
MEISTERLICH Das kann nicht sein, ich glaub es nicht.
VIRMULA Du wirst es glauben müssen übermorgen.
MEISTERLICH *zweifelnd*
Die Ordnungspolizei wird untergehn?
erschüttert
Die Polizei wird untergehn?
stützt sich taumelnd auf den Tisch. Entschlossen
Ich will den Untergang organisieren,
Ich darf den Kopf jetzt nicht verlieren,
Sonst ist die Erde bald verloren
Zum Dienste bin ich auserkoren.
VIRMULA Ich werde noch berühmt.
ALMA Wir werden doch noch alle drei berühmt.
MEISTERLICH Ich auch. Ich halt ihn auf!
ALMA O letztes Glück
O letztes Glück
In seiner Formel aufzugehn.
MEISTERLICH u. VIRMULA *gleichzeitig*
O letztes Glück,
O letztes Glück
Berühmt, berühmt zu werden.
ALLE Sinus tangens cotangens
Tango sinus asinus
Tango sinus Sinai
22 23 25
28 31 35
54 86 100.
VIRMULA Hunderteins, hunderteins, hunderteins.
MEISTERLICH Was bedeutet das?

VIRMULA Es kann auch anders kommen.
Der grüne Globus wird voraussichtlich …
MEISTERLICH u. ALMA Der grüne Globus wird voraussichtlich …
VIRMULA Nicht landen, sondern …
Vielleicht, wenn es das Glück gewollt
In sanfter Fahrt ganz dicht vorüberfahren.
MEISTERLICH In sanfter Fahrt ganz dicht vorüberfahren.
Wo wird das sein?
Der Platz wird polizeilich abgesperrt.
VIRMULA Am Tempelhofer Feld.
MEISTERLICH Ihr werdet von mir hören. *Ab.*
VIRMULA Die Formeln täuschen nicht.
Mein Ruhm ist jetzt begründet.
ALMA O letztes Glück
O letztes Glück
In seiner Formel aufzugehn.
VIRMULA O letztes Glück
O letztes Glück
Berühmt, berühmt zu werden.
BEIDE Hunderteins, hunderteins, hunderteins
Hundertzwei, hundertzwei, hundertzwei,
Hundertdrei, hundertdrei, hundertdrei.
Bei jeder Zahl fällt ruckweise der Vorhang.

ZWEITE SZENE

Gleichzeitig sind 3 Bilder aufgebaut, von denen immer nur eins beleuchtet wird, links Café (a), darunter Treppe zur Mitte Potsdamerplatz (b), rechts Treppe, die hinaufführt zu einem Atelier (c).

a) Café

Inneres eines Cafés: vorn Tanzpodium, man sieht einige Reihen Tische, hinten links Kapelle, hinten rechts Tür zur Treppe, nach links Fortsetzung des Cafés, unsichtbar.

Taa u. Noll, Kapelle und Gäste. Viel Betrieb. Taa tanzt mit Noll nach dem neusten Schlager ›Onkel Heini‹, der Text wird von der Kapelle, der Refrain von den Gästen mitgesungen.

Und wenn die Welten untergehn,
Bleibt Onkel Heini doch bestehn,
Denn unser braver Onkel Heini
Hat immer noch die krummsten Beini.

Denn Heini braucht sich nicht zu bücken,
Es kann ihn doch kein Stern erdrücken.
Denn Sterne sausen stets bei Heini
Hindurch durch seine krummen Beini.

O, lieber Onkel Heini,
Wie krumm sind Deine Beini!
Wie sind die Beini krumm,
Wie ist das dumm!

Und ist der Erdenuntergang
Vorbei schon kilometerlang,
Der Stern ist längst vorbeigeflogen,
Von Heinis krummen Bein betrogen. –

Warum denn hat der Onkel Heini
Noch immer stets die krummsten Beini,
Denn ließe er sie grade machen,
Dann würden alle Mädchen lachen.

O, lieber Onkel Heini,
Wie krumm sind Deine Beini,
Wie sind die Beini krumm,
Wie ist das dumm!

Taa und Noll verbeugen sich, links ab.
Gleichzeitig sieht man den blassen Herrn die Treppe heraufeilen.
Während der letzten Refrainzeilen Caféhausgespräche:

DER UNGLÄUBIGE Sie meinen unmöglich.

DER LEICHTGLÄUBIGE Ein neuer Schlager steht durchaus im Bereich der Möglichkeit.

DER UNGLÄUBIGE Meinen Sie? Onkel Heini ist doch gerade erst heraus.

Der Fette und das Dämchen sprechen dazwischen.

DER FETTE Was Sie nur immer mit Ihrer verehrten Frau Mama vorhaben?

DAS DÄMCHEN Ich bin ein anständiges Mädchen.

DAME Man lacht sich krank,

KAVALIER Weißt Du schon von Anita?
Und gleich ein Kind!

DER BLASSE HERR *noch auf der obersten Treppenstufe*
Wo ist hier der Herr Kapellmeister?

KAPELLMEISTER Hier!

Der blasse Herr spricht leise zum Kapellmeister, der erst verzweifelt, dann aufgeregt aussieht.
Das Publikum erbost sich.

DER FETTE Der kommt wohl vom Monde.

FRL. JUGENDLICH Wie ungebildet.

DER KAVALIER Der weiß wohl was von Anita?

Oberkellner will den Herrn hinauswerfen, tut es aber nicht, weil der Kapellmeister ihm einen Wink gibt.
Alles sieht in Richtung blasser Herr.
Frl. Jugendlich, der Leichtgläubige, das Dämchen stehen von ihren Sitzen auf. Der blasse Herr geht eilig und leise schleichend die Treppe hinunter, die jetzt dunkel ist.
Kapelle Tusch.

KAPELLMEISTER Weltuntergang steht kurz bevor!

Alle lachen ungeheuer, niemand glaubt einen Ton.

KAPELLMEISTER Schon übermorgen wird der grüne Globus …

DER FETTE Onkel Heini, bist woll doof!

DÄMCHEN Wie chic!

KAVALIER Soll Onkel Heini weiterspielen.

DER UNGLÄUBIGE *steht auf und redet in gebrochener Sprache*
Meine Damen und Herren. Sie glauben doch nicht etwa an diesen Blödsinn! Wie viele Werte würden da auf einmal vernichtet werden! Bedenken Sie, wenn eine Welt Jahrmillionen in einem Bogen gehalten hat, ohne unterzugehen, dann kann sie doch nicht plötzlich, bums, untergehen! Das können Sie sich doch wohl selber sagen!

ALLE Bravo, Bravo. Onkel Heini weiterspielen.

Kapelle beginnt wieder mit Onkel Heini, da kommt aufgeregt R o m m e l *hereingestürzt. Man hört ihn schon laut die Treppe heraufrommeln. Alle sehen gespannt nach dem Eingang. Die 4 von vorhin stehen wieder auf.*

ROMMEL *am Eingang hinten*
Alle nach Hause gehn!
weiter vorn
Die Welt geht unter.
aufgeregt ab
O meine arme Mutter.

DER FETTE Schmeißen Sie den Idioten doch vierkantig hinaus!

JUGENDLICH Ist heute denn Aschermittwoch?

Alle horchen, wie Rommel die Treppe herunterrommelt.

STIMME *hinter der Bühne*
Es rommelt im Weltenraum
Es trommelt im Birnenbaum
Es geht manches vor,

Und nichts bleibt bestehn,
Wie soll es anders gehn.
Taa und Noll kommen im Straßenanzug, Abendcape von links und gehen durchs Café die Treppe hinab.
Café wird dunkel. Beleuchtung geht die Treppe hinunter mit Taa und Noll mit. Sie treten auf den Potsdamerplatz hinaus.

b) Potsdamerplatz

Links bis ganz vorn das Café von außen. Rechts 5-stöckiges Haus mit Schaufenstern einer erstklassigen Modefirma, in denen helle Gesellschaftskleider zu erkennen sind. Unten ganz rechts Eingang zu Taas Wohnung oben. Im Mittelgrunde der Platz mit Rundteil und Verkehrsturm in der Mitte. Die Straße nach vorn ist relativ tot, die Hauptverkehrsstraße geht waagerecht. Hinten eine verschwindende Straße.

Taa, Noll treten in das Gewimmel der Zeitungsverkäufer.

CHOR DER VERKÄUFER Zweite Abendausgabe
Dritte Abendausgabe
Die neuste Abendausgabe
Die Ausgabe von morgen früh.
Der neue Weltuntergang
Der neuste Weltuntergang
Der neue Weltuntergang
Übermorgen Weltuntergang
VERKÄUFER Abendblätter, Abendblätter, Abendblätter
Die Nacht am Mittag. Die Nacht am Mittag.
Die Nacht am Mittag.
Es wird rasch dämmerig.
CHOR DER VERKÄUFER Acht Uhr Abendblatt
Neun Uhr Abendblatt
Zehn Uhr Abendblatt
Elf Uhr Abendblatt
Zwölf Uhr Abendblatt
VERKÄUFER Ein Uhr Morgenblatt. Ein Uhr Morgenblatt.
Ein Uhr Morgenblatt.
Aufregung wächst. Alles kauft Zeitung und steht lesend.
VERKÄUFER Panik in Berlin, Panik in Berlin, Panik in Berlin.
NOLL Eine Zeitung!
VERKÄUFER *drängen sich vor*

Dritte Abendausgabe
Ein Uhr Morgenblatt
Panik in Berlin
Die New Yorker Presse zum Weltuntergang.
Der neuste Schlager bleibt Onkel Heini.
Lichtreklame und Laufschriften. ›Onkel Heini bleibt Onkel Heini‹. Weltuntergang steht nah bevor. Voraussichtlich morgen früh. Amerika bleibt neutral. Weltuntergang steht bevor. Feuerbestattung ›Stern‹. Gemeinsame Abfahrt der Gesellschaftsautos zum Weltuntergang, jede 2 Minuten etc.
NOLL Es ist wahr, Taa!
TAA Ich bleibe bei Dir, Noll!
NOLL Und wenn die Erde untergeht ...
TAA Bei Dir.
NOLL Taa, meine Taa.
TAA Noll, es ist schrecklich, schrecklich.
Beide quer über den Platz nach rechts, wo sie stehenbleiben.
ROMMEL *quer über den Platz*
Revolution
Weltuntergang
Feuer, wo ist Feuerwehr.
O meine arme Mutter!
Ab.
NOLL Liebe mich, auch wenn die Welt vergeht!
TAA Mein Noll!
BETTLER *zu Taa*
Bin blind, habe Atteste.
Taa sieht den Bettler irr an.
MANN Der wird auch noch lahm werden.
TAA Gib ihm eine Mark.
MANN ... denn morgen wird er untergehn.
MÄDCHEN Ich sterbe vor Angst.
ZWEITES MÄDCHEN Ich auch.
HERR Wer stirbt noch?
REDNER *stellt sich vorn auf die Verkehrsinsel*
Es wird nichts so heiß gegessen,
Wie es gekocht wird.
MENGE Wie es gekocht wird.
MANN Grade heiß genug.
MENGE Grade heiß genug.
Menge jagt den Mann, rechts vorn ab.
MANN Haltet den Schuft!
MENGE Haltet den Schuft!
Großer Lärm, es wogen von rechts neue Leute heran.

VETERAN *tritt auf die Insel*
Gründen wir einen Verein.
ALLE Einen Verein.
MEHRERE STIMMEN Einen Verein.
MENGE Einen Verein, einen Verein, einen Verein!
VETERAN Einen Mieterschutzverein.
Große Menge Menschen kommen nach der Mitte, wo alles wild durcheinanderläuft.
TAA Und wenn die Erde untergeht?
NOLL Wenn Du mich liebst, mag alles untergehn.
Großer Lärm in der Mitte des Platzes.
Ordentlich an der Spitze der Ordnungspolizei kommt von hinten um das Rundteil herum und nimmt vorn links zwischen Bürgersteig und einer Verkehrsinsel Aufstellung mit seinen Leuten.
CHOR DER ORDNUNGSPOLIZEI Eins zwei, eins zwei, eins zwei drei,
Bald ist alles zwar vorbei.
Eins zwei, eins zwei, eins zwei drei,
Kommt die Ordnungspolizei.
Machen Sie die Straße frei
Für die Ordnungspolizei.
ORDENTLICH Zurücktreten, zurücktreten, Straße frei,
Straße frei.
MENGE Straße frei, Straße frei.
ORDENTLICH Die Ordnung kommt durch.
Der grüne Globus wird voraussichtlich ...
Nicht landen, sondern ...
Vielleicht, wenn es das Glück gewollt ...
MENGE Vielleicht, wenn es das Glück gewollt ...
ORDENTLICH In sanfter Fahrt ganz dicht vorüberfahren ...
MENGE In sanfter Fahrt ganz dicht vorüberfahren ...
NOLL In sanfter Fahrt.
Mit Taa nach rechts in ihr Haus.
MANN Schwindel!
DREI STIMMEN Schwindel!
SECHS STIMMEN Schwindel!
ALLE Schwindel, Schwindel, Schwindel!
VETERAN Das sind Beruhigungsmanöver.
ALLE Das sind Beruhigungsmanöver.
Fort mit der Ordnungspolizei!
Fort! Fort! Fort!
Man jagt die Ordnungspolizei nach rechts; von rechts Kommende jagen sie nach hinten, wo die Menge sie auseinandertreibt, so daß sie flieht. Dadurch wird der Platz vorn fast leer. Nur der Veteran, der nicht gut gehen kann, bleibt stehen. Vor dem Fenster des Mo-

desalons werden die glitzernden Toiletten mit schwarzen Kleidern vertauscht.

DIREKTRICE *kommt heraus und besieht die Auslage, arrangiert durch Handbewegungen das Dekorieren*
Weiter nach rechts.
Kleine süße Robe tiefer legen.
Weiter nach links.
Die schwarze Kombination höher legen.
Weiter nach oben.
Das kleine süße Höschen mehr nach rechts.
Weiter nach unten.
Das kleine süße Hütchen mehr nach links.

VETERAN Was soll das nun bedeuten?

DIRECTRICE Die neue Mode zum Zusammenstoß.
Die Dame von Welt,
Die auf sich hält,
Die Dame von Geld,
Trägt zum Zusammenstoß
Nur schwarz Georgette.

VETERAN Nur schwarz Korsett.
hinkt vorn links ab, vor sich hin
Nur schwarz Korsett.
Dabei wird es stufenweise dunkel, es erhellt sich die Treppe rechts, auf der Taa und Noll hinaufsteigen.

c) Taas Atelier

Chaiselongue, auf welcher der Bär zwischen Kissen sitzt. Taa und Noll treten ein. Noll dreht Licht an. Der Raum erhellt sich mäßig. Taa wirft ihren Abendmantel auf das Sofa neben den Teddibären und liebkost ihn.

NOLL Immer der Bär.
Immer die tote Puppe.

TAA Du willst mich nicht verstehen.

NOLL Du mußt mich immer reizen.

TAA *liebkost ihn*
Was bist Du immer eifersüchtig.

NOLL Ich will nicht teilen.

TAA Narr! Du bist immer eifersüchtig.

NOLL Ja, ich bin wirklich eifersüchtig.

TAA Auf diesen toten Bären, diese Puppe?
Faß ihn doch an, er ist so tot wie dieses Kissen.

NOLL *plötzlich sentimental*
Du, Wesen ohne Erdenschwere,
Taa, Tänzerin des Himmels,
Du sollst nicht untergehn.
Du wirst im freien Weltenraum schweben.
Wenn alles stirbt,
Wenn alles untergeht,
Nur Du wirst leben!
TAA Willst Du nicht mit mir schweben?
Noll, Du sollst mit mir leben!
Wenn alles stirbt, wenn alles untergeht.
Wir werden leben!
ZUSAMMEN Wir schweben hinaus in den Weltenraum,
Wir leben, wir schweben,
Wir schweben, wir leben,
Wenn alles stirbt, wenn alles untergeht,
Wir schweben,
Wir.
NOLL Bist Du mein Stern?
TAA Sonne Du!
NOLL Die Erde ich.
TAA Bist Du die Erde?
Und die Sonne ich?
NOLL Bin ich der Stern,
Der hingezogen zu der Erde
Sie bald berührt?
BEIDE Was fallen mir nur heute viele Sterne ein?
NOLL Du Stern!
Noll will Taa küssen, in diesem Augenblick beginnt der Bär lebendig zu werden. Er kniet ohne Umstände vor Taa nieder.
TEDDI Göttliche, Kraulende, Irdische
TAA *schreit*
O Gott!
NOLL *weicht zurück*
Bin ich verrückt?
TEDDI Göttliche, Kraulende, Irdische!
Kraulende, Kosende, Lächelnde!
Taa, wie benenn ich Dich?
Taa, ich bebäre Dich.
Göttliche, Kraulende, Irdische,
Kraulende, Kosende, Lächelnde…
NOLL Halt ein Verwegener!
Du Schurke, hebe dich hinweg!
TAA O laß ihn, er ist lieb.

TEDDI Wie bist Du schön!
NOLL *faßt ihn an der Stelle, wo der Mensch einen Kragen hat.*
TEDDI *schreit*
Bööööööö
TAA O laß ihn!
NOLL Ich laß ihn nicht
Läßt ihn los.
Wo sind die Waffen?
Ich will mit ihm für Deine Ehre kämpfen!
Die Waffen her!
Er reißt 2 Degen von der Wand und reicht einen dem Bären.
Wehr Dich, du feiger Hund!
TAA Nicht kämpfen.
Halt, Du stichst ihn tot!
TEDDI Stich nur, ich wehre mich!
Stich, wenn Du stechen mußt!
TAA Schlag ihn nicht, stich ihn nicht,
Das süße Tier!
NOLL Schlag zu, stich zu
Wehr Dich, Du Hund!
Du feiger Hund!
Du ...
Der Teddibär wird unglücklich getroffen, er brüllt entsetzlich und fällt um.
Fall um!
TEDDI Bumm ...
NOLL *zu Taa*
Verzeih!
TEDDI *springt auf, kniet wie vorher vor Taa*
Verzeiht Ihr lieben Leute.
Ihr irrt, ich kann nicht sterben.
Es gehen Dinge vor,
Die ich erleben muß.
Göttliche, Kraulende, Irdische!
Kratzende, Kosende, Lächelnde.
Während dieser 6 Worte wird es ruckweise in Taas Atelier dunkel, während es ebenso ruckweise links im Café hell wird.

d) Café, wie vorhin

Alle Tische sind leer, große Unordnung, Kellner zählt Geld.

OBERKELLNER 22 23 25
28 31 35
Entenleber, Schweinebraten, Gänsebraten
Apfelkuchen, Sahneschnitten, Mohrenkopf
35 42 54
69 86 100
Ich paß auf, ich paß auf,
Ich laß mich nicht betrügen.
Licht aus.

DRITTE SZENE

Gleichzeitig 3 Bilder, die gleichzeitig beleuchtet sind. Links und rechts oben 2 kleine Ausschnitte a) und b), die das Heim zweier Freundinnen und das Heim zweier Freunde zeigen. Je 2 Klubsessel und ein Rauchtisch, hinten Tür und Lautsprecher. Atmosphäre angenehm verräuchert.
Unten in der Mitte ein Nachtasyl c), ein nüchterner spärlich beleuchteter Raum, zu beiden Seiten ärmliche Schlafpritschen, in der Mitte ein Tisch, an dem der Kontrolleur steht.
Im Heim zweier Freundinnen Alli und Lo.
Im Heim zweier Freunde Richard und Hermann.
Alli und Richard singen immer dasselbe gleichzeitig.
Lo und Hermann singen immer dasselbe gleichzeitig.

ALLI U. RICHARD *gähnen*
Aur, Aur uuhaa
Luh, Luh uuhii
Haa uu haa
Im Nachtasyl kommen abwechselnd durch die Türen links und rechts die Herren und geben dem Kontrolleur ihre Karten ab.
1. HERR Hier
KONTROLLEUR 22
LO U. HERMANN *gähnen*
Aur, Aur uuhaa
Luh, Luh uuhii
Haa uu haa
2. HERR Hier.
KONTROLLEUR 23.

ALLI u. RICHARD Schickes Mädchen getroffen!
LO u. HERMANN *langweilig*
Langweilig!
3. HERR Hier.
KONTROLLEUR 25.
ALLI u. RICHARD Todschick!
LO u. HERMANN Wenn schon!
4. HERR Hier.
KONTROLLEUR 28.
ALLI u. RICHARD Der Nacken!
LO u. HERMANN Der Nacken, der Nacken!
5. HERR Hier!
KONTROLLEUR 31.
ALLI u. RICHARD Die Beine!
LO u. HERMANN Die Beine, die Beine!
6. HERR Hier!
KONTROLLEUR 35.
ALLI u. RICHARD Der Duft!
LO u. HERMANN Untersteh Dich …
7. HERR Hier!
KONTROLLEUR Besetzt!
7. Herr ab
ALLI u. RICHARD *gähnen*
Aur, Aur uuhaa
Loh, Loh, uuhii
Haa uu haa
LO u. HERMANN *gähnen*
Aur, Aur uuhaa
Luh, Luh, uuhii
Haa uu haa
Die Herren 1–6 sind gleichmütig in ihre Betten gestiegen.
DER LAUTSPRECHER *gleichzeitig in beiden Heimen*
Weltuntergang.
Zusammenstoß übermorgen früh.
Die Erde wird voraussichtlich …
In das Nachtasyl tritt Ordentlich ein.
ORDENTLICH Polizei!
Alle Herren setzen sich in ihren Betten hoch.
ALLI u. RICHARD Mal endlich eine kleine Sensation.
LO u. HERMANN Ob dort die Kleider kürzer sind?
ALLI u. RICHARD Bedeutend kürzer.
LO u. HERMANN Verrückte Kleider,
Frivole Menschen
ALLI u. RICHARD Die neue Geistigkeit?

KONTROLLEUR Zu Ihren Diensten, großer Herr!
ORDENTLICH Die Welt geht unter!
Alle Herren legen sich beruhigt wieder hin.
1. HERR Gott sei Dank!
2. HERR Es ist erreicht!
3. HERR Ich danke Gott!
4. HERR Mensch, klaust Du noch.
LAUTSPRECHER Hier Berlin auf Welle 570.
Wir wiederholen: WELTUNTERGANG
Zusammenstoß wird voraussichtlich übermorgen früh erfolgen.
Die Erde wird voraussichtlich verbrennen. Wir kommen anschließend aus Café Central mit Onkel Heini wieder.
Radio spielt ›Onkel Heini‹.
ORDENTLICH Die Ordnungspolizei sorgt für Besitz und Ordnung.
Alle Herren springen aus ihren Betten hoch.
DIE HERREN Wir streiken.
Wir wollen doch verdienen.
Schmeißt doch den Ordnungsfritzen raus!
Zum Henker die verbrecherische Ordnung.
Wir wolln nicht alle Tage stempeln gehn.
ROMMEL *in zwei vollständig gleichen Exemplaren kommt rechts und links in die Heime hereingestürzt.*
Bin ich vielleicht verkehrt gelaufen?
Da draußen ist Revolution!
Weltuntergang und Feuer!
Wo ist die Feuerwehr?
Wenn man sie braucht, ist sie nicht da.
O meine arme Mutter!
Beide Rommels ab.
ORDENTLICH Gemeine Bande, Pack, Verbrecher, Tagediebe.
Der Untergang wird Euch vernichten!
Mit diesen stolzen Worten läßt er sich von den Herren in die Flucht treiben.
Alle rennen wild durcheinander.
ALLE Wir wollen verdienen, wollen klaun,
Wir wolln die Welt in Stücke haun.
Wenn alles stirbt, wenn alles untergeht,
Wir wollen klaun.
Mit diesem Gesang besteigen die Herren wieder ihre Betten.

VIERTE SZENE

Bürgerliches Zimmer in Meisterlichs Wohnung.

Die Wände müssen später verschwinden, darum können die Möbel karikaturhaft angemalt sein. Pianino mit Bild des verstorbenen Musiklehrers Violina. Kommödchen und Schrank. Ovaler Tisch mit Plüschdecke. Die Schranktür muß jedoch zu öffnen gehen.

Bana mit der Violine in der Hand zunächst allein im Zimmer. Sie will das Instrument in den Schrank hängen, da tritt Meisterlich ein.

BANA Wo bleibst Du denn, wo bleibst Du denn?
Wie kannst Du mich in Angst und Sorge lassen?
Sag an, was hast Du für Entschuldigung?
MEISTERLICH Ich habe keine,
Was ich tat, war meine Pflicht.
Ich organisiere doch zur Zeit den Untergang.
BANA Was nennst Du denn organisieren?
Was nennst du Untergang?
MEISTERLICH Die Erde wird voraussichtlich ...
BANA Die Erde wird voraussichtlich ...?
MEISTERLICH Laut Polizeiverfügung untergehn.
BANA Du wirst Dich unterstehn ...
MEISTERLICH Nein, untergehn!
BANA Du lügst, das ist nicht wahr,
Solang ich lebe, kann sie nicht ...
Und unser Kränzchen muß doch sein
Du lügst, Du hast ein Mädchen,
Das nennst Du Untergang organisieren?
MEISTERLICH Ich bin Beamter!
ALMA *tritt ein, für sich*
Sinus, tangens, cotangens,
Tango sinus Sinai
35 42 54
69 86 100
Es geht auf, es geht auf!
Er wird voraussichtlich berühmt!
BANA Ihr seid voraussichtlich verrückt!
Laß doch zu Haus das Denken und den Dienst!
ALMA Mutter, er wird berühmt!
MEISTERLICH Wir werden alle noch berühmt!
BANA Wo ist er denn so lange nur geblieben?

ALMA Er hat den Untergang entdeckt.
BANA Du hast den Untergang entdeckt?
Du lügst, Du hast ein Mädchen!
ALMA Der Vater muß organisieren,
Er muß die Menschen ausprobieren,
Wie sie auf Untergänge reagieren.
Er muß den lahmen Wagen schmieren
Und darf den Kopf auch nicht verlieren.
Sonst ist die Erde bald verloren
Zum Dienst ist Vater auserkoren.
MEISTERLICH Ich liebe zu organisieren,
Ich muß die Menschen ausprobieren,
Wie sie auf Untergänge reagieren,
Ich muß den lahmen Wagen schmieren
Sonst ist die Erde bald verloren
Zum Dienste bin ich auserkoren.
BANA Die Erde ist jetzt bald verloren,
Mein Gatte, Du bist unverfroren.
Du lügst, Du brauchst nicht ausprobieren,
Du brauchst die Menschen nicht zu schmieren,
Daß sie auf Untergänge reagieren.
Du wirst noch alle ruinieren.
Wie kannst Du uns nur so blamieren.
MEISTERLICH Ich schwöre, daß ich nicht gelogen habe!
BANA Er schwört, daß er mich nicht betrogen habe!
MEISTERLICH Ich schwöre bei der Geige, die Du in den Schrank gestellt ...
BANA Daß Du mir untreu bist!
MEISTERLICH Ich schwöre bei der Geige Deines alten Lehrers ...
BANA Was willst Du denn, es ist schon lange her.
MEISTERLICH ... des alten Violina, der Dich einst geliebt ...
BANA Er ist schon lange tot!
MEISTERLICH Bei dieser Violine schwöre ich ...
Bana hängt die Violine in den Schrank.
MEISTERLICH ... daß ich beruflich nur verhindert war.
BANA Du lügst!
So wahr im Schranke eine Violine hängt,
So wahr nicht Violina selbst im Schranke steht
Hast du gelogen.
In dem Moment tritt Violina aus dem Schranke.
VIOLINA Gerettet!
Auferstanden!
Erwacht zu neuem Leben!

Bana! Du liebes Mädchen!
Die ich allein geliebt!
Bana, Du rettest mich!
Er nähert sich der verstört zurückweichenden Bana.

MEISTERLICH Mein Herr, wo haben Sie den Reisepaß?

VIOLINA A moll B moll H moll C moll
D moll E moll F moll G moll,
Ritardando, Largo, Scherzo,
Lento Forte Pianino.
22 23 101
61 86 101

ALMA *gleichzeitig mit 22... 101*
Sinus, tangens, cotangens
Tango sinus asinus

VIOLINA Was bedeutet das?

MEISTERLICH *imitiert Violina*
Dein Paß ist gut.
Etude, prelude, impromptu,
Sonate, fermate, Paraplü.

ALMA Es kann auch anders kommen.
Der grüne Globus wird voraussichtlich...

VIOLINA Mein grüner Globus wird voraussichtlich...

ALMA In sanfter Fahrt ganz dicht vorüberfahren.

BANA Dein grüner Globus?

VIOLINA Mein grüner Globus.
Wo alle Blumen brennen,
Wo alle Disteln rennen,
Wo alle kleinen Puppenpanzen
Mit Distelkavalieren tanzen.

ALLE Erzähle, erzähle!

BANA Sag mir das Land, wo Puppenpanzen blühn.

VIOLINA Lobe!

ALLE Lobe?

VIOLINA Die Stadt vom grünen Globe.

ALLE Die Stadt vom grünen Globe.

Die Wände verschwinden, während die Vorderbühne dunkel wird, verschwindet auch der Tisch mit der Plüschdecke. Auf der geweiteten Bühne erscheint Violinas Phantasielandschaft. Der Park bei Lobe auf dem grünen Globe. Auf der hinteren Bühne befinden sich je 3 Seitenkulissen mit phantastischen Lampen, welche auf kakteenartigen Zweigen grotesk ohne Blätter wachsen. Im Tanz wachsen sie langsam in die Höhe und auseinander. Auch vorn neben der Mitte wächst ein Prachtexemplar von symmetrischen Lampen auf dem Boden. Zwischen den Kulissen pendeln Lampen hin und her, auch von oben nach unten. Die Lampen leuchten in den Grundfarben, blau, rot und gelb und wechseln später in monotones Grün.

Ballett

Von links kommen Puppenpanzen, von rechts kommen Distelkavaliere, ähnlich angezogen wie die wachsenden Lampen. Sie haben Kakteenarme und -beine, Kakteenkleider. Am Ende der Arme und Beine und an jedem Ohr eine Glühbirne. Die Distelkavaliere entsprechende Distelformen. Die Puppenpanzen und Distelkavaliere wachsen langsam aus den Kulissen heraus, so daß man sie zunächst nicht von ihnen unterscheiden kann; erst bei der Steigerung der Musik bemerkt man, daß sich Menschen aus den wachsenden Blumen lösen.
Der folgende Tanz der nun frei losgelösten Puppenpanzen und Distelkavaliere steigert sich zu wildester Ausgelassenheit.
Plötzlich verlöschen alle gelbe Lampen, entsprechendes Verlöschen in der Musik, ebenso bei den roten und blauen Lampen, die in ein bedeutend vermindertes grünes Licht übergehen. Auch die Lampen der Tänzer sind erloschen. Es wird Tag, sämtliche Lampen erlöschen. Die Puppenpanzen sind an der Stelle, wo sie stehen, angewachsen. Es kommen vergrößerte Kinderpuppen, die mit den Distelkavalieren volksfestartig tanzen. Nacht fällt ein, es leuchten die grüngelben Augen der großen Katze und des großen Hundes auf.

DIE GROSSE KATZE Hii
DIE PUPPENPANZEN Huu
DER GROSSE HUND Hoo
DIE DISTELKAVALIERE Haa
DER GROSSE HUND *verbeugt sich feierlich vor der Katze*
Böwöböpö, böwöröböpö, böwörötääböpö,
böwörötääzääböpö, böwörötääzääböpöuböpö.
DIE GROSSE KATZE Pöggiff, quiiee.
Streicht sich ihren Schnurrbart und stellt sich zärtlich neben den Hund, während Distelkavaliere und Puppen weiter tanzen.
CHOR Lobe,
Du grüner Globe,
Wo alle Blumen brennen,
Wo alle Disteln rennen,
Wo alle kleinen Puppenpanzen
Mit Distelkavalieren tanzen.
Der Tanz bricht ab. Die Bühne taucht in dunkles Rot. Weiße Lichtspiralen laufen von vorn nach hinten in das Rot. Hier und da Miniaturfeuerwerk. Evtl. Leuchtfontänen. Dazwischen hier und da Leuchtschrift projiziert.

Leuchtschrift: Hii-Huu-Hoo-Haa-Hee! Alles versinkt plötzlich in Nacht. Von links kommt mit einer Handlaterne der Regisseur herein.

REGISSEUR Donnerwetter ist das dunkel hier.
Man kann ja nicht die Hand vor Augen sehen.
Wer hat diese Szene gemacht?
Ich bin der Regisseur
Elektricien, etwas mehr Licht.
Dabei wird alles plötzlich so hell beleuchtet, daß man die Phantasielandschaft als Pappkulisse deutlich sieht.
Von rechts kommt Violina.

VIOLINA Ich war es, ich bin doch auf jenem Stern vom Tode auferstanden.

REGISSEUR Auch das ist höchstwahrscheinlich ein Irrtum. Vermutlich haben Sie nach Ihrem Tode die Erde nicht verlassen. Vielleicht darf ich Ihnen jetzt zeigen, wie der Stern nach dem letzten Stande der Wissenschaft aussieht, gleichen doch die Sterne einander, wie alle Dinge auf der Erde einander gleich sind. Entschuldigen Sie die Unterbrechung.
Bitte den grünen Globus.
Regisseur und Violina hatten ganz vorn auf der Bühne gestanden, während ihres Gespräches war ein einfarbiger Vorhang hinter ihnen heruntergefallen. Ein Theaterdiener bringt zwei Stühle, jetzt öffnet sich wieder der Vorhang. Regisseur und Violina bleiben als Zuschauer vorn sitzen.

FÜNFTE SZENE

Auf dem grünen Globe

In der Mitte der Bühne eine Drehscheibe, die einen karussellartigen Raum abtrennt, der biedermeierartig eingerichtet ist. Kaffeetisch, Lehnsessel mit Antimaccassars, alles ist wie Großmamas gute Stube. Die Hinterwand der Bühne zeigt Fenster mit Mullgardinen, Biedermeierblumentapete mit ovalem Bildchen. Kaltes Tageslicht, das jedoch mit dunkler Nacht wechselt, während sich die karussellartige Drehscheibe dreht. Die erste Umdrehung dauert 2½ Minuten und wird allmählich schneller, schließlich dauert eine Umdrehung 1 Minute. Bis auf die Umdrehungen und das Tempo ist alles auf dem grünen Globus so wie auf der Erde, nur rückständiger. Die Mode hält bei 1912, die Damen stecken in engen langen Kleidern, tragen evtl. Riesenhüte mit Blumen, die Herren Gehrock, Zylinder und Schnurrbart (»es ist erreicht«).

Heinrich und Agnes befinden sich am Kaffeetisch, Heinrich zündet bei jedem Dunkelwerden einmal eine Petroleumlampe an. Alle Worte und Bewegungen sind schleppend langsam.

VIOLINA Warum dreht sich denn das Zimmer ununterbrochen?
REGISSEUR Ich will damit andeuten, daß der grüne Globus als kleiner Stern sich sehr schnell um die eigene Achse drehen muß.
Pause.
AGNES Wie lang die Tage jetzt schon werden.
HEINRICH Wir nähern uns der Erde, daher hört unser Dreh langsam auf.
Pause.
AGNES Werden wir an der Erde zerschmettert werden?
HEINRICH Voraussichtlich, vielleicht.
Pause.
VIOLINA Weshalb machen die immer so lange Pausen?
REGISSEUR Um anzudeuten, daß es da drüben nicht kurzweiliger ist, als auf der Erde.
Pause.
AGNES Und was wird mit der Erde?
HEINRICH Brennt vielleicht auf.

. . . .

Ich hab Dich doch so gern.
AGNES Was sagst Du?
HEINRICH Ach bitte...
AGNES Laß das.
VIOLINA Warum bläst der Held nur immer die Petroleumlampe aus?
REGISSEUR Aus Sparsamkeit.
Pause.
HEINRICH Ich lasse mir das nicht mehr länger gefallen, verstehst Du?
AGNES Was Du nicht sagst.
HEINRICH Wie meinst Du das?
Pause.
Clampencoeve kommt von links. Klopft an ein mitgebrachtes Brett, welches er dann auf den Boden niederlegt. Es klingt wie eine Tür beim Anklopfen.
VIOLINA Was will der Mann?
REGISSEUR Wenn eine Tür da wäre, würde er daran klopfen.
AGNES Herein!
Heinrich versucht ein letztes Mal Agnes zu küssen, er rutscht da-

bei, da Agnes sich wehrt, vom Karussell ab, während Clampencoeve aufspringt.

AGNES Sieh da, Clampencoeve.

Heinrich springt wieder auf.

Pause.

HEINRICH Was willst Du nur immer bei Agnes?

AGNES Du bist ein schöner Mann, Clampencoeve.

CLAMPENCOEVE Geborener Holländer.

AGNES Wieso eigentlich?

CLAMPENCOEVE Von Geburt.

AGNES Du bist doch noch gar nicht in Holland gewesen.

CLAMPENCOEVE Nooit, aber ich freue mich darauf.

AGNES Dann kannst Du doch kein Holländer sein?

CLAMPENCOEVE Bloß von Geburt.

AGNES Was ist denn Holland?

CLAMPENCOEVE Tulpenzwiebeln, Holzpantoffeln, Rijksmuseum,
Gaudakäse, Delfter Töpfe, Rotterdam.
Viele Grachten, nichts als Mühlen, platt wie Käse,
Meeresbrandung, flache Dächer, Meisjes stramm.
Eigenhäuser, blanke Fenster, Ruhesitze,
Große Kähne, fette Wiesen, bunte Kuh.
Alte Meister, viele Fähren, hohe Brücken,
Klinkerstraßen, bunte Ochsen noch dazu.

AGNES Du bist zu nett, Clampencoeve.

HEINRICH Nicht doch!

Pause, es klingelt.

HEINRICH Schon wieder wer.

AGNES Ich liebe Besuch.

SEHR *kommt von links und springt ein, singt*
Ich heiße Bitte Sehr.
Die Ordnung ich verehr.
Obgleich ich bin für Treue,
Verehr ich sehr das Neue.
Wissen Sie etwas Näheres vom Zusammenstoß?

AGNES Ich auch nicht, ich sitze nur im Vorstand zur Verhütung von Unfällen.

SEHR Wird man abspringen können?

AGNES Wir springen alle ab.

SEHR Und wie kommt man zurück?

HEINRICH Voraussichtlich ...

Bei diesen Worten sehr schnell Vorhang.

Regisseur und Violina außerhalb des Vorhangs.

VIOLINA Herr Regisseur, das mag schon richtig sein, Sie nennen meine Dichtung Phantasie. Doch meiner Dichterphantasie fiel Besseres ein.

REGISSEUR Dann zeigen Sie, wie kommen wir zu Ende?

VIOLINA Wir werden sehn. Ich bitte!

Macht eine Handbewegung, daß der Vorhang hochgezogen werden soll.

Die Bühne ist vollständig dunkel, es sind 4 Filmflächen gegeneinandergestellt, auf denen nacheinander Teile der Oper erscheinen, wie wir sie schon erlebt haben und später noch erleben werden. Im Hintergrund Phantasielandschaft aus der 3. Szene mit Katze und Hund und Blumen.

Virmula entdeckt den Zusammenstoß, Alma küßt Virmula; Potsdamerplatz. Rommel läuft in Angst. Teddi wird lebendig. Kellner zählt Geld. – Herren vom Nachtasyl verjagen Ordentlich. – Violina umarmt Bana. – Die große Katze und der große Hund sehen dem Tanz der Distelkavaliere und Puppenpanzen zu; – Lobe, gute Stube, Bitte Sehr in langen Kleidern.

Die Bühne wird für kurze Zeit dämmerig, die Blumen leuchten matt, die große Katze als Silhouette hat feurige rote Augen. Bühne verdunkelt sich.

Folgende Filme rollen sehr schnell.

Meisterlich beschlagnahmt Lautsprecher. Dorfkirche mit betenden Dorfbewohnern. Frau Rommel stützt sich auf ihren Schirm, spricht dabei unaufhörlich. Abfahrt der Gesellschaftsautos. Menge erwartet ungeduldig die Ankunft des grünen Globus.

Trickaufnahme. Weltenraum mit Sternschnuppen. Man sieht nacheinander von Stern herunterschweben Agnes, Heinrich, Clampencoeve, Sehr. Agnes umarmt Noll, Heinrich reißt Agnes aus Nolls Armen. Clampencoeve springt auf Ordentlich, der umfällt. Sehr will Meisterlich umarmen, Bana erscheint eifersüchtig.

Einzelaufnahme: Bana allein eifersüchtig. Wilde Phantasie von Untergang, aus durcheinander geschobenen Teilen, Panik, Auf- und Abschweben, Massenszenen. Großes Fragezeichen.

Film bricht ab. Bühne vollständig finster.

LAUTSPRECHER Die Erde wird voraussichtlich verbrennen.
Wir kommen anschließend mit Onkel Heini.

Radioorchester spielt ›Onkel Heini‹.

Langsam wird die Phantasielandschaft wieder hell.

Die große Katze hat grünlich funkelnde Augen.

KATZE *gähnt*

Aur, aur, uuhaa
Luh, luh, uuhii
Haa, uuu, haaa.

Katze und Hund gelangweilt ab. Musik gähnt.

Pause.
Ein Pierrot, scharf beleuchtet, tritt auf, leise auf Fußspitzen mit eckigen Bewegungen. Finger auf dem Mund, horcht nach dem Orchester hin, ab.
Währenddem entsteht im Orchester das Zwischenspiel der Musik.
Symphonische Musik.
Pause.

Zwischenspiel

Nach der Pause hebt sich der große Vorhang. Zwischen diesem und einem zweiten Vorhang befindet sich der Regisseur im Dialog mit seinen Schauspielern, die alle in langer Reihe nebeneinander aufgebaut stehen. Er schreitet die Reihe ab, indem er mit jedem einzeln spricht.

REGISSEUR Personen!
Darf ich Euch unumwunden sagen,
Ihr spielt zwar gut,
Doch spielt Ihr nicht ganz richtig.
ALLE Wir spielen nicht ganz richtig?
REGISSEUR Bedenkt, ein Untergang steht Euch bevor.
Ihr wißt es nicht, ob unsere Erde
Durch einen grauenvollen Untergang
Zerstört wird werden oder nicht.
Der Virmula hat es getroffen,
Mit dem »Voraussichtlich ...«
Denn keiner weiß Bescheid,
Wird sie nun wirklich untergehn, oder nicht?
Doch seid Ihr teilnahmslos an ihrem Unglück.
ALMA Ich bin es nicht.
Ich sterbe, wenn es muß für meine große Liebe.
Der, der den Untergang entdeckt,
Hat eine so bedeutend große Tat vollführt,
Daß ich mit ihm zu sterben bin bereit.
ROMMEL Und ich bin bald verrückt vor Angst.
Ich hab allein es recht erfaßt.
Das Einzigwahre ist hier Angst.
Ich rede von Revolution, Weltuntergang
Von Feuer und von meiner armen Mutter.
FRAU ROMMEL Und mich geht alles gar nichts an.
Ich bin auch noch nicht vorgekommen.
Ihr werdet sehen.
Hält ihren Schirm hoch.
REGISSEUR Der Rommel denkt, er wär verrückt vor Angst!

Doch lange nicht genug, er muß vor Angst fast sterben.
Rommel schlottert vor Angst.
REGISSEUR Und Ihr, die Menge,
Was seht Ihr stets befriedigt zu?
Macht endlich Aufstand, Panik, Angst, Revolution.
Der Sinn der Menge ist Empörung!
Es komme, wie es kommt.
ORDENTLICH Dafür sorgt schon die Ordnungspolizei.
MEISTERLICH Doch kommt die Ordnung immer durch
Und mir ist alles gleich, ich bin Beamter.
BANA Und ich bin seine Frau und eifersüchtig.
Was kümmert mich der Untergang der Erde.
Und zeigte ich mich ängstlich meinem Mann
Verlöre er den letzten Rest Respekt.
TAA Wie es auch kommt, ich liebe Noll
Und muß die Erde untergehn,
So haben wir die Liebe.
NOLL Die große Liebe und die große Eifersucht,
Sie halten aufrecht uns im Untergang.
REGISSEUR Das glaubst Du?
Du glaubst, daß Liebe Haltung geben könnte,
Wenn sich der Mensch Gefahren gegenübersieht!
NOLL Die Liebe füllt den Menschen gänzlich aus.
Der Liebende erkennt nicht die Gefahr,
Er sieht nur seine Liebe ...
REGISSEUR Nicht zu viel Lyrik!
TEDDI Und ich, was tat ich falsch?
Ich bin die wichtigste Person des Stücks
Ich bringe einen Hauch vom andern Stern.
Durch mein Erwachen plötzlich auf die Erde.
Und ich will leben,
Weil große Dinge sich ereignen werden.
REGISSEUR Bär, du bist brav.
Doch ist Dein Zweck in diesem Stücke nur,
Die Eifersucht des Noll zu schüren.
VIOLINA Und ich, ich bin die Hauptperson.
Ich brachte den Beweis von der astralen Nähe
Des andern Sterns durch plötzliches Erscheinen;
Und mußte ich nicht auch den andern Stern
Euch schildern.
REGISSEUR Das denkst Du nur,
Du mußtest hier erscheinen,
Um zu verwirrn und wegen des Balletts –
Nun kann ich Euch nicht alle einzeln sprechen,

Das Publikum wird ungeduldig.
Und wenn die Erde jetzt
Mit jenem Stern zusammenstoßen wird,
Benehmt Euch äußerst dumm,
Das ists, worum ich bitte.
CLAMPENCOEVE Das so wie so, ich frage nur nach Holland.
HEINRICH Und ich vergehe nur vor Eifersucht.
SEHR Und ich bewundere die Ordnung.
REGISSEUR Dann wären wir ja fertig.

SECHSTE SZENE

Radiozentrale

Der Raum faßt nur ein Drittel der Bühnenbreite, ist ein kleines viereckiges rotaufgeschlagenes Zimmer, nüchtern. Von der Decke hängt ein Mikrophon, an der Wand ein Lautsprecher.

ANSAGER SCHMIDT *allein, hantiert an den Gerätschaften*
Und wenn die Welten untergehn
So bleibt die Welle doch bestehn.
Das Radio erzählt Euch allen,
Was immer Neues vorgefallen.
Und funk ich hier ins Mikrophon
Hört man im Weltall jeden Ton.
Durch unbegrenzte Weltenräume
Verpflanzt die Welle Tat und Träume.
Wir funken bis zum Untergang
Ins Weltall kilometerlang.
Noch bis zum Schluß die krummen Beini
Des weltberühmten Onkel Heini.
Sieht auf die Uhr und ruft hinter die Szene.
Herr Kammersänger, siebzehn Uhr achtundfünfzig!
PAULSEN *kommt verdattert herein*
Morgen sind wir tot?
Hat es noch Zweck?
Wird jemand hören?
Der Kammersänger Paulsen singt doch nur,
Wenn alles voller Spannung lauscht!
SCHMIDT Die Höflichkeit des Radios ist Pünktlichkeit!
Wir haben eine königliche Pflicht.
Die Zeit ist um, ans Mikrophon.
Paulsen zupft seine Krawatte zurecht und tritt ans Mikrophon.

SCHMIDT Hier Berlin auf Welle 570
Der Kammersänger Paulsen singt das Orchideenlied.
PAULSEN Blume vom anderen Stern
Orchidee.
Blume, wie weltenfern
Orchidee.
Blume aus Duft und Herbe
Orchidee.
Blume Blätter und Scherbe
Orchidee.
Blume mit klingender Glut
Orchidee.
Blume mit menschlichem Blut
Orchidee.
Blume wie Strahlentropfen
Orchidee.
Blume wie Hammer klopfen
Orchidee.
Blume ...
Will zum dritten Vers ansetzen, da tritt Meisterlich energisch ein.
MEISTERLICH Schluß! Unterbrechen!
Das Radio hört jetzt auf Meisterlichs Befehl.
SCHMIDT Und was befiehlt die Obrigkeit?
MEISTERLICH Verbindung mit dem grünen Globus!
SCHMIDT Sie sprechen nicht artikuliert genug, Herr Meisterlich.
MEISTERLICH Dann reden Sie!
SCHMIDT *hantiert am Mikrophon*
Bereit.
Hier Berlin auf der Erde
Welle unendlich
MEISTERLICH Zusammenstoß mit der Erde steht bevor.
SCHMIDT Zusammenstoß mit der Erde steht bevor!
MEISTERLICH Wir bitten Sie daher in Höflichkeit darum ...
SCHMIDT Wir bitten Sie daher in Höflichkeit darum ...
MEISTERLICH Den Kurs vom grünen Globus abzulenken ...
SCHMIDT Den Kurs vom grünen Globus abzulenken ...
MEISTERLICH Und zwar um Komma Null, Null, Null ...
SCHMIDT Und zwar um Komma Null, Null, Null ...
MEISTERLICH Nach links, da sonst Gefahr ...
SCHMIDT Nach links, da sonst Gefahr ...
MEISTERLICH Bei Landung auf dem Potsdamerplatz ...
SCHMIDT Bei Landung auf dem Potsdamerplatz ...
MEISTERLICH Damit Sie recht verstehen P wie Paul ...

SCHMIDT Damit Sie recht verstehen P wie Paul ...
MEISTERLICH Und O wie Obrigkeit ...
SCHMIDT Und O wie Obrigkeit ...
MEISTERLICH T S wie Tattersall ...
SCHMIDT T S wie Tattersall ...
MEISTERLICH D A M recht wie Dame ohne E ...
SCHMIDT D A M recht wie Dame ohne E ...
MEISTERLICH M E R Meer mit einem E ...
SCHMIDT M E R Meer mit einem E ...
MEISTERLICH Und Platz wie Platz ...
SCHMIDT Platz wie Platz ...
MEISTERLICH Damit Sie recht verstehen, landen Sie ...
SCHMIDT Damit Sie recht verstehen, landen Sie ...
MEISTERLICH Nicht dort, wo Oberleitung Sie verhindert ...
SCHMIDT Nicht dort, wo Oberleitung Sie verhindert ...
MEISTERLICH Am freien Tempelhoferfeld ...
SCHMIDT Am freien Tempelhoferfeld ...
MEISTERLICH Ist die Gefahr schon sehr vermindert ...
SCHMIDT Ist die Gefahr schon sehr vermindert ...
MEISTERLICH Und Photographen sind dorthin bestellt ...
SCHMIDT Und Photographen sind dorthin bestellt ...
MEISTERLICH Wir bitten noch um Antwort.
SCHMIDT Wir bitten noch um Antwort.

Stellt den Lautsprecher an und Mikrophon ab.

LAUTSPRECHER *Sphärenmusik aus dem Lautsprecher sehr leise. Daneben Rückkoppelungsgeräusche. Man hört abgebrochene Worte:*

Hier Lobe ... Welle eins
... Morgen zehn Uhr drei und zwanzig
Voraussichtlich ....
.... sanfter Fahrt ....
.... Glück gewollt
..... Ganz dicht .....
Wenns aber nicht gewollt,
Vielleicht .....

MEISTERLICH u. SCHMIDT Wenns aber nicht gewollt, vielleicht ...

SIEBTE SZENE

Liebliche Dorflandschaft vor einer Kirche in der Nähe Berlins.

Ausgangstür einer Kirche, Platz vor der Kirche, links kleines Haus der Familie Rommel.

CHORAL *aus der Kirche*

Herr Jesus hilf aus großer Not
Ein grauenvoller Tod uns droht.
Der Weltenraum wird unser Grab
Die Flamme stürzt auf uns herab
Der Teufel läßt für unsere Sünden
Uns fürchterlich im Feuer schinden
O Herr, wirst Du uns nicht erlösen
Sind wir verfallen ganz dem Bösen.

Herr Jesus höre unser Flehn!
O laß uns noch nicht untergehn!
Wie Du des bösen Schicksals Lauf
So halten wir die Sünde auf.
Und alle wir verfluchten Sünder
Verwandeln uns in Gotteskinder
Wir werden jubeln, singen, loben
Den, der die Sterne lenkt da droben.

Während der Mitte des zweiten Verses kommt Rommel aus dem Hause und sucht, ob er niemanden findet, dem er seine Weisheit anbringen kann. Während die Orgel weiterspielt, öffnet sich die Kirchentür, alle Besucher verlassen die Kirche. Rommel wendet sich an die achtlos Vorübergehenden, an diesen und jenen.

ROMMEL Revolution, Weltuntergang,
Feuer, wo ist die Feuerwehr.
O, meine arme Mutter.
Frau Rommel kommt ganz spät als letzte hinter dem Pastor aus der Kirche.

FRAU ROMMEL Reg Dich doch nicht so auf, mein Sohn!
Du bist so bleich, Dein Haar ist so zerzaust.

ROMMEL O, Mutter, morgen sind wir alle tot.

FRAU ROMMEL Es rommelt im Weltenraum,
Es trommelt im Birnenbaum,
Es geht manches vor,
Doch bleibt alles stehn,

ROMMEL Die Welt wird untergehn!

FRAU ROMMEL Sieh diesen Schirm!
Acht Jahre ist Dein Vater tot,
Und vierzig Jahre waren wir
In guter Ehe glücklich still verbunden.

ROMMEL Und vierzig Jahre waret Ihr
In guter Ehe glücklich still verbunden.

FRAU ROMMEL Zwei Jahre vor der Ehe kauft ich mir den Schirm.
ROMMEL Zwei Jahre vor der Ehe kauftest Du den Schirm.
FRAU ROMMEL Und wenn son Schirm die fünfzig Jahre hält...
ROMMEL O, Mutter, ist es so mit unsrer Welt?
FRAU ROMMEL Genau, mein Sohn!
ROMMEL Dann kann die Welt nicht untergehn!
FRAU ROMMEL Genau, wie dieser Schirm nicht bricht...
Sie stützt sich auf den Schirm, der Schirm bricht ab.

ACHTE SZENE

Finsterer Ort. Spelunke

Von vorn links schräg nach rechts hinten geht eine Wand, die nur an der rechten Seite einen Platz für einen Tisch und 10 Stühle freiläßt. Über dem Tisch nicht allzu helle Hängelampe. Es ist das Stammlokal der ... isten und ... alen.
Kellnerin steht vorerst allein am Tisch.

VERSAMMLUNGSLEITER *kommt im Gehrock und Zylinder aufrecht an der Wand entlang, stellt eine große Klingel auf den Tisch.*
Ein Bier! für den Versammlungsleiter.
Kellnerin bringt jedesmal das Bier.
Es schleichen gebückt herein an der Wand entlang zum Tisch:
DER KOMMUNIST Kommunist.
DER ANARCHIST Anarchist.
DER MONARCHIST Monarchist.
DER PAZIFIST Pazifist.
Sie setzen sich hin, Versammlungsleiter läutet.
JEDER ... IST *indem er sich hinsetzt*
Ein Bier.
Es kommt im großen Mantel und Abendanzug elegant in weißen Handschuhen:
DER LIBRETTIST *nachdem er sich hinsetzt*
Librettist.
Einen Schnaps.
Der Versammlungsleiter läutet.
Es treten ein gebückt wie die ersten, murmelnd
DER NATIONALE National.
DER LIBERALE Liberal.
DER RADIKALE Radikal.
DER RATIONALE *Im Sportanzug*
Rational.
ALLE ... ALEN Ein Bier.

VERSAMMLUNGSLEITER Vollzählig.
Wir können beginnen.
ALLE *erheben sich*
Anarchisten, Kommunisten, Pazifisten,
Nationale, Rationale, Rächeraale,
Librettisten, Monarchisten, Steuerlisten,
Liberale, Radikale, Weinpokale.
Alle setzen sich.
DER MONARCHIST Wenn alles untergeht...
DER PAZIFIST Wir wollen Frieden..
DER KOMMUNIST Wir wollen helfen..
DER ANARCHIST Wir wollen *nichts.*
DER LIBERALE Wir wollen Ordnung.
DER NATIONALE Wir sind durch Ordnung.
DER RADIKALE Stets anders, aber radikal.
DER RATIONALE Das Denken hilft.
VERSAMMLUNGSLEITER *klingelt*
Alle erheben sich
Dann sind wir einig.

NEUNTE SZENE

Auf dem Mars

Vor dem Vorhang kommt von oben eine kleine Brücke herunter, auf der zwei Männer stehen, sie gehen auf der kleinen Brücke auf und ab.

1. MANN *mit Fernrohr in der Hand*
Geht es heute los?
2. MANN Voraussichtlich.
1. MANN Geht die Erde kaputt?
2. MANN Voraussichtlich.
1. MANN Und der Gedanke der Zivilisation?
2. MANN Voraussichtlich.
1. MANN Dann ists ein Gewinn.

ZEHNTE SZENE

Tempelhofer Feld

Unendlicher freier Platz, unübersehbare Menschenmenge. Im Hintergrund kommen in ununterbrochener Folge die Gesellschaftsautos und laden Personen aus.
Ordnungspolizei von links drängt die Menge zurück und sperrt den Platz nach links ab.

CHOR DER ORDNUNGSPOLIZEI Eins zwei, eins zwei, eins zwei drei,
Bald ist alles zwar vorbei,
Eins zwei, eins zwei, eins zwei drei,
Kommt die Ordnungspolizei.
Machen Sie die Straße frei
Für die Ordnungspolizei.
Der Menge bemächtigt sich eine Panik.
ALLE Wir wollen jetzt nach Hause! nach Hause!
ORDENTLICH Zurücktreten, zurücktreten!
Jetzt bemerkt die Menge den grünen Globus am Horizonte rechts heraufkommen. Man sieht es an den Bewegungen der Menge.
MANN Da!
Er hat es zunächst allein bemerkt, macht darauf aufmerksam, alle drehen sich nach der von ihm angegebenen Richtung um.
MÄDCHEN Huh!
ALLE Huh, huh, huh!
MÄDCHEN Entsetzlich, er kommt!
ALLE Uuhii, riiaahii,
Uuhaa, ruuaahoo!
MANN Nach Hause!
Läuft nach links gegen die Absperrungsgürtel der Ordnungspolizei.
Alle rennen nach links, von rechts drängen neue Menschen nach. Sie können nicht durch, weil die Ordnungspolizei da steht. Panik.
ALLE Uu aa hee!
Ruu aa hee!
Uiihaa uiihaa!
Roo, roo, roo, raaa.
ORDENTLICH Zurücktreten bitte, Platz frei!
Alle werden von der Ordnungspolizei um etwa 1 Meter zurückgedrängt, fürchterliches Schreien.
SCHREIE Iiiiiiiiii Aaaaaaaaaa
Hee, uuiihh.

Es wird so eng, daß man die Kinder und Frauen hochhebt, damit sie nicht zerquetscht werden.

MANN *zeigt wieder zum Globus*
Da!

MENGE Uuhii, riiaahii,
Uuaah, riiaahoo.
Die Menge drängt Ordnungspolizei ½ Meter zurück.
Plötzlich kommt Rommel und durchbricht von links den Gürtel der Ordnungspolizei.

ROMMEL Revolution, Revolution, Revolution!

ALLE Revolution!

ROMMEL Feuer, Feuer, Weltuntergang!
Wo ist die Feuerwehr?

MANN Hier! *Alle lachen.*

MANN O, meine arme Mutter!

ROMMEL O, meine arme Mutter!

FRAU ROMMEL *kommt von links hinter den Ordnungspolizisten*
Wollen Sie mich da eben mal durchlassen?
Sie wird durchgelassen.
Was ist das alles gegen meinen Schirm?
Schwenkt ihren Schirm hoch.

ALLE Wir wollen nach Haus!
Man drängt vergeblich gegen die Ordnungspolizei.

ROMMEL Weltuntergang!
O, meine arme Mutter!

VIRMULA *kommt hinter der Ordnungspolizei und wird durchgelassen*
Der grüne Globus wird voraussichtlich
In sanfter Fahrt ganz dicht vorüberschweben.

ALLE Schwindel!
Das sind Beruhigungsmanöver.

MEISTERLICH *kommt aus der Menge von hinten vor*
Ich will den Untergang organisieren!

ALLE Schwindel!
Schlagt den Schwindler tot!

ROMMEL Schlagt ihn tot!
Meisterlich wird gejagt und hochgehoben. Man bewirft ihn mit Hüten und geht mit Stöcken auf ihn los.

ALLE Schlagt ihn tot!
Auch Virmula wird ergriffen.

ORDENTLICH Losschlagen!
Die Ordnungspolizei geht mit Gummiknüppel vor und befreit Meisterlich und Virmula. Dann geht sie wieder in die vorige Stellung zurück.

MENGE *drängt vor*

Wir wollen jetzt nach Haus!
Ordnungspolizei wird ½ Meter gegen vorher zurückgedrängt.
ORDENTLICH Vorgehen, ich lasse schießen!
ALLE Pfui, nicht schießen! Nieder die Ordnungspolizei!
ORDENTLICH Wir schützen Euch doch nur!
Zurück!
Menge bleibt stehen.
ORDENTLICH In die Luft schießen!
Ordnungspolizei schießt. Alle fliehen nach rechts. Ordnungspolizei bleibt stehen.
Taa, Noll und Teddi kommen jetzt nach vorn aus der Menge.
TAA Teddi, bleib bei Deiner Taa!
Beleuchtung wird fahl grau, man hört von hinten schreien.
TEDDI Göttliche, Kraulende, Irdische,
Bald muß ich Dich verlassen.
NOLL Liebe mich, Taa, dann mag alles untergehn.
Plötzlich fällt finstere Nacht herunter.
ALLE *schreien*
Ihiiiiiiiiiiiiiiiiiiii i i i i i i i i i i
Alle rennen von links gegen die Ordnungspolizei, die im Dunkeln überrannt wird. Dauerndes Fluten der Menge von rechts über die Bühne nach links.
VERSCHIEDENE STIMMEN Der Schatten!
Der Stern wirft seine Schatten!
Mehr Licht!
Der Stern wirft auf uns seine Nacht!
Wir sehen nichts als finstern Schatten!
Der Schatten!
Schatten–Schatten–Schatten–
Mehr Licht!
Mehr Licht!
Mehr Licht!
Licht–Licht–Licht–
NOLL Der Stern wird uns zermalmen!
ROMMEL Ich will nicht sterben, will nicht untergehn!
ALLE Wir wollen leben und nicht untergehn!
Das Rennen nach links hört wieder auf.
ALLE Wir wollen Virmula erhängen, wo ist ein Baum?!?!?
Von rechts nach links kommt die Spitze eines umgekehrten an der Decke hängenden Baumes schnell vorbeigefahren. Dann kommen Stangen so dicht, daß die Menge fliehen muß.
ALLE *rennen nach links*
Hihiiiiiiiiiiiiiiiiiiiiiiii i i i i i i i i i

Einen Augenblick ist die Bühne leer, dann kommen von rechts Menschen nach. Es ist immer noch fast finster.

STIMME Wo ist Virmula?

STIMME Der Feigling ist geflohn!

ROMMEL Er ist geflohn, nun wird die Erde untergehn.

ALLE Nun wird die Erde untergehn!

ROMMEL O, meine arme Mutter!
Ich muß jetzt untergehn.

ALLE Licht, Licht, Licht, Licht, Licht, Licht, Licht,
Licht, Licht, Licht, Licht!!!!!!!

Von links kommt die Ordnungspolizei mit Scheinwerfern, man sieht sie langsam ankommen, da man schon lange die Scheinwerfer voraussieht, erst matt, dann immer heller. Auch hier und da werden Teile des Sterns beleuchtet, besonders aber hier und da die Menge, welche geblendet stehen bleibt und etwas nach rechts zurückweicht. Rommel ist vorn links. Während des Nahens der Ordnungspolizei geht ein schwefelgelber Schleier hinter Rommel nieder, der ihn von der Menge trennt.

ROMMEL O Rommel,
Rommel,
Rommel,

Beim zweiten und dritten »Rommel« wendet er sich einmal nach links und einmal nach rechts und sieht dabei je einen falschen Rommel, der aus dem Dunkel auftritt und Rommel vollkommen gleicht.

ALLE DREI ROMMELS Sieh da, mein Rommel.
Und noch ein Rommel!
Und noch ein Rommel!

Sie fassen sich alle drei an die Hände und tanzen im Kreise herum.

Wir rommeln jetzt im Kreis herum,
Und rechts herum,
Und links herum,
Und links herum,
Und rechts herum,
Und um und um und um und um.

Die 3 Rommels tanzen jetzt stumm weiter, während hinter dem gelben Vorhang gesungen wird.

STIMME HINTER DEM VORHANG Es rommelt im Weltenraum,
Es trommelt im Birnenbaum,
Es geht manches vor,
Es geht manches vor,
Es geht manches vor,
Es geht manches vor,

DIE DREI ROMMELS *tanzend*

Und rechts herum,
Und links herum,
Und links herum,
Und rechts herum,
Sie tanzen stumm weiter.

STIMME HINTER DEM VORHANG Rommele, trommele,
Rommele, trommele,
Zimperlich, wimperlich,
Zimperlich, wimperlich,
Rommele, trommele,
Rommele, trommele,
Birnenbaum, Weltenraum,
Weltenraum, Birnenbaum,
Rommele, trommele,
Rommele, trommele,
Warne Dich, garne Dich,
Warne Dich, garne Dich,
Rommele, trommele,
Rommele, trommele,
Rampele, trampele,
Rampele, trampele,
Birnenbaum.
Der gelbe Vorhang verschwindet, Rommel befindet sich gerade in der Linie der Ordnungspolizei. Ordentlich und Meisterlich bemerken die Rommels.

ORDENTLICH u. MEISTERLICH Was rommelt sich da?
Beide ergreifen je einen falschen Rommel.
Der richtige Rommel verbeugt sich irr nach allen Seiten und weicht in die Menge ab. Die beiden falschen Rommels entschweben nach oben.

MEISTERLICH Wo bleibt mein Rommel?

ORDENTLICH Wo bleibt mein Rommel?

MEISTERLICH u. ORDENTLICH Mir rommelts schon im Kopf herum,
Und rechts herum, und links herum,
Und links herum, und rechts herum,
Mein Rommel, Dein Rommel,
Dein Rommel, mein Rommel,
Mein Kopf, Dein Kopf,
Dein Kopf, mein Kopf.

ALLE Mein Rommel, Dein Rommel,
Dein Rommel, mein Rommel.
Fern in der Menge bemerkt man jetzt Taa, Noll und Teddi.

TEDDI Wenn alles stirbt, wenn alles untergeht,
Ich schwebe, ich ... *Fliegt nach oben.*
ALLE *In größter Aufregung*
Auch der fliegt fort!
Wir leben schon in einer andern Welt!
Hilfe, wir werden alle fliegen!
Alle versuchen mit mehr oder weniger Erfolg, ein wenig hochzufliegen. Der Stern komm jetzt schon langsamer vorbei mit einem umgekehrten Stück Kohlgarten. Im Hintergrund ein umgekehrtes Rokokoschlößchen. Die Ordnungspolizei leuchtet die Teile des Globus gut ab mit mehreren Scheinwerfern. Rommel läuft wild vor Angst vorn bis zur Mitte.
ROMMEL Jetzt gehen wir kaputt!
Wirft sich mit dem Gesicht auf den Boden.
Seinem Beispiel folgen 10 andere Personen mit Geschrei.
MEHRERE PERSONEN *schreien*
Ihiiiiiiiiiiiiiiiiiii i i i i i i i i i i i i i i
TAA Wo ist der Bär?
BANA *Von links durch die Ordnungspolizei, die jetzt von beiden Seiten alle durchlassen*
Ich hätte es fast versäumt, mein Kränzchen ...
VIOLINA Leb wohl, mein Mädchen, ich muß jetzt Abschied nehmen, Bana!
Er schwebt hinauf zum andern Stern.
BANA Oh, Violina, Freund meiner Jugend,
Nimm mich doch mit in schönere Welten!
Sie versucht es mit aller Kraft, auch nach oben zu schweben, aber ohne Gegenliebe. Sie fällt jedes Mal um.
Einige Menschen springen vom Stern ab.
Der Stern schwebt ab, verschwindet, es wird wieder hell.
EINE STIMME Wir sind gerettet.
MEHRERE STIMMEN Wir sind gerettet.
Der Stern ist jetzt vorbeigeflogen.
Wir leben, leben, leben.
ALLE Wir sind gerettet.
ORDENTLICH Ruhe! Der Oberordnungskommissar will reden!
ALLE Hoch lebe unser Oberordnungskommissar!
Hoch unsere Ordnungspolizei!
Hoch Meisterlich!
MEISTERLICH Bevölkerung, Gerettete, Versammelte!
Alles drängt sich um ihn.
Soeben ist der Untergang beendet.
Die Ordnungspolizei hat sich bewährt.
Das schlimmste Schicksal ist jetzt glücklich abgewendet.

Der schreckliche Zusammenstoß ist aus.
Der fremde Stern ist sanft vorbeigeflogen,
Ein jeder gehe friedlich jetzt nach Haus.
ALLE Hoch lebe unser Oberordnungskommissar!
Hoch unsere Ordnungspolizei!
Hoch Meisterlich!
Rommel springt auf. Meisterlich mit Sehr ab.
TAA O Vater nimm mich mit nach Haus!
Er nimmt sie an seinen anderen Arm, ab.
ROMMEL Der Stern ist jetzt vorbeigefahren.
Ich habs gewußt, ich hab es immer schon gesagt,
Daß er die Erde nicht zerstören würde.
Die gute Erde bleibt bestehn!
Sie können alle jetzt nach Hause gehn.
Wo ist der Mann, der dies geweissagt hat?
Wo ist der Virmula, wir wollen ihn belohnen!!!!!!
ALLE Wo ist der Virmula?
Wo ist der Virmula?
Virmula, Virmula, Virmula???
Alle suchen.
ROMMEL Wo ist mein großer Herr, der Virmula?
ALLE Wir wollen einen König haben!
Krönt ihn zum König!
Der Virmula soll unser König werden!
Wir wollen fürstlich ihn belohnen!
EIN MANN Gebt ihm den Nobelpreis!
ALLE Virmula, Nobelpreis, Virmula, Nobelpreis, Virmula, Nobelpreis!
Rommel trägt im Triumph Virmula vom Hintergrunde auf den Schultern.
ROMMEL Hier ist der große Mann! Krönt ihn zum König!
ALLE Virmula, König, Virmula, König, Virmula, König!
ORDNUNGSPOLIZEI *bildet einen Bogen um Virmula zu seinem Schutz*
Zurücktreten bitte!
ALLE Virmula, Virmula, Virmula!
Wir wollen ihn zu unserem König krönen!
Wir wollen wieder einen König haben!
Der Virmula muß unser König werden!
Krönt diesen Virmula zum König!
VIRMULA Ich bin kein König, seid vernünftig doch!
Ich bin ein schlichter Mann der Wissenschaft.
Mein Fernrohr ist mir mehr als Königreich!
Die Formel ist mir Ziel und Lebenszweck.
Die Formel ist mir heilig, heilig, heilig!

O sinus, tangens, cotangens,
O Tango, sinus asinus,
O Tango sinus Sinai,
O 99, hundert, hunderteins!
Ich danke Euch, Ihr lieben Leute,
Der Ruhm ist mir genug.
Ich will kein Königreich, laßt mich in Ruh.
Ich will nach Haus.

ALLE Hoch Virmula, hoch Virmula, hoch Virmula,
Hoch lebe Virmula, der Mann der Wissenschaft.
Ordnungspolizei drängt nach hinten. Das Rufen nach Virmula und das Hochrufen wird leiser und leiser.

VIRMULA Wo blieb nur Alma?
Er sucht links, während sie rechts auftritt mit Frau Rommel.

ALMA *zu Frau Rommel*
Er ist berühmt,
Sein Ruhm reicht an die Sterne!
Jetzt ist er viel zu groß für mich!

FRAU ROMMEL Was ist das alles gegen meinen Schirm?
Und plötzlich bricht er ab.
Die Bühne verwandelt sich allmählich in einen Festplatz. Vorn werden Girlanden gesenkt. Auf dem Hintergrund, statt der Gesellschaftsautos am Anfang, Schaukeln, Karussells.
Virmual bemerkt jetzt Alma, als er sich ihr nähern will, drängt sich ein Zug von Festteilnehmern dazwischen. Der Zug bleibt stehen, von der Hinterbühne kommt Meisterlich mit Ordentlich an der Spitze der Ordnungspolizei dem Zuge entgegen.
Die Ordnungspolizei nimmt Aufstellung. Posaunen aus der Ordnungspolizei spielen ein Dankmotiv. Sehr falsch, sehr laut.

MEISTERLICH Wir feiern heut das große Fest,
Daß unsre Erde
Bei dem Zusammenstoß bestehen blieb.
Den grünen Globus haben wir
Mit glücklichem Geschick
Zum Tempelhofer Felde umgeleitet,
Und die Gefahr ist glücklich abgewendet.
Nun jubelt alle, feiert laut,
Laßt Eure Laune Purzelbäume schlagen.
Macht Fasching, Karneval,
Spielt Onkel Heini,
Laßt die Kanonen donnern laut zum
Freudenfest!
Es werden bis zum Ende des Stückes möglichst 101 Kanonenschüsse abgefeuert.

ALLE Hurra, Hurra, Hurra!
Zug nach hinten ab.
FRAU ROMMEL *zu Meisterlich*
Sie sind der Oberordnungskommissar,
O lassen Sie den Schirm
Auf Kosten Deutschlands reparieren!
MEISTERLICH *gibt Geld*
Hier, gute Frau, weil heut ein Fest ist.
FÜHRER DES ZUGES Wo ist der Virmula?
ALLE Hoch Virmula, Hoch Virmula, Hoch Virmula!
Unter diesen Rufen geht Zug und Menge nach hinten ab.
Virmula geht jetzt auf Alma zu:
ALMA Du großer Mann,
Dein Ruhm ist jetzt begründet.
Sinkt in seine Arme.
ROMMEL Da darf ich gratulieren!
MEISTERLICH Du darfst uns gratulieren.
AGNES u. HEINRICH TAA u. NOLL Du darfst uns gratulieren.
MEISTERLICH Mir kannst Du gratulieren!
FRAU ROMMEL Du darfst mir gratulieren,
Der Staat läßt meinen Schirm jetzt reparieren!!!

Meine Sonate in Urlauten

Zeichenerklärung

Die verwendeten Buchstaben sind wie in der deutschen Sprache auszusprechen. Ein einzelner Vokal ist kurz, zwei nicht doppelt, sondern lang, wenn es gleiche Vokale sind. Sollen aber 2 gleiche Vokale doppelt gesprochen werden, so wird das Wort an der Stelle getrennt. Also ›a‹ wie in Schnaps, ›aa‹, wie in Schlaf, ›a a‹ ist doppeltes kurzes a, usw., ›au‹ spricht sich wie in Haus. Konsonanten sind tonlos. Sollten sie tonvoll sein, muß der den Ton gebende Vokal hinzugefügt werden. Beispiele: ›b, be bö, bee‹. Aufeinanderfolgende b p d t g k z sind einzeln zu sprechen, also: ›bbb‹ wie 3 einzelne ›b‹. Aufeinanderfolgende f h l j m n r s w sch sind nicht einzeln zu sprechen, sondern gedehnt, ›rrr‹ ist ein längeres Schnarren als ›r‹.

Die Buchstaben c q v x y fallen aus. Das z wird der Bequemlichkeit halber beibehalten. Große Buchstaben dienen nur zur Trennung, zum Gruppieren, zum besseren Erkennen von Abschnitten, als erste Buchstaben von Zeilen usw. ›A‹ spricht sich wie ›a‹. *Man kann* zur Bezeichnung von laut rote Unterzeichnung, von leise schwarze nehmen. Es bedeutet also ein dicker roter Strich, F F ein dünner F, ein dünner schwarzer Strich p, ein dicker pp. Alles nicht unterstrichene ist mf. Schrift wie Noten ist auch möglich, wenn Tempo taktmäßig ist, z. B.:

$$\frac{4}{4}\Big|\frac{\text{Oo}}{1}\Big|\frac{\text{bee bee}}{4}\ \frac{\text{bee bee}}{4}\ \frac{\text{bee}}{8}\ \frac{3}{8}\Big|\frac{\text{Oo}}{1}\Big|\frac{\text{zee zee}}{4}\ \frac{\text{zee zee}}{4}\ \frac{\text{zee}}{8}\ \frac{3}{8}\Big|$$

$$\frac{\text{Oo}}{1}\Big|\frac{\text{enn}}{8}\ \frac{\text{ze}}{8}\ \frac{1}{4}\ \frac{\text{enn}}{8}\ \frac{\text{ze}}{8}\ \frac{1}{4}\Big|\frac{\text{Oo}}{1}\Big|\ \ldots$$

(leise, gleichmäßig)

Dieses wäre eine andere, nicht sinnfällige Schreibweise des zweiten Satzes. Bei freiem Takt können eventuell zur Anregung der Phantasie auch Taktstriche verwendet werden. Alle Zahlen dienen nur zur Angabe von Taktzeiten. Zahlen, Striche und alles Eingeklammerte sind nicht zu lesen. Die zu verwendenden Buchstaben sind, um noch einmal alle zusammenzuzählen: a ä au e ei eu i o ö u ü b d f g h k l m n p r s sch ch w z.

Die Selbstlaute sind: a e i o u ei eu au ä ö ü.

Sollen die r einzeln gesprochen werden, so empfiehlt sich folgende Schreibweise: RrRrRrRrRrRr. Ebenso: SchschSchsch, oder LlLlLl usw.

Bei freiem Rhythmus werden Absätze und Satzzeichen wie in der Sprache verwendet, bei strengem Rhythmus Taktstriche oder Bezeichnung des Taktes durch entsprechende Einteilung des Schriftraumes in gleich große Raumabschnitte, aber keine Satzzeichen. Also,.;!?: sind nur als Klangfarbe zu lesen.

Natürlich ist in der üblichen Schrift mit den Buchstaben des alten römischen Alphabets nur eine sehr lückenhafte Angabe der gesprochenen Sonate zu geben. Wie bei jeder Notenschrift sind viele Auslegungen möglich. Man muß wie bei jedem Lesen Phantasie haben, wenn man richtig lesen will. Der Lesende muß selber ernst arbeiten, wenn er wirklich lesen lernen will. Arbeiten fördert die Aufnahmefähigkeit des Lesenden mehr als fragen oder gar gedankenloses Kritisieren. Das Recht zur Kritik hat nur der, der alles verstanden hat. Besser als zu lesen ist die Sonate zu hören. Ich selbst trage deshalb meine Sonate gern und oft öffentlich vor und bin auf Einladung überall gern bereit, einen Sonatenabend zu veranstalten. Da es aber nicht gut möglich ist, überall Abende zu veranstalten, habe ich einige charakteristische Teile ins Grammophon gesprochen. Die betreffende Platte ist als MERZ 12 veröffentlicht und für 20 Mk. bei Merzverlag in Hannover zu haben, Waldhausenstr. 5. Die Dauer der ganzen Sonate ist ca. 35 Minuten.

Allgemeine Erklärungen:
Meine Sonate in Urlauten ist auf dem ersten Satz aufgebaut, einem Rondo mit dem Hauptthema: ›Fümms....‹ Dieses Hauptthema ist teilweise entlehnt einem Gedicht von Raoul Hausmann, das sich so schrieb

F M S B W T C U
P G G F
M Ü

und ursprünglich nur, so viel ich weiß, eine Druckprobe für die Auswahl von Typen war. Hausmann hat es mit außerordentlicher Phantasie als Vortrag gestaltet, und da er Böhme ist, etwa folgendermaßen ausgesprochen:

fümms bö wö tää zää uu
pögiff
mü

Auch das ›Kwiiee‹ aus dem ersten Thema des ersten Satzes stammt von dem Hausmann'schen

Q I E

Das ›De des nn nn rrrr‹, oder wie ich es erst schrieb: ›D D S S N N R‹ ist aus dem Worte D R E S D E N entstanden. Vielleicht interessiert es den Leser, obgleich es für das Kunstwerk gleichgültig ist, wie es entstanden ist. Das ›rakete‹ ist selbstverständlich nichts anderes, als das Wort Rakete. Im zweiten Teil ist das ›P R A‹ eine bewußte Umkehrung des Namens ›arp‹. Gemeint ist Hans Arp, der französische Dadaist, Paris, nicht etwa das allgemeine Realitäts-Prinzip. Arp ist der Gründer der Zeitschrift ARP. Das ›zätt üpsiilon iks wee fau uu..‹ ist aus dem Alphabet entstanden, indem ich es rückwärts gelesen habe. Alle anderen Lautverbindungen sind frei erfunden, teilweise unbewußt angeregt durch abgekürzte Aufschriften auf Firmenschildern oder aus Drucksachen, besonders aber durch die interessanten Aufschriften auf Eisenbahnstellwerkhäusern, die immer so interessant wirken, weil man den Sinn nicht versteht. Nun weiß ich recht wohl, daß man durch Erklärungen dem Kunstwerk nicht näher kommt, sie haben bloß historischen oder dadaistischen Wert. Meine Erklärungen sind letzten Endes ein Dokument für die Unerklärbarkeit des Kunstwerkes, oder wie Raoul Hausmann sagt: *»Erst die Kunst, und dann das Klavierspiel.«*

Nun etwas über den Aufbau. So dadaistisch und willkürlich das Sammeln der Themen und Anregungen war, so streng ist die innere Logik, Strenge und Konsequenz der Durcharbei-

tung und Gruppierung. Die Sonate besteht aus 4 Sätzen, einer Einleitung, einem Schluß, und siebentens einer Kadenz im vierten Satz. Der erste Satz ist ein Rondo mit vier Hauptthemen, die in diesem Text der Sonate besonders bezeichnet sind. Den Rhythmus in stark und schwach, laut und leise, gedrängt und weit usw. empfinden Sie wohl selbst. Die feinen Abwandlungen und Kompositionen der Themen erklären zu wollen, wäre auf die Dauer langweilig und würde den Genuß des Lesens und Hörens beeinträchtigen können, und zum Schluß bin ich kein Oberlehrer. Ich mache noch beim ersten Satz aufmerksam auf die Wiederholungen der Themen wörtlich vor jeder neuen Variation, auf den explosiven Anfang des ersten Themas, auf die reine Lyrik des gesungenen ›Jüü–Kaa‹, auf den streng militärischen Rhythmus des dritten Themas, das gegenüber dem zitternden, lammhaft zarten vierten Thema ganz männlich ist, und endlich auf den anklagenden Schluß des ersten Satzes in dem gefragten ›tää?‹ Der zweite Teil ist auf Mitte komponiert. Daß er gesungen wird, sehen Sie aus den Anmerkungen im Text. Das Largo ist metallisch und unbestechlich, es fehlt Sentiment und alles Sensible. Beachten Sie bei ›Rinn zekete bee bee‹ und ›ennze‹ die Erinnerung an den ersten Satz. Beachten Sie auch in der Einleitung das lange ›Oo‹ als Prophezeiung zum Largo. Der dritte Satz ist ein echtes Scherzo. Beachten Sie das schnelle Aufeinanderfolgen der 4 kurzen Themen: ›Lanke‹,
›trr gll‹ ›pe pe epe pe pe‹ und ›Ooka‹, die voneinander sehr verschieden sind, wodurch der Charakter ›scherzo‹ entsteht: die bizarre Form. Thema 1 und 2 sind unwandelbar und kehren eigensinnig taktmäßig wieder. In ›rrmmp‹ und ›rrnnff‹ ist eine Erinnerung an ›rrmmpff tillff too‹ vom ersten Satz, doch klingt es jetzt nicht mehr lammhaft zart, sondern kurz und befehlend, durchaus männlich. Das ›Rrumpfftillftoo‹ im dritten Satz klingt dort auch nicht mehr so zart. Die ›ziiuu lenn trll‹ und ›lümpff tümpff trill‹ sind klanglich dem Hauptthema ›lanke trr gll‹ nachgebildet. Das ›ziiuu iiuu‹ im Trio erinnert sehr an das ›ziiuu ennze‹ in Teil 1, nur ist es hier sehr getragen und feierlich. Das Scherzo unterscheidet sich wesentlich von

allen drei anderen Sätzen, in denen das lange ›bee‹ außerordentlich wichtig ist. Im Scherzo kommt kein ›bee‹ vor. Der vierte Satz ist der strengste und dabei reichste im Aufbau. Die vier Themen sind wieder im Text genau bezeichnet.

Bitte beachten Sie den Block bis ›Oo bee‹, der wörtlich wiederholt wird. Es folgt eine lange Durcharbeitung mit vielen Überraschungen, und endlich erscheint der Block etwas verändert wieder, nur daß die Reihenfolge der Themen geändert ist. Das Überleitungsthema ›Oo bee‹ erinnert entfernt an den zweiten Satz. Der lange, schnelle vierte Satz ist für den Vortragenden eine gute Lungenprobe, besonders da die endlosen Wiederholungen, um nicht zu gleichförmig zu klingen, oft eine große Erhebung der Stimme erfordern. Beim Schluß mache ich aufmerksam auf das beabsichtigte Rückklingen des Alphabets bis zum a. Man ahnt das und erwartet das a mit Spannung. Aber es hört zweimal schmerzlich bei b auf. Das b klingt hier in der Zusammenstellung schmerzlich. Beruhigend folgt die Auflösung im dritten Alphabet beim a. Nun aber folgt das Alphabet zum Schluß ein letztes und viertes Mal und endet sehr schmerzlich auf ›beeee?‹ Ich habe dadurch die Banalität vermieden, die sehr nahe gelegen hätte, die allerdings nötige Auflösung an den Schluß zu verlegen. Die Kadenz nun ist ad libitum, und jeder Vortragende kann nach seinem Geschmack eine beliebige Kadenz aus den Themen der Sonate zusammenstellen. Ich habe nur für den eventuell phantasielosen Vortragenden *eine* Möglichkeit vorgeschlagen. Ich selbst trage jedesmal eine andere Kadenz vor und erreiche dadurch, da ich sonst alles wörtlich auswendig vortrage, daß die Kadenz besonders lebendig wirkt und einen großen Gegensatz zu der übrigen starren Sonate bildet. So.

ursonate

einleitung:

Fümms bö wö tää zää Uu, 1
pögiff,
kwii Ee.

Oooooooooooooooooooooooooooooooo, 6

---

dll rrrrrr beeeee bö, (A) 5
dll rrrrrr beeeee bö fümms bö,
rrrrrr beeeee bö fümms bö wö,
beeeee bö fümms bö wö tää,
bö fümms bö wö tää zää,
fümms bö wö tää zää Uu:

erster teil:

thema 1:
Fümms bö wö tää zää Uu, 1
pögiff,
kwii Ee.

---

thema 2:
Dedesnn nn rrrrrr, 2
Ii Ee,
mpiff tillff too,
tillll,
Jüü Kaa? *(gesungen)*

---

thema 3:
Rinnzekete bee bee nnz krr müü? 3
ziiuu ennze, ziiuu rinnzkrrmüü,

---

rakete bee bee. 3a

---

thema 4:
Rrummpff tillff toooo? 4

überleitung:

Ziiuu ennze ziiuu nnzkrrmüü, ü 3
Ziiuu ennze ziiuu rinnzkrrmüü,

rakete bee bee? rakete bee zee. ü 3a

durcharbeitung:

Fümms bö wö tää zää Uu, ü 1
Uu zee tee wee bee fümms.

rakete rinnzekete (B) ü 3+ 3a
rakete rinnzekete
rakete rinnzekete
rakete rinnzekete
rakete rinnzekete
rakete rinnzekete
Beeeee
bö.

fö 1
böwö
fümmsbö
böwörö
fümmsböwö
böwörötää
fümmsböwötää
böwörötääzää
fümmsböwötääzää
böwörötääzääUu
fümmsböwötääzääUu
böwörötääzääUu pö
fümmsböwötääzääUu pö
böwörötääzääUu pögö
fümmsböwötääzääUu pögö
böwörötääzääUu pögiff

fümmsböwötääzääUu pögiff
kwiiEe.

rakete rinnzekete (C) ü3+
rakete rinnzekete 3a
rakete rinnzekete
rakete rinnzekete
rakete rinnzekete
rakete rinnzekete
Beeeee
bö.

fö 1
böwö
fümmsbö
böwörö
fümmsböwö
böwöböpö
fümmsböböpö
böwöröböpö
fümmsböwöböpö
böwörötääböpö
fümmsböwötääböpö
böwörötääzääböpö
fümmsböwötääzääböpö
böwörötääzääUu böpö
fümmsböwötääzääUu böpö
böwörötääzääUu pögö
fümmsböwötääzääUu pögö
böwörötääzääUu pögiff
fümmsböwötääzääUu pögiff
kwiiee.

rakete rinnzekete (D) ü3+
rakete rinnzekete 3a
rakete rinnzekete
rakete rinnzekete
rakete rinnzekete
rakete rinnzekete

Beeeee
bö.

---

bö 1
bö
bö
bö
bö
böwö
böwö
böwö
böwö
böwö
böwö
böwörö
böwörö
böwörö
böwörö
böwörö
böwörö
böwöböpö
böwöböpö
böwöböpö
böwöböpö
böwöböpö
böwöböpö
böwöröböpö
böwöröböpö
böwöröböpö
böwöröböpö
böwöröböpö
böwöröböpö
böwörötääböpö
böwörötääböpö
böwörötääböpö
böwörötääböpö
böwörötääböpö
böwörötääböpö

böwörötääzääböpö
böwörötääzääböpö
böwörötääzääböpö
böwörötääzääböpö
böwörötääzääböpö
böwörötääzääböpö
böwörötääzääUu böpö
böwörötääzääUu böpö
böwörötääzääUu böpö
böwörötääzääUu böpö
böwörötääzääUu böpö
böwörötääzääUu böpö
böwörötääzääUu pögö
böwörötääzääUu pögö
böwörötääzääUu pögö
böwörötääzääUu pögö
böwörötääzääUu pögö
böwörötääzääUu pögö
böwörötääzääUu pögiff
böwörötääzääUu pögiff
böwörötääzääUu pögiff
böwörötääzääUu pögiff
böwörötääzääUu pögiff
böwörötääzääUu pögiff
fümmsböwötääzääUu pögiff
fümmsböwötääzääUu pögiff
fümmsböwötääzääUu pögiff
fümmsböwötääzääUu pögiff
fümmsböwötääzääUu pögiff
fümmes bö wö tää zää Uu,
pögiff,
kwiiee
kwiiee
kwiiee
kwiiee
kwiiee
kwiiee.

Dedesnn nn rrrrrr, (E) 2
Ii Ee,
mpiff tilff toooo;
Dedesnn nn rrrrrr
desnn nn rrrrrr
nn nn rrrrrr
nn rrrrrr
Iiiii
Eeeeee
m
mpe
mpff
mpiffte
mpiff tilll
mpiff tillff
mpiff tillff toooo,
Dedesnn nn rrrrr, Ii Ee, mpiff tillff toooo,
Dedesnn nn rrrrr, Ii Ee, mpiff tillff toooo, tillll
Dedesnn nn rrrrr, Ii Ee, mpiff tillff toooo, tillll, Jüü-Kaa?
(gesungen).

Fümms bö wö tää zää Uu, pögiff, kwiiee. ü:
Dedesnn nn rrrrr, Ii Ee, mpiff tillff toooo, tillll, Jüü-Kaa. 1
(gesungen) 2
Rinnzekete bee bee nnz krr müüüü, ziiuu ennze ziiuu 3
rinnzkrrmüüüü,
Rakete bee bee.

Zikete bee bee (F) 3
Rinnzekete bee bee
Rakete bee bee
Zikete bee bee ennze
Rinnzekete bee bee ennze
Rakete bee bee ennze
Zikete bee bee nnz krr
Rinnzekete bee bee nnz krr
Rakete bee bee nnz krr

Zikete bee bee nnz krr müüüü
Rinnzekete bee bee nnz krr müüüü
Rakete bee bee nnz krr müüüü
Zikete bee bee nnz krr müüüü, ziiuu
Rinnzekete bee bee nnz krr müüüü, ziiuu
Rakete bee bee nnz krr müüüü, ziiuu
Zikete bee bee nnz krr müüüü, ziiuu ennze
Rinnzekete bee bee nnz krr müüüü, ziiuu ennze
Rakete bee bee nnz krr müüüü, ziiuu ennze
Zikete bee bee nnz krr müüüü, ziiuu ennze ziiuu rinnzkrrmüüüü
Rinnzekete bee bee nnz krr müüüü, ziiuu ennze ziiuu rinnzkrrmüüüü
Rakete bee bee nnz krr müüüü, ziiuu ennze ziiuu rinnzkrrmüüüü,
Rakete bee bee.
Rummpfftillfftoooo?
Ziiuu ennze ziiuu nnz krr müüüü, ziiuu ennze ziiuu rinnzkrrmüüüü;
Rakete bee bee,
Rakete bee zee.

....

Fümms bö wö tää zää Uu, pögiff, kwiiee. ü:
Dedesnn nn rrrrrr, Ii Ee, mpfiff tillff toooo, tillll, Jüü-Kaa. 1
(gesungen) 2
Rinnzekete bee bee nnz rrk müüüü, ziiuu ennze ziiuu 3
rinnzkrrmüüüü,
Rakete bee bee. 43
Rrummpff tillff toooo? a

....

Rum! (G)
Rrummpff?
Rum!
Rrummpff t?
Rr rr rum!
Rrummpff tll?
Rr rr rr rr rum!
Brummpff tillff?
Rr rr rr rr rr rum!
Rrumpff tillff toooo?
Rr rr rr rr rr rr rum!
Rrummpff tillff toooo? Ziiuu!

Rr rr rr rr rr rr rr rum!
Rrummpff tillff toooo? Ziiuu ennze!
Rr rr rr rr rr rr rr rr rum!
Rrummpff tillff toooo? Ziiuu ennze ziiuu!
Rr rr rr rr rr rr rr rr rr rum!
Rrummpff tillff toooo? Ziiuu ennze ziiuu nnzkrrmüüüü!
Rr rr rr rr rr rr rr rr rr rr rum!
Rrummpff tillff toooo? Ziiuu ennze ziiuu nnzkrrmüüüü,
ziiuu ennze ziiuu rinnzkrrmüüüü!
Rr rr rr rr rr rr rr rr rr rr rr rr rum!!!
Rrummpff tillff toooo? Ziiuu ennze ziiuu nnzkrrmüüüü,
ziiuuu ennze ziiuu rinnzkrrmüüüü,
Rakete bee bee!
Rr rr rr rr rr rr
Rr rr rr rr rr rr
Rr rr rr rr rr rr
Rr rr rr rr rr rrumm!!!!!! *(gekreischt, mit erhobener stimme)*
Rrummpff tillff toooo? Ziiuu ennze ziiuu nnzkrrmüüüü,
ziiuu ennze ziiuu rinnzkrrmüüüü,
Rakete bee bee,
Rakete bee zee.

Fümms bö wö tää zää Uu, pögiff, kwiiee. **ü:**
edesnn nn rrrrrr, Ii Ee, mpfiff tillff toooo, tillll, Jüü-Kaa. **1**
(gesungen) **2**
Rinnzekete bee bee nnz krr müüüü, ziiuu ennze ziiuu **3**
rinnzkrrmüüüü,
Rakete bee bee. **3a**
rummpff tillff toooo? **4**

Rum! **(H)** **4**
RrRrRrummpff?
Rum!
RrRrRrRrummpff t?
Rum!
RrRrRrRrRrummpff tll?
Rum!
RrRrRrRrRrRrummpff tillff toooo?

Rum!
RrRrRrRrRrRrRrummpff tillff toooo ziiuu!
Rum!
RrRrRrRrRrRrRrRrummpff tillff toooo ziiuu ennze!
Rum!
RrRrRrRrRrRrRrRrRrummpff tillff toooo? Ziiuu ennze
ziiuu nnzkrrmüüüü,
Rum!
RrRrRrRrRrRrRrRrRrRrRrRrRrummpff tillff toooo? Ziiuu
ennze ziiuuz nnzkrrmüüüü, ziiuu ennze ziiuu
rinnzkrrmüüüü!
Rum!
RrRrRrRrRrRrRrRrRrRrRrRrRrRrRrRrRrRrRrummpff tillff
toooo?
Ziiuu ennze ziiuu nnzkrrmüüüü?
Ziiuu ennze ziiuu rinnzkrrmüüüü!
Rakete bee bee.
Rrrrummmm!!!! *(gekreischt)*
RrRrRrRrRrRr
RrRrRrRrRrRr
RrRrRrRrRrRr
RrRrRrRrRrRr
Rrrrrrrrrrrrummmmmpfffff tillffff tooooooo?
Ziiiiuu ennzeziiiiuu nnzkrrmüüüü?
Ziiiiuu ennze ziiiiuu rinnzkrrmüüüü!
Rakete bee bee?
Rakete bee zee.

Rakete rinnzekete ü3+
Rakete rinnzekete 3a
Rakete rinnzekete
Rakete rinnzekete
Rakete rinnzekete
Rakete rinnzekete
Beeeee
bö

(I) 1

fö
bö
fö
bö
fö
bö
fö
bö
fö
bö
fö
böwö
fümmsbö
böwö
fümmsbö
böwö
fümmsbö
böwö
fümmsbö
böwö
fümmsbö
böwö
fümmsbö
böwörö
fümmsböwö
böwörö
fümmsböwö
böwörö
fümmsböwö
böwörö
fümmsböwö
böwörö
fümmsböwö
böwörö
fümmsböwö
böwörötää
fümmsböwötää
böwörötää

fümmsböwötää
böwörötää
fümmsböwötää
böwörötää
fümmsböwötää
böwörötää
fümmsböwötää
böwörötää
fümmsböwötää
böwörötääzää
fümmsböwötääzää
böwörötääzää
fümmsböwötääzää
böwörötääzää
fümmsböwötääzää
böwörötääzää
fümmsböwötääzää
böwörötääzää
fümmsböwötääzää
böwörötääzää
fümmsböwötääzää
böwörötääzääUu
fümmsböwötääzääUu
böwörötääzääUu
fümmsböwötääzääUu
böwörötääzääUu
fümmsböwötääzääUu
böwörötääzääUu
fümmsböwötääzääUu
böwörötääzääUu
fümmsböwötääzääUu
böwörötääzääUu
fümmsböwötääzääUu
böwörötääzääUu pö
fümmsböwötääzääUu pö
böwörötääzääUu pö
fümmsböwötääzääUu pö
böwörötääzääUu pö

fümmsböwötääzääUu pö
böwörötääzääUu pö
fümmsböwötääzääUu pö
böwörötääzääUu pö
fümmsböwötääzääUu pö
böwörötääzääUu pö
fümmsböwötääzääUu pö
böwörötääzääUu pögö
fümmsböwötääzääUu pögö
böwörötääzääUu pögö
fümmsböwötääzääUu pögö
böwörötääzääUu pögö
fümmsböwötääzääUu pögö
böwörötääzääUu pögö
fümmsböwötääzääUu pögö
böwörötääzääUu pögö
fümmsböwötääzääUu pögö
böwörötääzääUu pögö
fümmsböwötääzääUu pögö
böwörötääzääUu pögiff
fümmsböwötääzääUu pögiff
böwörötääzääUu pögiff
fümmsböwötääzääUu pögiff
böwörötääzääUu pögiff
fümmsböwötääzääUu pögiff
böwörötääzääUu pögiff
fümmsböwötääzääUu pögiff
böwörötääzääUu pögiff
fümmsböwötääzääUu pögiff
böwörötääzääUu pögiff
fümmsböwötääzääUu pögiff
kwiiee kwiiee
kwiiee kwiiee
kwiiee kwiiee
kwiiee kwiiee
kwiiee kwiiee
kwiiee kwiiee

Fümms bö wö tää zää Uu, pögiff, kwiiee. ü 1 1
Dedesnn nn rrrrrr, Ii Ee, mpiff tilff toooo? Till, Jüü-Kaa. 2

(gesungen)

Rinnzekete bee bee nnz krr müü? zuu ennze ziiu rinnzkrrmüüüü; 3
Rakete bee bee. 3a
Rummpff tillff toooo? 4
Ziiuu ennze ziiuu nnskrrmüüü, ziiuu ennze ziiuu rinnzkrrmüüüü; ü 3
Rakete bee bee, ü 3a
Rakete bee zee.

Fümmsbö wö tää zää Uu, 1
Uu zee tee wee bee
    zee tee wee bee
    zee tee wee bee
    zee tee wee bee
    zee tee wee bee
    zee tee wee bee Fümms.

---

schluss:

Fümms bö fümms bö wö fümmes bö wö täää? 1
Fümms bö fümms bö wö fümms bö wö tää zää Uuuu? 1
Rattatata tattatata tattatata
Rinnzekete bee bee nnz krr müüüü? 3
Fümms bö 1
Fümms böwö
Fümmes bö wö tääa???? *(gekreischt)*

....

zweiter teil:

largo

(gleichmäßig vorzutragen. takt genau 4/4. jede folgende reihe ist um einen folgenden viertel ton tiefer zu sprechen, also muß entsprechend hoch begonnen werden)

Ooooooooooooooooooooooooooooooooo *(leise)* (J) 6
Bee bee bee bee bee --- --- ---
Ooooooooooooooooooooooooooooooooo
Zee zee zee zee --- --- ---
Ooooooooooooooooooooooooooooooooo
Rinnzekete --- bee --- bee ---
Ooooooooooooooooooooooooooooooooo
änn ze --- --- änn ze --- ---
Ooooooooooooooooooooooooooooooooo

Aaaaaaaaaaaaaaaaaaaaaaaaaaaaaaaaaaaaa *(laut)* (K) 7
Bee bee bee bee bee --- --- ---
Aaaaaaaaaaaaaaaaaaaaaaaaaaaaaaaaaaaaa
Zee zee zee zee zee --- --- ---
Aaaaaaaaaaaaaaaaaaaaaaaaaaaaaaaaaaaaa
Rinnzekete --- bee --- bee ---
Aaaaaaaaaaaaaaaaaaaaaaaaaaaaaaaaaaaaa
Enn ze --- --- enn ze --- ---
Aaaaaaaaaaaaaaaaaaaaaaaaaaaaaaaaaaaaa

Ooooooooooooooooooooooooooooooooo *(leise)* (L) 6
Bee bee bee bee bee --- --- ---
Ooooooooooooooooooooooooooooooooo
Zee zee zee zee zee --- --- ---
Ooooooooooooooooooooooooooooooooo
Rinnzekete --- bee --- bee ---
Ooooooooooooooooooooooooooooooooo
änn ze --- --- änn ze --- ---
Ooooooooooooooooooooooooooooooooo

dritter teil:

scherzo

(die themen sind karakteristisch verschieden vorzutragen)

Lanke trr gll *(munter)* (M) III
pe pe pe pe pe 8
Ooka ooka ooka ooka

Lanke trr gll III
pii pii pii pii pii 9
Züüka züüka züüka züüka

Lanke trr gll III
Rrmmp 4
Rrnnf

Lanke trr gll III
Ziiuu lenn trll? 3
Lümpff tümpff trll 10

Lanke trr gll III
Rrumpff tilff too 4

Lanke trr gll III
Ziiuu lenn trll? 3
Lümpff tümpff trll 10

Lanke trr gll III
Pe pe pe pe pe 8
Ooka ooka ooka ooka

Lanke trr gll III
Pii pii pii pii pii 9
Züüka züüka züüka züüka

Lanke trr gll III
Rrmmp 4
Rrnnf

Lanke trr gll

trio *(äußerst langsam vorzutragen.)*

Ziiuuu iiuu (N) 3
ziiuu aauu
ziiuu iiuu
ziiuu Aaa

Ziiuu iiuu 3
ziiuu aauu
ziiuu iiuu
ziiuu Ooo

Ziiuu iiuu 3
ziiuu aauu
ziiuu iiuu

scherzo III
Lanke trr gll *(munter)* (O) 8
pe pe pe pe pe
Ooka ooka ooka ooka

Lanke trr gll III
Pii pii pii pii pii 9
Züüka züüka züüka züüka

Lanke trr gll III
Rrmmp 4
Rrnnf

Lanke trr gll
Ziiuu lenn trll? 3
Lümpff tümpff trll 10

Lanke trr gll II
Rrumpff tilff too 4

Lanke trr gll III
Ziiuu lenn trll? 3
Lümpff tümpff trll 10

Lanke trr gll III
pe pe pe pe pe 8
Ooka ooka ooka ooka

Lanke trr gll III
Pii pii pii pii pii 9
Züüka züüka züüka züüka

Lanke trr gll III
Rrmmp 4
Rrnnf

Lanke trr gll III

vierter teil:

presto:

(der vierte Teil ist streng taktmäßig, außer den in der durcharbeitung eingeschobenen rezitationen)

thema 11: (P) 11

Grimm glimm gnimm bimbimm
Grimm glimm gnimm bimbimm
Grimm glimm gnimm bimbimm
Grimm glimm gnimm bimbimm
Grimm glimm gnimm bimbimm
Grimm glimm gnimm bimbimm
Grimm glimm gnimm bimbimm
Grimm glimm gnimm bimbimm

Bumm bimbimm bamm bimbimm 11
Bumm bimbimm bamm bimbimm
Bumm bimbimm bamm bimbimm
Bumm bimbimm bamm bimbimm

Grimm glimm gnimm bimbimm 11
Grimm glimm gnimm bimbimm
Grimm glimm gnimm bimbimm
Grimm glimm gnimm bimbimm

Bumm bimbimm   bamm bimbimm 11
Bumm bimbimm   bamm bimbimm
Bumm bimbimm   bamm bimbimm
Bumm bimbimm   bamm bimbimm

Bemm   bemm 11
Bemm   bemm
Bemm   bemm
Bemm   bemm

thema 12: 12

Tilla loola luula loola
Tilla luula loola luula
Tilla loola luula loola
Tilla luula loola luula

Grimm glimm gnimm bimbimm *(sehr kräftig beginnen)* 11
Grimm glimm gnimm bimbimm
Grimm glimm gnimm bimbimm
Grimm glimm gnimm bimbimm
Grimm glimm gnimm bimbimm
Grimm glimm gnimm bimbimm
Grimm glimm gnimm bimbimm
Grimm glimm gnimm bimbimm

Bumm bimbimm   bamm bimbimm 11
Bumm bimbimm   bamm bimbimm
Bumm bimbimm   bamm bimbimm
Bumm bimbimm   bamm bimbimm

Bemm   bemm 11
Bemm   bemm
Bemm   bemm
Bemm   bemm

thema 13: (Q) 13

Tatta tatta tuiEe tuiEe
Tatta tatta tuiEe tuiEe

Tatta tatta tuiEe tuiEe
Tatta tatta tuiEe tuiEe

....

thema 14:

Tilla lalla tilla lalla 14
Tilla lalla tilla lalla
Tilla lalla tilla lalla
Tilla lalla tilla lalla

....

Tuii tuii tuii tuii 13
Tuii tuii tuii tuii
Tee tee tee tee
Tee tee tee tee

....

Tuii tuii tuii tuii
Tuii tuii tuii tuii
Tee tee tee tee
Tee tee tee tee

....

Tatta tatta tuiEe tuiEe 13
Tatta tatta tuiEe tuiEe
Tatta tatta tuiEe tuiEe
Tatta tatta tuiEe tuiEe

....

Tilla lalla tilla lalla 14
Tilla lalla tilla lalla
Tilla lalla tilla lalla
Tilla lalla tilla lalla

....

Tuii tuii tuii tuii 13
Tuii tuii tuii tuii
Tee tee tee tee
Tee tee tee tee

....

Tuii tuii tuii tuii
Tuii tuii tuii tuii
Tee tee tee tee
Tee tee tee tee

....

Ooo bee ooo bee 6
Ooo bee ooo bee
Ooo bee ooo bee
Ooo bee ooo bee

(vierten teil von anfang bis hier wiederholen) (R) (S)

---

durcharbeitung: (T) 6/1

Ooobee tatta tuu
Ooobee tatta tuu
Ooobee tatta tuii Ee
Ooobee tatta tuii Ee
Ooobee tatta tuiiEe tuiiEe
Ooobee tatta tuiiEe tuiiEe

Tatta tatta tuiiEe tuiiEe 13
Tatta tatta tuiiEe tuiiEe

Lümpff tümpff trill 13
Ziiuu lenn trill 3
Ziiuu lenn trill
Rrumpff tilff too 4

Rinnze kette bee 3
Rinnze kette bee
Rinnze kette bee bee
Rinnze kette bee bee
Rinnze kette beebee beebee
Rinnze kette beebee beebee

Rinnzekete beebee nnzkrr müü? 3
Ziiuu ennze ziiu rinnzkrrmüü
Rakete bee bee 3a

Grimme glimme gnimme bimme 11
Grimme glimme gnimme bimme
Grimme glimme gnimme bimme
Grimme glimme gnimme bimme

Graaaaa 15
Graaaaa

Grimme glimme gnimme bimme 11
Grimme glimme gnimme bimme
Grimme glimme gnimme bimme
Grimme glimme gnimme bimme

Graaaaa 15
Graaaaa

Ooobee tatta tee 6/13
Ooobee tatta tee
Ooobee tatta tee tee
Ooobee tatta tee tee
Ooobee tatta teetee teetee
Ooobee tatta teetee teetee
Ooobee tatta teeta tatta
Ooobee tatta teeta tatta

Tatta tatta teeta tatta
Tatta tatta teeta tatta 13

Ooobee tatta tuu 6/13
Ooobee tatta tuu
Ooobee tatta tuii Ee
Ooobee tatta tuii Ee
Ooobee tatta tuiiEe tuiiEe
Ooobee tatta tuiiEe tuiiEe

Tatta tatta tuiiEe tuiiEe 13
Tatta tatta tuiiEe tuiiEe

Tilla lalla tilla lalla 14
Tilla lalla tilla lalla

Tuii tuii tuii tuii 13
Tuii tuii tuii tuii
Tee tee tee tee

Tee tee tee tee
Tuii tuii tuii tuii
Tuii tuii tuii tuii
Tee tee tee tee
Tee tee tee tee

Ooo bee ooo bee 6
Ooo bee ooo bee
Ooo bee ooo bee
Ooo bee oooobee tatta

Grimme glimme gnimme bimme 11
Grimme glimme gnimme bimme
Grimme glimme gnimme bimme
Grimme glimme gnimme bimme

Tilla loola luula loola 12
Tilla loola luula loola

Grimme glimme gnimme bimme 11
Grimme glimme gnimme bimme
Grimme glimme gnimme bimme
Grimme glimme gnimme bimme

Tilla luula loola luula 12
Tilla luula loola luula

Loola luula loola luula 12
Loola luula loola luula
Luula loola luula loola
Luula loola luula loola

Luula luula luula luula
Loola loola loola loola
Loola loola loola loola
Luula luula luula luula

Ooobee tatta tuu 6/13
Ooobee tatta tuu

Ooobee tatta tuuta tatta
Ooobee tatta tuuta tatta

Tatta tatta tuuta tatta 13
Tatta tatta tuuta tatta
Tatta tatta tatta tatta
Tatta tatta tatta tatta

Rinnze kette bee 3
Rinnze kette bee
Rinnze kette bee bee
Rinnze kette bee bee
Rinnze kette beebee beebee
Rinnze kette beebee beebee

Beebee beebee beebee beebee 3
Beebee beebee beebee beebee

Tatta tatta tatta tatta
Tatta tatta tatta tatta

Grimme glimme gnimme bimme 11
Grimme glimme gnimme bimme

Graaaaa graaaaa 15
Graaaaa graaaaa

Lümpff tümpff trill 10
Ziiuu lenn trill 3
Ziiuu lenn trill
Rrumpff tilff too 4

EkeEke ekeEke ekeEke ekeEke 16
EkeEke ekeEke ekeEke ekeEke 16/4
EkeEke ekeEke Rrrumm!
EkeEke ekeEke Rrrumm!
EkeEke ekeEke Rrum Rrum
EkeEke ekeEke Rrum Rrum

Rrum Rrum Rrum Rrum 4
Rrum Rrum Rrum Rrum

ablösung (U)

Grimm glimm gnimm bimbimm 11
Grimm glimm gnimm bimbimm
Grimm glimm gnimm bimbimm
Grimm glimm gnimm bimbimm
Grimm glimm gnimm bimbimm
Grimm glimm gnimm bimbimm
Grimm glimm gnimm bimbimm
Grimm glimm gnimm bimbimm

Bumm bimbimm bamm bimbimm 11
Bumm bimbimm bamm bimbimm
Bumm bimbimm bamm bimbimm
Bumm bimbimm bamm bimbimm

Grimm glimm gnimm bimbimm 11
Grimm glimm gnimm bimbimm
Grimm glimm gnimm bimbimm
Grimm glimm gnimm bimbimm

Bumm bimbimm bamm bimbimm 11
Bumm bimbimm bamm bimbimm
Bumm bimbimm bamm bimbimm
Bumm bimbimm bamm bimbimm

Bemm bemm 11
Bemm bemm
Bemm bemm
Bemm bemm

Tilla loola luula loola 12
Tilla luula loola luula
Tilla loola luula loola
Tilla luula loola luula

Grimm glimm gnimm bimbimm *(sehr kräftig beginnen)* 11
Grimm glimm gnimm bimbimm
Grimm glimm gnimm bimbimm
Grimm glimm gnimm bimbimm
Grimm glimm gnimm bimbimm
Grimm glimm gnimm bimbimm
Grimm glimm gnimm bimbimm
Grimm glimm gnimm bimbimm

....

Bumm bimbimm bamm bimbimm 11
Bumm bimbimm bamm bimbimm
Bumm bimbimm bamm bimbimm
Bumm bimbimm bamm bimbimm

....

Bemm bemm 11
Bemm bemm
Bemm bemm
Bemm bemm

---

kadenz *(ad libitum) (an dieser stelle folgt die kadenz. die kadenz kann vom vortragenden aus teilen der ganzen sonate neu gestaltet werden. ich lasse statt dessen hier eine allgemeine kadenz mit neuen themen folgen)*

Priimittii **(V)** 17
Priimiititti

....

Priimiititti too 17
Priimiititti taa
Priimiititti too
Priimiititti taa

....

Priimiititti tootaa 17a
Priimiititti tootaa
Priimiititti tuutaa
Priimiititti tuutaa

....

Priimiititti tootaatuu 17a
Priimiititti tootaatuu

Priimiititti tuutaatoo
Priimiititti tuutaatoo

....

Tatta tatta tuutaa too 13/17a
Tatta tatta tuutaa too

Tatta tatta tuiiEe tuiiEe (W)
Tatta tatta tuiiEe tuiiEe
Tatta tatta tuiiEe tuiiEe
Tatta tatta tuiiEe tuiiEe

....

Tilla lalla tilla lalla 13
Tilla lalla tilla lalla
Tilla lalla tilla lalla
Tilla lalla tilla lalla

....

Tuii tuii tuii tuii 14
Tuii tuii tuii tuii
Tee tee tee tee
Tee tee tee tee

....

Tuii tuii tuii tuii
Tuii tuii tuii tuii
Tee tee tee tee
Tee tee tee tee

....

Tatta tatta tuiiEe tuiiEe 13
Tatta tatta tuiiEe tuiiEe
Tatta tatta tuiiEe tuiiEe
Tatta tatta tuiiEe tuiiEe

....

Tilla lalla tilla lalla 14
Tilla lalla tilla lalla
Tilla lalla tilla lalla
Tilla lalla tilla lalla

....

Tuii tuii tuii tuii 13
Tuii tuii tuii tuii

Tee tee tee tee
Tee tee tee tee

....

Tuii tuii tuii tuii
Tuii tuii tuii tuii
Tee tee tee tee
Tee tee tee tee

....

Ooo bee ooo bee 6
Ooo bee ooo bee
Ooo bee ooo bee
Ooo bee ooo bee

....

Ooooooooooooooooooooooooooooooooo (X) 6

....

Dll Rrrrr bee bö 1

....

Fümms bö wö tää zää Uu, 5
pögiff,
müü

....

Rakete rinzekete ü3
Rakete rinzekete 3a
Rakete rinzekete
Rakete rinzekete
Rakete rinzekete
Rakete rinzekete

....

Bee 1
bö
Böwö
böwörö
Böwöböpö
böwöröböpö
Böwörötääböpö
böwörötääböpö
tääböpö
tüüböpö

tääböpö
tüüböpö

Ooka ooka ooka ooka 8
Züüka züüka züüka züüka 9
Rmmp rnnf rmmp rnnf 4

Rumpftillfftoo? Rrrrrum! 4
Lanke trr gll? Rrrrrum! III
Dedesnn nn rrrrr? Rrrrrum! 2

Mpiff tillff too? Rrrrrum! 2
Zikete bee bee? Rrrrrum! 3

Fö? Rrrrrum! 1
Ennze, ennze? Rrrrrum! 3

Rrumpfftilffto? 4
Bee bee bee bee bee 3a
Zee zee zee zee zee

Pe pe pe pe pe 8
Pii pii pii pii pii 9
Poo poo poo poo poooo?

Grimm glimm gnimm bimbimm *(mit starker betonung)* 11
Grimm glimm gnimm bimbimm
Grimm glimm gnimm bimbimm
Grimm glimm gnimm bimbimm
Grimm glimm gnimm bimbimm
Grimm glimm gnimm bimbimm
Grimm glimm gnimm bimbimm
Grimm glimm gnimm bimbimm

Ooo bee *(sehr stark fallend)* 6
Ooo bee
Ooo bee
Ooo bee

schluss:

Zätt üpsiilon iks *(bewegt)* (Y) 18
Wee fau Uu
Tee äss ärr kuu
Pee Oo änn ämm
Ell kaa Ii haa
Gee äff Ee dee zee beee?

Zätt üpsiilon iks *(bewegter)* 18
Wee fau Uu
Tee äss ärr kuu
Pee Oo änn ämm
Ell kaa Ii haa
Gee äff Ee dee zee beee?

Zätt üpsiilon iks *(einfach)* 18a
Wee fau Uu
Tee äss ärr kuu
Pee Oo änn ämm
Ell kaa Ii haa
Gee äff Ee dee zee bee Aaaaa.

Zätt *(sehr bewegt)* (Z) 18
üpsiilon iks
Wee fau Uu
Tee äss ärr kuu
Pee Oo änn ämm
Ell kaa Ii haa
Gee äff Eeee dee zee beeee? *(schmerzlich)*

Das lebende Fürstentum als Naturschutzpark

Wir leben in einer schrecklichen Zeit. Die Büffel und die Walfische sind dran auszusterben. Das ist sehr schlimm, denn wer soll uns in Zukunft den herrlichen Fleischextrakt und den wohlschmeckenden Lebertran liefern?

Aber auch die Fürsten sterben aus, und das ist noch schlimmer, denn wer soll uns in Zukunft die Majestät ehren lehren? Immer mehr dehnen sich die Demokratien aus, und es wird die Zeit nicht mehr fern sein, daß alle Staaten ihren Fürsten verauktioniert haben. Dann aber muß der Fürstennaturschutzpark helfen. Wenn jeder Staat eine Kleinigkeit dazu beisteuert, wird sich die Welt doch wohl den Prunk und den Luxus eines Fürstenhofes in einem kleinen, abgegrenzten Naturschutzgebiet leisten können. Zwar wäre der Fürst dort ohne Hinterland, aber er könnte auch die ganze Welt als sein Eigentum, als sein Hinterland betrachten.

Erste Bedingung wäre, daß der Naturschutzfürst durch besonders für ihn herausgegebene Blätter und eigens auf ihn allein dressierte Minister gründlich falsch orientiert würde über die ganze Welt um ihn herum. Es müßte damit beginnen, daß der Leibarzt Seiner Majestät ihm irgendeine vornehme, harmlose, aber nicht ungefährliche Krankheit suggerieren würde, die Seine Majestät ans Schloß und den Park fesselte. Seine Majestät dürften es nicht wissen, daß sein Fürstentum nur wenige Quadratkilometer groß ist, und daß er eigentlich keine Macht hat. Darum dürfte Seine Majestät nie das Schloß verlassen und nie Gelegenheit haben, durch Wort oder Schrift zu erfahren, wie es um ihn herum aussieht.

Dafür würde man Seiner Majestät mit den demütigsten Redensarten seine Größe klarmachen, würde von Zeit zu Zeit die Ausläufer einer kleinen Verschwörung oder Revolution inszenieren, die aber harmlos enden müßte. Es wird geschossen, aber nur mit Platzpatronen. Es platzen auch Bomben, aber man richtet es so ein, daß Seine Majestät nie dort anwesend ist, wo geplatzt wird. Die Leibgarde, die vorher gut instruiert ist, wird alle Angriffe auf Leben und Macht Seiner

Majestät glücklich abschlagen, und nur gefestigt geht die Erhabenheit Seiner Majestät aus den Wirren hervor.

Nun kommen Gesandte fremde Höfe, die natürlich fingiert werden, und versichern Seiner Majestät die Teilnahme ihrer Herrscher. Von Zeit zu Zeit kommen sogar fremde Herrscher selbst und entwickeln Glanz und Herrlichkeit an seinem Naturschutzhof. Alles sind gut einstudierte Schauspieler. Plötzlich entspinnt sich ein Streit zwischen einem fremden Herrscher und Seiner Majestät, dem Naturschutzkaiser. Natürlich hat so ein Streit in aller Form zu geschehen. Eigentlich geschieht gar nichts, aber irgendein Minister findet ein Haar in einer Äußerung irgendeines fremden Herrschers und macht Seine Naturschutzmajestät darauf aufmerksam.

Nun muß man daran arbeiten, daß Seine Majestät so in Wut gerät, daß er den Krieg erklärt. Jetzt beginnt ein großartiges Schauspiel. Armeen werden aus dem Boden gestampft, Generale halten Paraden ab, und wohlausgerüstete Heere verlassen die kleine Residenz. Es herrscht wieder Ruhe, aber täglich kommt ein fingierter Kriegsbericht heraus. Ein hartes, aber zähes Ringen wird jetzt vorgetäuscht, während seine Majestät glänzende Feste und Hofbälle abhält. Langsam dringt die Armee vor, und der Gegner bittet um Frieden. Seine Majestät gewährt ihn nicht, und der Krieg geht weiter. Andere Mächte greifen ein, bis angeblich die ganze Welt in Flammen steht.

In Wirklichkeit geschieht natürlich nichts weiter, als daß falsche Berichte herausgegeben werden. Seine Majestät verfolgt das Vordringen seiner Heere auf Landkarten. Es wird über und unter Wasser gekämpft, in allen 5 Weltteilen und in der Luft, und endlich, endlich, nach 5 bis 10 Jahren besiegt das kleine Heer Seiner Majestät die ganze Welt. Darauf folgt der fingierte Weltfriede. Sämtliche Herrscher anderer Nationen werden hingerichtet. Seine Majestät wohnt selbst dem Akt bei. Natürlich sind es mit Leichenblut getränkte Puppen, die man köpft, aber da Seine Majestät sowieso schwerhörig ist, sieht er schlecht.

Und nun folgt das glänzendste und größte Fest der Welt.

Seine Majestät wird zum Kaiser der vereinigten Kaiserreiche der Erde gekrönt.

Sehen Sie, das ist Majestät, das muß erhalten bleiben, wenn auch nur im abgegrenzten Naturschutzpark.

Der graue Siebenzusch (Stadtgeist, wohnt in Zierrat.)

Der Siebenzusch oder wie man ihn in anderen Gegenden nennt, Hans Ararat, ist jener bekannte Geist der modernen Großstadt.

Er wohnt im Gemäuer, im alten Mauerwerk aus der Zeit unserer Vorahnen ebenso gut wie in den Zierraten des Eisenbetons. Hier huscht er wie der Wind durch den Schornstein und Kamin in die Keller, geht als harmloser Bettler unten aus dem Nebeneingang für Bedienstete wieder heraus, dort fährt er durch die elektrische Lichtleitung, entstört das Radio, stört die Hausfrau, macht Kurzschluß durch ein Bügeleisen, bringt 250 Straßenbahnen auf einmal zum Halten, rettet ein altes Mütterchen vor dem Überfallenwerden und wirft gleich darauf eine kleine Schneelawine von einem 8stöckigen Hause dem Polizeihauptmann direkt auf den Kopf, daß der unter seinem Helm zusammenbricht. Bösartig ist er nicht, unser Siebenzusch, aber ein richtiger Geist, ein rechter Taugenichts, wie ihn die Großstadt mit ihren Sünden geschaffen hat. Ja, das ist der Siebenzusch, der die kleinen Mädchen blamiert, weil er ihnen Angst einjagt, daß sie im Hemdchen aus ihrer Mansardenkammer zur Herrschaft schreiend herunterlaufen, mitten in der dunklen Nacht, daß sie ihre gnädige Frau aufwecken und sich vor derselben nicht so sehr fürchten, weil jener sie erschreckte.

»Ja, was ist denn, mitten in der Nacht?« fragte die Frau.

»Da ist ein Mann bei mir eingestiegen, durchs Dachfenster!« –

Und die Kleine zerweint sich zum Herzzerbrechen.

»Ein Mann? Das kann doch nur der Schornsteinfeger gewesen sein? Aber wie kommt der mitten in der finsteren Nacht aufs Dach?« –

»Nein, es war ein Mann, ein junger schöner Mann, oh, es ist schrecklich!« –

»Aber beruhigen Sie sich, Anna Luise, vielleicht ist es auch wieder der Wind gewesen, da wird nicht ausgerechnet bei Ihnen ein schöner junger Mann einsteigen.« –

»Doch, er will meine Unschuld!« –

»Schämen Sie sich, Anna Luise, so etwas sagt ein junges Mädchen nicht.« –

»Mit einem Male war das Fenster offen, und er stand da, groß wie ein Baum, mitten vor meinem Bette und tuckte gegen meine Decke, hu!« –

»Das muß ja entsetzlich gewesen sein!« sagte die Gnädige plötzlich mit Verständnis, »jetzt wette ich, es ist jener bekannte Siebenzusch. Wenn Sie hingehen, ist er fort.« –

»Ja, das ist ja gerade das Schreckliche, ich sah hin, da stand er noch da, ich schrie, da war er wieder fort.« – »Und da?« –

»Ich rief nach ihm, suchte überall, im Schrank, unter dem Bette, da polterte er schon wieder auf dem Dache.« –

»Es ist doch der Wind gewesen, Anna Luise!«

»Nein, denn er rief Kuckuck! Kann der Wind allein Kukkuck rufen?« –

»Was haben Sie da gemacht, Anna Luise?« –

»Ich bin sofort ins Bett gesprungen und habe mich unter die Decke gekrochen. Da hat er sie mir von den Füßen hochgehoben, immer hoch und wieder runter, nein, ich schlafe da oben nicht wieder!« –

»Aber Anna Luise, Sie können nicht hier unten schlafen, wo jeden Augenblick mein Mann heimkommen kann!« Und da kreischte auch schon unten ganz fürchterlich ein Auto.

»Er kommt jetzt sicherlich, gehen Sie marsch ins Bett!« –

»Er hat sich mit mir verabredet. Er will mich sehen!« – »Wie, mein Mann?« – Die gnädige Frau wurde so puterrot vor Wut, daß man es im Dunkeln sehen konnte.

»Nein, der schöne junge Mann!« –

»Also, der Siebenzusch? So ein Schwerverbrecher. Sie gehen natürlich nicht hin, Anna Luise, ich warne Sie! Aber jetzt marsch ins Bett!« –

Die Treppen polterte der bezechte Mann mit schweren Gliedern und einem losen Wort auf den Lippen herein, und Anna Luise floh keuchend nach oben, wo sie sich wieder vor ihrem Siebenzusch unter die Bettdecke versteckte, die sie über den süßen kleinen Kopf zog. Aber sie hatte vorsorglich das Fenster offengelassen, damit er wieder hereinkäme.

Eben war sie zitternd eingeschlafen, da war er auch schon wieder da.

»Süßestes Annamädchen«, sagte er, »ich muß Sie wiedersehen!« –

»Nein«, rief sie verzweifelt unter ihrer Bettdecke und stampfte mit den Füßchen. – »Wo treffen wir uns?« – »Überhaupt nicht, ich kenne Sie ja gar nicht!« – »Wir wollen uns ja kennenlernen, ich heiße Siebentusch, manche nennen mich auch Hans Ararat, aber du weißt nicht, wie schön ich bin, wenn ich mit jungen Damen ausgehe.« – »Ich bin keine junge Dame, ich bin ein Mädchen!« – »Also werde ich dich treffen?« – »Seit wann duzen wir uns denn?« – »Immer und ewig, ich liebe dich wie ein Sturm, der meine Seele trägt.« – »Behalten Sie Ihre frivolen Bemerkungen bitte für sich, Herr Siebentusch von und zu Ararat!« – »Aber, Mädchen, mach dich doch frei, du sollst einen schönen Abend haben.« – »Nein und abermals nein, nie und nimmer! Wann und wo?« – »Wann und wo? Wann und wo? Da komme nun bitte selbst einmal drauf. Wenn Du schläfst, dann erscheine ich dir im Traum und sage wann und wo. Sei dann aber bestimmt pünktlich da!« – Mit diesen Worten verschwand Siebentusch.

»Wann und wo, wann und wo, wann und wo?« rief es unaufhörlich in der Seele des kleinen Mädchens, dann dachte sie, daß er ihr im Schlafe erscheinen könnte. Aber denken Sie, sie hätte schlafen können? Sie war viel zu aufgeregt dazu. Wer kann denn dabei schlafen? Wohl 20mal hat sie aus dem Dachfenster gesehen, er kam nicht. Und die Sache mit der Gnädigen war ihr so peinlich. Wenn sie's ihr doch erst mittags gesagt hätte! Sie kannte doch dieses Plappergestell! So wälzte sich Anna Luise hin und her, vor Sehnsucht vergehend nach Siebentusch, den sie nicht kannte.

O Siebentusch, du bist ein böser, böser Geist, reizest kleine unschuldige Mädchen, daß sie es erfahren, was Unschuld ist, weil die Unschuld nur Unschuld bleibt, solange sie Unschuld ist. Du reizvollster aller Geister, Siebentusch, da du dich in jede Gestalt verwandeln kannst, vom Schornsteinfeger bis zum Jüngling, vom Helden bis zum Gauner, selbst Zooarzt, Schlosser oder Straßenbahnschaffner kannst du sein, wie du willst, wenn du es willst, Siebentusch, Ararat, Geist der modernen Großstadt.

Mit Kitt in den Augen erwachte morgens Anna Luise, dann weinte sie. Darauf wusch sie sich, kämmte ihren Bubikopf und überschüttete sich mit Eau-de-Cologne, weil das besser duftet. Dann sprang sie hinein in ihr zitterndes Hauskleidchen, knöpte die Reihe Druckknöpfe über der Hüfte zusammen, riegelte die Tür auf und ging alsbald die knarrende Bodentreppe hinunter, indem sie mit dem Popöchen wakkelte.

Niemand kann das so gut wie Mädchen, am besten die, die sich mit Parfüm begießen, und Anna Luise war von diesen die Meisterin.

Da lag sogar ein Brief an ›Fräulein Anna Luise Sündig‹. Anna Luise tat nichts wie ihn aufreißen, dann roch der nach Veilchen. Sie überflog zitternd die hingeworfenen Zeilen: »Liebe Anna Luise, nach Dir ich verschmachte, wann und wo treffen wir uns? Du hast ja gar nicht geträumt, so konnte ich Dir nicht im Traume erscheinen. – Ich bin untröstlich, sag, wann und wo? Diese zwei Glocken: wann und wo werden mir den ganzen Tag läuten. Wann und wo, Anna Luise, wann und wo??? Dein Siebentusch.«

Anna Luise wußte es sehr gut, daß er Siebenzusch heißt, warum nannte er sich Siebentusch? Er wollte sie an der Nase herumführen, soviel ist mal sicher. Und Anna Luise war fürchterlich aufgeregt bis zum Kaffee.

Radio
(Eine Anregung, den Radioapparat produktiv auszunutzen)

(Diese Abhandlung wurde geschrieben im Jahre 1934 von Herrn N.N., und wir geben sie an dieser Stelle schon jetzt unter Vorbehalt bekannt.)

Es wurde bekannt, daß der stärkste Mann von der Welt in Radio hinein funken sollte. Bereits acht Tage vorher war kein Empfangsapparat mehr zu haben, da ein außergewöhnlich großes Interesse für seinen Vortrag herrschte. Auf der Straße sah man eilig und geschäftig die jungen Mädchen auf und ab gehen, und es verkehrten Zwischenhändler und hausierten mit Empfangsapparaten zu Fantasiepreisen. Ich sah selbst ein ärmliches älteres junges Mädchen verzweifelt auf und ab laufen. Sie bat jeden um ein Almosen, damit auch sie sich einen Empfänger leisten könnte, wenn auch nur für fünf Minuten. Und nun kam die Stunde heran, die große Stunde, in der der stärkste Mann von der Welt laut Plakaten in Radio hinein funken sollte. Ich wollte abends in ein Kino gehen und suchte mir zur Begleitung ein junges Mädchen. Aber es war geradezu wie verhext. Sah ich wirklich mal eine, so redeten gleich zehn Herren sie an, und sie sagte bloß: »Mir ist heute so nach Tamerlan zu Mut, ein kleines bißchen Tamerlan, ja Tamerlan wär gut.« Oder sie sagte: »Gehnse weg, gehnse weg, s' hat ja doch keinen Zweck«, weil nämlich der stärkste Mann von der Welt heute um neun Uhr in Radio hinein funken wollte.

Und zu der Zeit, als der stärkste Mann von der Welt in Radio hinein funkte, war es unheimlich still. Kurz darauf sah ich auf der Straße die schönsten Reigen von Frauen, Jungfrauen und Großmüttern alle wie zum Hochzeitsmahle geschmückt, wie wenn sie von einem köstlichen Hochzeitsmahle aufgestanden wären. Es herrschte ein Jubel überall, ein Jubel sondergleichen, stiller, in sich gekehrter Jubel, wie in einer lauen Mainacht. Übrigens wurden die gleichen Erscheinungen von allen bekannten Reportern der ganzen Erde und von allen bekannten Orten gemeldet, von Chicago bis Peking, vom Nordpol bis Kapland und von der Maas bis an die Memel.

Am nächsten Tage ging nun die Nachricht durch die Presse, der Athlet, Herr Soundso, habe an jenem Abend nicht in Radio gefunkt, weil er plötzlich unpäßlich geworden wäre. An seiner Stelle habe sein Bruder, der bekannte Liliputaner, Herr Sowieso, in Radio gefunkt. Das war eine entsetzliche Enttäuschung. Da blieb kein Auge tränenleer. Es war einfach entsetzlich. Alle Frauen aller Länder schluchzten herzzerreißend. Aber was half alles Verwünschen und Haareraufen angesichts der nackten Tatsache, daß anstelle des stärksten Mannes sein Bruder gefunkt hatte. Was half es auch, daß angekündigt wurde, der stärkste Mann der Welt würde morgen in Radio hinein funken, denn es war kein Bedürfnis mehr vorhanden.

Übrigens kam es auch nicht mehr dazu, denn noch an jenem Tage selbst wurde der stärkste Mann der Welt von einer Sufragette getötet. Ein kurzes Aufatmen der Genugtuung folgte der ersten Wut der Enttäuschung. Und nun folgten neun Monate voll Kummer und Sorge über die ganze Welt. Als nun die neun Monate um waren, kam ein schrecklicher Tag. Ich wollte gerade wieder ins Kino gehen und mir zur Gesellschaft ein Mädchen mitnehmen. Es gab nur Kinder und ganz kleine Mädchen. Und die späte Abendstunde war von Schmerzen so erfüllt, daß man an jenem Abend vor Nebengeräuschen nirgends auf der ganzen Welt Radio empfangen konnte. Und so ging im allgemeinen Stöhnen und Geschrei eine herrliche Predigt des Pastors Animus verloren über die Verbreitung der Geschlechtskrankheiten, die an jenem Abend durch Radio verbreitet werden sollten. Ich wußte zuerst nicht, was los war, da man keine Plakate gemacht hatte außer der Ankündigung der Predigt Animussens. In der Zeitung aber las ich Meldungen von überall her, daß es für die Frauen eine schwere Nacht werden würde. Und am anderen Morgen: Diese Geburtsanzeigen! Genau wie zu Ostern die Verlobungen. So etwas hatte die Welt noch nicht gesehen. Ich kannte keine Frau, kein junges oder älteres jüngeres Mädchen, die nicht in jener Nacht genau um neun Uhr einen strammen kleinen Zwerg geboren hätte. Es war eben deutsche Präzisionsarbeit. Sonderbar, alles Zwerge, und alles Zwerge, und alle Frauen waren mittels elektrischer Wellenübertragung von Störchen ins Bein gebissen worden. Am nächsten Morgen stand ein Dementi im Blatt: Der Bericht, daß seinerzeit der stärkste Mann unpäßlich gewesen wäre, sei eine Falschmeldung gewesen. Der stärkste Mann hätte auf diese einfach Weise gehofft, noch einmal Publikum für seinen Vortrag zu bekommen. Aber nun war es zu spät, und es half nichts mehr; die Kinder waren alle Zwerge geworden und blieben es auch. Was doch die liebe Einbildung macht!

Druckfehler: es muß natürlich ›sollte‹ heißen.

Land des Irrsinns
(Handlung)

Der Naturgelehrte Piep wohnt gleich links am Eingang des Landes. Er beobachtet seine Vögel, eine Katze und eine Fliege.

Da kommt Besuch, ein Herr, gerade als er infolge von Unvorsichtigkeit beim Radio einen leisen elektrischen Schlag bekommen hat.

Mit Hilfe der Fliege erreicht es der Fremde, daß Piep ihm öffnet. *Die Fliege ertrinkt in der Milch* und wird später gerettet. Der Fremde erscheint harmlos, und Piep traut ihm, da wird ein Brief in den Briefkasten geworfen, aus dem Piep erfährt, daß er vor dem Herrn sich in acht nehmen muß.

Inzwischen hat die Katze die Vögel kahl gerupft aus Forscherfreude. Der Fremde merkt an Pieps Benehmen, daß dieser Verdacht schöpft und versucht, sein Geschäft zu beschleunigen. Das wiederum bestärkt Piep in seinem Verdacht, und der Fremde wird grob.

Gerade jetzt erscheint Suleika, die mit einem fliegenden Teppich von Konstantinopel kommt, sie ist einem Harem entflohen und landet zufällig auf dem Dache des Vogelhäuschens. Als der Fremde sieht, wie der Teppich, steif wie ein Brett, auf dem Vogelhäuschen landet, ergreift ihn Furcht und er flieht und eilt zurück in das Land der Vernunft. Er läßt dabei seine Mappe auf dem Tisch zurück.

Piep eilt zum Vogelhäuschen und fragt Suleika, ob sie eine Märchenprinzessin wäre. Suleika ist sehr scheu und sagt, sie wäre eine ganz gewöhnliche Haremsdame. Ihr Chef hätte den Teppich, mit dem sie geflohen wäre, aus Tausend und einer Nacht geerbt. Piep bittet sie auszusteigen und lädt sie zur Besichtigung seiner Tiersammlung ein, die Suleika für einen Vogelharem hält, in dem die Katze der Wächter ist, zumal die Vögel nackt sind.

Piep erklärt ihr nun alles, und sie ist sehr erstaunt, was es hier gibt. Es dämmert, und sie erzählen sich Geschichten aus Tausend und einer Nacht und aus ihrem Leben. Suleika wundert sich, daß sie einander gleich verstehen, obgleich sie verschiedenen Kulturkreisen entstammen. Piep sagt, die Liebe überbrücke alle sprachlichen Schwierigkeiten. Inzwischen fährt ein Auto vor. Der Fremde aus dem Land der Vernunft kommt zurück und will seine Tasche holen.

Suleika, die ängstlich ist, daß jemand kommt, um sie nach Konstantinopel zurückzuholen, fleht, daß Piep nicht öffnen soll. Verzweifelt klopft der Fremde an die Tür, und Suleika versteckt sich, Piep verhandelt mit dem Fremden durch das Guckloch. Als der Fremde seine Tasche zurückverlangt, weist ihn Piep ab, weil im Land des Irrsinns solche Anträge schriftlich eingereicht werden müssen, und weigert sich, sich darüber zu äußern, ob überhaupt die Tasche gefunden ist.

Der Fremde sucht daher ein Wirtshaus auf und verlangt Feder und Tinte. Der Wirt fragt, ob er logische Tinte haben will. Er verlangt Tinte, einfach Tinte. – Und logisches Papier? Da er logisches Papier verlangt, erhält er dieses mit unlogischer Tinte. Der Brief fällt dementsprechend unlogisch, die Inschrift jedoch logischer aus. Dadurch gewinnt der Brief Schlagseite und steht schräg in der Luft. Trotzdem befördert er ihn selbst in Pieps Briefkasten, der ihn herausnimmt. Da er schief auf dem Tisch liegt, trennt ihn die abergläubische Suleika auf. Der Fremde will sich seine Antwort holen, aber Piep sagt, windschiefe Briefe beantworte er nicht. Der Fremde holt sich jetzt Rat beim Wirt, der ihm rät, zunächst ein Zimmer zu nehmen, von einer entsprechenden Preislage. Dann sagt er, man müsse mit logischer Tinte schreiben im Lande des Irrsinns und gibt ihm listig logische Tinte mit gewöhnlichem Briefpapier. Der Brief wird nach der anderen Seite schief. Verzweifelt fährt nun der Fremde ins Land der Vernunft zurück.

Inzwischen telefoniert die Polizei bei Piep an und bezeigt einen Fremden und fragt, ob er ihn wüßte, er wäre ein gefährlicher Hochstapler.

Piep erwähnt, daß dieser bei seinem Besuch eine Aktentasche zurückgelassen habe. Die Polizei kommt sofort und beschlagnahmt die Tasche, die wichtige Dokumente enthält.

Inzwischen holt Suleika ihren Teppich herein und richtet sich darauf häuslich ein. Der Fremde hat inzwischen eine kleine Bande ausgerüstet, mit deren Hilfe er die Tasche mit Gewalt zurückholen will. Sie umstellen leise das Haus, und Suleika, die gerade in Pieps Armen liegt, hört das Getrappel ums Haus. Piep sagt, das wäre aufgeregte Phantasie, weil sie zum ersten Mal freiwillig lieben könnte. Übrigens aber wäre es sehr bequem, auf ihrem Smyrna-Teppich zu liegen.

Der Fremde ist nun bereit zum Überfall, nachdem er seine Leute an allen Fenstern im Garten verteilt hat, und piept an die Tür. Piep läßt ihn ruhig piepen, und Suleika bringt unauffällig den Teppich ins Schweben, da sie wieder fürchtet, zurückgeholt zu werden. Das Haus als Hülle des Teppichs fliegt also mit in die Lüfte, mit dem Fremden auf dem Vorplatz, der es nicht merkt. Als Piep nicht kommt, will er seinen Leuten draußen einen Wink geben, aber das Haus schwebt zu hoch in den Wolken. Entsetzt fällt er zu Boden, zum Abspringen ist es zu hoch.

Suleika hört den Fall und öffnet die Tür, und es gelingt ihr mit Hilfe Pieps, ihn zu fesseln. Die Bande des Verbrechers aber flieht und rüstet Flugzeuge gegen Pieps Haus aus.

Verwandlungen

Man liest so oft im Märchen von Verwandlungen und denkt sich dabei wenig. Das sind eben die bekannten Verwandlungen, die am Ende eines Märchens ja sowieso ihre Rückverwandlungen finden, böser Zauber, der zum guten Ende führt und so. Aber wer denkt wohl, daß das natürlich mit erheblichen Berufsstörungen verbunden ist? Wer denkt sich in den Zustand des armen Verwandelten hinein, der nun plötzlich statt Miete zu bezahlen Pferdeäpfel von sich gibt, oder statt zu singen nur noch zwitschern kann, wenn er Glück gehabt hat. Andere meckern ekelhaft wie eine Ziege oder stoßen mit den Hörnern, wenn sie streicheln wollen. Und wer denkt wohl daran, daß man selbst solch einem Schicksal begegnen kann, denn der Zauberer ist überall, gerade wo das Leben am meisten pulst, zu finden.

Wer hat etwa noch nicht gelesen, daß solch ein Zauberer gerade um die Hauptverkehrszeit zu Weihnachten, noch dazu am Sonnabend-Nachmittag, die gesamte Käuferschaft eines Warenhauses, alle Angestellten, Aufseher und Polizeipersonen in einem Umkreis von 500 Metern durch ein einziges Zauberwort in Schafe verwandelt hat, während er sich die Gestalt eines Hundes gab, der diese Schafe mit fürchterlichem Gebell heraustrieb? Wer wollte das etwa noch nicht in der Zeitung gelesen haben? Jeder denkt sich dabei, daß er selbst wohl ungeeignet gewesen wäre, in ein Schaf verwandelt zu werden, bis er es merkt, daß er schon längst verwandelt worden ist. Natürlich ist der Grund klar, denn der Hund von einem Zauberer hat sich längst der Kasse bemächtigt und ist damit nach Sibirien ausgewandert. Die armen verwandelten Schafe aber bleiben Schafe ihr ganzes Leben lang, wenn nicht ein Prinz kommt, sie zu erlösen. Und wie das blökt, wenn in einer Großstadt mehrere Millionen Schafe durcheinandereilen, das ist kaum beschreiblich, und jeder, der noch nicht mit verwandelt ist, soll seinem Schicksal nur dankbar sein.

Das sind auch nicht nur Schafe, in die man verwandelt werden kann, sondern auch zum Beispiel Ochsen. Die stoßen dann nachher alles nieder, ohne jeden Grund, ohne mit der Wimper zu zucken, zeigen ihre brutalen Geweihe überall und rennen auf alles, da sie durch alles gestört werden. Wieder andere führen ein Leben als Schwein in der Gosse für den Rest ihres Lebens, wenn nicht der Prinz kommt und die Zauberformel findet, sie zu erlösen. Wer Huhn wird, kann sich wenigstens durch Eierlegen nützlich machen, und wer Storch wird, kann von Zeit zu Zeit Kinder bringen, er soll sich nur vorsehen, nicht zu oft in dasselbe Haus zu kommen. Daß natürlich bei diesen ewigen Verwandlungen das normale Leben einer Großstadt erheblich gestört wird, ist wohl klar, und daß Magistrat und Polizei gemeinsam diesem Frevel zu begegnen suchen, ist nicht mehr als deren verdammte Pflicht und Schuldigkeit.

Als ich noch so philosophierte, ging ich eben über eine wenig belebte Straße, um mein Frühstück einzukaufen, da begegnete mir ein Mann. Das kann jedem überall passieren, und wohl kaum einer denkt daran, daß dieser Mann ein Zauberer sein könnte.

Dieser Mann fragte mich, wann die nächste Elektrische nach irgendwohin führe, ich habe vergessen, wohin. Höflich zog ich meine Uhr, um zu sehen, wie spät es überhaupt eigentlich wäre, und da war die Uhr fort. Der Mann hatte sie fortgezaubert in einem Nu.

»Nanu«, denke ich, und Fieberröte ziert mein Gesicht, »wo ist denn die Uhr hin?« Und nun können doch Zauberer Gedanken erraten, und da der Mann merkte, daß es für ihn leicht mulmig werden konnte, versetzte er mir einen dermaßenen Kinnhaken, daß ich plötzlich schwindelte und gegen die nächste Hauswand taumelte. Dort mag ich mit meinem leeren Magen, denn es war noch vor dem ersten Frühstück, wohl einige Minute gestanden haben, bevor ich die Besinnung wieder gewann, und diese Zeit hat natürlich der Mann benutzt, fortzukommen.

Plötzlich gewann ich nun meine Gedanken zurück, und da stand ich nun und hatte das Gitter zu einem Frisörladen eingetreten, weil ich ein ganz ungewöhnliches Gewicht hatte, indem der Mann ein Zauberer gewesen war und mich in einen Elefanten verwandelt hatte.

»Ein schöner Schwindel«, dachte ich, »wer bezahlt nun das verbogene Gitter«, und wagte es gar nicht mehr, mich zu rühren, um nicht noch größeren Schaden anzurichten. Und um mich herum war ein Auflauf von Menschen entstanden. Ich wollte zu ihnen sprechen, konnte aber nur unartikulierte Laute von mir geben. »Gott sei Dank«, dachte ich, »ich bin wenigstens ein höherstehendes Tier geworden«, denn es ist doch allgemein bekannt, daß Elefanten kluge Tiere sind. Was aber daraus werden sollte, das war mir unklar, wo sollte ich bleiben? Auf keinen Fall kann ich in meine frühere Wohnung zurück, dazu ist alles zu klein dort. Das ganze Klosett zum Beispiel war noch nicht $\frac{1}{10}$ so groß wie ich selbst. Oder denken Sie, wenn ich etwa in meiner früheren Badewanne ein Bad hätte nehmen wollen, wie das Wasser nach allen Seiten auseinandergespritzt wäre. Also übergab ich diesen Gedanken über meine Zukunft dem Schicksal, denn man tut gut daran, nicht selbst in die Speichen des Rades der Zukunft einzugreifen. Und wie hätte ich mit meinen erheblich dicken Tatzen das wohl überhaupt fertig bringen können? Ich hätte das ganze Rad auf einmal zerdeppert.

Darum dachte ich: »Gehst mal ein bißchen spazieren.« Ich nahm also meinen Hut, … so so, ich hatte natürlich keinen mehr, das muß ich wohl eben verwechselt haben, ich nahm also meine vier dicken Klauen oder Tatzen, denn Hufe waren es nicht, und setzte sie vorsichtig voreinander, und es ging, denn Elefanten sind immer vorsichtig. Aber Sie hätten die Menge mal auseinanderstieben sehen sollen, wie ich ankam. »Sie sind ja betrunken!« sagte die ganze Menge auf einmal, weil ich so taumelte, nachdem ich es nicht gleich so fertig brachte, eine so gewaltige Fleischmasse von meinem verhältnismäßig kleinen Gehirn aus zu regieren. Und als ich mich gegen die nächste Schaufensterscheibe lehnte, hätten sie die Menge kreischen hören sollen. Und die Schaufensterscheibe knackste ein und wieder aus, bis sie endlich nachgab und mit Geklirr herunterpolterte. Dabei war es ein rein arisches Geschäft gewesen. Natürlich war das dem Pöbel gleichgültig, und als die Scheibe sowieso kaputt war, stürmten sie den Laden und plünderten alles, auch alles. Ja, sie schlugen sich um die feinen Würste, die dort ausgestellt waren, und ich dachte: »So kann es nicht weitergehen«, sog meinen langen Rüssel voll Wasser, das zufällig in der Gosse stand, und bespritzte die Menge. »Das kann doch Flecken geben«, schrie eine Frau, die so stücker 20 Zervelatwürste unterm Arm hatte, aber ich gab ihr noch eine Dusche zur Abkühlung, dann nahm ich die Würste und zerdrückte sie, weil es mich ekelte, sie zu essen, obgleich ich großen Hunger hatte.

Inzwischen war nun die Feuerwehr angekommen, die man bei solchen Gelegenheiten zu rufen pflegt, und ich wurde von allen Seiten bespritzt. Das war mir so angenehm, weil ich sowieso ein wenig aufgeregt war. Ich dachte nur: »Eigentlich ist es frech von der Feuerwehr zu spritzen, wo ihr doch kein Rüssel dazu von der Natur angewachsen ist.« Darum nahm ich meinen natürlichen Schlauch an der Nase wieder voller Gossenwasser und spritzte meinerseits die Feuerwehr. Das ging so mehrere Stunden lang, bis die ganze Feuerwehr von oben bis unten tropfte, und ich konnte es gut aushalten, da die Feuerwehr ja dafür sorgte, daß ich immer genügend Wasser vorfand.

Und es wäre mehrere Stunden so weitergegangen, wenn nicht endlich die Polizei eingegriffen hätte. Zuerst kamen 10 Beamte, um meine Personalien festzustellen. Ich ergriff ihre Notizbücher und verspeiste sie. Dann kamen hundert, aber diese hielten sich in größerem Abstand auf. Ich konnte jedoch mit meinem langen Schnabel bequem hinlangen, und ein Notizbuch nach dem anderen wurde aufgefressen, da ich allmählich Geschmack daran fand und auch ziemlich hungrig geworden war. Da kamen tausend Sicherheitsbeamte mit blanker Waffe von allen Seiten, aber ohne den von der Obrigkeit gewünschten Erfolg. Ich nahm ihnen die kleinen Säbel einzeln ab und zerstückelte sie in meiner Schnauze.

Das gab natürlich große Erbitterung unter den Polizisten, aber mir machte das Spaß, und nachdem ich alle Säbel zerbrochen hatte, ging ich dazu über, einen nach dem anderen von den Beamten selbst hinten am Rückgrat hochzunehmen und um einen Laternenpfahl zu wickeln, bis die Reste kläglich herunterfielen. So beschäftigte ich mich wieder mehrere Stunden, da das Militär nicht wagte einzuschreiten, weil die mit ihren Kanonen alle Häuser um mich herum zerstört hätten.

Da kam ein Dompteur, der es gewohnt war, mit Löwen zu verhandeln. Ich witterte natürlich sofort den Braten, weil er eine Hundepeitsche in der Hand hatte. Dieser Dompteur stellte sich weit von mir auf der anderen Straßenseite auf und sagte: »Na komm' schon, Kleiner, ich tu dir ja nichts.« Da wurde ich wütend und wollte ihm Guten Tag sagen und ging einen Schritt vorwärts. Da hätten Sie den Dompteur mal laufen sehen sollen, ich immer hinterher. Endlich hatte ich ihn eingeholt, da ließ er seine Hundepeitsche fallen. Da nahm ich die Peitsche mit meinem Rüssel auf und haute ihm rechts und links welche damit herunter.

Und dann stand ich gerade vor einem Verkaufsstand mit Tannenbäumen für das nahe Weihnachtsfest. Ich kaufte den ganzen Stand auf ohne zu bezahlen und fraß alle Bäume, da ich doch von den paar Notizbüchern der Polizisten nicht satt sein konnte. Das hat mir so gut geschmeckt wie nie vorher im Leben. Aber ich war noch hungrig, weil ich doch viel getan hatte, da fraß ich so langsam, eine nach der andern, die ganze hölzerne Einfriedung einer Villa auf, in der der Oberbürgermeister wohnte. Der bekam einen riesigen Schreck, weil er ohne Gitter nicht leben kann, hängte sich ans Telefon und ließ sich sofort mit der Abteilung für Zauberwesen in der Steuerkasse verbinden.

Die sagten ihm, daß sie noch nie vorher Elefanten entzaubert hätten, aber sie wollten es versuchen; weil er doch ihr Vorgesetzter war.

Da kamen 5 Mann vom Entzauberungswesen und stellten sich im Kreise um mich auf und sprachen ihre Zauberformeln. Der eine sagte stundenlang: »Hundesteuer«, der andere: »Kanalabgaben«, der Dritte: »Hauszinssteuer«, der

Vierte: »Wegegelder und Wochenkartensteuer« und der Fünfte: »Vergnügungssteuer«. Und wie sie das so ununterbrochen im Chor sagten, fiel ein Kilo nach dem anderen von mir ab, bis ich ganz dünn und mager dastand, fast zum Gerippe zusammengeschrumpft, aber immer noch Elefant.

Da plötzlich, wie auf ein Zeichen, sagten alle auf einmal: »Altersrente, Altersrente, Altersrente.« Und das gab mir meine frühere Gestalt wieder. Ich war wieder ein alter Mann in mittleren Jahren, nur daß mein Uhr fehlte, die der Zauberer für die Ewigkeit verzaubert hatte. Ich lehnte an der Wand, an die ich getaumelt war, als mir der Zauberer einen Kinnhaken versetzt hatte, und über mich beugte sich eine reizende Krankenschwester, die ein Riechfläschchen in der Hand hielt. »Nun wird es bald wieder besser«, sagte sie mit einer glockenreinen Stimme, wie ich sie noch nie so schön vorher gehört hatte. Dann winkte sie zwei Beamten, und sie luden mich auf eine Bahre. Ich wurde in ein Krankenauto gehoben und sagte: »Aber nur, wenn diese Dame mitkommt.« »Ich komme schon«, sagte sie, und setzte sich neben mich ins Auto, während ich lag und ihre Hand in meiner hielt.

Noch bevor der Wagen ins Krankenhaus einbog, waren wir miteinander verlobt, denn ich wollte gerne heiraten, damit das Mädchen, wenn ich starb, wenigstens eine Rente bekam. Am nächsten Tag wurde ich als geheilt entlassen, und am dritten fand die Hochzeit statt. Noch am Abend dieses dritten Tages fuhren wir zusammen nach Venedig, und während wir auf den Kanälen herumgondelten, sprachen wir noch oft über meine Verwandlung in einen Elefanten. Da sagte meine junge Frau lachend: »Wenn ich dich so richtig ansehe, denke ich manchmal ganz mit Ernst noch heute: ›Eigentlich ist er doch sowieso ein Elefant.‹«

Ilmenbüttel, die Großstadt
Platz Alexanders des Großen

Ilmenbüttel war infolge seiner günstigen Lage im Herzen der Industrie groß geworden, daß man es bequem eine Großstadt hätte nennen können, wenn es nicht einen so kleinstädtischen Eindruck gemacht hätte. Die Zahl der Einwohner entsprach der anderer Großstädte, ja sie überschritt die der meisten, aber die Straßen aus alten Feldwegen entstanden gingen kreuz und quer durcheinander, sie entsprachen durchaus nicht den Anforderungen des modernen Verkehrs. Besonders im Zentrum, in dem ein ausgedehnter Felsen mit schroffen Abhängen die Stadt von der Unterstadt trennte, fehlte eine direkte Verbindungsstraße. Nur ein Fußweg führte von der Unterstadt schräg am Felsen hinauf zur Stadt, die Autos und Lastwagen fuhren um den Felsen an beiden Seiten herum und konnten auf der Rückseite rangieren.

Das Stadtparlament wurde zusammengerufen und beschloß, den Fußweg zur Straße zu erweitern. Aber wie? Man mußte teilweise in den Felsen hineinsprengen und teilweise direkt in die frische Luft hinausbauen. Zwar hatten sie die Ahnung, daß man die losgesprengten Steine wieder zum Auffüllen des Luftraumes an der anderen Seite der Straße verwenden könnte, aber dort standen eng aneinander bewohnte Häuser, und die Senatoren wagten nicht zu verfügen, daß die Straße auf den Dächern der Häuser gebaut würde. Wer wollte es übernehmen, auszurechnen, ob die einzelnen Häuser diese Belastung tragen könnten, und wer wollte die Streitigkeiten mit den Bewohnern und Besitzern der Häuser übernehmen, wenn etwa Fenster oder Schornsteine zugebaut werden mußten. Nur ein mit diktatorischer Gewalt ausgestatteter Baurat konnte das Risiko eingehen, aber es fand sich in Ilmenbüttel niemand, der sich getraute. Daher wurde annonciert, und es meldete sich ein gewisser Architekt Meier von auswärts. In feierlicher Sitzung wurde Baurat Meier für 20 Jahre zum Ilmenbüttler Stadtbaurat gewählt, und es wurde ihm übertragen, jegliche für das Allgemeinwohl wichtige Bauarbeiten in der Stadt nach eigenem Ermessen bestens durchzuführen. Meier versprach, alles zu tun, um Ilmenbüttel mittels groß angelegter architektonischer Anlagen zur berühmtesten Großstadt der Welt zu machen. Er geruhte auch festzustellen, daß der Fußweg am Felsen im Herzen des Verkehrs geradezu den Gesetzen einer Großstadt widerspreche, daß er ein Skandal wäre und durch eine breite, dekorative Autostraße ersetzt werden müsse. Die Tribünen des Sitzungssaals bogen sich vom Beifall der Menge. Dann sprach sich Stadtbaurat Meier über seine Pläne aus. Die Häuser sollten um- und überbaut werden, da er nicht gleich mit Enteignungen beginnen wollte, eventuell zugebaute Schornsteine sollten unter der Straße auf die andere Seite weitergeleitet und mit dem Schornsteinnetz des nächsten dort stehenden Hauses verbunden werden. Wo das nicht möglich war, sollten sie hoch und frei als Fabrikschornsteine ausgebaut werden. Wo Fenster zugebaut werden mußten, versprach er den Einwohnern, einen 80 cm großen Hohlraum vor den Fenstern zu sichern, damit die Fenster zum Lüften aufgemacht werden könnten. Zwar garantierte er nicht, daß hier Hohlräume in irgend welcher Verbindung mit der Außenluft ständen, aber beim Lüften kommt es ja zuerst und zumeist auf das Öffnen der Fenster an. An diese Probleme ist das Publikum überall in der Welt gewöhnt, und die Luft, die im Zentrum einer modernen Großstadt in die Fenster hineinkommen kann, ist sowieso schlecht, daß oft die Zimmerluft, die sie verändert, besser war, besonders wenn sie aus früheren Zeiten stammte. Einige Sorgen machte Meier das Lichtproblem, denn früher hatten die Bewohner dieser Zimmer mit nun zugebauten Fenstern Licht durch ihre Fenster erhalten. Aber Meier meinte, sie würden sich bald daran gewöhnt haben, daß sie ihre Fenster nur zum Lüften benutzen könnten und in den langen Winternächten wäre ja sowieso kein Licht durch die Fenster hereinzubekommen.

Auf Befragen über die Form der Straße äußerte sich Meier, er würde sie mit vollkommen gleichmäßiger Steigung hinaufführen. Genau in der Mitte würde ein Knick kommen, der genau in kreisliniger Form geführt würde. Dadurch würde gerade an der Stelle des Knicks die Straße das Felsengelände verlassen und ungefähr über dem Zentrum der Unterstadt in 50 m Höhe über den Häusern schweben. Einige Häuser müßten dort ganz zugebaut werden, aber da es sowieso Warenhäuser wären, die sowieso mit künstlichem Licht arbeiteten, wäre es durchaus normal, diese Häuser zuzubauen.

Der Bürgermeister Meier dankte dem Stadtbaurat Meier für seine interessanten Ausführungen bezüglich der Knickstraße und bat, ihr diesen Namen geben zu dürfen. Da aber die meisten Bewohner Ilmenbüttels und gerade der neue Stadtbaurat auch Meier hießen, so würde er vorschlagen, die Straße nicht nur neue Knick-, sondern Knickmeierstraße zu nennen. Stadtbaurat Meier sagte, ihn ginge der Name nichts an, nur der Knick, dem er die rechte Form zu geben hätte, aber den Namen Knickmeierstraße fände er durchaus passend. Und so beschloß das Parlament den Namen Knick-Meier-Straße.

Nun ging Stadtbaurat Meier an seine schwere aber fröhliche Aufgabe mit Mut und Selbstvertrauen heran. Er hatte gelobt, auf den Knick sein besonderes Augenmerk zu legen, da der Knick das Wesentlichste der Knick-Meier-Straße war, aber leider konnte er nicht mit dem Knick beginnen, sondern mußte sich von oben und von unten gemeinsam dorthinarbeiten. Die nächsten Jahre knallten Sprengschüsse, wurden Fenster vermauert, und die Einwohner von Ilmenbüttel waren sehr gespannt auf ihre neue Verkehrsstraße im Herzen der Stadt, durch die Ilmenbüttel zur Großstadt werden sollte. Aber die gesamte Baustelle war für den Verkehr abgesperrt.

Infolgedessen mußten sich die Fußgänger, die vorher den Fußweg benutzt hatten, daran gewöhnen, mit dem anderen Verkehr rund um den Felsen herum zu gehen, wenn sie von der Unterstadt zur Oberstadt oder umgekehrt kommen wollten. Aber schon nach 2 ½ Jahren trafen sich die beiden breiten Autostraßen an dem Knick, der nun besonders ausgebildet werden sollte, mitten über dem Zentrum der Unterstadt. Die Aussicht war herrlich. Beide Straßenteile waren aber mit einer 2 m hohen Mauer eingefaßt, nicht etwa um die Aussicht zu verdecken, sondern um jede Möglichkeit auszuschließen, daß etwa ein Auto auf eins der Miets- oder Geschäftshäuser herunterkippen könnte. Dieses breite Band der Mauer war das charakteristischste Zeichen der Straße. Am Knick, wo die Straße etwa um 75° abbog, sollte diese schöne Mauer in Form der Umrißlinie eines Kreises umgebogen werden. Stadtbaurat Meier war so verliebt in diese von ihm erfundene Kreislinie, wegen derer er über das Zentrum unter Ilmenbüttel hinausgebaut hatte, daß er sich entschloß, sie zu einem großen Kreis zu vollenden. Denn wenn eine Kreislinie schon gut ist, ist der ganze Kreis natürlich weit besser. Und es zeigte sich, daß diese vollkreislinienförmige Mauer von außen her die Innenmauer gerade dort berührte, wo sie sich trafen. Der Herr Stadtbaumeister Meier glühte vor Begeisterung. Allerdings entstand innerhalb dieser Häusermauer ein riesiger Platz ohne jeden Zaun. Aber was bedeutet das gegenüber der Forderung einer Großstadt nach dekorativer Gestaltung. Stadtbaurat Meier entschloß sich, mitten auf dem runden Platz einen Verkehrsturm zu errichten, denn erst dadurch, daß dort ein Verkehrsturm mit einem dunklen Schutzmann mit weißen Handschuhen steht, wird ein Platz wirklich großstädtisch. Er wollte nichts unversucht lassen, um sein Ziel, Ilmenbüttel zur Großstadt zu stempeln, voll zu erreichen.

Als nun aber die Straße fertig war, einschließlich des runden Platzes mit Verkehrsturm, und die letzten Gerüste abgebaut wurden, trat die schwere Aufgabe an den Baumeister heran, die Zugänge für die Einweihung zu schaffen. Denn logischerweise mußte die Eröffnungsrede auf dem runden Platz gehalten werden, der aber durch eine 2 m hohe Mauer vollkommen isoliert war. Aber Meier, der vor Ideen nie zurückschreckte, baute die Tribüne über die Mauer, so daß man von hinten ansteigend vorne hinunterging. Und so kam der Tag der Eröffnung. An beiden Anfängen der Knick-Meier-Straße war je ein seidener Faden gespannt, vor dem die Einwohner von Ober- und Unter-Ilmenbüttel geduldig warteten. Stadtbaumeister Meier stand als einziger auf dem rot ausgeschlagenen Rednerpult mitten auf dem runden Platz neben dem Verkehrsturm. In der Unterstadt stand der Herr Bürgermeister, in der Oberstadt die Frau Bürgermeister an dem seidenen Faden, und in dem Augenblick, als der Herr Stadtbaurat eine Rakete in die Luft schoß, zerrissen beide den seidenen Faden, und mit Geheul stürmte das Publikum über die breite Autostraße zu den Tribünen.

Zunächst hieß der Herr Stadtbaumeister Meier den Herrn Oberbürgermeister Meier herzlich willkommen und dankte ihm für das Zerreißen des seidenen Fadens. Drauf wandte er sich an dessen Frau und dankte ihr in gleicher Weise. Darauf beglückwünschte der Herr Oberbürgermeister den Herrn Stadtbaumeister zum stolzen Bau, der nun dem Verkehr übergeben werden sollte, und bat um nähere Erklärung, da bei der bisherigen hermetischen Abschließung des Bauplatzes sich kein Bürger einen Begriff von der wirklichen Bedeutung dieser Straße machen konnte. Und nun kam die große Rede des Stadtbaumeisters Meier, die durch Rundfunk in alle Kulturländer übertragen wurde.

Er begann etwa folgendermaßen: »Wenn ich hier heute vor Ihnen, meine lieben Mitbürger und Mitbürgerinnen, spreche, so stehen wir gewissermaßen an einem Wendepunkt für Ilmenbüttel, denn seit diesem Augenblick wird sich Ilmenbüttel Großstadt nennen. Wir stehen auch an einem Wendepunkt des Bauens, denn mit dem Bau der Knick-Meier-Straße hat Ilmenbüttel zum ersten Male den Versuch großstädtischer moderner Architektur durchgeführt.«

Auf ein Zeichen hin wurde allgemein »Bravo« gerufen und Meier fuhr fort: »Was unterscheidet eine Großstadt von einer Kleinstadt, wenn nicht die dekorative Eleganz ihrer Bauwerke, die ihren modernen Schwung dem kleinlichen Einzelplan der Vielheit privater Bauwesen bewußt gegenüberstellt.«
»Bravo, bravo!«

»Darum haben wir mit unserer modernen Autostraße die bestehenden Häuser, anstatt sie niederzureißen, vollkommen umbaut und überbaut, worin der große demonstrative Wert der Knick-Meier-Straße begründet liegt.«

Allgemeines Bravorufen und Händeklatschen.

»Unser großes Ziel der vollkommenen Sicherung haben wir

durch die 2 m hohe Steinmauer der Straße erreicht, denn wenn auch die Autos noch größer und noch stärker und schneller werden sollten, so ist es wohl zu bezweifeln, daß je ein Auto diese senkrechte Mauer wird überfahren können, und da sie auch 2 m dick und massives Eisenbeton ist, wird sie wohl im gewöhnlichen Verkehr jedem Zusammenstoß standhalten.«

Hier wurde der Redner durch anhaltendes Beifallklatschen unterbrochen.

»Bei jeder Großstadt-Architektur ist, wie Sie wissen, der dekorative Gehalt ausschlaggebend. Daher bauten wir den Knick genau in der Mitte der Straße und seine Begrenzungsmauer genau in Kreislinienform. Durch geistreiche Ausbildung des Sechstelkreises zu einem Vollkreis aber erreichte ich logischerweise den Gipfel dekorativen Prunkbaues, einen vollkommen in sich geschlossenen Platz mitten im flutenden Verkehr der Großstadt, der jedem Passanten die größte Sicherheit bieten würde, wenn er überhaupt dorthin kommen könnte.« »Bravo!«

»Es ist mir gelungen, die Verkehrsbelastung dieses Platzes so minimal zu gestalten, daß sie mitten in Ilmenbüttel gleich Null geworden ist.«

Hier übertönte das Bravorufen seine weiteren Worte, und er begann wieder: »Um aber den Platz trotzdem als echten Großstadtplatz zu charakterisieren, habe ich in seiner Mitte einen Verkehrsturm errichtet, auf dem ein schwarzer Schutzmann mit weißen Handschuhen Dienst tun wird.«

»Genial!« rief die Menge.

»Der Verkehrsschutzmann wird seinen Platz durch einen unterirdischen Gang bequem erreichen, da nach Abbau der Tribünen, auf denen Sie sitzen, der Platz für jeden Verkehr unerreichbar ist. Nun kommen wir zur Namensnennung. Damit halte ich meine Aufgabe für erledigt.«

Mit beredten Worten dankte nun Herr Oberbürgermeister Meier dem Herrn Stadtbaurat Meier für seine Worte, besonders aber für die Tat der monumentalen neuzeitlichen Großstadtarchitektur. »Ich stehe hier als Bürgermeister der neuesten Großstadt auf dem großstädtischsten Platz der Welt«, sagte er, »ein Platz im Herzen der Großstadt, den nie der Verkehr erreichen wird, ein Platz von gewaltigen Ausmaßen, mit dem neuesten Material hergestellt. Ein Platz, der sozusagen mit dem Verkehr der Stadt nichts zu tun hat. Wie aber wollen wir ihn nennen? Ich gehe davon aus, daß auch Alexander der Große nichts mit unserem Ilmenbüttel zu tun hat, daher taufe ich den Platz jetzt und nun in Platz Alexanders des Großen.« Mit diesen Worten warf er eine Flasche Champagner gegen den Verkehrsturm, daß sie zerplatzte und die moussierende Flüssigkeit sich über das Asphaltpflaster des Platzes Alexanders des Großen ergoß.

Nach wiederholten Bravorufen zog sich die Bevölkerung zurück, und der Platz Alexanders des Großen wurde seiner Verkehrslosigkeit übergeben. Die Tribünen wurden abgerissen, und der schwarze Schutzmann mit den weißen Handschuhen bezog seinen Posten. Der erste wirkte 2½ Jahre unaufhörlich, dann soll er toll geworden sein. Aber man half sich, indem man von nun an für diesen Posten Leute aussuchte, die sowieso verrückt waren.

Die nächsten Tage versuchten Autos oder Fußgänger die Knick-Meier-Straße zu benutzen, sie fuhren oder gingen von oben oder unten bis zum Platze Alexanders des Großen, wo sie die 2 m hohe und 2 m breite Mauer nicht passieren konnten, fuhren oder gingen zurück und nahmen den üblichen Weg um den Felsen herum.

Es stellte sich bald heraus, daß die Anlage der Knick-Meier-Straße dem Verkehr durchaus nicht geschadet hatte, da sie ihn in keiner Weise berührte. Die Autos waren keinen andern Weg gewohnt gewesen, und die Fußgänger hatten sich während der Bauzeit sowieso daran gewöhnt, um den Felsen herumzugehen. Das Ansehen Ilmenbüttels aber hatte durch die Knick-Meier-Straße sehr gewonnen, Ilmenbüttel war mit einem Male in aller Munde, die Stadt New York forderte nun auch ihren Alexander-Platz, der aber dort Gangster-Platz heißen sollte. In Moskau sollte der Alexander-Platz Leninplatz heißen, und so leistete das bisher unbeachtete Ilmenbüttel seinen großen Beitrag zur Verkehrsfrage in der ganzen Welt, zur Frage, verkehrslose Plätze und verkehrsarme Straßen mitten im Herzen des Verkehrs zu schaffen. Aber nicht nur die Verkehrslosigkeit zeichnete die moderne Großstadt aus, sondern auch der Verkehr selbst, und so gelangten der Herr Bürgermeister Meier und Herr Stadtbaurat Meier zum Problem einer Nord-Süd-Verbindung.

Die Nord-Süd-Verbindung

Eigentlich hatte Ilmenbüttel keinen Norden und keinen Süden, denn bevor man dorthin gelangte, war die Stadt schon zu Ende. Da aber Ilmenbüttel durchaus eine Weltstadt werden wollte und ihren Stadtbaumeister sowieso bezahlen mußte, und da bei Weltstädten solche Verbindungsstraßen sehr wichtig sind, so beschloß der Herr Oberbürgermeister Meier, den Herrn Stadtbaumeister Meier mit der Schaffung einer solchen Nord-Süd-Verbindung zu beauftragen. Vielleicht konnte man dadurch erreichen, daß sich das Unternehmertum dort im Norden oder Süden anbaute, besonders wenn man eine Durchbruchstraße baute und ihnen ihre bisherigen Häuser enteignete. Der einzige Bahnhof von Ilmenbüttel lag im Zentrum der Unterstadt, schräg unter dem Platz Alexanders des Großen. Der Verkehr mit der Stadt war nicht groß, da die meisten Reisenden nicht in Ilmenbüttel ausstiegen, außer den Fremden, die gern die Knick-Meier-Straße und, von außen, die Mauer des Alexander-Platzes sehen wollten. Aber da man weder die schöne Aussicht, noch den amtierenden Verkehrsschutzmann selbst sehen konnte, und der Ruhm dieser Straße sowieso feststand, reiste man vorbei. Infolgedessen kam Herr Stadtbaurat Meier auf die geniale Idee, in Verbindung mit der Nord-Süd-Verbindung den Bahnhof zu teilen und zu verlegen. Er teilte den einen Bahnhof in zwei und legte je einen in jedes Ende der neu zu errichtenden Nord-Süd Verbindung. Dadurch war jeder Durchreisende gezwungen, auszusteigen und durch die Stadt zu fahren oder zu gehen, und sah gewissermaßen als Stadtkern das gewaltige Werk der Knick-Meier-Straße hoch über den Häusern schweben. Daß dieser Umstand auch die Einnahmen Ilmenbüttels bedeutend steigerte, kann man sich an seinen 10 Fingern abzählen.

Die tote Frau Rat mit dem Tuet

Hier ruht sanft – – – war die vielsagende und vielverschweigende Inschrift auf dem Grabstein der Frau Rat, die man, als sie noch an der Seite des Herrn Rat lebte, die Frau Rat mit dem Tuet nannte, denn sie hatte auf ihrem Kopfe einen Tuet gehabt.

Die Haare waren nämlich kunstgerecht in der Form eines Tuets zusammengelegt gewesen, und sie war die einzige in der Stadt gewesen, die einen Tuet richtig zu tragen verstand – und nun war sie tot.

Nie war sie, als sie noch lebte, ihrer Bedeutung entsprechend behandelt worden, ja man hatte sie sogar respektvoll gemieden. Denn sie hatte nicht nur einen erstklassigen Tuet gehabt, sondern auch eine Zunge, und die war immer auf dem richtigen Fleck gewesen.

»Der arme Rat!« hatten böse Zungen gesagt, indem sie damit andeuten wollten, als ob er etwa nichts zu sagen gehabt hätte, und das stimmte auch. Jetzt aber hatte er alles zu sagen, was er wollte, und nun konnte er auch reden, soviel er wollte, denn Frau Rat war nun tot, die Frau Rat mit dem Tuet – tut tot tuet –

Nun hatte der Rat einen schlichten Kranz bestellt, sowie einen schlichten schwarzen Tannensarg, und nach drei Tagen hatte er im Beisein von zwei Zeugen, weil man nie wissen kann, was noch passieren konnte, seine Frau auf dem Stadtfriedhof begraben. Aber davon wußte Frau Rat nichts, denn sie war tot.

Kaum aber war die Frau Rätin begraben, als sie schon für die noch lebenden Menschen unsichtbar von den Toten aufzustehen begann. Dieses war ein sonniger Nachmittag, und nur wenige verstreute Menschen trauerten auf dem Friedhof.

Unsichtbar dehnte und streckte sich Frau Rat, stieg aus ihrer Gruft empor und betrachtete diese Unglücksstätte. Es war ein Reihengrab ohne Grabstein, weil so etwas erst später zu kommen pflegt, ohne respektvollen Raum um das Grab herum, ohne Gartenbank, auf der der Herr Gemahl hätte trauern können, nur der eine billige Kranz für RM 3,50 lag auf dem gelben Erdhügel.

Frau Rat war in ihrem Innersten gekränkt. Den billigsten Kranz den ihr Mann kaufen konnte, hatte er gekauft, und wenn sie es nicht gesehen hätte, hätte sie es gewußt, denn als sie selbst noch lebte, hatte auch sie Kränze um RM 3,50 gekauft, wenn ein guter Bekannter gestorben war. Aber hier war das doch anders. Hier war das doch eine ganz andere Sache, denn sie, die Frau Rat mit dem Tuet, war doch ein ganz anderer Fall. Sie war doch eine viel andere Persönlichkeit gewesen als andere Menschen, die überhaupt gar keine Persönlichkeiten sind. Da hätte doch wenigstens der Bürgerverein ebenso wie das Kaffeekränzchen Schleifenkränze stiften müssen, etwa mit der Aufschrift: ›HIER RUHT SANFT FRAU RAT MIT DEM TUET, SIE, DIE STETS DEN ALLTAG UNSERES LEBENS ZU VERSCHÖNERN VERSTANDEN HAT‹. Und nun etwa ihr Mann, hätte der nicht seiner Seele einen Stoß geben müssen und mit Goldbuchstaben auf eine rosaseidene Schleife sticken lassen können ›DIE ABENDSONNE MEINES ACH SO UNVERGLEICHLICH SCHÖNEN EHELEBENS IST MIT DIR, O DU, DAHINUNTERGEGANGEN. STEIGE MIR AUF, O DU, ZU EINEM NEUEN HERRLICHEN TAG!‹ Untergeschrieben ›DER HERR RAT‹.

Statt dessen gähnte ein verlorener dreimarkfünfzig Kranz auf dem gelblichen Grabhügel, wo sie doch so viel für ihn bedeutet hatte. Einfach schändlich!

Frau Rat war empört, einfach empört, in jeder Hinsicht empört. Wäre sie in dieser Stimmung zu Hause gewesen, dann hätte sie gesagt: »Pfui, schäm dich Emil. Ich weiß, daß du immer ein Knauser gewesen bist, aber für so schofel hätte ich dich doch nicht gehalten. Begreifst du denn nicht, welchen Eindruck so etwas auf meine nachtrauernden Hinterbliebenen machen muß? Einen einzigen Kranz und keine Schleife, schämst du dich denn nicht etwa, Emil?«

In dem Moment kam ein junges Mädchen vorbei, ohne den neuen Grabhügel zu beachten. Das gab Frau Rat einen Stich durchs Herz. Unsichtbar für das junge Mädchen stand sie aufrecht neben ihrem Grabhügel, als das junge Mädchen vorbeiging. Da streckte sie ihr Bein aus unmittelbar vor das Schienbein des Mädchens, so daß dieses lang hinfiel, ohne zu wissen weshalb. Das Mädchen versuchte den Grund ihres plötzlichen Hinfallens herauszufinden, da sie ja das Hindernis nicht hatte sehen können, und bemerkte dabei den neuen Grabhügel und sagte mitleidig: »Wieder jemand gestorben.« Und Frau Rat ließ sie vorbeigehen. Dann betrachtete sie die Umgebung ihres Grabes. Rundum lagen andere viel schönere Gräber mit vielen Blumen, Kränzen und Schleifen, einige sogar mit traurigen Marmorengeln.

Zunächst machte nun Frau Rat einen schönen Spaziergang über den Friedhof, soweit sie sich eben von ihrem Grabe entfernen konnte, ohne sich zu erkälten. Wie wunderbar schön war doch der Friedhof, so friedlich und so voll von Kränzen, und wieder kamen zwei junge Mädchen mit zwei neuen Kränzen vorbei. Da kam der Frau Rat ein Gedanke. Unsichtbar, wie sie war, riß sie den beiden jungen Mädchen die Kränze aus den Händen und brachte sie auf ihr eigenes Grab. Die beiden Mädchen aber liefen, als wenn sie den Bösen selber gesehen hätten, vom Friedhof.

Siegesbewußt über diesen Erfolg wartete Frau Rat dem Nächsten auf, der seinem Angehörigen auf dem Friedhof etwas bringen wollte. Das war ein alter Herr mit einem Topf blühender Fuchsien. Sie warf den Herrn um und holte den Topf mit Fuchsien auf ihr Grab. Der Friedhofsgärtner kam und schickte sich an, das Grab eines reichen Mannes zu begießen. Da riß ihm Frau Rat die Gießkanne aus der Hand und schüttete ihm das Wasser hinten in den Rock hinein. Der gute Mann wußte nicht, was ihm geschehen war, denn er war bisher noch keinem boshaften Geiste begegnet. Er ging deshalb zum Geschäftszimmer, um diesen merkwürdigen Vorfall zu melden. Als er nach wenigen Minuten mit dem Verwalter zurückkam, fanden sie die Grabstätte des reichen Mannes kahl von Blumen. Frau Rat hatte sie nämlich alle abgepflückt, um sie auf ihren armseligen Grabhügel zu bringen. Und als sie so dastand und betrachtete und dabei bemerkte, daß so langsam eine Wohlhabenheit bei ihr einzog, kamen zwei Damen mit einem herrlichen Schleifenkranz vorbei. Wie ein großer Hund einem kleinen einen Knochen abnimmt, so selbstverständlich nahm Frau Rat der älteren Dame den Kranz aus der Hand, legte ihn auf ihren Grabhügel und breitete die Schleife schön aus. Die Damen standen wie angewurzelt, und die weniger alte sagte: »Das ist der Wind«, weil sie doch den wahren Grund nicht sehen konnte. Die ältere Dame nahm nun den Kranz wieder an sich, aber er wurde jetzt von einer unsichtbaren Macht zurückgezerrt, so daß die Dame sagte: »Wie komisch, der Kranz muß sich irgendwo verhakt haben.« Und plötzlich riß ihr ihn Frau Rat wieder aus der Hand, legte ihn zurück auf ihr Grab und breitete die Schleife wieder aus. Nun versuchte die weniger ältere Dame den Kranz hochzuheben. Da gab ihr Frau Rat von hinten einen Tritt, so daß sie zwischen den Kränzen lag und schrie. Durch den Schrei veranlaßt, kamen der Gärtner und der Verwalter und waren baß erstaunt, und der Gärtner machte der Dame in unzweideutiger Weise Vorwürfe, daß sie ihm alle Blumen von dem anderen Grabe abgerupft hätte und sagte, jetzt wüßte er es auch, daß kein anderer als sie ihm das Wasser aus seiner Gießkanne unter den Rockkragen geschüttet hätte.

Frau Rat freute sich sehr über die Verwechslung, ganz besonders, als die weniger ältere Dame sagte: »Sie dreister Mensch, solch eine lächerliche Beschuldigung ist mir in meinem ganzen Leben noch nicht vorgekommen.« Da sagte der Verwalter: »Darf ich mir vielleicht die Frage erlauben, ob Sie etwa hier beerdigt sind«, mit welcher Bemerkung er dem wahren Sachverhalt schon ziemlich nahe kam. »Unerhört«, sagte die weniger ältere Dame, »meine Freundin wird hier ein Kranz aus der Hand geweht, und wie wir ihn zurückholen wollen, wird er wie von einer magischen Gewalt festgehalten. Und da kommt dieser Mensch und will uns verhöhnen«. – »Der Kranz wurde festgehalten«, sagte der Gärtner, »lächerlich, das werden wir gleich haben«. Als er sich aber anschickte, den Kanz hochzuheben, wurde er im Gegenteil mit aller Wucht nach vorn gezogen. Er riß mit aller Kraft zurück, und plötzlich ließ der Gegenzug nach, so daß er mit voller

Wucht auf den Rücken fiel. Da sagte der Verwalter: »Nach allem Anschein glaube ich sagen zu dürfen, daß hier etwas Besonderes los ist und fühle mich daher veranlaßt, den Friedhof bis auf weiteres zu schließen.«

Die Besucher wurden nun hinausgewiesen, und während sich neue mit Gaben für ihre Angehörigen vor den Kirchhofseingängen sammelten, sammelte Frau Rat mit dem Tuet systematisch alle Kränze vom gesamten Friedhof auf ihr Grab. Sie hatte die ganze Nacht damit zu tun, und als man am nächsten Morgen die Besucher wieder hereinließ, bot sich ihnen ein trauriges Bild. Während der ganze Friedhof kahl war, war eine großartige Pracht rund um den Grabhügel der Frau Rat gehäuft.

Der Herr Rat wurde sofort von diesem Geschehnis verständigt, und er sagte, seine Frau Gemahlin, Gott hab sie selig, wäre schon zu ihren Lebzeiten ein wenig mißgünstig gewesen, und er könne sich durchaus vorstellen, daß sie nach ihrem Tode die für andere bestimmten Ehrungen für sich selbst einsammeln – tut –. Die gewählten Vertreter der Stadt wurden darauf zu einer außerordentlichen Versammlung einberufen und bestimmten, daß durch außerordentliche Notstandsarbeiter die Kränze an ihre Bestimmungsstätten zurückzutragen seien. Dies geschah, und es hatten zehn Arbeiter den ganzen Tag mit Ausnahme der Frühstücks-, Mittags- und Kaffeepausen zu tun, um mit Hilfe von einem Rechtsanwalt, fünf Friedhofsbeamten und zwanzig Sachverständigen die Kränze zurückzubringen. Der Rechtsanwalt erhob gegen Unbekannt Klagen wegen Sachbeschädigung, Körperverletzung, Widerstand gegen die Staatsgewalt, groben Unfugs, öffentlicher Ungebühr usw. usw. und am Abend sah der Friedhof wieder normal aus.

Am nächsten Morgen aber waren sämtliche Kränze wieder um das Grab der Frau Rat gesammelt worden. Dieses Mal waren sogar etwa fünfzig Bänke zur Besichtigung rundum aufgestellt und etwa zehn lebensgroße Marmorstatuen herbeigeschafft worden.

Am nächsten Morgen fand daher eine außerordentliche

Notversammlung im Rathaus statt. Denn schließlich, wer wollte noch sterben, wenn er gewärtig sein mußte, daß ihm auf dem Friedhof sämtliche Kränze weggenommen würden. Schon jetzt lebten Kranke, die nach ärztlichem Ermessen längst hätten tot sein müssen, und zeigten sogar alle Zeichen der Besserung. Die Stadt wurde auf diese Weise überaltert, zumal da die werdenden Mütter sich weigerten, ihre Kinder zur Welt zu bringen, solange das Unwesen auf dem Friedhof raste.

Hier mußte baldige Abhilfe geleistet werden. Zunächst wurde nun Herr Rat in Schutzhaft genommen. Darauf wurde eine Konkurrenz ausgeschrieben zur Erreichung des besten Mittels zur Beseitigung des Übels, und schon nach einem halben Jahr waren über tausend Entwürfe eingelaufen. Eine Kommission von 500 Angestellten brauchte wiederum ein halbes Jahr, um den besten Entwurf preiszukrönen, und inzwischen raste das Unwesen auf dem Friedhof, und die Sterbeziffer ging zurück und zurücker. Der neue Entwurf ging davon aus, den Geist an seiner Grabstelle unbedingt festzuhalten und womöglich durch giftige Gase abzutöten. Infolgedessen wurde um den Affenkäfig herum eine etwa zehn Zentimeter dicke Glashaut gelegt, in deren Innerem sämtliche bekannten Kriegsgase entwickelt wurden, während außen ein feinmaschiges Drahtnetz gespannt war, welches man an die Hochspannung angeschlossen hatte. In den nächsten Tagen sah man wieder auf allen Grabstätten Kränze, und es war ein lustiges Gewoge von zufriedenen Angehörigen mit Kränzen hin und her, die Sterbeziffer nahm wieder zu, und der Herr Oberbürgermeister war zum Oberstadtdirektor ernannt worden.

Der Entwurf hatte aber eine Gefahr in sich eingeschlossen. Die sich im Inneren entwickelnden Gase drückten nämlich mit immer stärker werdender Gewalt an die Innenseite der Glashaut, und eines Nachts wurde der Druck so groß, daß die Glashaut platzte. Durch den gewaltigen Luftdruck stürzten nicht nur die Mausoleen und das Verwaltungsgebäude des Friedhofs ein, sondern der Brand der Kränze und Holzkreuze auf dem Friedhof war sogar so groß, daß alle steinernen, gußeisernen und bronzenen Monumente und Gitter zu einem Nichts zerschmolzen. Auf dem Friedhof war jegliche Orientierung unmöglich, jedoch gab man sich allgemein dem beglükkenden Gefühl hin, daß auch die Frau Rat mit dem Tuet in der Form eines Geistes diese gewaltige Explosion nicht habe überstehen können. In der nächsten Sitzung des Stadtparlamentes wurde es einstimmig abgelehnt, den Friedhof wieder aufzurichten, wie er gewesen war, zumal das unmöglich gewesen wäre, da alle Pläne mitverbrannt waren. Man beschloß daher zunächst, den ganzen **Friedhof einheitlich überzupflügen** und durch Wege senkrecht und waagerecht in gleiche Abteilungen zu teilen. Der Einfachheit halber wurden die Abteilungen wieder in gleich große Grabstätten eingeteilt, und auf jede einzelne Grabstelle genau das gleiche Einheitsdenkmal gesetzt. Darauf bekam jeder Bürger einen Platz zugewiesen, an dem er für seine Angehörigen Kränze niederzulegen hatte. Durch die einheitliche Aufteilung des Friedhofes aber war es so gut wie ausgeschlossen, daß jemals die richtige Stelle mit dem Namen des Dahingeschiedenen bezeichnet war, und so stand dann auf dem Grabe eines vierzehnjährigen Jungen ›HIER LIEGT UNSERE TREUSORGENDE MUTTER‹ und auf dem eines Generals ›DEM KLEINEN ÄNNCHEN DAS KAFFEEKRÄNZCHEN‹. Kaum hatte der übliche Verkehr mit Kränzen und Blumen auf dem Friedhof wieder begonnen, als auch Frau Rat schon wieder begann, dieselben systematisch einzusammeln und an die Stelle zu bringen, wo ihre Leiche lagerte. Auf diese Weise fand man diesen Platz leicht wieder heraus, aber was nützte das? Der Magistrat sah jetzt ein, daß jeder Rücktransport der Kränze zwecklos war, aber man kam auf den Gedanken, die Frau Rat wieder auszugraben in der Annahme, daß das Gespenst an ihre Leiche geknüpft wäre. Man brachte sie deshalb in den Stadtwald, wo man sie unter einer Rosenhecke beisetzte. Tatsächlich hörte jetzt der Spuk auf dem Friedhof auf, um im Stadtpark zu beginnen. Die Leiche sammelte über ihrer Rosenhecke alle Blumen, die sie auftreiben konnte, um auf ihre Person aufmerksam zu machen. Darum beschloß man, sie auf ein Boot zu laden und den Fluß abwärts treiben zu lassen. Aber schon am nächsten Tage wurde die Leiche von den Bewohnern der abwärts gelegenen Ortschaft mit Dank wieder zurückgebracht, denn in der Nacht hatte sie sämtliche umliegenden Orte von Blumen kahlgepflückt, die sie zu einem Haufen auf ihrem Boote aufgestapelt hatte. Der Vorschlag wurde gemacht, die Leiche zu verbrennen, aber es bestand das Bedenken, daß sie sich dann in Form von Dampf über das ganze Land verbreiten und überall Schaden anrichten konnte.

Es gab keinen anderen Ausweg, als die Frau Rat mit dem Tuet, koste es, was es wolle, zu versöhnen, ihren den Tod überdauernden Ehrgeiz voll zu befriedigen. Infolgedessen wurde beschlossen, die Frau Rat mit dem Tuet unter den **größten** Feierlichkeiten auf dem Hauptplatz der Stadt beizusetzen, welcher den Namen Ratsplatz bekam. Acht Tage lang wurde in allen Häusern der Stadt ein großes Fest gefeiert: das Ratsfest. Acht Tage lang läuteten sämtliche Glocken, die Kirchenglocken, die Glockenblumen, die Kuhglocken. Acht Tage lang wurde auf sämtliche Gongs geschlagen, spielten sämtliche Musikkapellen, waren alle Radios auf full speed gesetzt, spielten alle Klaviere, blusen alle Trompeten, sangen alle Gesangvereine, spielten alle Grammophone, Handharmonikas, Orgeln, kreischten und johlten alle Kinder, und es war ein herzergreifender Lärm, der das Herz der Frau Rat ergreifen sollte. Acht Tage lang wurden sämtliche Vorräte der Stadt an Eß- und Trinkwaren auf großartigen Diners unter Musikbegleitung aufgegessen. Acht Tage lang waren sämtliche Einwohner der Stadt sinnlos betrunken.

Dann kam der erhabene Moment, an dem Frau Rat beigesetzt werden sollte. Der Herr Oberbürgermeister selbst hielt eine zwölfstundenlange Rede, die auf sämtliche Radios der ganzen Welt übertragen wurde, in der er die vorzüglichen Vorzüge der Frau Rat hervorzog. Darauf weinte die Stadt eine Stunde lang und das Geheul war so gewaltig, daß sich sämtliche Häuser verbogen. Auch die Hunde heulten ihre lautesten Töne.

Darauf wurde der Sarg versenkt und von dem gewaltigsten

Denkmal aller Zeiten mit der Aufschrift: ›IHR‹. Ein Denkmal, das die Jahrtausende in seiner Schlichtheit und einfachen Größe sowie in seiner moralischen Haltung überdauern mußte. Rund um das Monument war die größte Blumenattrappe aller Zeiten angebracht. Das Fest wurde das Ratsfest genannt und sollte jedes Jahr in gleicher Pracht gefeiert werden. Zur Erinnerung für alle Zeiten aber wurden die Nasen der Senatoren vergoldet und die des Herrn Rat ohne Tuet sogar schwer vergoldet. In Zukunft wurde es allen Frauen untersagt, einen Tuet zu tragen, denn dieses Recht wollte man inskünftig der verehrten Entschlafenen ein für alle Mal vorbehalten.

Und damit erreichte der Spuk sein Ende.

Die Abenteuer des Herrn von Nasebyll

I. Der gemolkene Fisch und die wunderbare Rettung auf die Insel Pala

Nasebyll pflegte, wenn er die Geschichte vom gemolkenen Fisch im Kreise seiner Freunde erzählte, sich die Versicherung geben zu lassen, daß sie sie ihm auch glaubten. Denn der Glaube tut Wunder, und er folgerte logisch, daß er selbst nicht mehr unter den Lebenden weilen könnte, wenn nicht diese Wunder im rechten Augenblick passiert wären. Denn dann wäre er durch die Wucht der Ereignisse genau wie die meisten anderen zermalmt worden. Aber er lebte und war gesund und konnte es sich deshalb leisten, strikt bei der Wahrheit zu bleiben.

Lassen wir ihn selbst erzählen:

»Die Geschichte ereignete sich folgendermaßen:

Ich brauche nicht zu erzählen, wie man eine Seereise macht, von dem ungeheuren Luxus auf den guten Überseeschiffen und der ausgesuchten Gesellschaft an Bord, von den reizvollen, graziösen Damen, der imponierenden Gestalt des Kapitän, von der strotzenden Kraft der Seeleute, der auserlesenen Eleganz des Managers. Ich brauche auch nicht zu erwähnen, daß ich selbstverständlich nach wenigen Minuten nach Beginn der Reise schon in besten Beziehungen zu *Amanda*, der schönsten Dame des *Ozeanriesen Paffnich* stand, mit dem wir beide über den Rücken des Ozeans reisten. Sie werden es auch verstehen, daß ich durch meine Galanterien zu Amanda den Kapitän in Bewunderung, den Manager in wilde Eifersucht versetzte und durch mein ganzes Wesen die Matrosen zu Höchstleistungen anspornte. Sie erlauben mir wohl, Ihre Geduld noch wenige Minuten zu mißbrauchen, wenn ich Ihnen kurz die Ergebenheit Amandas schildere, die keine Grenzen kannte, und ihr Verlangen, mich ganz allein zu besitzen, welches ihr aus den Augen, ich möchte sagen: ›schönen Augen‹ leuchtete.

›Komm, Mann meines Herzens‹, sagte sie, ›daß wir ein

wenig unter vier Augen plauschen, ich liebe das an lauen Abenden‹.

Um Ihnen aber einen Begriff von Amandas sittlicher Kraft zu geben, welche noch größer war als die Glut ihrer Liebe zu mir, möchte ich nur wie durch ein Streiflicht den Zuck beleuchten, mit dem sie ihren rechten Arm an sich zog, als ich versuchte, meine Hand zwischen demselben und ihrem schlanken Blousenhals hindurchzustoßen, um, ich gestehe es, in dummdreister Art und Weise in dem berauschenden Gefühl ihrer Körpernähe mit ihr Arm in Arm vor den neidischen Augen der Mitpassagiere und den Kennerblicken der Stewards wie selbstverständlich dahin über das große, elegante Promenadendeck zu promenieren.

Großer Gott, welch ein prachtvolles Paar wäre das gewesen. Ich hätte an meiner Handoberfläche den Puls ihres Herzens gefühlt, welches nur für mich schlug. Aber das Schicksal wollte es anders.

Amanda legte sich selbst die Qualen dieser entsagenden Geste auf, um die Glut ihrer Liebe noch mehr anzufachen, um meine Liebesraserei zur Verzweiflung zu treiben, um meine Sehnsucht auf eine schönere Lösung zu vertagen.

Wie meisterhaft dieser Zuck ausgeführt wurde, mit dem sie von meiner intimen Berührung zunächst Abstand nahm, brauche ich Ihnen nicht zu beschreiben, er war so voll von Takt ausgeführt, daß weder der *gewaltige Kapitän*, noch der *neidische Manager*, noch irgendeine Dame oder gar ein Bedienter ihn auch nur geahnt hätten.

Zum Überfluß aber sagte sie:

›Mich fröstelt!‹

Der Manager und der Kapitän boten sich sofort an, ihr ein leichtes Überkleid zu holen, und ich ließ es gern zu, da ich stets bereit bin, andere für mich arbeiten zu lassen. Als die beiden dann überglücklich, für das angebetete Wesen etwas tun zu können, sich eiligst in deren Kabine stürzten, gab mir Amanda einen nicht mißzuverstehenden Wink ihrer Augen, und ich folgte ihren leichten, elastischen Schritten in die Kabine des Kapitäns.

Dort konnten wir vom Bullauge aus ungesehen beobachten, wie Kapitän und Manager mit einem einzigen duftigen hellblauen Mäntelchen zurückkamen, welches jeder an je einem Ärmel trug. Sie warfen sich dabei gegenseitig Blicke zu, die aussahen wie Augen in Kanonenrohren und redeten kein Wort miteinander. Nun aber standen sie da, breitbeinig, dumm und voll von Gift und Galle.
Ich öffnete leise das Bullauge, um das Blut kochen hören zu können, und es brodelte bei beiden ganz gut.
Amanda aber sagte:

›Geliebter, schließ lieber das Bullauge wieder, damit du dich nicht erkältest, denn es zieht.‹

Indem ich nun das Bullauge schließen will, sehe ich hinten am Horizont einen Punkt, welcher in Farbe ein wenig vom Hintergrund abwich. Dieser Punkt drehte sich immer um sich selbst, bald rechts herum, bald links herum. Sofort sagte ich voll Entsetzen zu Fräulein Amanda:

›Kind, nimm dich in acht, denn es wird bald etwas geschehen, das niemand erwartet hat.‹

›Soll ich lieber die Schwimmweste anziehen?‹

fragte sie mich mit Angst in den Augen. Ich riet ihr zu, und da wollte sie, daß auch ich mich mit einer solchen bekleidete. Ich verzichtete aber darauf in dem blinden Vertrauen an mein gutes Schicksal. Inzwischen war der sich um sich selbst drehende Punkt mit Windeseile näher gekommen. Deshalb ging ich ohne Zögern zum Kapitän, der noch mit dem Manager und dem Mäntelchen draußen auf dem Promenadendeck wartete, und sagte:

›Herr Kapitän, es ist eine Windhose im Anzuge.‹

›Was ist im Anzuge?‹

›Eine Windhose.‹

Dieses Wort beflügelte seinen eilenden Schritt.
Blitzschnell war das Schiff alarmiert. Alle Anker und Sandsäcke wurden ins Meer gelassen, und die Passagiere, die nicht ins Schiffsinnere gehen wollten, wurden am Masten festgebunden.
Da begann auch schon das Unwetter. Der Mast und der

5 m dicke Schornstein wurden wie Streichhölzer geknickt. Das Vorderteil des Schiffes wurde um 90 Grad umgebogen. Stühle und Sofas flogen wie Federn durch die Luft. Das ganze Schiff drehte sich rechts herum immer im Kreise.
Da lief ich, wie ich nur konnte, in den Maschinenraum, um das Ding abzustellen. Und plötzlich gab es einen gewaltigen Krach, und von nun an drehte sich die ganze Prostemahlzeit links herum. Das war aber unser Verhängnis. Denn während beim Rechtsdrill die Anker und Sandsäcke unser Schiff gehalten hatten, daß es nicht in die Luft sausen konnte, flogen sie selbst beim Linksdrill in die Luft, und der ganze alte Kahn wurde abgesogen und gurgelte in die Tiefe, während Amanda mit ihrer Schwimmweste allein auf dem Weltmeer segelte.
Zu spät dachte ich daran, das heiße Wasser vom Kessel abzulassen, denn schon strömte das kalte Meerwasser herein, und, was soll ich es Ihnen lange verheimlichen, der Kessel platzte. Das Schiff wurde in seine Einzelteile zerlegt, und ich sauste, indem ich mich an eine Kesselwand anklammerte, durch den Querschnitt der grünlichen Fluten, die heller und heller wurden.
Mit einem leichten Schwupps war ich wieder an der Wasseroberfläche, atmete einmal tief auf und blickte nun umher. In weitem Abstand tummelten sich die anderen Bruchstücke des Schiffes, von Amanda war nichts zu sehen. Auch Kapitän und Manager waren zur Zeit unanwesend. Die gefährliche Windhose rollte auf den Horizont ab, und ich lag verhältnismäßig behaglich auf der Eisenplatte, die auf dem glatten Meer leicht dahinschwamm. Erst jetzt fiel es mir auf, daß doch im allgemeinen Eisen schlecht schwimmt. Wenn man einen Hund ins Wasser wirft, so paddelt der frisch drauf los und schwimmt, aber Eisen? Womit soll es paddeln? Eiserne Schiffe ja, da schwimmt der Hohlraum, und das Eisen klammert sich sozusagen an der Luft des Hohlraums fest. Eisen ohne Schiff pflegt aber im Wasser unterzugehen.

Ich freute mich, daß mir in all meinem Leid diese Logik geblieben war, hatte aber eine gefährliche Angst, daß das Ding doch bald einmal untergehen würde, um mich den Haifischen auszuliefern.

Da strengte ich meinen Grützkasten ein bißchen an und suchte zu ergründen, weshalb diese Eisenplatte eigentlich schwamm. Schräg über mir strahlte der unvergleichliche Vollmond. Plötzlich hatte ich es. Auf die selbstverständlichsten Dinge kommt einer immer erst zuletzt.

Durch das Drehen des Schiffes nämlich infolge der Windhose, einmal rechtsherum und einmal linksherum, war meine Eisenplatte nämlich magnetisch geladen worden und wurde vom Monde angezogen. Ein Glück, daß sie nicht noch magnetischer geworden war, etwa durch längeres Gedrehtwerden, denn dann hätte sie mich durch die Luft in den Mond getragen. So aber stoppte sie am Ende des Wassers genau wie Holz.

Und als ich weiter nachdachte, kam mir ein plötzlicher Schreck, was passieren würde, wenn der Mond allmählich unterginge. Dann würde ja er, der mich nun so schön über Wasser trug, die Eisenplatte mit mir ins Wasser hineinziehen. Schrecklicher Gedanke!

Aber kommt Zeit, kommt Rat, ein Sprichwort, welches ich nicht selbst verfaßt habe. Ich beruhigte mich in dem Gedanken an den kommenden Rat und wäre gern eingelullt, wenn mich der Hunger und Durst hätten schlafen lassen.

Verzweifelt blickte ich im Meer umher, ob da nicht etwas Eßbares wäre. Da gewahrten meine Augen 20 Haifische, die hinter einem Fisch herschwammen, den ich nicht kannte. Ich dachte, daß die bösen Haie ihn fressen wollten, aber wie staunte ich, als ich bemerkte, daß der sonderbare Fisch in der Nähe des Schwanzes einen riesigen Euter mit 4 Zitzen hatte, an deren jeder je ein Haifisch saugte. Das regte mich sehr auf. Der arme Milchfisch wird ja ganz leer, wenn da 4 schwere Haifische dran saugen.

In meiner Wut brach ich, da ich keinen Stein zur Hand hatte, vom Rande meiner Eisenplatte ein zackiges Stück Eisen ab und zielte. Dann warf ich das schnittige Stück

Eisen rotierend in Richtung des einen Haifisches, und wie durch eine Säge wurde ihm der Kopf abgeschnitten. Er röchelte nur noch, dann fraßen ihn die anderen Haifische auf.

›Topp‹,

dachte ich und erlegte den zweiten gleichermaßen. Der wurde von den 18 anderen aufgefressen. Als der dritte enthauptet war, fraßen ihn die 17 restierenden, usw. So ging es weiter, ich erlegte einen nach dem anderen, und immer wurde der neue Fisch samt seinem Anteil an der früheren Beute von den Überlebenden aufgefressen. Diese wurden dicker und dicker, und gleichzeitig träger und satter. Als nur noch 2 Exemplare übriggeblieben waren, da waren die Viecher wie Schollen, nur nicht so platt, aber breiter als lang. Ich war so gespannt, ob der letzte nun wohl den vorletzten samt seinem vollen Magen auch noch verspeisen würde, wenn ich ihn tötete, und richtig, als ich ihm den Rivalen enthauptet hatte, fraß er seelenruhig alles auf, er hatte augenscheinlich einen guten Magen, denn er hatte doch peu à peu das 19fache eigene Gewicht aufgespeist. Nun, Sie mögen es mir glauben oder nicht, aber dieser Haifisch war satt. Er ließ sich sinken, bis er auf eine weiche Algenbank kam, wo er ausruhte. Und nun der Milchfisch. So etwas von zärtlicher Dankbarkeit zu mir habe ich noch nicht miterlebt. Am liebsten wäre er aus dem Wasser herausgesprungen und hätte mich umarmt. Aber ich bedeutete ihm durch Gesten, daß er sich hüten sollte, an die für ihn zu trockene Luft zu kommen. So blieb er im Meere. Aber wie schlau Tiere sind. Der Milchfisch wußte es ganz genau, daß die Zitzen an ihm das Wertvollste sind. So kam das kluge Tier unmittelbar neben meine Eisenplatte, drehte sich auf den Rücken, hielt mit dem Kopfe die Platte, damit sie nicht umkippte, wenn ich zu ihm hinrutschte, und dann steckte es mir alle 4 Zitzies auf einmal aus dem Wasser heraus.

Ich bin ja im Leben weit gereist und viel herumgekommen, aber so appetitliche Zitzen habe ich noch nie gesehen. Di-

rekt einladend. Oben hatten sie einen zinnoberroten Punkt, der über Rosa in grünliches Weiß überging. Delikat. Ich beugte mich über das Tier und trank alles aus, was mir die Haifische übergelassen hatten. Alle Achtung, so Haifische haben doch eine gute Zunge.
Mit jedem Schluck Fischmilch, die mir ein vitaminreiches Labsal war, merkte ich, daß mein Verstand ‚größer und meine Augen heller wurden.
Ich sah jetzt weit über den Horizont hinaus und fragte mich, ob es überhaupt noch Dinge gäbe, die über meinen Horizont hinausreichten.
Und so sah ich weit unter dem Horizont ein Atoll. Teils hoffte ich, dort an Land zu kommen, denn für meinen regen Geist war die Eisenplatte zu klein, teils fürchtete ich den Fels, an dem ein Seemann leicht zerschmettert werden kann. Und dabei verlor ich den Milchfisch außer Augen, der sich mit einem Kobolz empfohlen hatte.
Jetzt fiel mir meine schwierige Situation auf der Eisenplatte wieder ein, die voraussichtlich bald sinken würde, denn der Mond, der sie hochhielt, näherte sich beim Untergehen schon bedenklich dem Horizonte.
Aber da fiel mir auf, daß die Eisenplatte begann, sich zu bewegen, in Richtung des Mondes, der sie nun schon auf der Wasseroberfläche dahinzog. Die Geschwindigkeit nahm nun zu und zuer, und das Atoll, hinter dem der Mond sich zu versinken anschickte, kam näher und näher, bis es bedrohlich groß direkt vor mir stand. 2 Palmen wogten im Säuseln des Windes auf dem Atoll, das schroff ins Meer hinabfiel.
Mit zäher Verbissenheit sauste nun meine Eisenplatte direkt auf das schroffe Ufer los, meine Situation war verzweifelt, wenn nicht sogar verdreifelt. Ich sah mich schon im Geiste an die spitzigen Korallen geschleudert, aufgespießt und laut blutend am Steilhang kleben, ich schauderte bei dem Gedanken, die Eisenplatte könnte die ganze Insel auffräsen, und der obere fruchtbare Teil würde ins Meer fallen. Was sollte ich dann, selbst wenn ich mit einem blauen

Auge davongekommen sein sollte, mit dem Inselstumpf anfangen.

Aber im Momente der Gefahr pflege ich schnell zu denken und besonders zu handeln. Mir fiel zum Glück ein, daß Schiffe lenkbar sind, wenn man ein Steuer hat. So benutzte ich meinen Fuß, den ich ins Wasser steckte, als Steuer und lenkte die sausende Eisenplatte 20 mal rund um das Atoll herum immer auf dem schmalen Algengürtel lang, durch dessen glitschrige Bremslichkeit endlich die Platte ihre Fahrt aufgab. Dabei hatten mir die Haifische alle Nägel an dem herabhängenden Fuße abgeknabbert, aber die wachsen ja wieder. Haifische sind eben Haifische, die müssen immer knabbern, ob sie hungrig sind oder nicht. Und nun lag meine Eisenplatte einen Augenblick still. Der Mond stand gerade am Horizont, das Biest. Ich stand auf, machte eine feierliche Verbeugung und sagte:

›Aussteigen!‹

Aber da war nichts zum Aussteigen. Der Abstand vom Riff war noch sehr groß. Und langsam schwanden der Eisenplatte die sie haltenden Kräfte, ich stand schon bis an die Knie im Wasser und sah meinen feuchten Tod vor Augen. Ich sah mich absinken, schwimmen in den tausendarmigen Algen, mich darin verheddern und langsam aber sicher das ganze Meer austrinken.

Aber es kam anders. Sie wissen, daß Korallen nicht in der Luft wachsen können. Die Korallenriffe sind durch vulkanische Tätigkeit aus der Meerestiefe hervorgehoben worden. Wo aber einmal was gehoben wird, da kann auch zweimal sich was heben, das ist logisch. Und was hindert die Natur, gerade in dem Moment den Boden des Meeres in die Luft zu stülpen, wo ein unglücklicher Seefahrer an dieser Stelle zu ertrinken und sein schönes Leben auszuhauchen droht. Und so kam es. Der Boden des Meeres hob sich und mich auf der magnetischen Eisenplatte so hoch, daß es mir erspart blieb, an der steilen Küste des Atolls, welches nicht mitgehoben wurde, emporzuklimmen, sondern ich stieg zu den Palmen bequem hinunter.

Zu meinem Glück bemerkte ich, daß von der einen Palme gerade eine Kokosnuß herunterfiel, denn ich wollte mich gerade unter sie legen, um ein wenig auszuruhen. So legte ich mich eben unter die andere. Ich schlief auch schnell ein und erwachte erst, als ich klingeln hörte, und jemand neben mir schrie fürchterlich:

›Rollcall!‹

Aber das war ein Traum. Ich erinnerte mich nämlich nur an mein Erlebnis des Rollcalls aus dem Internierungslager. In Wirklichkeit aber hatte mich eine schöne Stimme angeredet.«

II. Die Schöne von Pala und die Rettung des Kapitäns

Wenn Nasebyll von diesen Dingen erzählte, pflegten Tränen seine Wimpern zu benetzen, denn er war stets gerührt von all der Schönheit, die er durch die schöne Bella von Pala so rein und ungewaschen erleben durfte. Nicht nur, daß nach der wunderbaren Rettung aus ernster Gefahr ihm in ihren Armen der Friede blühte, ja sogar lächelte, sondern auch war dieses reine, unschuldige Naturkind ihm, dem routinierten Lebemann, ein Labsal aus dem Lug und Trug moderner Zivilisation.

Lauschen wir seinen Worten:

»Ich blickte zur Seite, und da stand da neben mir ein wundervolles Mädchen, das seine Keuschheit hinter Palmenblättern notdürftig versteckte.

›Ein liebes, blauäugiges Naturkind‹,

dachte ich und redete sie daher mit Urlauten folgendermaßen an:

›Fümms bö wö tääzää Uu, pögiff quii Ee!‹

Ich erwartete die Antwort:

›Dedesnn nn rrrrrr, Ii Ee, mpiff tillf too, tillllll, Jüü kaa!‹

Aber ich hatte mich getäuscht, sie sagte:

›Schade, diese Sprache verstehe ich nicht!‹

›Aber Gnädigste, sind Sie vielleicht auch aus Hannover?‹ fragte ich freudig erregt.

›Das will ich meinen‹,
antwortete sie,
›direkt aus der Kosackkei, meine Eltern sind Gemüsegärtner.‹
›Übrigens, Schade iß tot‹,
sagte ich witzig, und da lachte sie hinreißend schön und sagte:
›Jetze weiß ich, daß Sie auch aus Hannover sind.‹
›Wenn man hier doch nur ne lüttje Lage trinken könnte‹,
gab ich zur Antwort.
Da sagte sie:
›Warten Sie‹,
kletterte behend an der anderen Palme hinauf, schüttelte sie, und 22 schwere Kokosnüsse kamen heruntergepurzelt. Sie nahm eine, krachte sie zwischen den Zähnen und repräsentierte mir die herrliche Kokosmilch.
Ich nahm und trank dieses Labsal und erzählte ihr von der Fischmilch, die ich soeben getrunken hatte.
Da sagte sie:
›Hach nein, Sie wollen mir wohl verkohlen.‹«

Basel

Es geht ein bißchen rauf,
Es geht ein bißchen runter,
Dazwischen fließt der Rhein.
Grün soll sein Wasser sein.
Wenns regnet, stürmt und schneit,
Dann ist es braun;
Braun anzuschaun.
Verhältnismäßig drückend föhnt der Föhn,
Es brodelt tief im Grunde;
Darüber eine Stadt,
Die Basels Namen trägt und hat.
Dort lint es Böck;
Dort beint es hol,
Es waldet grün und witzt.
Der Ritter sticht den Wurm
Am Dom.
Die Kirche aus Zement
Ist Mosers hohe Zeit.
Es brennt,
Wenns brennt,
Im Kleid.
Der Frauen holder Chor
Lächelt dem Tor.
Mann,
Sieh dich vor!!

Kleines Gedicht für große Stotterer

Ein Fischge, Fisch, ein Fefefefefischgerippe
Lag auf der auf, lag auf der Klippe.
Wie kam es, kam, wie kam, wie kam es
Dahin, dahin, dahin?

Das Meer hat Meer, das Meer, das hat es
Dahin, dahin, dahingespület,
Da llllliegt es, liegt, da llllliegt, llliegt es
Sehr gut, sogar sehr gut!

Da kam ein Fisch, ein Fefefefefisch, ein Fefefefefefe-
fefefefefefe-
(schriller Pfiff) feFe feFe feFe feFefischer,
Der frischte, fischte frische Fische.
Der nahm es, nahm, der nahm, der nahm es
Hinweg, der nahm es weg.

Nun llllliegt die, liegt, nun llliegt die Klippe
Ganz o o o ohne Fischge Fischgerippe
Im weiten, weit, im We Weltenmeere
So nackt, so fufu furchtbar nackt.

Kleines chinesisches Gedicht

Ich stand vor meiner eisernen Haustür.
Mein Freund kam vorbei auf einem lenkbaren Fahrrad.
Da erinnerten sich meine Gedanken an sie.

Flucht

Die Deutschen kommen–
Die Deutschen?
Hier in Norwegen?
30 Bombenflugzeuge über uns–
Ist denn Krieg?
Das Flugzeug fällt brennend nieder–
Der Wald brennt–
Maschinengewehr–
Das Radio? So früh?
Sie haben Bergen und Trondheim–
Und Aalesund?
Ist frei–
Aber Narvik–
Was wollen die Deutschen hier?
Norwegen helfen–
Wir müssen unsere Sachen packen–
In den Keller alle–
Wir müssen packen–
Sie müssen in den Keller–
Wir packen–
Es ist lebensgefährlich–
Was bedeutet das Leben?
In den Keller–
Nein, in die Freiheit.
Wohin?
Wohin?
Nur fort hier–
Habt Ihr das brennende Flugzeug gesehn?
Kampf über Oslo–
Das war schon Krieg–
Das war der Beginn–
Ein freies Volk überfallen–
Sie wollen doch helfen–
Ich begreife es nicht–
Wir müssen packen–

Nur das Nötigste!
Hörst Du das Maschinengewehr?
Vergiß die Zahnbürste nicht–
Die Farben–
Ich nehme etwas zum Malen mit–
Sie werden bald wieder draußen sein–
England hilft–
Du wirst nicht malen können–
Verpackt es gut–
Der schöne neugemalte Fußboden!–
Wir können nicht mehr aufräumen–
Sie können sofort hier sein–
Fornebu schießt nicht mehr–
Die Verwundeten liegen im Hotel–
Wir müssen eilen–
Bezahlen Sie die Miete 2 Monate voraus!
Seien Sie ruhig, Herr Jensen, was kann Ihnen passieren?
Nur nicht zurücksehen!
Wir sind in 8 Tagen wieder hier–
Ein Auto ist nicht zu haben–
Alle Autos werden zur Evakuierung benützt–
Auch nicht leihweise?–
Nehmen Sie unsere Schiebkarre!
Das knallt ganz schön–
Fahr schnell, die schießen von den Flugzeugen!
Ich muß zweimal fahren–
Wenn Du zurückkommst, trinken wir Kaffee–
Im Maschinengewehrfeuer–
Nun lassen Sie es sich recht gut gehen, Frau Jensen!
Auf baldiges, gesundes Wiedersehn!
Die Schiebkarre hole ich dann vom Bahnhof–
Die schießen von den Flugzeugen direkt auf uns!
Stell die Koffer unter das Dach!
Da, da, in die Mauer schlagen die Kugeln–
Jetzt kommt das Flugzeug zum dritten Male!
Es ist nichts pasiert–
Die Bahn ist überfüllt!

Wir sind aus der Gefahrenzone–
Wie friedlich der Fjord im Schnee–
Gut, daß wir drei zusammen sind–
Morgen hätte Esther nicht mehr nachkommen können–
Wir nehmen ein Auto zur Ostbahn–
Keine Autos frei!
Die Straßenbahn fährt nicht–
Der elektrische Strom ist abgestellt–
Aber wir können die Koffer nicht tragen!
Wir hätten uns abmelden sollen!
Dazu fehlt die Zeit–
Ob unsere Akten vernichtet sind?
Man sollte ein vorbeifahrendes Auto anhalten!
Da kommt eins!
Die Menschenmenge vor dem Bahnhof!
Ich kenne einen Seiteneingang: »Eintritt verboten!«–
Wenn man Bescheid weiß ...
Wir wären sonst nicht mehr auf den Bahnsteig gekommen–
Ein Glück, daß der Zug verspätet einläuft.
Da kommt er!
Verzeihung, habe ich Sie gestoßen?
Da steht mein dritter Koffer!– –Danke.
Wollen Sie nicht die alte Dame sitzen lassen?
Gern.–
Da kommt eine Dame mit Baby!
Gib ihr Deinen Platz!– – –
Fliegeralarm.
Endlich fährt er an!–
Siehst Du die Soldaten da am Wald?
Der Schnee!
Ich sende noch eine Postkarte an Helma.
Die kommt noch durch.

Der Mann in der Maschine

Es war im Mai 1940. Der südliche Teil Norwegens war von Deutschen besetzt worden, um Belgien wurde erbittert gekämpft und um Narvik, das in deutschen Händen war, ebenfalls. Die Stadt Harstad war die Etappe der Alliierten, ein internationales Truppenlager, Polen, Franzosen, Engländer und Norweger. Merkwürdig bemalte Kriegsschiffe in großer Anzahl lagen im Hafen und breiteten einen dichten Rauch über den Ort aus, der einmal sehr schön gewesen sein mußte. Die Straßen waren voll von Offizieren und Soldaten, die mit Damen und Mädchen spazierengingen und sehr geschäftig waren. Schwere Autos in Kriegsbemalung, beladen mit Lasten oder Soldaten, fuhren geräuschvoll über die von Schneewasser erweichte und durch die dauernde Benutzung beschädigte Straße einige hundert Kilometer weiter zur Front.

Bei Flugalarm suchten nur wenige Deckung, um bald wieder auf der Straße zu sein und dem Flugkampf zuzusehen, der sich über den Wolken abspielte. Meist hörte man nur unheimlich nah das Motorengeräusch, und wenn sich ein Flieger in einer Wolkenlücke zeigte, so eröffneten die Schiffsgeschütze ein gewaltiges Feuer, das über die Stadt Harstad dröhnte, und alle suchten nun Deckung wegen der Granatsplitter.

Da war noch jemand, der Deckung suchte, aber nicht vor den Granaten, sondern vor der englischen Polizei und den norwegischen Behörden, es war ein deutscher Fischaufkäufer. Als am neunten April die Deutschen Narvik besetzt hatten, war er mit vielen Koffern nach Harstad gereist und hatte sich dort privat einquartiert, weil das Grand Hotel Fliegerbomben mehr ausgesetzt war als private Häuser. Als die Engländer sämtliche Häuser für Truppen requirierten, wurde er mit Hilfe zweier Norwegerinnen in der lebendigen Stadt untergebracht. Keiner achtete auf den stillen, freundlichen Mann, er lebte dort unbekannt, und niemand wäre auf den Gedanken gekommen, daß er irgend etwas beobachtete. Jedoch er sah alles und hörte alles, und seine beiden norwegischen Freundinnen leiteten seine Beobachtungen an die interessierten Stellen weiter.

Aber nichts ist so fein gesponnen, es kommt doch endlich an die Sonnen, und so wurde der Spion eines Tages entdeckt. Er zeigte sich äußerst verwundert, als bei ihm ein Auto vorfuhr mit einem höflichen deutschsprechenden Herrn, der sich als geheimer Polizeibeamter legitimierte und ihn verhaftete. Der freundliche Herr bot ihm eine Zigarette an und forderte ihn auf, unauffällig in sein Auto zu steigen. Der Spion stieg ohne Weigern ein und wurde auf einer wunderbaren Fahrt mit Autos und Schiffen zum Gefängnis in Kabelvaag transportiert.

Es gehört dieses Gebiet zu den schönsten in Norwegen, jedoch konnte er vom Gefängnis aus wenig davon sehen. Er wartete nur, äußerlich ruhig, was mit ihm geschehen würde. Seine Koffer kamen bald nach, und er fand auch bald Gesellschaft in seiner Gefangenschaft, denn deutsche Flüchtlinge sowie verdächtige Norweger wurden in das gleiche Gefängnis gebracht, unter anderem kam auch die eine von den Norwegerinnen, die ihm in Harstad geholfen hatte, und man erzählte sich, er habe sie gern.

Zu dieser Zeit kam ich als deutscher Flüchtling mit anderen Flüchtlingen nach abenteuerlichen Erlebnissen nach Harstad. Wir wurden genau untersucht durch die englische und norwegische Polizei und durch die Militärverwaltung und wurden einstweilen in den Baracken, sozusagen einer Kaserne, einquartiert. Wir waren nicht gefangen, aber es wurde uns gesagt, man müsse aufpassen, denn man könne nie wissen, welche Art Teufelei die Deutschen in Norwegen vorhätten. Man erzählte uns, gerade heute wäre ein Spion verhaftet worden, und die Schwere seines Vergehens könne man noch nicht beurteilen. Dieser Spion wäre als einfacher Fischaufkäufer in vollkommen harmloser Weise nach Norwegen gekommen und habe sich dann als Spion betätigt. Infolgedessen mißtraue man allen Deutschen, ob sie nun Emigranten oder Fischaufkäufer wären, und daher müsse man leider unsere kleine Gesellschaft von sechs Flüchtlingen in Internierungshaft nehmen.

Inzwischen hatte man nun den Fall des wegen Spionage angezeigten Fischaufkäufers genauer untersucht und ihn infolgedessen in Einzelhaft genommen. Die norwegische Freundin wurde getrennt von ihm im gleichen Gefängnis untergebracht, so daß keinerlei Verbindung mehr zwischen ihnen bestand. Teilweise nahm der Spion die Einzelhaft sehr schwer auf, denn er ahnte, daß ihm etwas Schwerwiegendes zur Last gelegt wurde und daß er schwer dafür werde büßen müssen. Andererseits aber bedeutete es eine Erleichterung für ihn, denn er wurde von Anfang an von sämtlichen Mitgefangenen und Mitinternierten kalt behandelt, man antwortete nicht auf seine Fragen, und er fühlte es deutlich, daß sie ihn so behandelten, weil sie ihn als gefährlichen Spion betrachteten.

Wir sechs Flüchtlinge wurden damals auf Veranlassung des englischen Intelligence Service in dem wundervoll gelegenen und sehr gut eingerichteten Tourist Hotel in Sortland interniert, wo wir uns frei bewegen konnten, von allen freundlich behandelt wurden und so gutes und reichliches Essen erhielten, daß wir nicht mehr glaubten, Flüchtlinge zu sein. Denn allgemein ist das Leben der Flüchtlinge eine Last. Sie fliehen vor einem Feinde, der ihnen die Freiheit oder gar das Leben nehmen will, der ihnen, wie es uns in Norwegen geschehen war, auf den Hacken folgt und ihnen keine Ruhe läßt. Die einzelnen Boote, die uns vom südlichen Norwegen langsam nach Nordnorwegen gebracht hatten, waren vielen Gefahren ausgesetzt gewesen wie Minenfeldern, Beschießung durch Flieger, Unterseebooten, Festungskanonen, Mißtrauen der Bevölkerung in den Anlegeplätzen und sogar Beschießung durch Norweger. Andererseits hatten wir auch die größte Glückseligkeit erfahren, wenn die Bevölkerung die Schwere unserer Lage erkannte, uns aufmunterte, mit Essen und Zeug beschenkte und am Kai stand und winkte, wenn unser Boot weiterfuhr. An einer Anlegestelle bemerkten wir sogar, daß freundliche Menschen weinten, als wir weiterfuhren. Es geht eben im Leben des Flüchtlings auf und nieder, und hier im Tourist Hotel war für uns der Höhepunkt des Glücks.

Unser Glück dauerte aber nur eine Woche, dann kamen

norwegische Flüchtlinge aus Narvik, die dort von dem deutschen Militär, der Besatzung, zu harter Arbeit herangeholt waren und nun außerordentlich böse auf alle Deutschen waren. Auf Veranlassung dieser Leute wurde unser Hotel durch bewaffnete Heimwehrsoldaten umstellt, und wir mußten innerhalb fünfzehn Minuten unsere Sachen zusammenpacken. Der Lensman entschuldigte sich, daß ihm keine Wahl bliebe, er müsse uns nach Kabelvaag schicken, wo wir interniert werden sollten. Er persönlich brachte uns zum Schiff, und wir fuhren in einer hellen Nacht durch den herrlichen Raftsund, vorbei an gewaltigen Schneebergen, idyllischen Fjorden mit roten Häuschen im weißen Schnee, die unter gigantischen Felsen wie Kinderspielzeug aussahen, vorbei an schroffen Felswänden, dem vereisten Troldfjord, vorbei an grünenden Hängen und über ein aufgeregtes Meer, bis wir zum Schluß in Kabelvaag ankamen, wo der Spion in Einzelhaft im Gefängnis saß.

Wir wurden aber nicht im Gefängnis untergebracht, da wir ja Flüchtlinge waren. Ein freundlicher alter Herr namens Wicklund, Direktor der Haushaltungs- und Handwerkerschule, holte uns persönlich um drei Uhr nachts vom Boote ab und sagte, wir sollten in seiner Schule interniert werden und wir hätten das Vergnügen, dort die ersten Internierten zu sein. Die Schule war außerhalb des Ortes an der zackigen Meeresküste und so hoch, daß wir eine wundervolle Aussicht über die Berge auf die vielen Inseln bis zum Festlande nach Narvik hatten. Sie war nicht mit Draht umgeben, aber eine markierte Linie bezeichnete, wie weit wir uns von den Häusern entfernen durften. Das war nicht weit. Hinter der markierten Linie standen sechs Heimwehrsoldaten mit Gewehren, aber wie wir nachträglich erfuhren, sollen alle sechs zusammen nur eine Patrone gehabt haben. Über den Werksstellen der Handwerkerschule war der Turnsaal durch einen Tisch und zehn Betten als Schlafsaal hergerichtet worden, in den wir des Nachts eingeschlossen wurden und der eine Aussicht hatte, die man nur als klassisch bezeichnen konnte. In dieser hellen Nacht stand die Sonne schon hoch am Himmel und beleuchtete die Spitzen schneebedeckter Berge. Am nächsten Tage wurde durch etwa zehn Arbeiter ein Zaun aus Maschendraht um unser kleines Paradies herum aufgerichtet, während wir den Platz innerhalb des Drahtzaunes von Schnee säuberten. Wir erfreuten uns an der klassisch schönen Umgebung rundherum und hatten ein großes Vergnügen, in der Tischlerei, die zum Lager gehörte, zu arbeiten. Die Tischlerei enthielt alle notwendigen Handwerkszeuge und Maschinen zur Herstellung von Studienarbeiten für die Schüler der Volkshochschule Kabelvaag. Wir wurden reichlich mit Material versehen und durften sämtliche Werkzeuge benutzen. Man warnte uns nur vor der Kreissäge, die dreihundertundfünfzig Umdrehungen machte und daher äußerst gefährlich war. Bisher aber war in dieser Tischlerei mit der Säge noch nichts passiert; in anderen hätten sich Leute, die damit arbeiteten, oft die Finger oder gar die ganze Hand damit abgeschnitten. Abends, als es kalt wurde, schnitt ich an der gefährlichen Maschine Brennholz, und ich war erstaunt, wie schnell sie einen dicken Holzklotz zersägte, zwar nicht ganz sauber, aber schnell. Maschine bleibt eben Maschine.

Am nächsten Tage hatten wir uns schon gut eingelebt und fühlten uns in der Tischlerei beinahe zu Hause. Unser neuer Sport war Tischlerarbeiten zu machen, und wir bedienten die Kreissäge vorsichtig, aber ohne Furcht, und sie leistete großartige Arbeit.

Nach dem Abendessen erzählte uns Herr Wicklund, wir würden heute noch neue Kameraden erhalten, es wären alles freundliche und nette Menschen, die interniert wären, weil sie Ausländer waren. Zur Zeit warteten sie im Gefängnis Kabelvaag, bis das Lager fertig war. Mit gewissem Mißtrauen erwarteten wir den neuen Transport neugierig, nicht aber ohne Furcht, denn ein einziger Gegner von uns Flüchtlingen konnte uns das Leben zur Hölle machen. Wenige Minuten darauf kamen dreizehn Internierte aus dem Gefängnis und aßen zu Abend im Speisesaal des Hauptschulgebäudes. Zwei von uns gingen nach dem Abendessen zu ihnen, um sie kennenzulernen und von ihnen die neuesten Nachrichten zu hören, denn wir hatten weder Zeitungen noch Radio. Ich zählte nur zwölf statt dreizehn, das war eine bunt gemischte Gesellschaft, Damen und Herren, jünger und älter, und es waren sogar drei Kinder dabei. Nach wenigen Minuten waren wir mit allen vertraut und stellten fest, daß wir trotz aller Gegensätze gut zueinander paßten. Da waren zwei Ärzte, ein Schlosser, eine Bürodame, ein Schriftsteller und der Bildhauer Müller-Bensdorff; eine wirklich gemischte Gesellschaft. Als ich nach dem dreizehnten fragte, sagte man mir, es wäre ein gefährlicher Mann, der im Gefängnis als Spion in Einzelhaft gesessen hätte. Man hätte auch seine Braut verhaftet. Anfänglich wäre er weniger verdächtig gewesen, aber er wäre durch die Aussagen der Braut außerordentlich belastet. Man wüßte den Grund nicht recht, weshalb er nun mit den Internierten hierher geschickt wäre, da doch der Makel eines Spions auf ihm laste. Die neuen Internierten sagten mir ohne Ausnahme, daß ihr Mißtrauen eher größer als kleiner geworden wäre, zumal da er sich sehr zurückgehalten habe. Auf der Fahrt vom Gefängnis hierher habe er nur eine Äußerung getan: »Hier ist es sehr schön.« Was konnte sich alles hinter einer so allgemeinen Äußerung verstecken? Jedenfalls war es ein Mann, der irgend etwas verbergen wollte, und daher war es besser, nicht mit ihm zu sprechen, es konnte für uns alle gefährlich werden.

Als ich nun in unseren Schlafsaal ging, fand ich diesen verdächtigen Herrn. Ich sah ihn zum ersten Mal. Unser Kamerad Lippert, ein Tscheche, redete mit vielen Worten auf ihn ein, er aber antwortete nur: »Es ist hier sehr schön, man muß sich nur erst gewöhnen.« Als ich ihn fragte, ob er nicht zum Abendessen gehen wollte, antwortete er, er brauche heute nicht zu essen. Darauf trat er ans Fenster, zeigte hinaus auf den kleinen Hafen und sagte wieder: »Hier ist es sehr schön.«

Was sollte ich mit dem neuen Internierten, den ich wegen seiner tragischen Stimmung bedauerte, anfangen? Es lag etwas von Ruhe und Abgeklärtheit in dieser Tragik, und ich ließ ihn besser allein. Auf dem Hof zwischen den beiden Gebäuden schlossen die alten Internierten mit den neuen bald Freundschaft, und wir alle waren der Ansicht, daß der neue

Herr nicht zu uns gehörte. Als wir auf dem vom Schnee befreiten Rasenfleck Dritten abschlagen spielten, stand der neue Gast oben am Fenster des Schlafsaals und betrachtete uns. Ich stieg noch einmal zu ihm hinauf und fragte ihn, ob er sich zum Philosophen ausbilden wolle, und er sagte, dahin gelangte man allmählich durch die Verhältnisse. Nachts schlief er in dem Bette zu Füßen meines Bettes. Er hatte die Decke mit sauberen weißen Leinen überzogen, hatte ein gutes, weißes Kissen ausgepackt und einen violetten Pyjama angezogen. Neben dem Bett standen sorgfältig aneinandergereiht seine großen Koffer, ausgerichtet wie Soldaten, und ich glaube zu erinnern, daß es zehn Stück waren. In der Nacht sah ich ihn aufstehen und einen Spaziergang auf dem Hof machen. Am nächsten Morgen war ich früh auf, um die Wege um das Haus herum zu harken. Gegen acht Uhr versuchte ich, eine Tasse Kaffee zu kriegen, und da stand der fremde Herr plötzlich hinter mir und sagte: jetzt habe er auch Kaffeedurst. Wir bekamen aber keinen Kaffee vor neun, und so ging ich in die Werksstelle, um an einer abstrakten Plastik zu arbeiten. Hinter mir arbeitete ein Tischler an der Kreissäge. Plötzlich stand der unheimliche neue Herr wieder hinter mir und sah mir bei der Arbeit zu. Ich hörte einen Augenblick auf und sah ihn an, da stand er und betrachtete den Arbeiter, der ein großes Brett in der Kreissäge zerteilte. Dann fragte er mich: »Was machen Sie eigentlich da, wenn ich fragen darf.« Ich sagte: »Was ich hier mache, ist eine abstrakte Komposition, man nennt es in Deutschland entartete Kunst.« »Verstehe«, war seine Antwort, und ich arbeitete weiter, ohne auf ihn weiter zu achten.

Und plötzlich merkte ich, daß irgendetwas geschehen sein mußte. Ich hatte weder etwas gesehen noch gehört, aber ich hatte das deutliche Gefühl, daß etwas Außergewöhnliches geschehen war. Es war wie eine Schwere, die ich instinktiv ahnte. Ich hörte, wie jemand aus dem Raume hinausging, das war der Leiter der Tischlerabteilung gewesen, und ich fürchtete mich fast, mich nach dem Grunde des schweren Gefühls umzusehen. Es war Totenstille. Da drehte ich mich um und hatte einen schauerlichen Anblick. An der Kreissäge stand krampfhaft aufgereckt der unheimliche Neue, klammerte sich mit beiden Händen fest an das Gestell, seine gerade Haltung war etwas nach hinten übergelehnt, und oben auf seinem Kopfe strömte ein dicker Strahl Blut in hohem Bogen heraus. Ich nahm mich seiner sofort an und mußte jeden Finger einzeln von der Tischplatte abheben, um ihn zunächst wenigstens hinlegen zu können. Ich wußte nicht, ob der Mann tot war oder noch lebte, und rief schnell den Arzt, der mit uns interniert war, um Hilfe. Der aber sagte, es täte ihm leid, keine Arbeit leisten zu können, solange er interniert wäre. Ich ging wieder zu dem Spion zurück, er lag noch in gleicher Stellung, und um ihn herum war eine riesige Blutlache. Mir schien, daß man ihm doch nicht mehr helfen konnte, und Herr Wicklund sagte mir außerdem, daß man nichts mehr berühren dürfe, bevor die Polizei alles aufgenommen habe. Ich hatte das Gefühl des Grauens und des Ekels, und so ging ich in den Schlafsaal und wusch mir die Hände und entfernte die Bluttropfen von meinem Anzug. Nach einiger Zeit kam die Polizei, es wurde alles aufgeschrieben, ich war der Hauptzeuge, der Mann wurde von allen Seiten fotografiert, die Kreissäge wurde abgestellt, und das ganze Verfahren dauerte sehr lange. Dann ging ich zurück in den Schlafsaal, da lag der violette Pyjama sauber zusammengefaltet auf dem Bett, das sehr ordentlich gemacht war. Neben dem Bett standen die zehn Koffer und waren wie Soldaten ausgerichtet, und Herr Wicklund sagte mir, es wäre verboten, über die ganze Angelegenheit zu sprechen, da es die Braut nicht erfahren dürfe.

Der Ursprung von Merz

Ich hatte einen, was man so nennt, Freund, er war Arzt, sein Name war Schenzinger. Ich sollte ihn portraitieren. Er war dauernd beschäftigt, dauernd arbeitend, und so wollte er auch bei den Sitzungen auf meinem Flügel Klavier spielen. Er sagte, wenn er sich so etwas bewegte, würde ich besser seinen Charakter treffen.

Neben mir lag ein Bierfilz.

Ich versuchte nun mit Inbrunst, seinen Charakter aus seinen Bewegungen herauszulesen und ihn im Bilde herauszukristallisieren. Er spielte die Mondscheinsonate, letzten Satz.

Neben mir lag der Bierfilz.

Ich dachte: »Alles kann für alles charakteristisch sein. Wenn es charakteristisch ist. Nur darauf kommt es an. Wenn es nicht charakteristisch ist, dann hat man eben Pech gehabt.« Und ich versuchte herauszufinden, ob seine, Schenzingers, Bewegungen charakteristisch für die Mondscheinsonate waren.

Neben mir lag der Bierfilz.

Solch ein Bierfilz ist z. B. charakteristisch für ein Bierglas mit Bier und einen Biertrinker, nicht für Dr. Justus Bier, dem Riemen Schneider.

Und die runde Form ...

Plötzlich kam mir eine geniale, vielleicht minder geniale, jedenfalls eine Eingebung. Ich stand auf, bestrich den Bierfilz auf der Rückseite statt mit Kleister mit roter Farbe und klebte ihn damit auf die Wange des Profilbildes, das ich gemalt hatte. Er reichte vom Ohr und zur Nase, soweit man bei Ölbildern von Ohr und Nase reden kann.

Herr Schenzinger stand plötzlich auf. Die Mondscheinsonate verstummte. Plötzlich fragte Dr. Schenzinger: »Was haben Sie getan?«

»Was ich getan habe?« antwortete ich, und meine Stimme zitterte. »Was ich getan habe, habe ich getan«, sagte ich bestimmt.

»Sie haben mir den Bierfilz auf die Backe geklebt!« sagte Dr. Schenzinger wütend.

»Mit Nichten habe ich den Bierfilz auf die Wange des Bildes, soweit man bei Bildern von Wange reden kann, des Bildes, welches Sie charakterisieren soll, geklebt«, brachte ich mühevoll hervor.

»Nehmen Sie ihn ab«, befahl Dr. Schenzinger.

»Ich freue mich, daß er drauf sitzt!«

»Nehmen Sie den Bierfilz ab.« –

»Das tue ich nicht!«

»Dann nehme ich ihn ab!« –

»Das werden Sie nicht tun, Sie würden die Einheit des Kunstwerkes zerstören.«

»Der Bierfilz ist eine Beleidigung für mich.«

»Der Bierfilz charakterisiert Sie irgendwie.«

»Wie kann mich der Bierfilz charakterisieren?«

»Ich kann nicht sagen, wie, aber er tut es, das fühle ich.«

»Weil er rund ist?«

»Und filzig. Vielleicht.«

»Und aus Pappe?«

»Weil Sie nicht von Pappe sind.«

Da versuchte er eine List und sagte: »Und drückt er vielleicht auch die Mondscheinsonate aus?«

»Die Mondscheinsonate? – Die Mondscheinsonate von Dr. Mondschein?« –

Ich kenne übrigens Dr. Mondschein, er ist ursprünglich Zahnarzt und arbeitet nach dem Wahlspruch: »Mondschein – schont mein.«

»Gut, er mag sie ursprünglich geschrieben haben, jedenfalls den genialen Tip hat ihr Beethoven gegeben. Wie stehen Sie zu der Frage, ob der Bierfilz Beethoven ausdrückt.«

»Mein Herr«, sagte ich, »denken Sie etwa, daß Sie selbst Beethoven ausdrückten? Und das Bild soll ein Portrait Ihres Wesens sein.«

Da ging Herr Schenzinger hinaus und schloß hinter sich die Tür.

Seit der Zeit waren wir nicht mehr Freunde, besonders als ich das Bild mit dem Bierfilz auf der Bild-Backe als Portrait Dr. Schenzinger ausstellte.

Ich malte zu der Zeit ein Portrait Frau Luise Spengemanns, es war Anfang 1919. Hier versuchte ich eine Komposition kleiner Gegenstände, die da im Zimmer herumlagen, und versuchte damit ihr Wesen zu charakterisieren. In der Auswahl und Verteilung der farbigen Werte sollte der Charakter begründet sein. Und es gelang über Erwarten gut. Luise Spengemann sagte: »Das bin ich, niemand anders als ich könnte es sein.«

Nun dachte ich nach über meine Erfahrungen. Ich hatte versucht Herrn Dr. Schenzinger durch einen einzigen Bierfilz im Zusammenhang mit einer Kopie seiner Gesichtszüge zu charakterisieren. Der Erfolg war, daß das, was für mich eine Charakterisierung zu sein schien, für ihn eine Beleidigung war. Bei Frau Luise Spengemann hatte ich eine Komposition aller Teile des Bildes unternommen, nicht allein einen an sich bildfremden Gegenstand aufmontiert. Dieses Bild traf auch für Sie, Frau Spengemann, Ihr Wesen, Ihren Charakter.

Das Wesentliche war die Komposition. Nun machte ich Versuche, Gegenstände, die man als Abfall bezeichnen könnte, weil sie weggeworfen waren, zu komponieren, und fand bald heraus, daß in der Komposition ein überzeugender ganz allgemeiner Ausdruck lag. Es war vielleicht übertrieben, daß Frau Luise Spengemann sich selbst in der Komposition ihres Bildes erkennen wollte, und es war vielleicht, sogar ziemlich sicher, falsch, daß ich versuchte, sie mit einer Komposition zu charakterisieren. Kompositionen können nur allgemein Ausdruck geben, einen Ausdruck, der vielleicht ähnlich dem eines Menschen ist, etwa wie eine Wolke einem Löwen ähnlich sein kann. Und doch ist die Wolke nur Nebel. Eine Komposition kann aber für dafür empfindliche Menschen einen Ausdruck vermitteln, und eine Komposition von farbigen Werten in der Malerei kann es ebenso gut wie eine Komposition von Tönen in der Musik.

Beethoven geht sogar weiter, er gibt neben dem Ausdruck ganz deutlich den Eindruck eines Gewitters. Ich denke, Wald.

London Onion
[Variations about the theme of the Thames valley]

I

LONDON
Ell Ou enn De Ou enn.
Ell
Ell Ou
Ell ou enn
Ell Ou enn enn
Ell Ou enn enn
Ell Ou enn enn
Ell Ou enn enn
De Ou enn
Ou enn
enn
enn enn
Ell Ou enn De Ou enn
enn Ou Ell enn Ou De
Ou Ell
Ou De
Ou Ell
Ou De
Wra.
Ou De
Wra
Ou Ell
Tackelamit
Wra
London
Wra

II

Onion
Opinion
Zegoday
Onion
Opinion

Zegodayda
Onion
Opinion
Zegodaydatoo
Zegodaydataa
Onion
Opinion
Zegodaydatuu
Zegodaydatau
Too taa
Tuu taa
Too taa
Tuu taa
Zegodaytatuutaa
Prrrr!
Tootagrö.
Te tear
U uncle
Agrö
Tootagrö
Tootagrö mesens
Tootagrö mesans
Tootagrö tear
Tootagrö tear mesens
Tootagrö tear mesans
Tootagrö uncle
Tootagrö uncle agrö
Prrrr!
How item King
C Charley
D Dog
L Love
L London
Love London
I love
Dog Charley
I Dog.

Dog Love
I Dog Love London Charley.
Onion
Opinion
Ell Ou Enn De Enn Enn
Ell Ou Enn De Enn Enn
Ell Ou Enn De Err Err
Ell Ou Enn De Err Err
De Ou enn
De Ou enn
Ou enn
enn.
Prrrr.
What is your verdict?
Verdict A
Verdict Be
Verdict A
Verdict Be
Ell.
Oh, my sweetest Toots,
I don't care two hoots,
When I clap and clap
My trap on your trap!
Ell Oh enn De Oh enn.
Zegodayda!
Zegodayda!
Zegodayda!!!

Just in the middle of her knee
There I observed the fact that she,
Possessed a little reddisch mole
It was alone, just one and sole.

And even if there had, may be,
Been two, which were just on her knee,
Just in the middle would be one
(In fact it does)
A fact that I would beg you to discuss.

Be ll arr Aa enn
Bee
Bee Aa
Bee Aa ar
Bee Aa arr arr
Bee Aa arr arr
Bee Aa arr arr
Bee Aa arr arr
Ell Oh enn enn
Ell Oh enn enn
Ell Oh enn enn
Ell Oh enn enn
De Ou enn
Arr Aa enn
Beran
London
Teckalamit.

Die Wut des Niesens
The Fury of Sneezing

Tesch
Haisch
Tschiiaa
Haisch
Tschiiaa
Haisch
Happaisch
Happapeppaisch
Happapeppaisch
Happapeppaisch
Happapeppaisch
HAPPA PEPPE TSCHA!

In der Gegend des Paradieses

Eines Tages nahm mich in seiner großen Einsicht und Gnade Gott der Herr aus mir heraus und versetzte mich in eine andere Gestalt und an einen anderen Ort.

Ich merkte, daß was passiert war, denn ich bin ja nicht dumm.

»Um Gotteswillen, was ist denn los?« fragte ich, und da antwortete eine Stimme: »Du sollst den Namen des Herrn, deines Gottes, nicht unnützlich führen!«

Ich sah überall rundum mich und gewahrte eine Wiese mit blühenden Narzissen. In Schwaden wehten Düfte an meiner Nase vorüber, und ein Gesang erfüllte den Raum, bald leise, bald erheblich anschwellend wie der Sturm am Riff.

»Zum Donnerwetter, wo bin ich?« rief ich verzweifelt. Da kam ein gut aussehender älterer Herr in langem, venezianischrotem Überrock, mit bläulichem Barte langsam und aufrecht einen Kiesweg dahergeschritten, lächelte freundlich in mein Gesicht und sagte: »So sollte man am frühen Morgen nicht fluchen!«

Ich überlegte mir, daß ich so nicht weiter käme, und sagte, das wäre bei uns nur so eine Redensart. »Geflucht bleibt geflucht«, antwortete er würdevoll, und da ich in seiner Miene eine leichte Mißstimmung bemerkte, fügte ich hinzu: »Sonst ist es ja hier sehr schön«, und deutete auf die Narzissen und einen Rudel Engel, die gerade auf einem anderen Kiesweg ankamen, indem sie den Herrn singend lobten.

»Das will ich meinen«, antwortete da der ältere Herr, »daß dir das Paradies gefällt.«

»Dieses ist das Paradies?« fragte ich dumm.

»Nicht gerade das, aber es liegt in der Gegend. Es ist dieses genau genommen eine Versuchsstation für unbemittelte Seelen.«

»Wenn ich mal ganz dumm fragen darf, Herr Inspektor«, sagte ich, »was sind unbemittelte Seelen?«

»Die Frage ehrt deinen Verstand«, antwortete der Herr. »Die Mittel der Seele sind Güte, Weisheit, Geduld usw., und da scheint es bei dir leider noch zu hapern.«

Ohne auf die Mittel der Seele näher einzugehen, sagte ich offiziell:

»Kurt Schwitters.«

»Mein lieber Freund, das war einmal«, sagte darauf der berockte Herr.

»Ich wollte mich nur vorstellen, da wir auf du stehen, daher nannte ich meinen Namen.«

»Lieber Freund, du irrst dich«, belehrte mich der Herr, »du bist nicht mehr Kurt Schwitters.«

»Sondern?« fragte ich.

»Du bist ein noch wenig beschriebenes Blatt.«

Ich besah mich von allen Seiten, konnte aber keine blasse Ähnlichkeit mit einem Blatte feststellen. Eher schon war ich eine Knolle. Aber ich wollte nicht streiten, sonst hätte der mich womöglich allein stehen lassen.

Aber die Neugier war doch zu groß. »Beschreibt man denn hier die Blätter?« fragte ich.

»Sancta simplicitas«, antwortete er, »ich spreche doch in Bildern.«

»Bist du auch Kunstmaler?« fragte ich.

»Sieh mich an!«

»Gern«, sagte ich, und da schlabberte eine Troddel um seine Hüften.

Nachwort

»Wer vor reichlich acht Tagen durch die Straßen der Stadt Hannover ging, wird sich gewundert haben, daß an den meisten Anschlagsäulen ein großes Papier geklebt war mit blauem Druck auf weißem Grunde... Was darauf stand? Die heiligen zehn Gebote!... Wer heute wieder durch die Straßen geht, findet wieder ein Plakat angeklebt: An Anna Blume! steht darüber. Lachend, lesend, kopfschüttelnd stehen die Menschen davor. ›Der Mann ist verrückt‹, sagen die meisten, nachdem sie gelesen haben...«

Soweit der »Niedersächsische Volksbote« zu Beginn des Jahres 1920. Zur Jahreswende 1919/20 war im Verlag Paul Steegemann, Hannover, in der Reihe »Die Silbergäule« Kurt Schwitters' Band »Anna Blume. Dichtungen« erschienen. Als der rührige Verleger dann das meterhohe Plakat des Anna-Blume-Gedichts in Hannover anschlagen ließ, kam es zum Eklat. Steegemann wurde von Leserzuschriften überschüttet.

Wenn es bei G. Praetorius noch hieß: »Ich glaube übrigens nicht, daß es sich bei der Geisteskrankheit von K. Schwitters um Paralyse handelt ... Vielmehr scheint es sich um eine (ziemlich vorgeschrittene) Dementia praecox zu handeln...«, so warnte ein anonymer Briefschreiber: »Idiot!! – Glauben Sie nicht, daß die Menschen so naiv sind, sich länger Ihren Blödsinn in Buchform vorsetzen zu lassen. Noch eine Veröffentlichung und Ihnen wird die Hose stramm gezogen ...« – Ein anderer Leser schrieb: »Ich empfinde tiefes Mitleid mit dem Unglücklichen. Sollte er nicht mehr zu retten sein? Sollte nicht wenigstens der Versuch gemacht werden, ihn durch Unterbringung in einer Heilanstalt von seinem Irrsinn, so weit er auch fortgeschritten sein mag, zu heilen?...« – Doch es fehlte auch nicht an Äußerungen, hinter deren Ironie sich mehr verbarg. In der »Deutschen Zeitung« zum Beispiel hieß es: »Freilich, Kurtchen mit dem Vogel ist unangreifbar und unbesieglich. Nur mit Handgranaten könnte man ihn aus seiner literarischen Gummizelle ausräuchern...«

Seitdem er die Pfade bürgerlich-konventionellen Kunstbetriebes verlassen hatte, war Schwitters' künstlerisches Auftreten von Skandalen begleitet gewesen. Seine seit 1919 in Herwarth Waldens Berliner Sturm-Galerie stattfindenden Ausstellungen wurden von der bürgerlichen Kunstkritik wütend attackiert. Diese allerdings mehr im Rahmen von Kunstproduzenten, -händlern, Kritikern und einem kleinen interessierten Publikum stattfindende Schelte, der Walden und seine Getreuen heftig entgegneten, war nun durch einen hannoverschen Sturm im Wasserglas sekundiert worden. Die Vorzeichen für solche Eklats, für die Skandalisierung seines Lebens und Wirkens schienen für Schwitters anfänglich keineswegs folgerichtig.

Am 20. Juni 1887 wurde Kurt Hermann Eduard Karl Julius Schwitters in bürgerlichen Verhältnissen in Hannover geboren. Diese deutsche Provinzstadt, erst 1866 an Preußen gefallen, zeichnete sich nicht gerade durch besondere geistige Regsamkeit aus. Auch als Schwitters' Entschluß, Kunstmaler zu werden, bereits feststand, verlief die Entwicklung des jungen Mannes durchaus weiter in hergebrachten hannoverschen Bahnen. Nach dem Abitur im Jahre 1908 besuchte er erst die Kunstgewerbeschule seiner Heimatstadt und studierte dann von 1909 bis 1914 an der Königlich Sächsischen Akademie der Künste in Dresden auf. Von den modernen Kunstströmungen des Kubismus, Futurismus und Expressionismus schien er zunächst unberührt. Er beteiligte sich von 1911 an fast jährlich an den großen hannoverschen Kunstausstellungen, die überwiegend unter der Regie des konservativen Kunstvereins stattfanden. Der »akademische« Maler Schwitters, der 1915 die Sprachlehrerin Helma Fischer heiratete, dem 1918 das einzige Kinde, der Sohn Ernst, geboren wurde, schien den geregelten Bahnen eines angepaßten kleinbürgerlichen Künstlerdaseins zuzustreben. Seine Bilder aus jener Zeit, gegenständlich in konventionellem Sinn, zeichneten sich nicht durch Besonderheiten aus. Auch die frühen Gedichte von Kurt Schwitters, neuromantische, weitgehend introvertierte Verse, wiesen kaum auf Eigenart hin, es sei denn, man sähe von einem mitunter spürbaren ironischen Duktus ab.

Fast das dreißigste Lebensjahr hatte Schwitters erreicht, als er im März 1917 Soldat werden mußte. Doch er war und blieb für militaristische Dressur ein untaugliches Objekt. Nach wenigen Monaten in Obstruktion verbrachten Schreibstubendaseins wurde er entlassen und als technischer Zeichner im Eisenwerk Wülfel bei Hannover dienstverpflichtet. Diese erzwungene Arbeit vermittelte ihm das Kennenlernen der Produktion und die Bekanntschaft mit der Maschine. Seitdem datierte seine Neigung zu technischen Konstruktionen mancherlei Art, besonders die Liebe zum Rad, die in seinen Bildern immer wieder sichtbar wurde. Erst der Ausbruch der Novemberrevolution erlöste ihn aus dem drückenden Arbeitsverhältnis. Als die roten Fahnen auch über Hannover wehten, schickte sich Kurt Schwitters auf seine Weise an, den Sieg über die Kriegspartei zu feiern: »Ich fühlte mich frei und mußte meinen Jubel hinausschreien in die Welt. Aus Sparsamkeit nahm ich dazu, was ich fand, denn wir waren ein verarmtes Land. Man kann auch mit Müllabfällen schreien, und das tat ich, indem ich sie zusammenleimte und nagelte. Ich nannte es Merz, es war aber mein Gebet über den siegreichen Ausgang des Krieges, denn noch einmal hatte der Frieden wieder gesiegt ...«

Die zuweilen distanzierte Haltung von Schwitters zu den revolutionären Ereignissen von 1918 schien es manchen Darstellungen verhältnismäßig leicht zu machen, den Künstler in einen »Gegensatz« zur Novemberrevolution zu rücken. Die kategorische Weigerung, seine Kunst in den Dienst der Tagespolitik zu stellen, war nur die eine Seite. Seine Sympathien galten in subjektiver Weise durchaus der »Linken«. Lebenslang war er mit Sozialdemokraten seiner Heimatstadt eng befreundet, er sympathisierte mit der progressiven »Novembergruppe« der bildenden Künstler, und sein früh bekundeter Abscheu vor Militarismus und Krieg blieb lebenslang erhalten, und er blieb Bestandteil seiner Kunst.

Trotz mancher Vorbehalte, sich in die Tagespolitik zu mischen, war Schwitters' künstlerische Antwort bereits auf die Novemberrevolution und die revolutionären Nachkriegsereignisse heftig. »Die Zwiebel«, der grotesk-märchenhafte Text von 1919, brachte ein verschlüsseltes und trotz Brechung vernehmbares Hoch auf die Revolution aus, und auch »Franz Müllers Drahtfrühling«, das Fragment eines Romans, den Schwitters in Zusammenarbeit mit Hans Arp konzipierte, war unter anderem ein kräftiges und auch kritisches Reagieren auf die Novemberereignisse in seiner Vaterstadt.

Hannover – im Anagramm Revon genannt – war im Positiven wie im Negativen Angelpunkt für Kurt Schwitters' Schaffen. Die Provinzmetropole, die Ortsfremden eher kleinstädtisch, nüchtern und etwas eintönig erscheinen mochte, wurde die Plattform seiner künstlerischen Entfaltung, der Platz, auf dem er Anerkennung, aber mehr noch Anfeindung und Isolierung erfuhr und von dem man ihn schließlich vertrieb. Die Stadt wurde von Schwitters topographisch, atmosphärisch und sprachlich ständig reflektiert. Bilder und Gedichte, Stücke und Prosatexte leben in wichtigen Bereichen von Hannoverschem »Material«, ohne daß der Autor damit an der Oberfläche des ihm Vertrauten haftenbliebe. Diese Stadt war der Nährboden, sie war die Szenerie, in der er lebte, arbeitete und von der er sich künstlerisch abstieß. Sie war ein Ort, den er liebte, auf den er sich vielfältig stofflich noch im Exil bezog.

Werner Schmalenbach, dessen Schwitters-Monographie das bisher wohl eindringlichste Bild des Künstlers entworfen hat, schrieb in diesem Zusammenhang: »Ausgerechnet Hannover wurde zu einer der geistig und künstlerisch regsamsten Städte im Deutschland der Nachkriegszeit, dank einer Handvoll Künstler, Literaten und Intellektueller ... Die Stadt erlebte ... ihre ›Phantastischen Jahre‹ ... Die zentrale und alle anderen überragende Figur dieses phantastischen Lebens war, wie man freilich erst viel später voll erkannte, Kurt Schwitters.«

Mitten im ersten Weltkrieg, im Jahre 1916, war in Hannover die Kestner-Gesellschaft gegründet worden, die den neuen Kunsttendenzen des Jahrhunderts Raum geben wollte – in bewußtem Gegensatz zur offiziellen Kunstpolitik der Stadt und des konservativen hannoverschen Kunstvereins. Seit 1917 stellte Schwitters in der Kestner-Gesellschaft aus und hielt dort Vorträge. Im gleichen Jahr wurde die hannoversche Sezession gegründet, deren wichtigstes Mitglied Schwitters war. Diese Sammelpunkte künstlerischen Lebens, zu denen sich die Galerie Herbert von Garvens und die moderne Abteilung des Provinzialmuseums, später besonders ihr von Alexander Dorner und El Lissitzky geschaffenes »Kabinett der Abstrakten« gesellte, förderten die neuen Kunsttendenzen entschieden. Dazu kamen Künstlervereinigungen wie die »Gruppe der Abstrakten«, Hannover, die in enger Korrespondenz mit dem Berliner »Sturm«-Kreis stand, die mit der holländischen »de Stijl«-Bewegung, mit dem Bauhaus und sowjetischen Künstlern des Konstruktivismus intensive Kontakte unterhielt. Das künstlerische Leben in Hannover wurde auch von einer sich entwickelnden literarischen Öffentlichkeit geprägt, in der der Verlag Paul Steegemann, der Zweemann-Verlag, die Zeitschrift »Das hohe Ufer« und nicht zuletzt Kurt Schwitters' Publikationsreihe »Merz« (1923–1932) und sein Apossverlag für Buchveröffentlichungen hervorzuheben sind.

Schwitters ließ niemals Zweifel daran, daß dieser Spiel-Raum für neue bildende Kunst, Literatur und Theater fast ständig von bornierter Ablehnung und Verketzerung durch das bürgerlich-konservative Lager in der Kunst, durch die organisierte politische Reaktion und schließlich durch den andrängenden Faschismus bedroht war. Die Reaktion, durch die Novemberrevolution auch in Hannover keineswegs geschlagen, besaß gut ausgebaute Machtpositionen, und sie besaß Idole, zu denen sie sich lauthals bekennen durfte. Der Fall des Gelehrten und Schriftstellers Theodor Lessing enthüllte im Jahr 1926 das gesellschaftliche Kräfteverhältnis auf bestürzende Weise. Weil er gegen die Kandidatur für die Reichspräsidentenwahl des in Hannover lebenden Hindenburg Vorbehalte angemeldet hatte, wurde Lessing mit Schimpf und Schande aus seinem Lehramt an der Technischen Hochschule gejagt. Reflexe auf diese Kehrseite der »Phantastischen Jahre« in Hannover finden sich in Schwitters' Bildern, in seinen Gedichten und Prosatexten reichlich. Sorgfältig registrierte er rückläufige Tendenzen; Wirkungsmöglichkeiten für moderne Kunst waren schon vom Ende der zwanziger Jahre an geringer geworden. Der drohende Untergang der Republik warf auch in dieser Hinsicht seine Schatten voraus.

Die wenigen Jahre einer relativ breiten Entfaltungsmöglichkeit von Kunst hatte Schwitters als Maler, Grafiker, als Schöpfer des ersten Merz-Baus, als Schriftsteller, als Herausgeber und Verleger, als Typograph und Werbefachmann, als Promotor vielfältiger Merz-Veranstaltungen in Hannover und von dort weit ausstrahlend ins In- und Ausland genutzt. Doch »soweit die Verbindungen reichten, so isoliert war er in der Stadt«, schreibt Henning Rischbieter in einem Rückblick auf »Die zwanziger Jahre in Hannover«. »Seine Grenzüberschreitungen ins künstlerische Neuland erschienen als Narretei, seine Frische und Fröhlichkeit, seine respektlose Freiheitlichkeit als Clownerie.« Die neuartigen Wege, die der Künstler suchte, empfanden die Bildungsspießer in der Provinz als Angriff auf ihre »harmonische« Weltauffassung, als Verhöhnung ihres ästhetischen Empfindens. Und in der Tat, dieser seltsame Mann, der mit dem Fahrrad durch Hannovers Straßen fuhr und »Abfälle« aufklaubte, war nicht ihresgleichen. Er war so gar nicht »reputierlich« und »seriös«, und er war durchaus kein erfolgreicher Geschäftsmann, auch wenn er ständig geschäftig wirkte, in »Geschäften« unterwegs war. – »Er reiste viel und fast immer mit einem besonderen Handkoffer, der Hannoversche Karotten und Kartoffeln sowie einen Spirituskocher enthielt, um nicht Geld in Restaurants ausgeben zu müssen; aber aus seiner Rocktasche sah ein abgegriffenes Notizbuch mit internationalen Adressen heraus ...«, berichtete Kate Steinitz, seine langjährige Mitarbeiterin und Vertraute. »Kurt spann ein internationales Netz von Da-da-Fäden um die ganze Welt, von Land zu Land. An den Knotenpunkten des Netzes, wo es Galerien, Ausstellungsräume und Salons gab, mußte etwas geschehen: Merz-Abende, Dada-Abende, wo nur vier Wände waren, den Rhythmus seiner Urlautsonate donnernd widerhallen zu lassen ...«

Provinzialismus und Reaktion begannen Ende der zwanziger Jahre die Stadt allmählich für sich zurückzuerobern. Der heraufkommende Faschismus hatte es verhältnismäßig leicht, sich das aggressive kleinbürgerliche Potential dienstbar zu machen. Die Wirkungsmöglichkeiten für Schwitters schrumpften merklich. Offizielle Aufträge gingen zurück und blieben schließlich ganz aus. Nicht nur in den politischen Tageskämpfen wurden die kommenden Gefahren sichtbar. Veränderungen, rückläufige Tendenzen zeigten sich direkt oder mittelbar in vielen Bereichen des Lebens. Kurt Schwitters, noch 1928, bei den Vorbereitungen zum »Zinnoberfest« der hannoverschen bildenden Künstler und zum »Fest der Technik«, inmitten des Zentrums des heimatlichen Kunstlebens, fühlte sich schon bald an den Rand geschoben. Kommendes Unheil drückte sich auch in mangelndem Interesse, in stummem Boykott an seinem Werk aus.

Schwitters' Reaktion auf die sich ankündigende Naziherrschaft war spontan. Er trat der SPD bei, um seinen Widerstandswillen zu dokumentieren. Als nach dem Antritt der faschistischen Diktatur öffentliches Wirken für ihn unmöglich wurde, zog er sich in die noch intakten Künstlerzirkel zurück. In seiner Wohnung, in der Waldhausenstraße 5, veranstaltete er Merz-Abende in kleinem Kreis. Es blieben ihm zunächst Freunde wie das jüdische Arztehepaar Steinitz, es blieben einige gleichgesinnte Maler, und vor allem blieb die Freundschaft zu Christof Spengemann, dem sozialdemokratischen Schriftsteller und Journalisten, der 1936 verhaftet wurde. Verbissen arbeitete Schwitters gegen die immer bedrückender werdende Umgebung an. Seine Groteske über den »Radio«-Zwerg Goebbels, der die Frauen der Nation durch Reden schwängert, war eine für ihn typische Reaktion auf den grassierenden faschistischen Terror.

Immer stärker griff die Nazipolitik auch in das Kunstleben der Stadt ein. Die Kestner-Gesellschaft mußte nach vielen Pressionen 1936 ihre Tätigkeit einstellen. Das von El Lissitzky geschaffene »Kabinett der Abstrakten« wurde zerstört. Werke von Archipenko, Lissitzky, Moholy-Nagy, Vordemberge-Gildewart, Picasso, Léger, Marcoussis, Klee, Mondrian und Schwitters gehörten in Hannover zu den »ausgemerzten Gegenständen«. Eine Anzahl Schwitterscher Werke wurde aus öffentlichen Sammlungen in verschiedenen deutschen Städten »ausgeschieden«. Sie müssen heute als endgültig verschollen gelten, darunter das Merzbild von 1919, das der Kunstrichtung den Namen gegeben hatte und 1923 von Dr. Paul Ferdinand Schmidt für das Dresdner Stadtmuseum erworben worden war. Das barbarische Spektakulum der 1937 in München eröffneten Nazischau »Entartete Kunst«, auf der auch Schwitters vertreten war, mußte der Künstler nicht mehr in Deutschland erleben. Durch die sich schnell verschlechternde Situation in seiner Heimatstadt bedrängt, emigrierte er Anfang Januar 1937 nach Norwegen, wenige Tage bevor die Gestapo in der Waldhausenstraße erschien, um ihn zu verhaften. In Lysaker am Oslofjord fanden Vater und Sohn Schwitters ein Unterkommen, einen von materiellen Sorgen nicht freien und für Bespitzelungen durch die Gestapo nicht unerreichbaren Ort.

Seit 1929 waren Reisen in das von Schwitters geliebte Land vorausgegangen. Von 1933 an hatte er sich jährlich mehrere Monate dorthin zurückgezogen. Nun lebte er in einer bescheidenen Wohnung, wenige Kilometer von der norwegischen Hauptstadt entfernt. Seine Situation hatte sich grundsätzlich verändert. Außer brieflichem Kontakt mit der Familie in Hannover und gelegentlichen Besuchen seiner Frau Helma war er von der bisherigen geistigen Basis abgeschnitten. Aber trotz niederdrückender Stimmungen arbeitete er gegen die Isolierung an. Eine Reihe von wichtigen Bildern und literarischen Texten entstand im norwegischen Exil. Neben der energischen Arbeit am zweiten Merzbau, der 1940 nahezu vollendet war, malte er fast ausschließlich naturalistisch. Der Verkauf von Landschaftsbildern half das materielle Überleben sichern. Von der Kunstentwicklung des Gastlandes blieb er ausgeschlossen; seine Bedeutung und seine Leistung als Merzkünstler waren im damaligen Norwegen unbekannt.

 Als in den Morgenstunden des 9. April 1940 die Okkupation Dänemarks und Norwegens durch faschistische deutsche Truppen begann, entschlossen sich Kurt und Ernst Schwitters zur Flucht. Den größten Teil der in den letzten Jahren entstandenen Arbeiten mußten sie zurücklassen. Sie begannen ihren zweimonatigen gefahrvollen Weg durch das aufgestörte Land. Nach mancherlei Irrwegen und Zwischenfällen konnten sie Anfang Juni 1940 mit dem letzten Schiff, dem Eisbrecher »Fritjof Nansen«, die norwegische Küste in Richtung Schottland verlassen.

Nach seiner Ankunft in Großbritannien verbrachte Schwitters siebzehn Monate in verschiedenen Internierungslagern. Bis zum Herbst 1941 lebte er auf der Isle of Man, wo er wieder Gelegenheit zu künstlerischer Arbeit erhielt. Er führte Porträtaufträge aus und veranstaltete Merz-Abende für die Internierten. Ende 1941 wurde er aus der Internierung entlassen und zog mit dem Sohn in den Londoner Vorort Barnes, wo er bis zum Herbst 1945 blieb. Die Situation war auch nach Kriegsende schwierig genug für ihn. Brotarbeit, vor allem Porträtaufträge überwogen. Nur wenige Künstlerfreunde vermochte er zu gewinnen. Es kam zwar zu einigen Ausstellungen, doch die Resonanz blieb schwach. Die Kunstsituation in Großbritannien war für Merz nicht aufnahmebereit.

Die letzten Lebensjahre verbrachte Schwitters nach seiner Übersiedlung von London in Ambleside im Lake District. In bedrängter wirtschaftlicher Lage arbeitete er unermüdlich weiter. Er schmiedete Pläne, korrespondierte in alle Himmelsrichtungen mit alten Freunden in der Heimat und in den Ländern des Exils. Noch in den letzten Monaten seines Lebens nahm er die Last eines Neubeginns an einem Merzbau auf sich, der allmählich Gestalt annahm. Am 8. Januar 1948 starb Kurt Schwitters im Krankenhaus von Kendal an Herzversagen. Sein *Merz barn*, der dritte Merzbau, blieb unvollendet. Er wurde 1965 als Torso in der Hatton Gallery der University of New Castle upon Tyne aufgestellt. – Kurt Schwitters hat die Heimat nicht wiedergesehen; sein Grab auf dem Friedhof von Ambleside in Westmoreland trägt die Inschrift:

KURT SCHWITTERS
1887–1948
CREATOR OF MERZ

Schwitters' Weg zum *Schöpfer von Merz*, seine reiche Begabung und seine vielseitigen künstlerischen Tätigkeiten können hier nur angedeutet werden. Zunächst bleibt festzustellen, daß seine wesentliche Befähigung nicht auf malerischem Gebiet lag.

»Er war ein durch und durch künstlerischer Mensch, der sich in anderen Medien als demjenigen der Malerei – und dennoch in ›Bildern‹ – aussprechen mußte. So bedeutete für ihn seine persönliche Entdeckung der Collage um die Jahreswende 1918/19 eine unerhörte Befreiung. Sie befreite ihn von der Malerei, die künstlerisch auszuschöpfen ihm nicht gegeben war, und sie befreite ihn in ungeahntem Maße zu einer neuen Welt des Ausdrucks, in der er sich fortan wie kein anderer bewegte ...« – Werner Schmalenbach fährt fort: »Das Kleben und Montieren wurde für Schwitters zu einer seltsamen Besessenheit, die ihn nicht nur Hunderte von Collagen schaffen ließ, sondern ihn schließlich bis zur phantastischen Raummontage seines Merzbaus veranlaßte. Er war manisch, fast kleptomanisch besessen von den Abfallprodukten des Alltags, von all den billigen Stoffen, aus denen er seine Bilder produzierte. Wo immer er sich bewegte, sammelte er Fahrscheine und Eintrittskarten, verbrauchte Papierfetzen, Drähte, alte Nägel und rostende Konservenbüchsen ...«

Herwarth Walden, der 1910 die Zeitschrift »Der Sturm« ins Leben gerufen hatte, der mit den Sturm-Ausstellungen, der Sturm-Bühne und vielen anderen Aktivitäten der modernen bildenden Kunst, der Literatur und dem Theater eine Plattform gab, hatte auch Kurt Schwitters magisch angezogen. Im »Sturm« veröffentlichte das bewunderte Vorbild, der Expressionist August Stramm, seine Verse, denen Schwitters zunächst begeistert folgte. Seit dem Sommer 1918 stand Kurt Schwitters in persönlichem Kontakt mit Waldens Sturm-Kreis. Im Juni hatte er zum erstenmal in der Galerie »Der

Sturm« ausgestellt, im Januar 1919 folgte eine Ausstellung gemeinsam mit Paul Klee und Johannes Molzahn. Abbildungen von Schwitters' Werken, Abdrucke von Gedichten, Prosa, Texte über Merzmalerei, Polemiken gegen die Kunstkritiken erschienen in Waldens Zeitschrift. »Der Sturm« war für Schwitters das Entree in die Kunstwelt.

Die Ausstellungen der Merzbilder in der Sturm-Galerie riefen den nahezu einhelligen Widerstand der Kunstkritik auf den Plan. Besonders »Das Kunstblatt« tat sich dabei hervor. Aber auch die Tagespresse war sich in der Ablehnung von Merz einig. Herwarth Walden, Rudolf Blümner, Otto Nebel und Lothar Schreyer stellten sich immer wieder schützend vor Schwitters und seine Kunst. Schwitters selbst wehrte sich mit Verve in den Anti-Kritiken seiner Tran-Texte.

Bis Mitte der zwanziger Jahre veröffentlichte Schwitters im »Sturm«, und auch danach riß der Kontakt zu Walden nicht völlig ab. Das scheint um so bemerkenswerter, als Schwitters schon seit Anfang des Jahrzehnts zahlreiche neue künstlerische Kontakte, Freundschaften und Bekanntschaften mit Gleichgesinnten geschlossen hatte. Eine besondere Rolle spielten dabei seine Beziehungen zu »Meistern« des Bauhauses in Weimar und Dessau, aber auch zur »de Stijl«-Gruppe in Holland, zu Künstlern in Frankreich, in der Schweiz, in der Sowjetunion, in der Tschechoslowakei, in Ungarn und in den USA. Zentraler Bezugspunkt dieser Kontakte wurde Schwitters' Zeitschrift »Merz«, die von 1923 bis 1932 erschien. In dieser Publikationsreihe, die nur teilweise Zeitschriftencharakter trug, in der neben Heften und Broschüren auch Bücher, Kataloge, Kunstmappen und sogar eine Schallplatte erschienen, zeigte sich das vielfältige, konventionelle Begrenzungen in der Kunst überschreitende Spektrum von Schwitters' Unternehmungen. In »Merz« steckte er die hauptsächlichen Bereiche seiner Arbeit und seiner Interessen in Malerei, Grafik, in Typographie, Werbung und in der Architektur ab. Als Lyriker, Erzähler, als Dramatiker und Theatertheoretiker stellte er sich in zahlreichen Beiträgen vor. Daneben kamen gleichgesinnte Künstler des In- und Auslands zu

Wort. Überwiegend waren es gewichtige, damals sehr bekannte Namen wie Archipenko, Arp, Braque, van Doesburg, Gropius, Hausmann, Hilberseimer, Höch, Huszár, Klee, El Lissitzky, Malewitsch, Moholy-Nagy, Muche, Nebel, Picabia, Picasso, Ray, Ribemont-Dessaignes, Mies van der Rohe, Mondrian, Schlemmer, Tatlin, Tschichold, Tzara und viele andere.

Von der literarischen Produktion Schwitters' wurden neben Gedichten und Prosabeiträgen vor allem die Märchen vorgestellt, »abstrakte« Dichtung präsentierte das Heft »i«, »Banalitäten« das gleichnamige Heft. Der Abdruck der »Ursonate« beschloß das Unternehmen im Jahr 1932. Von den wesensverwandten Kunstströmungen waren die holländische ›de Stijl‹-Richtung eines frühen Konstruktivismus (van Doesburg, Mondrian), das Bauhaus (Gropius, Klee, Moholy-Nagy, Muche, Schlemmer), aber auch neue Entwicklungen in der Sowjetunion wie die Kunst Kasimir Malewitschs (Suprematismus) und Wladimir Tatlins (Maschinenkunst), besonders vielfältig El Lissitzkys Schaffen gewürdigt worden. – Die Zeitschrift spiegelte die Schwitters beeindruckenden und beeinflussenden Kunsttendenzen, sie war eine wichtige Reaktion auf die neuen Kunstströmungen der Zeit, sie vermischte sich mit ihnen, nahm ihre Impulse auf und gab sie weiter. »Merz« war aber nicht nur Umschlagplatz internationaler avantgardistischer Kunst, die Zeitschrift konnte zugleich als Gradmesser für Schwitters' bildkünstlerische und literarische Entwicklung gelten.

In den einschlägigen Sammlungen des Dadaismus, auch in verschiedenen literarhistorischen Darstellungen wird Schwitters als Dadaist gezählt, zuweilen mit dem Zusatz versehen: ein Sonderfall. Zweifellos hatte Dada für Schwitters katalytische Bedeutung. Als Hans Arp und El Lissitzky in ihrem Buch »Die Kunstismen« (1925) diese Antikunst-Bewegung mit bildhaft-präziser Nonchalance charakterisierten, war Schwitters' Entwicklung bereits in neue Bahnen gelangt. Arp und Lissitzky schrieben: »Der Dadaismus hat die schönen Künste überfallen. Er hat die Kunst für einen magischen

Stuhlgang erklärt, die Venus von Milo klistiert und ›Laokoon & Söhnen‹ nach tausendjährigem Ringkampf mit der Klapperschlange ermöglicht, endlich auszutreten. Der Dadaismus hat das Bejahen und Verneinen bis zum Nonsens geführt. Um die Indifferenz zu erreichen, war er destruktiv.«

Als diese Zeilen in Rückschau auf eine bereits abgeschlossene Entwicklung formuliert wurden, war Schwitters schon auf »konstruktivistische« Positionen übergegangen. Doch Dada blieb für seinen künstlerischen Klärungsprozeß in mehrfacher Hinsicht von großer Bedeutung. – Mit dem Dadaismus Züricher Prägung hatte Schwitters vor allem Kriegsgegnerschaft, pazifistische Überzeugung und Abscheu vor der Bürgerwelt verbunden. Seiner Collage-Kunst der geklebten, genagelten und geschraubten Bilder, der Stempelbilder und Merzzeichnungen eignete allerdings von Anfang an kein nurzerstörerisches, sondern ein prinzipiell konstruktives Moment. Seine Merzbilder zeigen »entindividualisiertes« Material von eigentlich heterogenen Elementen aus Papier, Stoff, Metallteilen, Spitze, Farben, Nägeln, Fundstücken unterschiedlichster Art, das von ihm neu zusammengefügt wurde. In dieser »Revolutions«-Phase seiner Kunst wurde neu gewertet, mit neuer Bedeutung versehen, wurde mit poetischem Einfallsreichtum, mit Ironie und Humor, mit satirischer und grotesker Attitüde auf die Banalität bürgerlichen Alltags reagiert. »Seine Provokation bestand in der Art und Weise, wie er Kunst machte«, schreibt Werner Schmalenbach. »Daß er Abfälle zu künstlerischer Würde erhob, bedeutete eine unerhörte Blasphemie in den Heiligen Hallen der Kultur und ihrer Gralshüter. Wenn er seine Kunst auch nicht auf die Straße trug ... so trug er doch die Straße mit ihrem Müll, ihren billigen Papierresten, ihren Slogans und Sprachklischees in die Kunst hinein und gehörte damit zu denen, die den Prozeß der Profanierung und Enttabuisierung der Kunst entscheidend vorantrieben.«

Dada war für Schwitters ein Mittel, um sich von der »sauren Seele« des expressionistischen Pathos frei zu machen, um als Instrument antibourgeoiser Zersetzung installiert zu werden, und es war zugleich »fröhliches, buntes Spiel, ein göttliches Vergnügen« für ihn, eine Haltung, die Schwitters durch alle Kunst-Etappen hindurch bewahrte.

Seine Merzkunst, also die vielseitige Anwendung des dadaistischen Collageprinzips, begann zur Jahreswende 1918/19 und endete um 1922. In jener Periode gründete auch seine Beschäftigung mit dem seit der Jahrhundertwende auftauchenden Begriff vom *Gesamtkunstwerk*, der seit dem Auftreten des Futurismus bis zu den Ideen des Bauhauses und des Konstruktivismus ein der modernen bildenden Kunst gemeinsames, allerdings sehr verschiedenartig ausgeprägtes Anliegen wurde. »Mein letztes Streben ist die Vereinigung von Kunst und Nichtkunst zum Merz-Gesamtweltbilde«, sagte Schwitters schon im Sturm-Bilderbuch von 1920. Die von ihm angestrebte Herrschaft der Form, sein Bemühen, durch Arbeiten auf künstlerischen und außerkünstlerischen Gebieten zu einem Stil zu gelangen, fand die entschiedenste und bizarrste Ausprägung in seiner Merzsäule.

Von etwa 1923 bis zu seiner Emigration hatte Schwitters kontinuierlich an dieser komplexen Raum-Plastik gearbeitet. Sie wurde 1943 durch Bombeneinwirkung völlig zerstört. Ernst Schwitters, der Sohn des Künstlers, charakterisiert den Bau ausführlich: »In der Frühzeit trug ›Die Säule‹ ihren Namen noch mit Recht. Sie war eine riesige, an sich noch freistehende Säule aus zusammengewachsenen Einzelplastiken, etwa im Goldenen Schnitt der Grundfläche des Ateliers, umgeben von einem Hintergrund von an den Wänden ebenfalls zusammengewachsenen ›Merzbildern‹, Reliefs und ›Grotten‹, die dann nach und nach auch mit der Säule selbst Kontakt bekamen. Ehemalige Einzelplastiken und -bilder wurden nun allmählich wirklich Grotten im Innern des ständig wachsenden Riesengebildes. Sie hatten eine dadaistische Herkunft und Titel wie ›Der 10prozentige Kriegsbeschädigte‹, ›Die Lustmordhöhle‹, ›Mona Hausmann‹, ›Die Klosettfrau des Lebens‹ u. a ...«

Der horizontal und vertikal, durch mehrere Räume und Stockwerke, über Balkons, Treppen und Mauerdurchbrüche bis zum Dachfirst einerseits und zum Grundwasserspiegel andererseits sich erstreckende, wachsende und wuchernde Bau, in dem »die dadaistischen Grundelemente mehr und mehr unter einem kubistisch-geometrischen Überbau« (Ernst Schwitters) verschwanden, ist – genauer: war – das Gesamtkunstwerk von Kurt Schwitters. Die große Merzsäule verkörperte so etwas wie Schwitters' Stil-Idee, alles das zusammenfassend, was für ihn integrierbar erschien.

Angesichts der zunächst verwirrenden Vielfalt von Schwitters' Interessen und Arbeitsgebieten, angesichts vor allem der zwei großen Tätigkeitsbereiche als bildender Künstler und als Schriftsteller die Frage aufzuwerfen, welches nun das *Eigentliche* sei, geht am Wesen seiner Arbeit vorbei. Ob Schwitters als »Maler« oder als Schriftsteller wesentlich ist, bleibt eine akademische, seine Leistung nicht berührende Frage. Das Oder sollte getrost durch ein Und ersetzt werden.

Das literarische Werk von Kurt Schwitters ist in Zusammenhang mit seinem bildkünstlerischen Wirken zu sehen. Sichtbar und spektakulär trat er zunächst durch »lyrische« Gedichte in Erscheinung. Das relativ schmale, aber in sich sehr differenzierte lyrische Werk von Schwitters durchlief mehrere Stadien, ehe es eigenen Ausdruck gewann. Vom neuromantisch bestimmten Beginn in der Vorkriegszeit und während des ersten Weltkrieges über eine Phase in expressionistischen Bahnen verlaufender Dichtung bildeten sich in Schwitters' Poesie Elemente mit dadaistischem Gestus heraus, die sich um das Jahr 1917/18 eng mit einer Dichtung berührten, wie sie unter dem Einfluß des Züricher *Cabaret Voltaire* gewachsen war. Daneben entstanden zu »konkreter Poesie« tendierende Arbeiten, Nonsens-Verse, Sprüche, Sentenzen, Schlager- und Liedtexte. In ihrer Verbindung mit grafischen Elementen waren sie oft exemplarisch für die angewandte Theorie der Zusammenführung von bildender Kunst und Literatur. Schwitters' eigenständige Dichtung begann aber erst mit dem Gedicht »An Anna Blume«.

Faszination und Widerspruch zu erklären, die das Anna-Blume-Gedicht um die Jahreswende 1919/20 provozierte, fällt heute nicht eben leicht. Dieses hervorstechende Erzeugnis eines bis dahin weitgehend unbekannten Autors mußte etwas Besonderes enthalten, etwas, das die Leser hinzureißen vermochte, sie außer sich bringen konnte in Begeisterung oder Empörung.

Dennoch kann das Gedicht nur als das Herausragende einer ganzen Gruppe gesehen werden, das durch die Gunst der Stunde und der Umstände exzessiv Aufmerksamkeit erregen konnte. Die Anna-Blume-Dichtungen umfassen einen bedeutenden Abschnitt von Schwitters' literarischer Entwicklung, in dem er sich endgültig vom Vorbild August Stramm und der Wortkunsttheorie des »Sturm« löste. Diese weitgehend dem Expressionismus verbundenen Auffassungen Herwarth Waldens und seiner Anhänger wurden in einer Häufung von Neologismen, in Vereinzelung des Wortes und Zusammenziehung eines normalen Sprachverlaufs sichtbar. Sie beeindruckten und beeinflußten Schwitters in seinen Anfängen merklich, ohne daß er sich sklavisch an die vorgegebenen Theorien oder die von August Stramm vorexerzierte Praxis gehalten hätte. Von Anbeginn wurde seine Neigung zu einem weiträumigeren Spiel-Feld und der Ablehnung mystischer und visionärer Tendenzen, wie sie im Umkreis der »Sturm«-Dichtung existierten, sichtbar.

»An Anna Blume« überwand dieses Stadium des Suchens deutlich und eröffnete eine Dada-Poesie eigener Ausprägung. Das Gedicht, das seinem Autor die erbitterte Feindschaft eines bürgerlichen Publikums und der etablierten Kritik eintrug, das aber auch hellhörige, geneigte Leser und Kritiker fand, stellt ein Phänomen dar, das über den spektakulären Tages-Effekt hinaus lebendig geblieben ist, das auch heute noch zu provozieren vermag. Jedenfalls tut sich ein nicht geringer Teil der Literaturwissenschaftler bis heute schwer, solche Dichtung überhaupt zur Kenntnis zu nehmen, und es dürfte mehr als eine Sammlung deutschsprachiger Lyrik des 20. Jahrhunderts geben, in der dieses bedeutende Gedicht fehlt.

Ob es sich im Anna-Blume-Gedicht nun tatsächlich um

eine »Persiflage des pathetischen bourgeoisen Liebesgedichts« oder vielmehr um Nonsens-Dichtung von hohen Graden, vielleicht aber auch um *poésie pure* oder ganz im Gegenteil um eine scheinbar bis ins Detail nachweisbare lyrische Anbetung eines bestimmten Varieté-Sterns handelt, bleibe dahingestellt. Ohne hier Schwitters' Gedicht als Turngerät für ausgedehnte Interpretationsübungen benutzen zu wollen, möchten wir mit dem Autor fragen: Wer ist nun eigentlich Anna Blume, was ist sie? Und Kurt Schwitters antwortet – mit einer Frage natürlich:

»... Preisfrage: 1. Anna Blume hat ein Vogel.
2. Anna Blume ist rot.
3. Welche Farbe hat der Vogel? ...«

Mit anderen Worten: »An Anna Blume«, eines der schönsten Liebesgedichte deutscher Sprache, ist ein ironisches Gedicht, das adoriert und attackiert, das der Gattung Frau seine Neigung bekundet und Anna Blume als poetisches »Individuum« auf das zurückführt, was sie ist und wie Schwitters sie in dem Gedicht »Nennen Sie es Ausschlachtung« bezeichnet hat:

> »Anna Blume ist die Stimmung, direkt vor und direkt nach dem Zubettegehen.
> Anna Blume ist die Dame neben Dir.
> Anna Blume ist das einzige Gefühl für Liebe, dessen Du überhaupt fähig bist.
> Anna Blume bist Du ...«

Oder: Anna Blume ist unter anderem ein poetischer Gegenstand der Verehrung und Ironisierung, und Anna Blume ist alles andere auch. »An Anna Blume« ist das Gedicht eines Weltgefühls, dessen Dichter ernst, heiter, aggressiv und gelassen mit seiner Umgebung verfährt und es in einem glücklichen Bild-Konzentrationspunkt eingefangen hat: »Anna«.

In dieser Poesie eines »banalen« Vorgangs schwingt ein literarisches Pathos nach, das in der Schwebe zwischen echter Bejahung und parodistischer Aufhebung des angebeteten »Gegenstandes« eine besondere dadaistische Brechung erreicht. – Noch der Ablehnende muß ihm Wirkung bescheinigen. – *Anna Blume* ist also Liebesgedicht und Parodie auf pathetische, sentimentale Liebesdichtung, *Anna Blume* ist Nonsens, und es ist Sinn. Es ist ein Gedicht, das entdeckerisch in neue poetische Welten vorstößt, das neue Sprechweisen einübt und Boden für zukünftige Literatur erkunden hilft. Nicht nur der gemeine deutsche Bildungsspießer sah sich beim Erscheinen des Gedichts in seinen heiligsten Gütern bedroht, auch seine intellektuelle Variante in Gestalt des sich damals politisch und literarisch äußerst radikal gebärdenden Dadaisten-Führers Dr. Richard Huelsenbeck ließ sich aus dem Chorus der Ablehner deutlich vernehmen: »Dada ist eine Angelegenheit für Eingeweihte: quod licet Jovi, non licet bovi. Dada lehnt Arbeiten wie die berühmte ›Anna Blume‹ des Herrn Kurt Schwitters grundsätzlich ab…« – Wobei fast unnötig zu ergänzen ist, daß Huelsenbeck die Position des »Jupiter« natürlich für sich besetzt hielt.

In der nur wenige Jahre nach der »Anna Blume« entstandenen »Auguste Bolte« (1923) hat Schwitters bereits eine weitere literarische Wendung vollzogen. Die klassische Merz-Dichtung = Collage-Dichtung war vorüber. »Auguste Bolte«, in einer Zeit heftiger Gegenwehr gegen die Kritikerangriffe entstanden, zeigte den Übergang zu konstruktivistischen Positionen. – Wenn dieses besondere Stück Prosa überhaupt einen vordergründigen Sinn hergibt, dann den einer vehementen Schelte konservativer Kunstkritik. Die Hetzjagd der »harmlosen Irren«, Frl. Dr. Leb. Auguste Bolte, stellt jedoch mehr als eine exzellente Kritikerschelte dar. Die Alogik des wütenden Wissensdurstes, dem alles »Lebertran« ist, steigert sich bis ins Absurde lebensfremden Tuns, das Theorien um so weniger entbehren kann, je verstiegener sie sind: »Soviel war sicher, wenn hier nichts los war, war nirgends etwas los. Obzwar es auch umgekehrt sein konnte…« – Den verschlungenen Gedankengang läßt der Autor schließlich in die ernüchternde »Banal«-Sentenz münden: »Unsinn Aujuste, heiraten mußte.«

Dieser bedeutende Text, eine Grotesk-Prosa, kulminiert nach verwirrenden und sich steigernden, nahezu exzessiven Turbulenzen der sich »auflösenden« Auguste in einer klassischen Grotesk-Situation. Im Niemandsland eines vor der Stadt gelegenen und verödeten Truppenübungsplatzes fallen die phantastischen Erwartungen von Frl. Dr. Leb. in nichts zusammen.

Die lebensferne, einer suggestiven Formal-Logik verfallene Intellektuelle wird von Schwitters vollkommener Lächerlichkeit ausgesetzt. Augustes Verfolgungswahn hat System, und er steigert sich unentwegt und schlägt schließlich in offenen Irrsinn um. Augustes Wahnsinn, ihre Alogik sind aber nicht Attribute des Einzelschicksals Auguste Bolte, sondern Ausdruck des Zeitgeistes einer als »wahnsinnig« empfundenen Gesellschaft. Auguste Bolte stellt selbstverständlich keine realistisch gezeichnete Individualität dar, auch nicht die einer Geisteskranken. Ihr Verhalten kann nicht mit der Meßlatte konventioneller Gesellschaftsnormen fixiert werden. – Aber auch dem Versuch, den Text nur philosophisch, lediglich als Beleg für eine Nietzsche-Adaption und als Ausfluß von »Lebensphilosophie« anzusehen oder die Bedeutung der »Auguste Bolte« fast ausschließlich im Raum des faszinierenden Sprachgeschehens anzusiedeln, steht – bei aller Würdigung der Schwitterschen Sprachkritik – das ironische, vorwiegend grotesk tendierende und kunstvoll gezügelte Verwirrspiel im Irrgarten der Alltagsbanalitäten entgegen.

Schwitters' Prosa, die sich partiell eng mit den lyrischen Texten berührt und sich mit ihnen vermischt, beansprucht den dominierenden Anteil des literarischen Werks. Von Beginn an ist Gegenwart in diesen Texten präsent, in ihrer bedrängenden und verwirrenden Vielfalt der revolutionären Ereignisse um 1918 und der revolutionären Nachkriegskrise. Schwitters' bildkünstlerisches wie sein literarisches Werk besitzen einen kritischen Eigenwert, dessen Bedeutung durchaus auf der Ebene eines gesellschaftlichen Engagements liegt. Sprache und Sprachbehandlung sollen dabei als Indikator von Schwitters' antibourgeoiser Haltung genommen werden. Sein Verwerfen und Zerbrechen von Sprachnormen in »alogischer« Montage, in scheinbar sinnwidriger Sprachzusammenfügung parodiert und entlarvt Geschäfts-Deutsch, Stammtisch-Blüten, Bürokraten-Jargon, Sprachmonstrositäten in Dekreten, Festreden, Leitartikeln und im Annoncenunwesen. Es wird Synonym für das generelle Verwerfen bürgerlicher Normen durch den Autor. Wer in Schwitters' Wort-Widersinn, in seiner »Alogik« allerdings nur ein Produkt von Willkür und Zufall sehen möchte, wird am Wesen seiner Dichtung vorbeigehen. Denn was für die Anna-Blume-Dichtung gilt, ist auch für die Prosa von Schwitters gültig. Seine Literatur ist von der Merz-Zeit an nicht mehr expressiver Ausbruch. Selbst die sich als Nonsens-Produkt ausgebenden Texte, zumal die Gedichte seit der Zeit um 1919/20 und auch die Prosacollagen, sind streng komponiert. Die Gedichte und Prosaarbeiten stellen in ihren gelungensten Beispielen eine in der Schwebe gehaltene ästhetische Leistung zwischen Improvisation und kompositioneller Zügelung dar, zwischen freiem Spiel und strenger Durcharbeitung.

Schwitters' Prosa hat in der relativ kurzen Zeit von vier, fünf Jahren einen bedeutenden Entwicklungsbogen geschlagen. Von der frühen Dada-Collagetechnik der »Raddadistenmaschine«, der »2 Herren« und dem Franz-Müller-Fragment bis zur Prosa der »Auguste Bolte« hat der Autor die aufgeregte, die »destruktive«, gegen Pathos agierende Merz-Sprache bereits weitgehend hinter sich gelassen und ist in einen beruhigten Erzählgestus eingeschwenkt. Von diesem Einschnitt an finden sich zahlreiche Prosatexte, die in ihrem sprachlichen Duktus und in ihrem konsequenten Aufbau als hergebracht, als nahezu realistisch bezeichnet werden können. Das bedeutet nicht, daß Sprache nun einfach hingenommen wird. Weiterhin wird sie vom Autor kritisch geprüft, abgehorcht, parodiert, zum Teil auch montiert und demonstrativ eingesetzt. Zudem laufen Experimente in der Lyrik und in der Prosa neben den »normalen« Texten her. Auch innerhalb der Prosa gibt es kontrastierende Elemente und Tendenzen, wenn man etwa an die Märchen und Legenden, an manche Satiren und Grotesken denkt und daneben die prototypischen »abstrakten« Texte betrachtet wie »Die Zoologische Garten-Lotterie« oder »Schacko/Jacco«.

Das Groteske, das Satirische, das schon in »Auguste Bolte« einen Höhepunkt fand, setzt sich auf vielfältige Weise in den Prosa-Texten bis etwa 1930 fort. Es ist eine Satire, die sich weiterhin entschieden mit der bürgerlichen Kunstkritik beschäftigt, aber auch neu auftretende Formen sind zu beobachten wie das Märchen und die Legende. Während die frühe Prosa, vor allem der Romantorso »Franz Müllers Drahtfrühling«, Zeitgeschichte vehement reflektiert, nimmt die Prosa der »Auguste Bolte« und der folgenden Phase die »prinzipielle« Kritik einer erstarrten Bürgerwelt auf. Wobei es sich aber kaum um eine Kritik am »Gesicht der herrschenden Klasse« handelt.

Der Ekel des »kleinbürgerlichen« Schwitters vor dem Bourgeoisen, ein durchaus zeittypisches Verhalten, drückt sich vielfältig aus. Weitgehendes Desinteresse gegenüber den Kämpfen und Zielsetzungen der Arbeiterbewegung verbietet ihm keineswegs direkte und mittelbare Ablehnung bürgerlicher Lebensformen und Lebensnormen. Die Suche nach neuem, zeitentsprechendem künstlerischem Ausdruck schließt die Überwindung des Bürgerlichen in Kunst und Leben für ihn ein. Wobei das partielle Auseinanderklaffen von Theorie und künstlerischer Praxis, von Absichtserklärung und Kunstwerk vornehmlich zugunsten von Bild und Text ausfällt. Es offenbart aber auch den Untergrund einer künstlerischen Reflexion, die weder auf einem geschlossenen Denksystem noch auf festumrissenen Grundzügen einer Ästhetik bauen konnte.

Die neben- und miteinander existierenden Märchen, die realistischen Satiren und die Experimentaltexte setzen sich auch in der Prosa der dreißiger Jahre fort, wobei auf Zeitereignisse und Autobiographisches Bezug benommen wird. Neben der Kritik an bürgerlicher Existenz in der Provinz tritt dann ein zum Teil heftiges Reagieren auf die Schrecken der Naziherrschaft und einschneidende Erlebnisse im Exil (»Radio«, »Land des Irrsinns«, »Der Mann in der Maschine«).

Schwitters' Entwicklung kann keineswegs durch eine – knapp gesagt – Überwindung von Experimentalbereichen zu realistischen Positionen charakterisiert werden. Solche Tendenzen sind zwar auch zu beobachten, daneben aber stehen bis in Schwitters letztes Lebensjahrzehnt vielfältige Experimente mit Sprache.

Nach der »Auguste Bolte« kommt es also trotz jenes schon festgestellten »beruhigten« Erzählens weiterhin zu Experimenten in Lyrik und Prosa. Zwar gibt es in den Grotesken, Märchen, Fabeln, Legenden keine demonstrative Montage mehr, aber deshalb wird das Experimentierfeld, der Spiel-Raum, nicht grundsätzlich negiert. So zeigt es sich in der Geschichte »Kunsthistoriker«, in »Horizontale Geschichte« so auch in »Punch von Nobel«, wo der Autor die Bahnen vorgezeichneten Erzählens abrupt verläßt und sich als handelnde Person einmischt, in echter »dadaistischer« Manier seine Figuren »umdreht« und die Geschichte in eine neue Erzählrichtung lenkt.

Aus dem bisher Gesagten deutet sich vielleicht schon an, daß Schwitters' Leistung als Pionier experimenteller Dichtung nicht auf dilettantische Willkür, auf Zufallswürfe reduziert werden kann, daß sie vielmehr auf Bereitschaft zu kontinuierlichen Versuchen immer neuen literarischen Sprechens basiert. Deutlich ist das auch an Schwitters' ›i‹-Dichtung und an seiner Lautdichtung zu erkennen. Das »i-Gedicht« von 1922 soll von uns nicht überinterpretiert werden, sicher aber ist, daß es unabhängig von seiner inhaltlichen »Bedeutungslosigkeit« echte Demonstrationsfunktion besitzt. Bernd Scheffer, der sich um die Erforschung des literarischen Werks von Kurt Schwitters verdient gemacht hat, charakterisiert diesen Komplex mit dem Satz: »Man kann die i-Texte von Schwitters als eine literarische Parallelerscheinung zum ›objet trouvé‹ bzw. zum ›ready made‹ in der bildenden Kunst verstehen.«* Und Helmut Heißenbüttel weist darauf hin, daß Schwitters ein Schriftsteller gewesen ist, »...der vieles ausprobiert hat, was für die Literatur des 20. Jahrhunderts von Be-

* *objet trouvé* bzw. *ready made*, »gefundener«, vorgefertigter Gegenstand des täglichen Gebrauchs, durch Ortswechsel und Neubenennung verfremdet und zum Kunstwerk umfunktioniert

deutung geworden ist, der vorweggenommen hat, was seither nur noch nachgemacht werden kann ...«. – Das Hervortreten der neben den inhaltlich bedeutungslosen, »nur-sprachlogischen Bezirke« ist bei Kurt Schwitters tatsächlich frühzeitig zu beobachten. Auch die Verwendung der Zahl als Vokabel oder als Zeichen sollte bewußt außerhalb der Metaphorik und bar jeglicher Bedeutung bleiben. »Das Gedicht besteht aus objektivierbaren Grundelementen, seine Mittel sind: Reihung, Wiederholung, Kontrast, Brechung«, sagt Heißenbüttel in diesem Zusammenhang. »Den äußersten Schritt stellt das i-Gedicht dar... Die Elemente der Sprache, auf sich selbst reduziert, werden zum Gedicht erklärt. Gedicht ist nicht länger etwas auf höherer Ebene Redendes, sondern das Sprachelement selbst ...«

Schwitters Hilfestellung durch Titelgebung und Andeutung der »Richtung« des Gedichts – *»pornographisches* i-Gedicht«, *»unsittliches* i-Gedicht« usw. – erleichtert die Realisation des Gedichts und räumt dem Ulk, der falsche Leseerwartungen ironisieren kann, einen gehörigen Raum ein. Ganz eindeutig haben wir es in diesen Gedichten mit Anfängen experimenteller Dichtung zu tun. Bereits in den »Banalitäten aus dem Chinesischen« hatte Schwitters durch die Aneinanderreihung und Vermischung von heterogenen Zitaten und Banalweisheiten eine neue »Trivialpoesie« zu begründen unternommen, die durch Titelgebung bewußt ironisch, parodistisch einstimmte. Schwitters bezeichnete seine Methode als »... die Banalität; sie ist das Auffinden eines Komplexes in der unkünstlerischen Welt und das Schaffen eines Dadawerkes (bewußte Nichtkunst) aus diesem Komplex durch Begrenzung, sonst nichts ...«

Wir hatten bereits darauf hingewiesen, daß für Schwitters »abstrakte Dichtung« nichts anderes bedeutete als Lösung von der Naturnachahmung. In »Merz 21«, dem *ersten Veilchenheft*, heißt es dazu: »Es ist mir in der Literatur schwer möglich, die Abstraktion rein durchzuführen, dazu genügen die heutigen Voraussetzungen noch nicht. Von meinen Dichtungen ist die am reinsten abstrakte die Ursonate ...« – Schwitters Lautdichtung hat eine Vorgeschichte. In der deutschsprachigen Literatur wird sie historisch begrenzt durch bereits vor Schwitters sporadisch existierende Beispiele, die sich bei Morgenstern und bei Scheerbart finden. Im Bereich des Züricher *Cabaret Voltaire* entstehen dann verstärkt unter anderem auch Lautdichtungen wie die von Hugo Ball, von Richard Huelsenbeck und Raoul Hausmann, ohne daß damit – außer bei Hausmann – eine Programmatik und eine eigenständige Lautdichtung entstanden wäre. Das »Simultangedicht« (um 1919) und die »Ursonate« kennzeichnen den Entwicklungsbogen der Lautdichtung von Kurt Schwitters. Mit der Fixierung der »Ursonate« in *»Merz 24«* (1932) bricht er jedoch nicht ab, sondern läßt sich bis ins englische Exil verfolgen. Ganz im Unterschied zu beiläufigen Produktionen von Lautdichtung liegt bei Schwitters eine systematische Erkundung des Lautmaterials vor. Die »Ursonate« darf allerdings nicht ausschließlich zur Lautdichtung gerechnet werden. Durch Einvernahme von schallnachahmendem Material aus dem Alltäglichen und »Banalen« ist sie auch zum Bereich der »Trivialliteratur« zu zählen.

Schwitters fand das Thema bei Raoul Hausmann, der auf einer gemeinsamen Tournee in die Tschechoslowakei im September 1921 sein »Fmsbw«-Gedicht in Prag vorstellte. Hausmann berichtet: »Erst trug Schwitters mein Gedicht im ›Sturm‹ als ›Porträt Raoul Hausmann‹ vor, später, gegen 1923, hatte er es stark ausgebaut in 50facher Wiederholung, und endlich 1932 hatte er das Scherzo ›lanke trrgll‹ und andere Teile dazu erfunden und das Ganze als ›Urlautsonate‹ in seinem ›Merz‹ Nr. 24 veröffentlicht.«

Schwitters' »Urlautsonate«, von ihm auch »Ursonate« genannt, ist im Bereich der Lautdichtung sicher eine einmalige, bedeutende Leistung. Dennoch sind von sachkundiger Seite bedenkswerte Einwände vorgebracht worden. Bereits von Freund Hausmann kam der Hinweis, daß Schwitters' Dichtung die Konsequenz phonetischer Dichtung fehle, da es keine »reine« Lautdichtung sei. Tatsächlich existiert die »Ursonate« in einer Vermischung von Lauten, Onomatopoesien,

Anklängen an semantische Zusammenhänge, an angedeutete »Inhalte« usw. Und auch im musikalischen Bereich – Schwitters erhebt ja den Anspruch, der »klassischen Sonate« nachzufolgen – gibt es gewichtige Einwände.

Ernst Nündel, Verfasser einer lesenswerten Biographie über Schwitters, hat den Stellenwert der »Ursonate« vielleicht am glücklichsten gekennzeichnet: »Und so ist sie wohl am ehesten zu begreifen: als künstlerische Verarbeitung elementaren Materials, denn damit steht sie im Zusammenhang mit den scheinbar unterschiedlichsten poetischen Experimenten, die Schwitters schon lange beschäftigt hatten und die er, sofern sie veröffentlicht wurden, häufig mit dem Zusatz *elementar* versehen hat. Das sind Anordnungen von Zahlenreihen und -gruppen, die Rezitation des Alphabets von hinten, das Simultangedicht – der gleichzeitige Vortrag von Lautfolgen durch verschiedene Sprecher –, die graphische Verteilung von Buchstaben und Ziffern in *gesetzten Bildgedichten*, schließlich die Verwendung von Buchstaben und Buchstabenfolgen in Collagen. Damit war die Aufhebung der Beschränkung durch die Grenzen der Kunstarten, die Durchdringung von Musik, Dichtung und bildender Kunst durch *Merz* erreicht.«

Als Merztheoretiker zielt Schwitters schon früh auf ein »Gesamtkunstwerk«, sucht er einen Beitrag zum Niederreißen hemmender Schranken zwischen den Kunstgattungen zu leisten. Als Vortragender der Sturm-Bühne Herwarth Waldens, bei happeningartigen Veranstaltungen im Rahmen von Dada-Tourneen, als vielseitiger Organisator, Regisseur und Akteur seiner Merzbühne, als meisterhafter Interpret seiner »Ursonate« und als Theatertheoretiker hat Schwitters Aufmerksamkeit erregen können. Die Vielfalt der vorgefundenen Theatertheorien bewirkte bei ihm Parodie, Persiflage, aber auch konstruktive Gegenvorschläge, Konzepte zur Merzbühne, in deren Mittelpunkt der Merzkünstler stehen sollte. Angestrebt wird dabei eine kollektive Leistung aller Beteiligten, einschließlich des Publikums. Seine spätere Theorie zur Normalbühne war eine Antwort auf die konstruktivistische Bauhausbühne Schlemmers und Moholy-Nagys.

Die Merz-Abende, frühe Form der Schwitterschen Auseinandersetzung mit theatralischen Formen und Bedingungen, führt er nach Abklingen der dadaistischen Strömung in modifizierter Form weiter. Anstelle der Publikumsprovokation à la *Cabaret Voltaire* mit Arp, van Doesburg, Höch und Hausmann (1921–1923) tritt ab 1924 eine spezielle Form des literarischen »Kabaretts«, in dem Schwitters sein Publikum mit Märchen, Grotesken und Gedichten bekannt macht.

Erst die Begegnung mit dem epischen Theater, speziell mit der Piscator-Bühne, läßt Schwitters auch zu größeren dramatischen Arbeiten übergehen. Diese Texte kalkulieren Film und Rundfunk ein, berücksichtigen zeitgenössische Formen wie die Revue und sind an ein großes Publikum gerichtet. Noch immer aber geht es – wie auch in der Oper »Zusammenstoß« von 1927 – um ein Durchbrechen starrer Gattungsbegrenzungen. Alle Möglichkeiten von Sprache, bildender Kunst, Musik und Technik sollen dem Kunstwerk dienstbar sein. Aber »trotz« der provozierenden Elemente will Schwitters »unterhalten« und »aufklären«. Er versucht sogar eine Abrechnung mit »ewig« unbelehrbaren Nazis in der theatralischen Groteske »Die Familiengruft« (1946).

An verschiedenen Beispielen war zu erkennen, daß Schwitters' literarische Texte keine »normalen« Texte sind, wie seine Collagen, seine Bilder keine konventionellen künstlerischen Produkte darstellen. Seine Leistung etwa auf vordergründige Gesellschaftskritik begrenzen zu wollen, hieße zu kurz ansetzen. Schwitters ist nur zu »fassen«, wenn man sich auf seine Methode »einläßt«.

Der Mann aus Hannover, den man in seiner Heimatstadt allenfalls als einen Eulenspiegel gelten ließ, den man viel öfter als Bürgerschreck empfand, ja als Scharlatan oder als Geistesgestörten abzutun suchte, wurde in der Zeit nach dem zweiten Weltkrieg überraschend zum *Klassiker der Moderne* gekürt. – »Als Klassiker muß man ihn bereits wieder vor allzu pauschalem Lob schützen«, schrieb Heißenbüttel um 1970. »Aber als Schriftsteller, der er ebenso war wie Bildhersteller, bleibt er bis heute jemand, der Allotria gemacht hat ...« –

Dieses von Helmut Heißenbüttel beschriebene Vorurteil konnte inzwischen auch mit Hilfe der in den siebziger Jahren edierten Ausgabe des literarischen Werks in Frage gestellt werden. Die vermutete schriftstellerische Bedeutung Schwitters' bestätigte sich in einer Fülle neu vorgelegter Texte.

Die Qualität der zutage gebrachten Literatur könnte nun vielleicht dazu dienen, Schwitters' Anerkennung als Schriftsteller zu befördern, konservative Kritik ad absurdum zu führen oder wenigstens abzubauen, wo sie sich noch heute – wie in Jost Hermands »Expressionismus«-Kritik – im Schwange befindet.* Die Verdammung von Hugo Balls berühmtem Lautgedicht »Die Karawane«, von Rudolf Blümners »Ango Laina« oder Schwitters' »An Anna Blume« als »verrückt« und »verworren« oder ihre Denunzierung als »spielerisches Tingeltangel oder blühenden Blödsinn« erscheint für das Jahr 1973 nicht nur bar jeder Einfühlung, es wirkt zum Zeitpunkt des Urteils auch ausgesprochen hochfahrend.

Ohne dem Autor in alle Verästelungen seiner bildkünstlerischen Experimentalbereiche mit uneingeschränktem Beifall zu folgen oder seine Theorien kritiklos zu übernehmen, auch ohne den Vorsatz, jeden Versuch aus seinem Sprachlaboratorium für sakrosankt erklären zu wollen, erscheint uns die vielfältige, die reich facettierte, oft in poetisches Neuland vorstoßende Leistung von Kurt Schwitters außer Frage zu stehen. Sein Humor, die Basis der Collagen, Reliefs und Plastiken, hat seine Tragfähigkeit überzeugend auch für die Literatur bewiesen. Schwitters war durchaus nicht der Prototyp eines ins Irrationalistische flüchtenden Künstlers. Zwar ging es ihm nicht um die soziale Revolution, sein Interesse galt der künstlerischen, ihn damit aber als an Politik und Gesellschaft unbeteiligt erscheinen zu lassen, ihn gar als unpolitischen Künstler abzustempeln, gäbe ein falsches Bild. Trotz der in seinen theoretischen Schriften oftmals sichtbar werdenden idealistischen Basis, einer ästhetischen Konzeption, die sich entgegen revoltierender Gebärde in manchen Relationen als

* Richard Hamann/Jost Hermand, »Expressionismus«, Berlin: Akademie-Verlag 1975

für die bürgerliche Ideologie verdaulich bewies, bleibt Schwitters ein ehrlicher und unermüdlicher Sucher und Neuerer, ein in Teilaspekten scharfsichtiger Kritiker bourgeoiser Existenz und bürgerlicher Kunst.

Kurt Schwitters' bildkünstlerische Leistung ist heute unumstritten. Nahezu vergessen ist seine konventionelle Malerei. Das Werk des Collagisten, Grafikers, Plastikers liegt – soweit seine Arbeiten nicht durch die barbarischen Antikunst-Aktionen der Nazis und durch den Krieg vernichtet wurden – übersichtlich vor. Große Museen der bildenden Kunst hüten sie als wichtige Zeugnisse der klassischen Moderne. Die »Entdeckung« und »Anerkennung« des Schriftstellers Schwitters hingegen ist nicht gar so weit zurückzudatieren, und sie war nicht frei von Marktgeschrei und modischen Aspekten.

Die Aneignung des literarischen Werks von Kurt Schwitters hat eigentlich erst begonnen. Der Dunst des »Skandalösen« und »Sensationellen« ist verflogen, und allmählich wird die Sicht frei auf eine bedeutende Leistung. Schwitters' künstlerische Revolte war vielseitig, und seine Nachwirkung spricht eine eigene Sprache. Die Vitalität seiner Bilder und Texte teilt sich dem unverkrampften Betrachter und Leser von heute alsbald mit.

Und das Vermächtnis des Künstlers? Vom »Neuen Realismus« bis zur »Arte povera« und der »Konkreten Poesie« glauben viele, sich auf ihn berufen zu müssen. Kurt Schwitters, ein Feind jeden Nimbus, hätte in solchen Fällen vielleicht auf einen seiner Sätze verwiesen, die es in sich haben: »Im Paradiese der Kunst geht man barfuß.«

Dezember 1983 *Joachim Schreck*

Anmerkungen zur Erstveröffentlichung der vorliegenden Texte und Grafiken

Die aufgenommenen Texte folgen der Ausgabe von Friedhelm Lach: Kurt Schwitters, »Das literarische Werk«, Band 1–5, Köln 1973–1981. Bei dem Gedicht »An Anna Blume« wurde die Ausgabe »Anna Blume. Dichtungen«, 1919, zugrunde gelegt.

Sämtliche vorliegende Grafiken wurden nach der Erstveröffentlichung reproduziert.

Nachfolgende Anmerkungen beruhen weitgehend auf den Angaben von Friedhelm Lach.

5 *Die Welt,* in: »Kräfte«, 1. Folge, 2. Heft, Hamburg 1919. – Kurt Schwitters, »Anna Blume. Dichtungen«, Hannover 1919 (»Die Silbergäule« 39/40).

6 *Ich werde erbaut,* in: »Der Sturm«, Jahrgang X, Heft 3, Berlin 1919. – Kurt Schwitters, »Anna Blume. Dichtungen«, Hannover 1919 (»Die Silbergäule« 39/40).

7 *Welt voll Irrsinn,* in: »Der Zeltweg« 1, Redaktion: Flake, Serner und Tzara, Zürich 1919.

8–11 *Sturm-Bilderbuch S. 5, S. 9, S. 11, S. 19,* alle in: »Sturm-Bilderbücher IV. Kurt Schwitters«, Berlin 1921. – Stempelzeichnungen.

12 *An Anna Blume,* in: Kurt Schwitters, »Anna Blume. Dichtungen«, Hannover 1919 (»Die Silbergäule« 39/40).

13 *Nennen Sie es Ausschlachtung,* in: »Der Sturm«, Jahrgang X, Heft 4, Berlin 1919. – Kurt Schwitters, »Anna Blume. Dichtungen«, neue veränderte Auflage, Hannover 1922.

14 Titelblatt zu *»Anna Blume. Dichtungen«,* in: Kurt Schwitters, »Anna Blume. Dichtungen«, Hannover 1919 (»Die Silbergäule« 39/40).

15 *Die Zwiebel,* in: Kurt Schwitters, »Anna Blume. Dichtungen«, Hannover 1919 (»Die Silbergäule« 39/40).

23 *Die Merzmalerei,* in: »Der Sturm«, Jahrgang X, Heft 4, Berlin 1919. – »Der Zweemann«, Jahrgang I, Heft 1, Hannover 1919. Vorliegende Fassung nach »Der Zweemann«.

24 1 *Die Merzbühne,* in: »Sturm-Bühne«, 8. Folge, Berlin 1919.

26 *Erklärungen meiner Forderungen zur Merzbühne,* in: »Sturm-Bühne«, 8. Folge, Berlin 1919.

29–32 *Sturm-Bilderbuch, S. 15, S. 25, S. 29, S. 31,* alle in: »Sturm-Bilderbücher IV. Kurt Schwitters«, Berlin 1921. – Stempelzeichnungen.

33 *Der Bahnhof,* in: »Der Zweemann«, Jahrgang I, Heft 1, Hannover 1919.

34 *Herwarth Walden,* in: »Sturm-Bilderbücher IV. Kurt Schwitters«, Hannover 1921.

35 *An eine Zeichnung Marc Chagalls,* in: Kurt Schwitters, »Anna Blume. Dichtungen«, neue veränderte Auflage, Hannover 1922.

36 *Feine Pelzmoden,* in: »Sturm-Bilderbücher IV. Kurt Schwitters«, Berlin 1921.

37 *Dem Sturm,* in: »Der Sturm«, Jahrgang XII, Heft 10, Berlin 1921.

38 *Abstraktion,* in: »Der Sturm«, Jahrgang X, Heft 4, Berlin 1919.

39 *Konstruktion,* in: »Der Sturm«, Jahrgang X, Heft 4, Berlin 1919.

40 *Simultangedicht kaa gee dee,* in: Friedhelm Lach, »Der Merz-Künstler Kurt Schwitters«, Köln 1971. – Maschinenmanuskript im Kurt-Schwitters-Archiv, Oslo. Datierung: Dezember 1919.

41 *Hannover,* in: »Der Sturm«, Jahrgang XI, Heft 3, Berlin 1920. – Kurt Schwitters, »Anna Blume. Dichtungen«, neue veränderte Auflage, Hannover 1922. Vorliegende Fassung nach »Anna Blume. Dichtungen«.

42 Titelblatt zu *»Die Kathedrale«* in: »Die Silbergäule« 41/42, Hannover 1920. – Steinzeichnungen.

43 Merz-Steinzeichnung aus *»Die Kathedrale«* in: »Die Silbergäule« 41/42, Hannover 1920.

44 *Franz Müllers Drahtfrühling. Erstes Kapitel,* in: »Der Sturm«, Jahrgang XIII, Heft 11, Berlin 1922.

57 *An das Proletariat Berlins!,* in: »Der Sturm«, Jahrgang XIII, Heft 9, Berlin 1922.

58 *Tran Nummer 7,* in: »Der Sturm«, Jahrgang XI, Heft 1, Berlin 1920.

63 *Erweiterung,* in: »Der Sturm«, Jahrgang XI, Heft 3, Berlin 1920.

67 *Die Raddadistenmaschine,* in: »Der Ararat«, Jahrgang II, Heft 1, 1921. – Kurt Schwitters, »Anna Blume. Dichtungen«, neue veränderte Auflage, Hannover 1922. Vorliegende Fassung nach »Anna Blume. Dichtungen«.

68 *Einleitung. Was ist Bleie?,* in: Kurt Schwitters, »Memoiren Anna Blumes in Bleie. Eine leichtfaßliche Methode zur Erlernung des Wahnsinns für jedermann von Kurt Merz Schwitters«, Freiburg i. B. 1922.

70 *Cigarren [elementar],* in: Kurt Schwitters, »Elementar. Die Blume Anna. Die neue Anna Blume«. Eine Gedichtsammlung aus den Jahren 1918–1922, Berlin 1922. Titel in eckiger Klammer von Friedhelm Lach.

71 *Talglicht,* in: Kurt Schwitters, »Elementar. Die Blume Anna. Die neue Anna Blume. Eine Gedichtsammlung aus den Jahren 1918–1922«, Berlin 1922.

72 *Dorf,* in: Kurt Schwitters, »Elementar. Die Blume Anna. Die neue Anna Blume. Eine Gedichtsammlung aus den Jahren 1918–1922«, Berlin 1922.

73 *Die Hand,* in: Kurt Schwitters, »Elementar. Die Blume Anna. Die neue Anna Blume. Eine Gedichtsammlung aus den Jahren 1918–1922«, Berlin 1922.

74 *2 Herren,* in: »Mécano«, Jahrgang I, Heft 3, Haag 1922. – in: Kurt Schwitters, »Elementar. Die Blume Anna. Die neue Anna Blume. Eine Gedichtsammlung aus den Jahren 1918–1922«, Berlin 1922.

76 *Banalitäten aus dem Chinesischen,* in: Kurt Schwitters, »Elementar. Die Blume Anna. Die neue Anna Blume. Eine Gedichtsammlung aus den Jahren 1918–1922«, Berlin 1922.

77–79 *Memoiren Anna Blumes in Bleie, S. 10, S. 13, S. 14,* in: Kurt Schwitters, »Memoiren Anna Blumes in Bleie. Eine leichtfaßliche Methode zur Erlernung des Wahnsinns für jedermann von Kurt Merz Schwitters«, Freiburg i. B. 1922.

80 *Sauberkeit,* in: »Die Pille«, Jahrgang II, Heft 18, Hannover 1921.

81 *Kritiker. Tran 27,* in: Kurt Schwitters, »Elementar. Die Blume Anna. Die neue Anna Blume. Eine Gedichtsammlung aus den Jahren 1918–1922«, Berlin 1922.

83 *Denaturierte Poesie,* in: »Der Sturm«, Jahrgang XIII, Heft 7/8, Berlin 1922.

84 *Kümmernisspiele,* in: Kurt Schwitters, »Elementar. Die Blume Anna. Die neue Anna Blume. Eine Gedichtsammlung aus den Jahren 1918–1922«, Berlin 1922.

85 *ZA (elementar),* in: Kurt Schwitters, »Elementar. Die Blume Anna. Die neue Anna Blume. Eine Gedichtsammlung aus den Jahren 1918–1922«, Berlin 1922.

85 *Das i-Gedicht,* in: Kurt Schwitters, »Elementar. Die Blume Anna. Die neue Anna Blume. Eine Gedichtsammlung aus den Jahren 1918–1922«, Berlin 1922.

86 *i (Ein Manifest),* in: »Der Sturm«, Jahrgang XIII, Heft 5, Berlin 1922.

87 *Gesetztes Bildgedicht,* in: Kurt Schwitters, »Elementar. Die Blume Anna. Die neue Anna Blume. Eine Gedichtsammlung aus den Jahren 1918–1922«, Berlin 1922.

88 *Aus der Welt »Merz«,* in: »Der Sturm«, Jahrgang XIV, Heft 4/5/6, Berlin 1923.

103 *Hannovers erste Merz-Matinee,* in: »Störtebeker«, Heft 1, Hannover 1924.

105 *Tran Nr. 30 Auguste Bolte,* in: Kurt Schwitters, »Tran Nr. 30. Auguste Bolte. (Ein Lebertran)«, Berlin 1923.

135–138 Titelblatt zu *»Merz 1«* und *S. 2, S. 3, S. 4,* alle in: »Merz 1, Holland Dada«, Hannover 1923.

139–144 Titelblatt zu *»Merz 2«* und *S. 17, S. 20, S. 23, S. 27;* Umschlag Rückseite, alle in: »Merz 2, Nummer i«, Hannover 1923.

145–150 Titelblatt zu *»Merz 11«* und *S. 91, S. 92, S. 94, S. 95;* Umschlag Rückseite, alle in: »Merz 11. Typo-Reklame«, Hannover 1924.

151 *Er,* in »Der Sturm«, Jahrgang XVIII, Heft 4/5, Berlin 1927. – Maschinenmanuskript im Kurt-Schwitters-Archiv, Oslo. Datierung: 15. 11. 1923.

162–163 Titelblatt und Rückseite zu *»Merz 16/17«,* in: »Die Märchen vom Paradies«, Gestaltung und graphische Ausstattung von Kurt Schwitters und Käte Steinitz, Hannover 1925. – »Merz« 16/17 ist nicht erschienen. Die als »Märchen vom Paradies« bezeichneten Titel wurden erst nachträglich als zu Merz gehörig deklariert.

164 *Der Hahnepeter,* in: »Die Märchen vom Paradies«, Gestaltung und gra-

phische Ausstattung von Kurt Schwitters und Käte Steinitz, Hannover 1925.

173 *Der Paradiesvogel,* in: »Die Märchen vom Paradies«, Gestaltung und graphische Ausstattung von Kurt Schwitters und Käte Steinitz, Hannover 1925.

180 *Das Paradies auf der Wiese,* in: »Die Märchen vom Paradies«, Gestaltung und graphische Ausstattung von Kurt Schwitters und Käte Steinitz, Hannover 1925.

195 *Merfüsermär,* in: »Der Sturm«, Jahrgang XVI, Heft 11/12, Berlin 1925.

204 *Der Pechvogel,* in: »Der Sturm«, Jahrgang XVII, Heft 8, Berlin 1926, Kapitel 5 der »Märchen vom Paradies«.

214 Titelblatt zu *»Merz 14/15«,* in: »Die Scheuche«, Gestaltung und graphische Ausstattung von Kurt Schwitters, Käte Steinitz und Theo van Doesburg, Hannover 1925. – »Merz« 14/15 ist nicht erschienen. Das Märchen »Die Scheuche« wurde erst nachträglich als zu Merz gehörig deklariert.

215 *Die Scheuche,* in: »Die Scheuche«, Gestaltung und graphische Ausstattung von Kurt Schwitters, Käte Steinitz und Theo van Doesburg, Hannover 1925.

227 *Abgier,* in: Kurt Schwitters, »Das literarische Werk«, Band 2, Prosa 1918–1930, Köln 1974. – Maschinenmanuskript im Kurt-Schwitters-Archiv, Oslo. Datierung: 6.7.1925.

233 *»Merz 7«, S. 68,* in: »Merz 7. Tapsheft«, Hannover 1924.

234 *»Tran 24. Die Schwanenjungfrau«,* in: »Der Sturm«, Jahrgang XV, Heft 1, S. 42 (linke Spalte), Berlin 1924.

235 *Punch von Nobel,* in: Kurt Schwitters, »Das literarische Werk«, Band 2, Prosa 1918–1930, Köln 1974. – Maschinenmanuskript im Kurt-Schwitters-Archiv, Oslo. Datierung: 5.10.1925.

276 *Der Schweinehirt und der Dichterfürst,* in: »Hannoversches Tageblatt« vom 4.8.1927.

281 *Die Zoologische Garten-Lotterie,* in: »Berliner Tageblatt« vom 13.9.1926 – unter dem Titel »Die Lotterie«. – »Merz 21. Erstes Veilchenheft«. Eine kleine Sammlung von Merz-Dichtungen aller Art von Kurt Schwitters, Hannover 1931. Vorliegende Fassung nach »Merz 21. Erstes Veilchenheft«.

290 *Die Piepmänner und das Schwein,* Mitarbeit Hans Arp, in: »Braunschweigische Neue Nachrichten« vom 13.4.1926.

294 *Rundfahrt im Hamburger Hafen,* in: »Hamburger Anzeiger« vom 22.5.1926.

299 *Emils blaue Augen,* in: »Hannoverscher Kurier« vom 17. 10. 1925. – »Hannoversches Tageblatt« vom 19.6.1927. Vorliegende Fassung nach »Hannoversches Tageblatt«.

302 *Horizontale Geschichte,* in: »Hannoversches Tageblatt« vom 26. 2. 1928 unter dem Titel »Auf Jules Vernes Spuren«. – Maschinenmanuskript

in der Katherine Dreier Collection, Yale University, USA. Entstanden 1926.

309 *Mein Selbstmord,* in: Kurt Schwitters, »Das literarische Werk«, Band 2, Prosa 1918–1930, Köln 1974. – Maschinenmanuskript im Kurt-Schwitters-Archiv, Oslo. Entstanden 1925/26. »Eröffnungen«, Nr. 23/24.

314 *Der zündende Funken,* in: Kurt Schwitters, »Das literarische Werk«, Band 2, Prosa 1918–1930, Köln 1974. – Maschinenmanuskript im Kurt-Schwitters-Archiv, Oslo. Datierung: 20. 7. 1926.

317 *Schacko/Jacco,* in: »Merz 21. Erstes Veilchenheft«. Eine kleine Sammlung von Merz-Dichtungen aller Art von Kurt Schwitters, Hannover 1931.

321 *Der Gast,* in: Kurt Schwitters, »Das literarische Werk«, Band 2, Prosa 1918–1930, Köln 1974. – Maschinenmanuskript im Kurt-Schwitters-Archiv, Oslo. Entstanden 1927.

327 *Das ganz einfache Butterbrot,* in: Kurt Schwitters, »Das literarische Werk«, Band 2, Prosa 1918–1930, Köln 1974. – Maschinenmanuskript im Kurt-Schwitters-Archiv, Oslo. Datierung: 6. 9. 1928.

333 *Kunsthistoriker,* in: Kurt Schwitters, »Emils blaue Augen. Grotesken«, hrsg. von Ernst Schwitters und Friedhelm Lach, (West-)Berlin 1971. – Maschinenmanuskript im Kurt-Schwitters-Archiv, Oslo.

338 Merzzeichnung, in: »Der Sturm«, Jahrgang XVII, Heft 7, Titelblatt, Berlin 1926.

339 Merzzeichnung, in: »Der Sturm«, Jahrgang XVII, Heft 7, Seite 105, Berlin 1926.

340 *Fräulein Franke,* in: Werner Schmalenbach, »Kurt Schwitters«, Köln 1967. – Maschinenmanuskript im Kurt-Schwitters-Archiv, Oslo. Entstanden 1924/25.

341 *Schnuppe,* in: »Merz 20. Kurt Schwitters. Katalog«, Hannover 1928.

342 *Ganz mitten,* in: Werner Schmalenbach, »Kurt Schwitters«, Köln 1967. Entstanden 1927. – »Transition«, Nr. 22, 1933.

343 *Doppelmoppel,* in: Werner Schmalenbach, »Kurt Schwitters«, Köln 1967. – Maschinenmanuskript im Kurt-Schwitters-Archiv, Oslo. Datierung: 1927.

344 *Haste raste roste nicht,* in: Kurt Schwitters, »Das literarische Werk«, Band 1, Lyrik, Köln 1973. – Maschinenmanuskript im Kurt-Schwitters-Archiv, Oslo. 2. Fassung. Datierung: Juli 1929.

345 *Zusammenstoß,* Groteske Oper von Kurt Schwitters und Käte Steinitz, in: Kurt Schwitters, »Das literarische Werk«, Band 4, Schauspiele und Szenen, Köln 1977. – Maschinenmanuskript im Kurt-Schwitters-Archiv, Oslo. 3. Fassung. Entstanden 1927.

389 *Meine Sonate in Urlauten,* in: Kurt Schwitters, »Das literarische Werk«, Band 5, Manifeste und kritische Prosa, Köln 1981. – »i 10«, I, Nr. 11, 1927.

394 *Ursonate,* in: »Merz 24. Ursonate«, Typographie Jan Tschichold, Hannover 1932.

423 *Das lebende Fürstentum als Naturschutzpark,* in: Kurt Schwitters, »Das literarische Werk«, Band 3, Prosa 1931–1948, Köln 1975. – Handschriftliches Manuskript in Gabelsberger Kurzschrift im Kurt-Schwitters-Archiv, Oslo. Datierung: 20. 3. 1932.

426 *Der graue Siebenzusch,* in: Kurt Schwitters, »Das literarische Werk«, Band 3, Prosa 1931–1948, Köln 1975. – Handschriftliches Manuskript in Gabelsberger Kurzschrift im Kurt-Schwitters-Archiv, Oslo. Entstanden 1932.

430 *Radio,* in: Kurt Schwitters, »Das literarische Werk«, Band 3, Prosa 1931–1948, Köln 1975. – Maschinenmanuskript im Kurt-Schwitters-Archiv, Oslo. Entstanden 1934.

433 *Land des Irrsinns,* in: Kurt Schwitters, »Das literarische Werk«, Band 3, Prosa 1931–1948, Köln 1975. – Handschriftliches Manuskript in Gabelsberger Kurzschrift im Kurt-Schwitters-Archiv, Oslo. Datierung: 29. 6. 1938.

436 *Verwandlungen,* in: Kurt Schwitters, »Das literarische Werk«, Band 3, Prosa 1931–1948, Köln 1975. – Handschriftliches Manuskript in Gabelsberger Kurzschrift im Kurt-Schwitters-Archiv, Oslo. Datierung 11. 12. 1938.

442 *Ilmenbüttel, die Großstadt,* in: Kurt Schwitters, »Das literarische Werk«, Band 3, Prosa 1931–1948, Köln 1975. – Handschriftliches Manuskript in Gabelsberger Kurzschrift im Kurt-Schwitters-Archiv, Oslo. Datierung: 21. 4. 1939.

450 *Die tote Frau Rat mit dem Tuet,* in: Kurt Schwitters, »Das literarische Werk«, Band 3, Prosa 1931–1948, Köln 1975. Aus der unveröffentlichten Sammlung »Die Feuerfliege« im Kurt-Schwitters-Archiv, Oslo. Entstanden zwischen 1930 und 1945.

459 *Die Abenteuer des Herrn von Nasebyll,* in: Kurt Schwitters, »Das literarische Werk«, Band 3, Prosa 1931–1948, Köln 1975. – Handschriftliches Manuskript im Kurt-Schwitters-Archiv, Oslo. Entstanden 1942.

469 *Basel,* in: Carola Giedion-Welcker, »Anthologie der Abseitigen. Poètes à l'Ecart«, Bern-Bümplitz 1946, neue revidierte und erweiterte Auflage Zürich 1965. Datierung: Dezember 1935.

470 *Kleines Gedicht für große Stotterer,* in: Kurt Schwitters, »Das literarische Werk«, Band 1, Lyrik, Köln 1973. 4. Fassung. Entstanden um 1934. Aus der unveröffentlichten Sammlung »Die Feuerfliege« im Kurt-Schwitters-Archiv, Oslo.

471 *Kleines chinesisches Gedicht,* in: Kurt Schwitters, »Das literarische Werk«, Band 1, Lyrik, Köln 1973. – Handschriftliches Manuskript im Kurt-Schwitters-Archiv, Oslo. Datierung: Dezember 1937.

472 *Flucht* in: Kurt Schwitters, »Das literarische Werk«, Band 1, Lyrik, Köln 1973. – Handschriftliches Manuskript im Kurt-Schwitters-Archiv, Oslo. Entstanden 1940.

475 *Der Mann in der Maschine,* in: Kurt Schwitters, »Das literarische Werk«,

Band 3, Prosa 1931–1948, Köln 1975. Entstanden zwischen 1940 und 1945. Aus der unveröffentlichten Sammlung »Die Feuerfliege« im Kurt-Schwitters-Archiv, Oslo.

483 *Der Ursprung von Merz*, in: Kurt Schwitters, »Das literarische Werk«, Band 3, Prosa 1931–1948, Köln 1975. – Handschriftliches Manuskript im Kurt-Schwitters-Archiv, Oslo. Entstanden zwischen 1942 und 1947.

486 *London Onion*, in: Kurt Schwitters, »Das literarische Werk«, Band 1, Lyrik, Köln 1973. – Handschriftliches Manuskript im Kurt-Schwitters-Archiv, Oslo. Entstanden 1946.

490 *Die Wut des Niesens, The Fury of Sneezing*, in: Kurt Schwitters, »Wir spielen bis uns der Tod abholt! Briefe aus fünf Jahrzehnten«, gesammelt, ausgewählt und kommentiert von Ernst Nündel, (West-)Berlin 1974. – In einem Brief an Christof und Louise Spengemann vom 26. 1. 1946, Stadtbibliothek Hannover.

491 *[In der Gegend des Paradieses]*, in: Kurt Schwitters, »Das literarische Werk«, Band 3, Prosa 1931–1948, Köln 1975. Titel dieses Textes von Friedhelm Lach. – Handschriftliches Manuskript im Kurt-Schwitters-Archiv, Oslo. Entstanden um 1947.

Inhalt